觅画西藏

原西藏秦剧团名旦的青春记忆

潘启元 /著

中国文史出版社
CHINA CULTURAL AND HISTORICAL PRESS

无悔的青春　逝去的芳华

藏族牧羊女

　　觅画西藏，所觅何画？曰：正是此画。1956年初，正在西北戏曲研究院演员班学习的13岁学员卢少琴，在一本杂志封面上看到了一幅彩画，为画中美景所吸引，下定决心去西藏。找不到原画，为帮助作者了解当时情景，卢老师根据印象"复原"了这幅画。详见第四回"观彩画少女迷西藏，凭志愿团长索宝贝"。(卢少琴手绘)

位于拉萨孜仲林卡的西藏秦剧团前大门

　　此非画，乃示意图。大门的左侧没有画出。大门宽约3—4米。大门上方的横木，顶部的遮雨篷、门扇等均在视野之外。门扇不是那种朝内或朝外开的两扇门，而是下面装有小轮、沿院墙方向平行滑动、铁皮包的一大块厚木。将门扇推到左侧，门就开了。正对大门，入院八九米又有一院墙，墙上有一小门，通向一个小院，进此小门，往前走二三十米即是女厕所。详见第七回"拉萨河畔秦腔落户，孜仲林卡暗岗示警"、第十回"汉藏联欢活佛观舞，秦腔初演将军护兵"、第十六回"秦剧团退守格尔木，铁路局慷慨望柳庄"等。（卢少琴手绘）

达竹渡口

　　渡船上载着一辆大轿车、一辆大卡车和一辆吉普车。指挥员站在船头手执红旗和对岸联系。河对面的岸上，另有一人站在土台上手执红旗同船上的人联系。船挂在横跨河面的钢索之上，八位壮小伙儿正在推动钢索绞盘将船拖向对岸。一些已经过河的车辆正沿着河边的公路远去。河岸上可见部队的营房。详见第二十五回"达竹渡卡军民抢险，喀喇昆仑生旦驻足"。（卢少琴手绘）

路边山坡上歇脚的藏族背水妇女

　　水桶靠人脊背的一面是平的，外侧是半圆形。画中可见小河、河边的路、河岸上的灵塔、塔上藏族人的经幡、天空中的老鹰等。详见第二十九回"走险路军营惊噩梦，宿定日雅女爱美景"、第三十四"回抢火圈阿妈拉情深，坠战马卢少琴侥幸"等章节。（卢少琴手绘）

买擦绒家的红果

买擦绒家的红果

擦绒是西藏著名的贵族。1956年秦剧团抵达西藏时，西藏军区总部驻拉萨的孜仲林卡，而擦绒正是孜仲林卡的地主，向西藏军区收取租金。当时秦剧团的院子就在擦绒家自己住的院子隔壁，使得卢少琴和她的"红领巾"伙伴们有机会跟擦绒近距离接触，向擦绒买红果吃就是发生在1956年夏秋之交的故事，卢少琴至今记忆犹新。详见第七回"拉萨河畔秦腔落户，孜仲林卡暗岗示警"和第八回"紧备战玉手弄钢枪，迎达赖莽汉蔑铁棒"。(卢少琴手绘)

打靶归来

打靶归来

　　1960—1964 年，秦剧团驻日喀则的第十一师师部，其间经常到各个边防哨所演出。这段时间的前期，平叛仍在许多地方持续，而在中印、中尼边境地区，对付回窜叛匪成为解放军的长期任务，1962 年更爆发了中印边境自卫反击战。秦剧团经历了这一切。卢少琴对其中的一个边防哨所有着非常深刻的印象，这个哨所门口有个水井。印度军队曾在这个哨所附近向我军开枪挑衅，导致中印两军的一次较大规模的流血冲突。详见第二十五回"达竹渡卡军民抢险，喀喇昆仑生旦驻足"。

　　（卢少琴手绘）

序

卢少琴

1956 年初，我在《民间文学》杂志封面上看到了一幅反映西藏风情的画：一位美丽的藏族女少光着脚丫站在草原上，大草原一望无际，就像是她的地毯，上面点缀着雪白的羊儿，天空碧蓝碧蓝的……太美了！我从来没有见过这样美丽的景色。

当时我 13 岁，正在西北戏曲研究院（今陕西戏曲研究院）演员班学习，每日是起早贪黑没完没了的形体训练、唱腔练习、文化课学习、业务竞争……演员班吃得好，穿得好，住得舒服，不用花家里一分钱，别人很羡慕，我一直很庆幸我能进入演员班。但这幅画却让我的心像脱缰的野马，再也收不住了。我当即作出决定：我要去西藏寻找画中的美景！

天缘巧合，恰逢西藏秦剧团来戏曲研究院招收演员。别的同学躲避都唯恐来不及，我却坚决要求加入西藏秦剧团，老师劝说、父亲阻拦都无济于事。

梦想成真！我加入了西藏秦剧团，真的去了西藏。这一去就是 15 年！

在西藏，我的确找到了许多比那幅画还要美丽的景色。然而，更加让我难以忘怀的却是我亲身体验过的藏族同胞的善良、纯朴、勤劳、勇敢，亲眼目睹过的西藏农奴制的残忍，亲身感受过的我进藏部队的英勇善战、秋毫无犯、一不怕苦二不怕死、吃苦在前享受在后等优良作风以及他们对我们秦剧团演员无微不至的关怀、爱护和保护，亲身经历过的西藏自治区筹委会的成立、西藏平叛、西藏民主改革、中印边境自卫反击战、西藏自治区的成立、西藏的"文化大革命"，等等。

我在西藏有过辉煌和轻松愉快，但多数情况下，西藏的生活异常艰苦。但当时我们并不感到苦，因为我们身旁的解放军不仅更艰苦，而且还要流血牺牲。在任何情况下，他们总是把最好吃的留给我们，想尽一切办法为我们创造尽可能舒服的生活条件和尽可能完美的演出条件，他们为我们烧洗脚水，为我们提包扛箱、站岗放哨，有的甚至为我们献出了生命……面对他们，我们还能叫苦吗?!

西藏那么苦，我后悔去西藏吗？不！一点也不后悔！西藏让我的生命更有价值，西藏经历让我终生受益。当许多人因为未涨工资、少发奖金之类的事情而愤愤不平时，我却能够坦然处之，因为那些解放军战士的身影永远在我心中，想到他们，所有的抱怨都将化为乌有；遇到挫折和灾难时，我不怨天尤人，因为我在西藏见过流血和牺牲……

是的，我爱讲西藏故事，别人也似乎非常喜欢听。终于有一天，发生了本书第一回中所描述的情景。

我和潘博士合作得非常愉快。他是一位正直、诚信、认真的人，我们全家人都喜欢他，我们现在是非常知心的朋友。潘博士反复强调，一定要真实客观，抛开私人恩怨，要对每一个人负责，对历史负责，讲的东西要经得起检验。

我之所以同意潘启元博士写这本书，不是为了我个人，而是为了那些有恩于我的解放军，为了西藏秦剧团，为了我的战友，为了格尔木……为了那一段历史。

我想，我在西藏秦剧团的所有的战友，包括许多已经离世的同志——如果他们泉下有知，一定会像我一样，真诚感谢本书的作者潘启元博士。

2011 年 4 月于美国维吉尼亚女儿家中

2017 年 11 月改定

前 言

潘启元

西藏曾经有个秦腔剧团！闻者无不称奇。

"同志们，快快走，前面就到了乌江口。我们越走越加油，敌人越追越发愁……"小时候看电影《突破乌江》，对红军急行军途中小战士路口说快板的情景印象极深。精神变物质，物质变精神，文艺影响历史，文艺能变战斗力。西藏经历沧桑巨变过程中出了个秦剧团，偶然之中有必然。

本书以原西藏秦剧团名旦卢少琴的经历为主线，从一个独特的视角描绘出1956—1970年的西藏历史、拉萨历史、青藏公路历史、格尔木历史、驻藏部队历史、陆军十一师历史、西藏秦剧团历史……讲述了许许多多真实的故事，有的令人捧腹，有的让人动容，有的叫人肃然，有的激人义愤，有的催人泪下，有的发人深省……

卢少琴，又名卢线君，女，汉族，1942年生，陕西长安县人（今西安市长安区），1954年考入西北戏曲研究院演员班。1956年初，她在一本杂志封面上看到了一幅西藏主题画，上有美丽的少女、一尘不染的蓝天、清新碧绿的草原、自由自在的羊群……13岁的她被画中美景所征服，坚决要求去西藏，获准进入西藏秦剧团，开始了她的"觅画"历程。

我的努力方向是让本书既传奇，又真实；既是休闲读物，又有史料价值。书中故事时间真实，地点真实，人物真实，事件真实，绝大多数细节真实，使用真实姓名。为保护当事人隐私，个别人使用化名。

我对古典文学中两句一联的章回体情有独钟，尤喜《红楼梦》回目每句八字的格式，因效之。

我和卢老师因秦腔而相识在美国，居然意气相投。她的丈夫雷根善、女儿雷晓春等都成为我的好友。这种缘分，可遇而不可求。感谢卢老师！感谢雷晓春全家！

感谢妻子李建英的理解和支持。感念大姐潘月灵的鼓励。

谨以此书献给已经逝入历史长河的西藏秦剧团。

2017 年 11 月于美国华盛顿

目 录

卢少琴戏装照（摄于 1964 年）

第一回

敬秦腔痴子访维州
动真情卢老说西藏

解放藏疆事大，当年小旦如花。青春流入雪域沙，惯见硝烟哨卡。

喜马山颠击寇，中南海内品茶。人生倒比戏文佳，好做传奇史话。

这首《西江月》，讲的是原西藏军区秦剧团名旦卢少琴。1956年初，西北戏曲研究院演员班13岁学员卢少琴，为一幅小画中的西藏风景所迷，去了西藏。我在不经意间知道了卢老师的人生经历。于是有了这首词和这本书。

我有何资格，敢替卢老师写书？此事不明，书中故事没人相信。所以这开篇第一回，先交代我和卢老师的缘分。

话说美利坚合众国首都华盛顿，在行政上叫作哥伦比亚特区，简称DC，是美国唯一的直辖市。DC本身面积仅177平方公里，人口只有60万，跟北京、上海没法比。其西南是维吉尼亚州（维州），其他三面是马里兰州（马州），DC镶嵌在两州中间。马、维两州在DC周围有一二十个城镇，同DC在交通、商业、生活、工作上完全融为一体，共同形成一个500余万人口的大都市，谓之大华府。大华府地处京畿，政府机构和大公司总部多设于此，大专院校和科研院所林立，吸引了众多炎黄子孙前来工作、求学、创业，使这里成为美洲大陆华人最为集中的地区之一。

随便拉出一个美国人问："嗨，伙计！你的家乡在哪里？"他也许会说："我父亲生在波兰，我母亲生在加州，我生在纽约，我的中学是在波士顿上的，大学是在休斯敦上的，来华盛顿两年了，正要准备去西雅图工作。"说了一长串儿地名，究竟何处是家乡，就连他自己也说不清。美国前总统奥巴马，父亲来自非洲的肯尼亚，母亲在美国肯萨斯州长大，奥巴马本人出生在美国夏威夷，从小学到大学、研究生，再到后来工作，走的地方很多，甚至还在印度尼西亚上过小学。谁也说不清何处应该算是奥巴马的故乡。

驱车 4000 公里，从美国东海岸走到西海岸，体会不到什么文化差异，语言无障碍，吃饭无非是麦当劳、肯德基、披萨饼、中餐之类，不但味道一样，餐馆门上的招牌也大体一样。走进美国的居民区，同一栋房子频频更换主人，十年之内，社区内的居民会"面目全非"。除了个别美洲印第安人，恐怕几乎谁也无法指着一个村子说："我家祖祖辈辈生活在这里，这是我的家乡。"

中国人就不同了。在中国，千百年历史的村子随处可见。一个村庄，可能是某个家族祖祖辈辈栖居繁衍之处；一所院落，可能是某个人出生、长大、婚育、寿终之处。十里不同风，各地有各地的方言土语，风俗习惯。李白曾经"低头思故乡"，杜甫曾经"青春作伴好还乡"。鲁迅说："中国人几乎都是爱护故乡，奚落别处的大英雄。"中国人有家乡，中国人重乡情。

中国人到了美国，要成立同乡会。在美国的中国人少，居住分散，要碰到一个同乡不容易。有了同乡会，同乡之间互相联络就容易多了。俗话说"在家靠父母，出门靠朋友"，"多一个朋友多一条路"，华人在海外打拼不容易，乡亲之间交了朋友，便可互相帮助，互相解闷。乡亲成堆成群了，乡土文化自然而然就显现出来了。大家在一块讲方言，说土语，品乡味，唱乡歌，其乐融融。

中国西北包括了陕西、甘肃、宁夏、青海、新疆五省区，面积占中国领土的三分之一。西北面积虽大，对外开放程度却低，比起北京、上海、广东、福建等发达地区和沿海地区，出国的西北人少得可怜。也许因为在海外不容易碰到西北人，西北人对同乡会的热情似乎更高一些，以至于历届大华府中国西北同乡会的理事会都非常尽心尽力，奉献者多，计较者少，不见钩心斗角，始终团结一致，全心全意服务，认认真真办事，使得西北同乡会成为当地最具活力的华人社团之一。

2008 年 12 月 4 日，我被推举为大华府中国西北同乡会会长。新一届理事会的当务之急是筹划举办 2009 年西北乡亲的新春联欢晚会。

我性格之中有一个先天的缺陷：比常人多了几分"痴"。像其他同乡会一样，春节晚会吃喝一顿，即兴表演，热热闹闹，省力省心，不也挺好！但我有点痴，认为在其位就得谋其政，西北名气在外，品牌不能在我手里砸了，咱要对得起乡亲，认认真真地搞，搞出点西北文化特色。我决定在西北乡亲的新春联欢晚会上弄个秦腔节目。

中国戏曲有四大声腔体系，即皮黄腔、昆腔、梆子腔、高腔。这四大声腔有一个共同的母体，即秦腔。秦腔又称乱弹，是中国最古老、最丰富、最庞大的声腔体系。联合国教科文组织有人说，中国西北的文化名片不应该是秦始皇兵马俑、敦煌莫高窟之类，而应该是秦腔。

在华盛顿唱秦腔，开天辟地头一遭。大华府有一流的歌唱家、钢琴家、二胡大师、京剧演员等文艺人才，但从未听说过有人会唱秦腔。唯一的希望是西北乡亲中有人会唱秦腔，即使没有舞台经历，嗓音不佳，只要能唱一段就好。但海外西北乡亲主要是来自大学和科研院所的学者、医生、教授等专业人士，他们中许多人的祖籍本来就不是西北，懂秦腔者少之又少。我上蹿下跳，四处求助，打了无数电话，十多天过去，依然一无所获。

新官上任三把火，这第一把火就烧不起来，我束手无策，哀叹出师不利。换个旁人，也许会就此罢休，而我犯痴，依然继续寻找秦腔人才。

终于有一天，陕西乡亲雷晓春漏了一句话：我妈妈会唱秦腔，她原来是唱戏的！

不但会秦腔，还是专业！太宝贵了！"山重水复疑无路，柳暗花明又一村"啊！

打个电话不就得了？但我又犯"痴"，心想不入"虎穴"，焉得"虎子"，诸葛亮三顾茅庐，我得学学，这样的人才，得登门拜访。

2008 年 12 月 21 日，星期天，我驱车 50 公里，按图索骥，来到维州境内的一所独栋别墅。这里是雷晓春的家。

门开了，出现在我眼前的是一位优雅端庄的女士。此人不是别人，正是卢少琴！

卢老师热情豪放，好客健谈。交谈得知，卢老师是陕西长安县（今西安市长安区）人，是科班出身的秦腔专家，对眉户、碗碗腔等西北其他地方戏也有很深的造诣，演过小旦、正旦、花旦、青衣、武旦，曾经在舞台上活跃了十几年。

"人才难得！皇天不负有心人！真让我给找到了！"我心里这么想。

"您原来是在陕西的哪个剧团唱秦腔?"我问。

"我不是在陕西唱秦腔,我是在西藏唱秦腔。"

"西藏还有秦腔!?"我非常吃惊。我从未听说过西藏有秦腔。

"有!西藏有秦腔剧团,而且还曾经有过两个秦剧团,还差点成立了秦剧研究院!"

"你们演给谁看?难道藏族人懂秦腔?"

"藏族人听不懂秦腔,但他们喜欢看秦腔中的武打戏。我们主要是给部队演。当时西藏条件艰苦,进藏人员文化生活贫乏,只要演戏,不管是什么腔,天南海北的人都去看。当然,最喜欢我们的还是咱西北人。驻藏部队的官兵中有许多是西北人。1959年被紧急调入西藏平叛的七八八五部队,也就是步兵第十一师,前身是刘志丹的陕北红军,官兵主要是西北人。军区首长问十一师官兵有什么要求,大家都喊:'秦腔!秦腔!我们要听秦腔!'上级就把我们这些唱秦腔的人弄到了西藏。我们后来主要跟十一师走,十一师到哪里,我们就到哪里。我们给部队演秦腔,战士们可高兴了!"

"您是什么时候去西藏的?"

"1956年初,直到1970年年底才回到陕西。我在西藏待了15年。"

1956年!那是在西藏民主改革以前,西藏经历大动荡、大变革的年代。西藏叛乱、中印边境自卫反击战、西藏自治区成立等重大历史事件,都是发生在1956年以后。

我更加吃惊了,脑海里凭空出现了一连串画面:

雪域高原,崇山峻岭,没有道路,不见人烟,一位少女俏着戎装,娇跨战马,同一队解放军官兵一起,在旷野上跋涉前进……

蓝天白云,风吹草低,牦牛吃草,羚羊奔跑,一位汉族少女正在向亘古以来与世隔绝的藏族村庄走去……

拉萨街头,硝烟弥漫,流弹乱飞;叛匪们舞刀弄枪,在街上狂喊乱叫;屋内,一位少女在从容不迫地为严阵以待的解放军战士唱秦腔……

当然,这一切都只是我的想象。卢老师真正的经历如何呢?

我突然想到了革命样板戏《沙家浜》中的一句唱词:"这个女人不寻常!"

我今天的任务是跟卢老师谈秦腔,但此时此刻,我却问了一连串与秦腔无关的问题:"您是说亲眼见到了西藏农奴?您亲身经历了西藏叛乱和解放军平叛吗？您听说过发生在西藏境内的中印边境自卫反击战吗？"

"那还用说！我亲眼看见了西藏农奴制度的残忍。我亲眼看见了拉萨叛乱的情景。我跟着部队参加了平叛。中印边界打仗的时候我们一直跟着部队走，西藏的整个边界线几乎让我走遍了，部队打到哪里，我们就跟到哪里。……"

一提起西藏，卢老师来了精神，滔滔不绝，故事信手拈来，我一下子被卢老师的故事吸引住了。一个爱讲，一个爱听，好戏开场了。

"……战斗结束，部队打扫完战场，我们就在这里建立起了临时营房。战士们给我们几个女孩子支好帐篷。帐篷分两种，一种是单的，一种是棉的。伤员住比较暖和的棉帐篷，其他人住单帐篷。我们也住单帐篷。部队照顾我们，把我们的帐篷搭在向阳的山坡上，那里比较暖和。没有正经的厕所，解手的地方是由缴获印度军队的迷彩降落伞围成的，搭在山坡下的几棵树旁。放下行李后，我们几个女孩子结伴去厕所。厕所一次只能进两个人，其他人等在外面。我们等的时候，突然觉得天上下雨了。天空晴朗，怎么会下雨？我们一看滴在地上的'雨点'，它不是雨水，而是血水！再抬头一看，原来树上架着两个人！我们吓得尖叫起来。营长听见喊声，以为出现了敌情，立即命令排长带人来看，才弄清是打扫战场时没有打扫干净，疏漏了两具叛匪尸体。晚上吃饭的时候，营长专门走过来安慰我们说：'你们放心，这里附近全是我们的人，没有敌人，不用怕……'"

"……当时部队正在追击回窜叛匪。那地方根本没有路，全是原始森林，部队逢山开路，遇水搭桥。我们沿着前面的部队追击敌人时修的便道赶路。记不清是什么江，反正是'江'，不是'河'，水挺大，我们主要沿着那条江走。部队找到江面比较窄的峡谷地带，砍倒一棵大树，让树倒向对岸，横跨在江面上的树干就是我们的桥。要是树比较大，一棵树就是一座桥，要是树小点，就把两棵树用藤条捆到一起。走到'桥'上，'桥'摇来晃去，幸亏我练过功，算是有点轻功，平衡掌握得好，但还是非常害怕。记得有一次我上了'桥'，刚走到江中间，另外一位同志也上了'桥'，我突然感到'桥'身晃动起来，吓得大叫，和我们同行的军区唐副司令员赶快让那位同志下桥，告诉大家每次只能过一个人，又鼓励我说：'小卢，别怕！不要往下看！'，我稳住了神，提了一口气，然后咚咚咚，一口气跑到了对岸。一天之内，这样的桥我们就过了14次！那天晚上，我一闭上眼睛，就梦见过桥时掉进了江里，惊醒了好几次。

第二天和同伴们一说，原来那天晚上大家都做了同样的噩梦！"

"……那个山上的路是部队临时修的，到处都有危险。我们的车走着走着，坐在驾驶室负责保护我们的解放军战士小张突然发现山上的泥土唰唰唰直往下落，再一看，一棵大树马上就要倒了。前面的路上站着一个藏族姑娘，树倒下来肯定会砸着她，但她还一点都没有察觉。小张一蹦从车上跳了下去朝那姑娘跑去，拉着姑娘就跑，没跑几步，树就倒下来了，一根胳膊粗的树枝正好砸在了姑娘的头上，姑娘当场就倒下了。小张也被树梢打晕了，额头擦伤了，冲锋枪的枪管都被砸歪了。大家帮忙把姑娘抬到了车上，姑娘已经是满脸发青，没有呼吸，我们秦剧团的陈医生想尽一切办法抢救，姑娘还是没有再醒过来。陈医生想给她打强心针，但药水无法注射进去。怎么办？继续前进呗！姑娘的遗体也不能扔下不管啊，我们就把她留在了车上，和我们一同上路。"

"……那时候当然艰苦。不过我们文工队再辛苦，也没有战士们辛苦。有时候战士们正在吃饭，前面有了敌情，战士们抓两把米饭往衣服口袋里一塞，马上出发。想把已经端在手上的这碗饭吃下去再走，那不行。出发的时候衣服好好的，过一个礼拜回来一看，衣服全破了，有的人干脆半截袖子都没有了，可想而知战斗是多么的紧张。看到战士们这样辛苦，我们很感动，有时甚至忍不住要流泪，工作也加倍努力。记得有一次我们到一座冰山上去慰问部队，演秦腔传统戏《李彦贵卖水》，我演丫鬟芸香，天气很冷，为了演好，我们就像在大戏院演一样，只穿戏装，下面不套棉衣，因为套上棉衣演不出那个效果。演的时候我的手都冻僵了，扇子都打不开，但我坚持演好每一个动作。这样的事经常发生。我们从来不叫苦叫累。我们还经常帮战士们补衣服、洗衣服、理发。部队很受鼓舞。"

"现在的人们只知道布达拉宫很漂亮。但是你知道吗，1959 年以前，布达拉宫前面有一个蝎子洞，叫'雪列空蝎子窟'，宽有两米，长可能有五六米，深约有两米，上面用长方形的大石条盖得严严实实。里面养着无数大蝎子，那是农奴主建造的。专门用来惩罚犯错误农奴。农奴犯了'罪'，就被扔进蝎子洞，让蝎子活活吃掉。我们去看过，洞里的蝎子密密层层，又肥又大。一想到它们都是人肉喂肥的，我们浑身都起鸡皮疙瘩。十七条协议签订以后，我们的部队进藏，虽然部队不能干涉西藏的地方事务，拉萨的农奴主们已经有所收敛，我们去看的时候，他们已经很少往蝎子窟里扔人了，但看了以后还是让人触目惊心，永远不能忘记。1959 年西藏民主改革以后，那个吃人的蝎子窟被填平了。现在我想，要是当时不要把它填平就好了，留下来，让每个去参观布达拉宫的人都看看，它能让大家永远记住过去西藏农奴制的残忍。"

"……咱要说实话，要凭良心说话。西藏过去的那种制度实在太残忍，不改变真的不行！对农奴来说，旧西藏真是人间地狱。农奴被当作'会讲话的畜生'，农奴主比阎王还要厉害，掌握生杀大权，农奴主叫农奴今晚死，农奴绝对活不到明天。庄园与庄园之间有人皮、人心、人的其他器官的交易，如果需要支付对方人皮，庄园里的某些农奴就会无疾而终！农奴、郎生讨饭吃都得交税，女人生女孩要交女孩税，生男孩要交男孩税，甚至孩子长双眼皮要交双眼皮税，没有理可讲。"

"……那一天我们的车队在倒淌河宿营。……吃完饭了，太阳落了，天黑了，炊事班的同志点起了防风汽灯，继续工作。我们钻入自己的帐篷，很快进入梦乡。突然，一阵噼里啪啦的声音将我们从梦中惊醒。是无数小石块和沙粒在击打帐篷！外面狂风怒吼，帐篷在剧烈地摇动，甚至地面都有些动。谁也睡不着了。也不知过了多长时间。突然'呼啦啦'一声响，帐篷被风卷走了！高原天气冷，我们睡觉时只脱大衣和棉衣棉裤，不脱里面的绒衣绒裤。虽然大家都穿着衣服，但周围有男生，钻出被窝还是不好意思。大家齐声尖叫，把头钻入被窝，紧紧地裹住被子。马团长和部队的连长及时赶到，对大家说：'你们不要动！我们给你们去追帐篷！'同时被吹跑的还有另外两顶帐篷。……太阳出来了。这时，突然有人喊叫起来：西北面的那两个小山包呢？怎么不见了？再一瞧，东北方向新出现了一个小山包！大家纷纷议论，觉得不可思议。部队的一位同志说，昨晚可能发生了'地壳运动'，所以山被移动了。"

"你和藏族人在一块生活过吗？"我问。

"当然生活过！那年我到堆龙德庆县的桑果乡下乡搞土改复查，就住在翻身藏族农奴喜洛家里。全乡只有我一个汉人。县上发给我一支手枪和 20 发子弹，枪带皮套，枪把上还有红绸一方，是加拿大造二十响，俗称'半斤铁'。西藏的房子多是平顶，喜洛家的房子建在寺庙房子的平顶上。有一次，对面房子的平顶上站了一个藏族男人，有三四十岁，满脸横肉，腰圆膀阔，手提一把钢刀，恶狠狠地盯着我，还将一个磨刀石弄到屋顶之上，仓啷仓啷磨起刀来，一面磨刀，一面用眼睛瞪着我。这家伙是个农奴主的代理人，他想吓唬我。我灵机一动，进屋去从窗户上取下防雨布，拿出来铺到平顶上，面对着他，取出我的枪擦了起来，擦完还往枪膛里压了几粒子弹，端起枪来做了几个瞄准的动作……"

"……我最佩服慕生忠将军了，别看貌不惊人，心里可明白得很，对大形势看得很清楚，早就预料到西藏会叛乱。他平时话不多，但什么事情都逃不过他的眼睛，一声不响，什么事情都办了。西藏有人要解散我们秦剧团，慕将军把我们弄到格尔木保护起来，对我们秦剧团可好了。平叛开始后，慕将军又亲自把我们送上前线。我们在格尔木住了一年多，慕将军和薛阿姨住在将军楼，我们秦剧团大院就在将军楼旁边。慕将军和薛阿姨家里养着一头大黑熊……"

"……我们在怀仁堂演出，女处长领我们参观毛主席的居室。毛主席的厕所里放了许多书，还有香烟和火柴。我忽然心血来潮，就坐到了主席用过的马桶上，一手拿了本书装作阅读，另一手做了个抽烟的动作，把大家都逗笑了……演出结束，朱德等党和国家领导人上台同我们一一握手。朱委员长走到每个人跟前时，我们一般都是先敬礼，再握手，问'委员长好！'我们有个小演员郭西宝，在朱委员长握手时居然说：'朱德您好！'直接喊了首长的名字。我们都听见了，想笑又不敢笑……"

"你们见过达赖和班禅吗？"我问。

"见！经常见。我们进藏的时候，正赶上西藏自治区筹委会成立。那时候整个西藏只有我们秦剧团有二三十个戴红领巾的孩子，我们这些少先队员经常作为仪仗队参加各种典礼，几乎每次都能见到达赖、班禅、帕巴拉等人。我们第一次去迎接达赖才好笑呢，我们秦剧团的焦成锋差点跟达赖的铁棒喇嘛打起来。还有王双群，他是演猴戏的，那天我们都穿礼服，只有他穿戏服，手拿金箍棒，打扮成美猴王的样子，因为看不惯铁棒喇嘛那种凶巴巴的样子，便故意在铁棒喇嘛面前耍起了猴棍，弄得铁棒喇嘛进退两难。达赖已经是大人，比较严肃，除了开大会、大型联欢和其他正式场合见见，私下里跟我们没有什么交往。班禅和帕巴拉两位活佛年龄和我们差不多，都是十几岁的少年，喜欢打打闹闹，经常跟我们的那帮男生玩在一起。有一次，班禅跟男生学习翻跟头时把脖子都扭了，但他还是来秦剧团玩，我们女生远远看见他歪着脖子走来走去，觉得很好笑。我们秦剧团在班禅的老家日喀则住过很长时间……"

不知不觉，三个多小时过去了，而卢老师关于西藏的话匣子似乎还只是刚刚打开。但是，我得走了。

在以后的接触中，我发现，卢老师灵魂的一部分似乎已经永远留在了西藏。每次说到西藏，卢老师就精神焕发，就动真情。

卢少琴的故事很精彩。成就这种精彩的是神奇而神秘的西藏以及那段波澜壮阔、绝无仅有、不可重演的西藏历史。时势造英雄，时势可遇不可求。当今之世，充满硝烟和沧桑巨变的那段西藏历史正在离我们渐行渐远。酒因陈而更香，物因稀而更贵，卢少琴的故事就是陈酒和稀物，历久弥香，历久弥贵。

我被感动了。我觉得卢老师的人生经历是一部传奇，应该有人把它写出来，因为它不仅有趣，而且记录历史，让它埋没实在可惜。

我开始为卢老师物色作家。我认识的记者、作家极其有限，有才、有德、对此事感兴趣的人还真不好找。最后终于有大华府某华文报纸的孙主编答应采访卢老师，对卢老师进行深度报道。我赶快通知卢老师，卢老师同意接受孙主编的采访。我欣喜异常，自认为办了一件好事。但后来却没有下文，原来碰巧赶上孙主编离开报社另谋发展，此事不了了之。

找不到记者作家，怎么办？按理说我已尽心尽力，可以就此丢开而问心无愧，但我再次犯"痴"，勉为其难，权充作者。这次犯"痴"的代价是 2500 个小时的劳动。

缘起既已交代，下面就是正传。这正是：

藏原硝烟渐远久，沧桑凭谁说真由？
回肠荡气多少事，装点青史传奇留。

第二回

马健翎识拔千里驹
卢少琴登入演员班

卢少琴，壬午年七月二十七日（公历为 1942 年 9 月 3 日）出生，陕西省长安县子午镇人。卢少琴出生时，父亲卢鸿斌正在西安做生意，母亲王惠珍随行，故卢少琴生于西安。

卢鸿斌读过五年私塾，老师就是卢少琴的外公。卢鸿斌上私塾时，表现出众，被老师看中，将唯一的女儿许配与他。卢鸿斌为人诚信仁厚。他能双手同时打两个算盘；虽是劳动人民，却喜欢画扇面，尤喜画戏剧人物；因玩扇子，兼喜玉器，并对玉器赏鉴略知一二。只是为生活所迫，整日劳作，难得有暇去弄扇玩玉。

王惠珍虽是家庭劳动妇女，因父亲的缘故，自幼识字颇多，能写会算。嫁到卢家后，由于针线茶饭、样样来得，加上纯朴善良、吃苦耐劳、勤俭持家、孝慈双全、四德具备，更兼思想开明、见识过人、乐于助人、胸怀宽广，贤名闻于十里乡间。

卢家世代务农。卢鸿斌成家立业后，设法在西安做起煤炭的小本经营，虽有一两个伙计，他本人从未完全脱离体力劳动。做生意毕竟比务农强，长安县老家生活勉强温饱，而西安小家已达小康。

某日，鸿斌与伙计去山西探访货源，路上在一条河边停留小憩，洗手洗脸，饮水用餐。回家之后，鸿斌躺在床上，渐渐入睡，恍惚之中觉得自己和伙计仍坐在那条河边休息，忽见河中有一样东西在闪光。他立起身来，涉水察看，只见河床上有一块巴掌大小的奇石，捞起观瞧，只见石头通体墨绿，晶莹光滑，原来是一块天然生就的美玉。他很高兴，将美玉带回家中，藏到床下。

　　醒来之后，他不知这是南柯一梦，恍惚觉得自己确曾从那条河中捡得到美玉，于是便在床下仔细寻找，自然没有找着。他找来和他同行的伙计相询，方知是自己方才做了个梦。他怅然静坐，若有所失。正在此时，妻子临盆，产下一女。卢鸿斌有感于美玉之梦，将女儿取名玉信。

　　卢鸿斌夫妇生过六个儿女，两个夭折，成人的四个子女是少良、少琴、少峰、少波。少琴是唯一的女儿，父母视为掌上明珠，难免有些娇惯。

　　卢少琴的乳名叫玉信，昵称玉娃、信信。入学之后，大哥少良为她取名少勤。1954 年，卢少琴报考西北戏曲研究院（今陕西戏曲研究院），主考老师问她叫什么名字，带她报考的远房舅舅说她名叫玉娃，老师就说："以后演戏，玉娃这个名字不太好，让我们给她起个学名吧。"卢少琴腼腆，还没来得及将自己的学名告诉老师，一位老师就已经给她取名"线君"，在场的马健翎说："这个名字不错！记住了，你以后就叫卢线君！"那时玉娃对马健翎敬若天神，不好意思再提及自己的学名，故她在戏曲研究院的同学和老师们一直叫她卢线君。卢家并不喜欢线君这个名字。1956 年进西藏秦剧团时，卢少琴趁机将名字变回自己本来的学名，只不过将"勤"字换成了"琴"字。卢少琴长大后，有时也用"璞玉"二字作为她的笔名，显然是有感于父亲梦中得璞玉而母亲生己之事。

　　当时的陕西是秦腔的天下，城市乡村皆然。庄稼汉爱秦腔，知识分子也爱秦腔；引车卖浆者爱秦腔，达官显贵也爱秦腔。卢少琴的父亲就是一位地地道道的秦腔戏迷。

　　住在西安，喜欢秦腔，又买得起戏票，所以父亲经常去看戏。当时的陕西人，只要嗓子能够发声，谁都会唱几句秦腔。父亲当然也不例外，算得上是有一定秦腔演唱水平的票友。因为痴迷秦腔，他一个来自乡下的普通生意人，居然跟当时西安的著名秦腔演员李正敏（1915—1973）和苏育民（1917—1966）结拜成了把兄弟。李正敏是著名旦角，在《五典坡》里塑造的王宝钏最为人称道，妇孺皆知。苏育民是著名小生、须生，西安赫赫有名的秦腔艺术团体"三意社"社长，在秦腔电影艺术片《火焰驹》里饰李彦荣，曾任第二、三、四届全国政协委员。

　　七岁以前，卢少琴一直跟着父母住在西安。父亲去看戏的时候，常常带上小少琴。父女俩乘骆驼祥子拉的那种洋车去戏院，出门时少琴身着小旗袍，足登小皮鞋，一副都市小姐的打扮。在戏院，父亲坐着看戏，少琴坐在父亲的腿上陪着看。看完戏后父女二人再乘人力车回家。那是卢少琴最幸福的一段时光。

1949年4月21日，人民解放军百万雄师横渡长江；4月23日，国民党政府的首都南京宣告解放。与此同时，解放军第一野战军即原西北野战军逼近古城西安，守城的国民党军队惶惶不可终日，城内社会秩序混乱，谣言四起，物价飞涨，父亲的生意做不下去了。1949年5月初，就在西安解放前夕，父亲带着全家回到了长安县子午镇老家，干起了自己的庄稼汉老本行。5月20日，西安解放。

农村毕竟是农村。回到老家后，家里人多地少，入不敷出，父母从西安带来的积蓄有限，尽管母亲精打细算，家里的生活仍日见拮据。生活趋贫固然不好，卢家却因祸得福，土改的时候被定为贫农，为卢少琴后来事业的发展在政治上铺平了道路；而农村艰苦生活的磨炼，也打造了少琴吃苦耐劳的品格。

少琴的父母都很能干，又都读书识字，再加上贫农成分，所以父亲当了村贫协副主席，而母亲则当了村妇联主任。

旧社会女子唱戏的很少，也被人瞧不起。卢少琴虽然从小就受到秦腔的熏陶，但无论是父母还是她本人，都没有想到过她将来会成为职业秦腔演员。如果父母亲一直留在西安，少琴经常看戏，耳闻目睹，再加上父亲和秦腔明星的把兄弟关系，少琴成长为一个秦腔演员倒真有可能。现在到了乡下，少琴穿皮鞋出入戏院的日子已经一去不复返，父亲和他的秦腔名家把兄弟之间已不怎么来往，小少琴将来当秦腔演员的可能性似乎降到了零。

然而，命运却给小少琴的秦腔艺术人生作了巧妙的安排。

1953年7月1日，子午镇举行集会，隆重纪念党的生日。正是这次庆祝集会彻底改变了卢少琴的人生。

当时，少琴就读于一所"五年一贯制"的小学。所谓"五年一贯制"，就是不分初小和晚小，小学总共五个年级。那一年，卢少琴上五年级，是毕业班的学生。

庆祝集会上有许多人讲话，也有文艺表演。作为妇联主任，少琴的妈妈是登台讲话者之一。大哥卢少良参加表演一个秦腔短剧，颇受好评，而卢少琴则被老师选中，上台演唱了《歌唱二小放牛郎》。只听得卢少琴唱道：

　　牛儿还在山坡吃草，

　　放牛的却不知道哪儿去了，

　　不是他贪玩耍丢了牛，

　　那放牛的孩子王二小……

　　这首歌创作于抗日战争时期，讲的是1942年八路军晋察冀抗日根据地13岁的少年王二小故意把日本兵引进八路军的埋伏圈，自己却被敌人用刺刀捅死的故事。这首歌真实而感人，不但内容健康，而且旋律简单优美，很适合儿童演唱，因此家喻户晓。

　　小少琴丝毫没有舞台经验。尽管学校音乐老师事先给她排练了两个多星期，上台时她还是很紧张。台下的人实在太多，小少琴从来没有经历过这种场面。在老师鼓励下，她终于顺利地唱完了这首歌。由于紧张，她自己根本不知道她到底唱得怎么样。

　　演唱结束，台下响起了热烈的掌声。出人意料的是，在前排就座的县土改工作组组长在少琴唱完后站起身来，走上台去，径直向少琴走去。县工作组的人穿着白衬衣、灰制服，带着灰军帽，在人群中如鹤立鸡群，不怒自威，非常令人敬畏和羡慕。看到这么大的人物向她走来，少琴很害怕，以为自己唱错了什么。老师悄悄地告诉她："不要怕，是好事！"

　　果然是好事！这位工作组组长是卢少琴的伯乐和贵人，他的出现改变了卢少琴生命的轨迹。这个人不但懂得党的土改政策，而且是一位艺术家、文学家，在秦腔艺术领域，他是一位大人物。他就是马健翎！

　　马健翎（1907—1965），又名飞雕，字健翎，陕西米脂人，是享有盛名的戏曲作家，时任西北戏曲研究院党委副书记兼院长。他是1928年加入中国共产党的老革命，早在1938年陕甘宁边区民众剧团成立时，他就已经在秦腔、眉户的戏曲创作方面颇有名气，被任命为民众剧团的编导主任，正式开始戏曲艺术生涯。他运用秦腔、眉户等艺术形式，创作、编写、改编了60余部戏剧，许多剧作都是自己导演或亲自参加演出的。代表作品有《游龟山》《游西湖》《赵氏孤儿》《窦娥冤》《血泪仇》《四进士》《大家喜欢》《查路条》《十二把镰刀》《雷锋》等。其中《游龟山》曾在1952年全国戏曲观摩会演中荣获剧本奖；《大家喜欢》《查路条》《血泪仇》等五个剧本被翻译成外文在国外发行。

马健翎

1949 年 8 月，马健翎作为西北解放区的代表，赴北平出席中国人民政治协商会议第一届全体会议，受到毛泽东等领导人的接见。中华人民共和国成立后，历任西北军政委员会文化部副部长、中国戏剧家协会西安分会主席、西北戏曲研究院院长、陕西省戏曲剧院院长等职。

卢少琴当时还不满 11 岁，就幸运地遇上了马健翎这位秦腔艺术界的大腕。

马健翎对小少琴非常客气，非常和蔼。他询问了少琴的学习情况，家里有几口人，兄弟姐妹有几个，等等。然后走进后台和老师交谈，又找少琴的母亲谈话。

过了几天，学校的老师交给少琴一份来自西北戏曲研究院的通知书，让她小学毕业后去那里报到。少琴当时也没有在意，把通知书随便往书包里一塞就回家了。回到家里，她把通知书交给了奶奶，奶奶顺手把它放进了自己的梳头匣里。第二天，少琴照常去上学。

八个月过去了，时间到了 1954 年 3 月，卢少琴已经小学毕业。同学们都在讨论报考哪所中学。西北戏曲研究院也在大家的谈论之中，该校实行供给制，一旦录取，不仅包吃包住，甚至连衣服都发，这一点几乎对所有的同学都有吸引力。有些同学计划去县城看中学。

卢少琴也开始认真考虑自己的未来。她想到了那份久已被自己遗忘的西北戏曲研究院的通知书。比起八个月以前，少琴长大了许多，也懂事了许多。上西北戏曲研究院不需要家里花一分钱，这对少琴具有极大的诱惑力。至于她自己到底是不是喜欢演戏，少琴倒没有考虑。

但少琴忘记了她当初将通知书放到了什么地方。为寻找这份通知书，少琴把家里翻了个遍。谢天谢地，在奶奶的帮助下，最后终于找到了。多么珍贵的通知书！

通知书上没有注明报到的截止日期。时间已经过去了这么久，这份通知书还管用吗？无论怎样，少琴决定一试。当晚，少琴悄悄地把自己的想法告诉了妈妈。第二天一早，妈妈给了她一点零花钱，少琴拿了一块馍，就上路了。少琴并没有意识到，她这次跨出家门，是她离开父母、离开家庭、离开家乡只身闯荡江湖的开始。

子午镇离县城 20 里路。少琴走着走着，碰见了一辆马车，就对赶车的老大爷说："我给你点钱，你能不能把我带到城里？"老大爷说："你这么一个碎娃，要啥钱呢！上来上来！"少琴上了车，老大爷问她进城去干啥，少琴照实说了，老大爷直接把她送到了各个中学招生的地方。下车的时候，少琴从口袋里摸出了一毛钱（当时的币面值是"壹仟元"）给老大爷，老大爷没有要。

来到县城，卢少琴先找到了一位远房舅舅，由他带着她寻找戏曲研究院的报考处。在报考中学的地方，他们发现了西北戏曲研究院的招生启事。原来西北戏曲研究院的招生地点在离县城五里的贾里村。他们找到那里一看，心里凉了一大截。前来报考西北戏曲研究院的人排起的长队一眼望不到头，有人头天晚上就拿着铺盖卷睡在这里排队了。如果自己现在开始排队等候，到天黑也轮不到自己。怎么办？

这么多人报考，更加增强了少琴对西北戏曲研究院的向往。按部就班地去排队肯定不行。也许，自己怀里揣的通知书能帮上忙。舅舅带着她越过排队的人群向门口走去。一位工作人员向他们喊道："回去排队去！"

"我有通知书！"

"什么通知书？拿来我看！"

少琴递上了通知书。那位工作人员仔细阅读，确认无误后对她说："你有通知书，不用排队。跟我来！"少琴喜出望外。要进招生点门口的时候，好不容易排队来到门口的其他考生和家长喊了起来："怎么不排队！"那位工作人员把通知书在大家面前一晃说："人家这娃有通知书！"人们这才静了下来。

排队的人在院子外面，院门关着，工作人员敲开了门，一位精干的青年迎了出来。令人惊讶的是，他看到卢少琴，就像见了熟人一样，没头没脑地来了这么一句："你怎么才来？就等你哩！快进来快进来！"

这个人是马院长的助手童秘书，去年 7 月 1 日作为土改工作组的成员和马院长一起看过卢少琴演唱《歌唱二小放牛郎》，戏曲研究院发给卢少琴的通知书就是童秘书一手经办的。卢少琴不认识他，他可记住了卢少琴。

马健翎院长这时正好就在这个招生点上。童秘书把少琴领进院子，马院长一看，说，"没错！就是这个娃！"主考老师正在听另外一个孩子唱歌，马院长叫停了，让他们先给少琴考。在场的几个人都夸少琴长得漂亮。老师让少琴唱歌，少琴唱的是歌剧《白毛女》的选段"北风吹"。再做小品，模仿动作。又让少琴在院子里跑了一圈，看她的腿有没有毛病。马院长又亲自把少琴看了看，说："这娃长得漂亮，就是前面的牙太挤了，这不要紧，将来修一下就好了。"

就这样，少琴顺利通过了面试。后来，在卢少琴进入西藏秦剧团以后，由公家掏钱修好了她的牙。

童秘书告诉她，下一步是参加文化课考试。考试时间是下个星期五，在西北戏曲研究院举行，明天卢少琴要先到西安去报到，然后回家，下周五再到西安去考试。少琴心里一合计，去一次西安光路费就得花近两块钱，她深知妈妈的艰难，于是问童秘书："明天去西安报到后能不能不回家，就住在学校等待星期五参加考试？"童秘书请示马院长，没想到马院长一口答应了，并说学校会给她安排食宿，让她今晚回去跟家里人说好，明天再到这个面试点来找他。

卢少琴心里非常兴奋。虽然她还不知道文化课考试是怎么回事，但从马院长、童秘书和主考老师对她的态度上，她坚信自己一定会被录取。这时，天已经不早了。贾里村离子午镇十五里路，卢少琴一路小跑。傍晚，她到家了。这时，妈妈已经把少琴去县城看中学的事告诉了奶奶和爸爸。这么晚了，玉娃还不回来，奶奶着急，已经唠叨半天了。爸爸正要动身上县城去找她。

进门后，爸爸问她："怎么这会儿才回家？"妈妈说："别问！先让娃吃饭！"

少琴把自己被西北戏曲研究院录取的消息悄悄告诉了妈妈。妈妈转告了爸爸。

卢少琴听见爸爸对妈妈说："咱就这一个女孩儿，让去唱戏，抛头露面的，不好！还是不要去吧。干啥都行，为什么要去唱戏！"听到这话，卢少琴心里凉了一大截。对卢少琴兄妹几个来说，爸爸的话就是圣旨，必须无条件服从。

在这关键时刻，有一个人对打消父亲的疑虑起了关键作用，这个人就是卢少琴的叔父卢鸿周，他和卢鸿斌是同父异母兄弟，兄弟俩仍然未分家，少琴管他叫"大大"。

卢鸿周1948年高中毕业。在那时的农村，高中生很少，贫农出身的高中生尤其少，卢鸿周很快就得到了重用，1950年当了乡文书，1951年升任副乡长，1953年当了子午市的市长。子午市就是子午镇，刚刚升格为市，仍然属长安县管辖。当了市长的卢鸿周不但在社会上受人尊重，在家里说话也很管用。

卢鸿周赞成自己的侄女上这个学。除了强调上这个学不需要家里花一分钱外，他还用了一位名人做例子。他对兄长说："现在是新社会，女孩儿唱戏不再是下贱的事。毛主席的老婆就是个唱戏的！"

"毛主席的老婆咋能是个唱戏的？你瞎说哩！真的？"

"那还有假！人家叫个蓝萍，戏也唱过，电影也演过，现在跟着毛主席在北京的中南海住着呢，吃香的喝辣的，享大福了。听说戏曲研究院很难进，想进的人把头都挤破了。人家能把咱的娃挑上，这是咱娃的福气，怎么能不让去呢！"

"那你说咱娃能去？"

"能去！"

那天晚上，少琴听见爸爸妈妈说了半晚上话。第二天，母亲一大早就开始忙碌了。她扯来布，赶着给少琴做了一套新衣服。当少琴再回到贾里村面试点时，已经是下午了。正巧那天有一辆吉普车来给马院长他们送给养，马院长就安排卢少琴乘坐这辆吉普车上西安，又写了一封亲笔信，让学校为少琴安排食宿。

马健翎先生令人崇敬。他不仅是一位老革命和有才华的戏曲作家，还是一个独具慧眼的伯乐，一位可亲可敬的长者，一位全心全意提挈后进的师长。斯人不多！

后来的事实证明，马健翎的确是伯乐，卢少琴果然是秦剧表演舞台的一匹千里驹。

因为有马院长的亲笔信，卢少琴到达西北戏曲研究院后得到多方关照。研究院的老师待她就像是对待正式学员，又像是对待自己亲生的孩子。他们给她安排了宿舍和床位，发了被褥、脸盆、毛巾、服装等，领她参观，安排她看电影，等等。卢少琴虽然是第一次出门在外，但丝毫没有体会到孤独和为难。妈妈给她的零钱她一分也用不着花。

到达戏曲研究院的当天，卢少琴遇到了另外一位和她一样刚刚在西安考点被演员班录取的女孩，叫温喜爱。卢少琴是乡下人进城，万事拘谨，温喜爱却是城里姑娘，开朗泼辣。有温喜爱做伴，卢少琴未感到丝毫寂寞。

文化课考试除了要考语文、算术外，还要考"时事"，也就是政治。对于时事，研究院的老师提前给他们进行了辅导。作文题目是"作为一个新中国的文艺战士，应该具备那些条件"。这个题目很大，大人都不容易答好，何况一个 11 岁的孩子。但聪明的卢少琴来到学校后，发现学校的教室、练功大厅、食堂等到处都有"文艺为工农兵服务，为无产阶级专政服务""百花齐放，推陈出新"等口号和毛主席《在延安文艺座谈会上的讲话》中的语录，她领悟到这些标语、语录其实就是这个题目的答案，并在作文里讲出了"听党的话，党叫干啥就干啥"这类关键话语。考试结果公布，少琴居然荣获前三名，获得了一支钢笔和一个笔记本的奖品。

按照常理，卢少琴这次来西安是参加考试，考试完后应该回家等候录取通知书。但戏曲研究院没有让卢少琴再回家，甚至在文化课考试前她就已经进入了西北戏曲研究院演员训练班，开始和其他老学员一起上课、训练。

西北戏曲研究院的演员训练班的正式名称是"戏曲研究生班"，也称"演员班"或"训练班"。当时，西北戏曲研究院还设有器乐班和舞美班，但演员班毫无疑问是所有领导关注的焦点。演一台戏，伴奏和布景道具固然不可缺少，但最关键的还是演员。

西北戏曲研究院直属西北局，是集西北五省之力创办的一个戏曲研究院，其前身是 1938 年在延安成立的陕甘宁边区民众剧团。它位于西安南关，院里的房子是解放后才修建的全新的建筑群，宽敞美观的大门，美丽的草坪和花园，现代化的练功大厅，富丽堂皇的剧院，崭新整齐的教室和学员宿舍。

1954 年，新生的人民共和国蒸蒸日上，抗美援朝战争刚刚结束，人们对未来充满期望，戏曲艺术家们从被人瞧不起一跃而成为受人尊重，他们的劳动热情和创作欲望普遍高涨，戏曲艺术出现了空前繁荣的景象。于是，戏曲研究院的演员班应运而生。马健翎等雄心勃勃，想凭借这些孩子振兴秦腔和其他秦剧。

在旧时代，学戏的孩子通常跟定一个师傅，没有教室，没有课堂，学戏主要凭自己平时模仿、领悟，师傅高兴时会指点一招半式，挨打挨骂理所当然。戏曲研究院的演员班是新社会的现代化学堂，孩子们没有师父，只有老师，上课、作业、练习、考试，一如正式学校。马健翎院长亲自关怀，戏曲研究院为演员班创造了最好的学习条件。1954 年，这样的演员班在全国尚不多见。

一周以后，叔父卢鸿周代表全家来看她。叔叔回家后向全家作了汇报。但父亲还是不太放心，决定亲自去看一趟。到学校后，学校对他热情接待，马院长亲自和他谈话，领他看了学校的食堂、教室、宿舍等。他对女儿的安全和生活完全放心了。他还拜访了他在西安的把兄弟，即秦腔著名演员李正敏、苏育民等，二位都是西北戏曲研究院演员班的骨干教师，他们也都赞成让少琴学戏。至此，父亲才完全打消了对卢少琴学戏的顾虑。

从此，卢少琴生活在了一个她从来没有经历过的大家庭之中，踏上了她秦腔艺术人生的道路。

第三回

戏曲院名师精雕琢
演员班良玉成俊器

1954 年 3 月，11 岁的卢少琴进入西北戏曲研究院演员班学习。

演员班的学员总共有 37 名，是西北戏曲研究院前后花了三年时间陆续从西北五个省区招收的，最早的比卢少琴早来一年多，最晚的比卢少琴晚一年，年龄最小的比卢少琴小一两岁，年龄最大的比卢少琴大三四岁。与卢少琴同时从西北五省招收的学员有十余名。西北五省各考点，报考的人数估计在万人以上，录取率可能不到千分之一。

玉不琢，不成器。学员是经过千挑万选的好料，下一步是把他们雕琢成器物。

这是一个非常特殊的班级。它像学校，但又比学校严格、紧张；它像军队，但又不用放哨、站岗；它像戏班学徒，但又不用给师傅扫地、烹茶、提包、扛箱。

戏曲研究院为孩子们提供了优裕的生活条件和完美的学习环境。四个孩子一间房。住房不要钱，吃饭不要钱，被褥、洗漱用具、餐具、笔墨纸砚等全部免费提供。冬天发冬装，春天发春装，夏天发夏装，所有服装都是优质、美观。每月按时发津贴，第一年每月 3.5 元，第二年每月 5 元。宿舍好，教室好，练功场好，食堂好，饭菜好。这样的生活待遇，相信没有任何其他中学或一般的大专院校可以比拟。孩子们似乎已经提前进入了共产主义。

但戏曲研究院并没有娇惯他们。除了学习任务比普通学校的孩子们大得多外，像普通学校的孩子一样，演员训练班的孩子需要轮流值日，打扫宿舍、教室、院子、厕所。这些事大家都争着干，非常自觉，老学员比新学员干得多，年龄大的比年龄小的干得多，完全是老八路的传统。

一所学校的优劣关键在于师资。演员班的各种学习条件都很优越，而最为优越的是师资，优越到奢侈的程度：每两个半老师"伺候"一个学员。即使世界有名的哈佛大学，教师和学生之比也才是0.14∶1，而这里则是2∶1！

老师的数量只是其一，更重要的是质量。所有老师业务水平都是呱呱叫，其中不乏西安乃至全国有名的戏曲艺术大师。

这里介绍比较杰出的几位老师。

李正敏（1915—1973），演员训练班负责专业课教学的班主任，给孩子们教授秦腔唱腔。李正敏是近百年以来最有成就最负盛名的秦腔旦角演员之一，当时中国戏曲界有一种说法，"北京有梅兰芳，西安有李正敏"。李正敏不但演得好，而且见解高，对秦腔有创见、有革新、有发展，是一位杰出的秦腔艺术大师。李正敏是戏曲研究院秦腔剧团的团长。他演出的《五典坡》《玉堂春》和《白蛇传》被人誉为"李氏三部曲"，流传至今，家喻户晓。当时报端有文赞李正敏"五六年来，夜无虚席，每出一新戏，更为轰动西安，蜚声秦陇，此虽比之梅氏亦无逊色。"

李正敏

苏蕊娥（1931—1967），教授秦腔唱腔。7岁时就能登台演出，天生一副好嗓子，唱腔甜畅圆润，委婉动听，吐字清晰分明，扮相俊美，演谁像谁，被称为"一旦挑八角"的演员，以演唱《四进士》《白玉楼》《玉虎坠》《五典坡》《玉堂春》《断桥》《斩秦英》等文戏见长，被誉为秦腔的"坤伶皇后"。她的有些唱片至今仍为专业演员和秦腔爱好者广为学唱。当时

苏蕊娥

邢少霞

封至模

只有 23 岁，正处艺术巅峰。36 岁英年早逝，引来无数叹息。

邢少霞（1917—1971），艺名粉牡丹，北京市人，满族，著名京剧演员，演员班负责专业课教学的副班主任，给孩子们教武功和形体训练。12 岁便初露头角，艺成后在北平、石家庄、保定、太原、大连、济南、郑州、青岛等地演出，名声远扬。代表剧目有《麻姑献桃》《盘丝洞》《白蛇传》等，唱、做、念、打俱佳，基本功扎实，尤擅单剑、双剑。舞动三丈彩绸，不用把柄，运用自如，堪称绝活。

封至模（1893—1974），陕西西安人，毕业于西安第一师范学校、北京国立艺术专科学校，著名戏剧活动家、教育家、导演、戏曲作家、演员，时为陕西师大教授，给演员班上文艺理论课。每次来讲课，就连戏曲研究院一些卓有成就的艺术家都来听课，教室的走道里也常常坐满了听众。封至模是我国话剧运动的早期开拓者之一，在理论、教育、创作、实践和革新诸多方面，对话剧、京剧、豫剧、特别是秦腔艺术，卓有建树。抗战前夕，他编的爱国历史剧《山河破碎》和《还我河山》演出之后轰动平津。著作很多，其中与秦腔有关的著作包括《秦腔声韵初探》《中国戏曲大词典》《秦腔剧目汇考》《秦腔概论》《戏曲词典》《秦腔艺人考略》《秦腔字韵》《秦腔板眼和腔调》等。

许多老师当时虽然小有名气，但由于他们成名于半个世纪以前，现在已经很难查到有关他们的文献资料。其中有：

张富有，京剧演员，武生，是盖叫天的把兄弟，在北京、上海颇有名气，武功很好，教形体训练、基本功和把子功（刀枪剑戟）。

门学周，京剧武生，是著名京剧小生叶盛兰的关门弟子，武功很好，教武功、把子功。

郭芝青，陕西省乐团的首席小提琴演奏家，乐理课老师。

石素青，封至模夫人，高中老师，负责文化课教学的班主任，给孩子们上数学课和语文课。

老师的总数在七八十名以上，一个个都不是等闲之辈，各有各的绝活，各教各的绝活。

卢少琴来到西北戏曲研究院的当天，院里除了发给她被褥和各种生活用品外，还给她发了练功服、练功鞋。当晚，少琴就开始按照训练班的作息时间行动。

星期一到星期六，小学员们的每一天是这样度过的：

6 点 30 分起床，10 分钟上厕所、穿戴。6 点 40 分到室外集合，班长检查服装，排队去洗漱处。洗漱 15 分钟。6 点 55 分整队集合，唱歌，排队去食堂。

7 点整必须进入食堂吃早饭。20 分钟吃饭。5 分钟洗碗。7 点 25 分集合排队去练功场。

7 点 30 分必须进入练功场。7 点 30 分至 9 点 30 分是两个小时的练功课。

9 点 30 分至 11 点 30 分是两节文化课。11 点半下课后，有 15 分钟时间回宿舍放回课本、作业本等。11 点 55 分整队集合，唱歌，排队去食堂。

12 点整准时进入食堂吃午饭。

12 点 30 分至 1 点 25 分午间休息。1 点 25 分午集合整队去教室。

1 点 30 分进教室，上 4 节文化课或专业课。5 点 30 分下课，回宿舍，稍事休息，然后整队集合、唱歌，排队去食堂。

6 点整准时进入食堂吃晚饭。

6 点 30 分至 7 点 30 分是课外活动。

7 点 30 分至 9 点是一个半小时的练功时间。

9 点 20 分熄灯睡觉。

同学们可以相对自主支配的时间包括每天 1 小时的课外活动和星期天。原则上讲，这些时间同学们可以自行安排，但因为文化课有课外作业，专业课需要练习，同学们仍要将自由时间中的一部分用于学习。当然，同学们也会利用这点时间去逛商店，打球，玩乐器，看小说，洗衣服，写信，进城，互相打闹，等等。卢少琴就曾利用这些时间读了一些小说，如《母亲》《静静的顿河》《钢铁是怎样炼成的》《半夜鸡叫》《把一切献给党》《少年维特之烦恼》，等等。

老师是专家，每一分钟都很昂贵，不可浪费；西北戏曲研究院在每个学员身上投资巨大，学员的每一分钟也很昂贵，也不可浪费。时间观念极强是训练班管理上的一个显著特点，每个时段该干什么，不但精确到每一分钟，甚至常常精确到秒。每一栋宿舍都有一个电铃，铃声一响，每位同学都立即放下手中所有的东西，走出宿舍集合。迟到早退的事从来没有发生过。几十年之后的今天，每次听到铃响，卢少琴的神经仍然会紧张一下。

所设置的课程除了语文、数学、历史、地理外，还有文学、时事（相当于现在的政治课）、音乐（声腔）、乐理、美术（舞台美术）、形体、武功等。

与普通中小学里的语文课不同，演员班的语文课古文所占比重较大，并学习剧本、唐诗宋词、外国文学等。旧社会的秦腔演员，文化水平多比较低，谈不上什么文学修养，甚至连某些著名演员也不例外，以至在演唱中常常把某些唱词唱得似是而非，因为他们不理解唱词中的含义。旧社会的戏班连中国的诗词、历史都不教，更不用说外国文学了。就凭这一点，演员班就已经与旧社会的戏班子有天壤之别。

音乐课主要学习唱腔，非常重视基本功训练，重点学唱各类秦腔板式，秦腔板式学完后继续学习眉户、碗碗腔。除学习秦剧外，也学习其他地方戏常识，听一句过门或演唱，学员必须能够说出地方戏的名称。

形体课是非常重要的专业课，内容既包括旨在提高身体各部位劲力、柔软性和协调能力的基本功训练，也包括跳跃滚翻刀枪剑戟等各类杂技和武功训练，早晚加起来，每天练功时间长达三个半小时。

卢少琴最喜欢武功课，尤其喜欢武功课中的"吃腿儿"练习，因为这是她的强项之一。在武戏中，我们常常可以看到像穆桂英一类的正面英雄所向无敌，敌人一个接一个轮番上阵，又一个个败下阵去。为了在课堂练习中模拟这种打法，一个人扎起靠，其余的人一个一个上，每个人跟你战五分钟左右，而你不得休息，要一直打将近两小时。每周一次，叫"吃腿儿"。每次下来都是大汗淋漓，衣服都能拧出水来。许多同学很害怕"吃腿儿"。卢少琴生长在农村，力气大，耐力好，不怕"吃腿儿"。

"五个省都在看着你们！"这是老师们教育学员们努力学习的一句口头禅。孩子们在学习上也的确非常自觉和努力。在来到这个班以前，每个孩子都曾经在各自学校出类拔萃。现在来到这个班级，谁也不愿意让老师和同学说自己不行，一个个力争上游，课堂秩序好得出奇，不愿学习、调皮捣蛋、顶撞老师等在普通学校司空见惯的顽症在这里几乎从来没有发生过。

旦角学员的秦腔唱腔课是李正敏、苏蕊娥两位老师上的。李老师每周一次课，苏老师每周两次课。每逢李老师上课，除学员外，许多外面的人都来听课，教室里坐满了人，除了老师的声音，整个教室鸦雀无声。"每周只有一小时，太宝贵了，一定要用心学！"卢少琴这么想。其他孩子的想法也都差不多。在这个课堂上做任何干扰老师讲课的事，那是所有学员想都不敢想的事。苏老师上课时的情景也类似。

"给我出去！"有一次练功，突然听见邴少霞教练一声怒叱。所有的同学们都愣住了，他们从来没有看见邴教练发这么大火。原来是杨春青、袁安民两位同学眉来眼去互相逗笑被老师发现。二位被逐出教室在外面罚站。这是老师发火最大的一次，也是对同学惩罚最严重的一次。十几岁的中学生在课堂上偶尔挤眉弄眼，在其他学校是再普通不过的事，就是罚站也是再普通不过的事，而在这里则成了最严重的事件。训练班的课堂纪律之好由此可见一斑。

旧社会学戏，师傅打徒弟那是家常便饭。在1954年的中国，虽然已是新社会，普通中小学校老师打学生的事还是经常发生。戏曲研究院严禁老师打演员班的学员，是一所充满现代文明的新式学堂。

如果有好的戏曲演出，训练班会组织学员集体去观摩。大轿车在剧院门口一停，车上下来一大群十三四岁的少年，一个个人品俊雅，服装美观，一尘不染，超然脱俗，引得无数人驻足观看。曾听见有围观者说："哪里走出来这么一群少爷兵！"岂不知他们不是兵，也不是少爷，他们每天所流的汗水超过绝大多数同龄孩子。

每个季度各门文化课都有大考，每学期结束有大考、总评成绩和操行鉴定，并给优秀同学发奖。每年两个学期，学期结束的时间跟社会上的其他学校同步，所不同的是其他学校有寒暑假，这里没有，期末考试结束，第二天照常上课，只在过春节放假一周，过中秋节放假三天。

最让学员们害怕的是每星期六的汇报演出。每个星期六，戏曲研究院秦腔一团和二团的演员们专门为学员们演戏，让学员们观摩，然后学员们进行汇报演出，一个一个地上台表演，老师叫演什么就演什么，一般是演练最近学到的体能技巧或新唱段，台下坐着众位老师和其他人，老师给每个学员打分，将来计入学期末的总成绩。虽说是抽查，但没有一个人能躲过，这次不叫你下次一定叫你。要得高分就得凭真本事，没有任何投机取巧的余地，而每个人的强项和弱项在演出中暴露无遗。汇报演出是同学们抓紧分分秒秒勤学苦练的最大动力。

西安舞蹈学校离西北戏曲研究院不远，舞蹈学校的学员比演员班的孩子们轻松多了。有一次，班主任李正敏看见有舞蹈学校的学生来串门，就对他们说："去去去！不要动摇我们的军心！"不过虽然很苦很累，这37名学员没有一个因怕苦而退学或转学。

这个演员班在当时西安的戏曲界有一定名气，1955年和1956年，郭沫若两次来西安，都点名要看演员班学生的表演。孩子们第一次演的是秦腔《闹龙宫》（樊小鱼主演）、《战马超》（田安和、任维成主演），第二次演的是眉户《金色鲤鱼》（关美玉、雷若男主演）、《书堂合婚》（大演员杨金凤主演，小演员跑龙套），均受到郭沫若的赞许。

梅花香自苦寒来，宝剑锋从磨砺出。这样的学生，这样的老师，这样的学习环境，这样的自觉刻苦，要想不出人才都难。两年下来，学员们已经个个身手不凡，强项凸显。

这37名学员中的许多后来都在戏曲舞台上挑大梁，比较著名的有卢少琴（文武双全，秦腔、眉户在西藏秦剧团首屈一指），温喜爱（著名旦角，成名作有《谢瑶环》等），袁安民（武功、唱功俱佳，在《八大锤》中演岳云），寇治德（能演能导，曾任陕西省戏曲研究院秦腔团团长），樊小鱼（翻打很好，武功很好，擅长猴戏），李述祖（秦腔名丑），许天成（著名生角，在《赵氏孤儿》中扮演赵武），杨凤兰（著名旦角，国家一级演员，主演秦腔电视艺术片《王宝钏》），田安和、任维成（在《战马超》中分别饰演张飞和马超），等等。

卢少琴最擅长的是唱腔，得李正敏的真传，当年汇报演出时已被公认为是地道的"敏腔"，颇得李正敏赏识。每逢卢少琴汇报演出，李正敏常常离开台下的老师席位悄悄走到后台，大家常常开玩笑说："李老师又给他的得意门生现场指导去了"。少琴的文功（水袖、玩扇、转帕、走台步等）和武功也都练得不错，"拿鼎功"（倒立），"把子功"（刀、枪、剑、戟、流星等）、"毯子功"（跳、跃、滚、翻）、腿功等也都非常好。

问到卢老师当年在演员班的表现，卢老师自谦地说："我不是班上最好的，专业课可进前五，文化课可进前三。"

几十年后，当问到除了学习之外，生活中她和同学或者老师之间有没有发生过什么故事时，卢少琴说了一句特别传神的话："当时把人都累傻了，哪能发生什么事呢！"不过她还是讲了两件让她记忆犹新的事，均与柳风秘书长有关。

第一件事是柳秘书长"挨打"的事。

训练班在春、夏两季会偶尔安排郊游。1955 年夏，学校连续三天安排大家去翠花山玩。翠华山又名太乙山，距西安约 30 公里，是终南山的一部分，风景秀丽，曾为皇家的御花园。山不在高，有仙则名。传说老子跨青牛，西出函谷关，在终南山遇尹喜而著《道德经》，老子固然是万仙之祖，尹喜后来也得道成仙，而阐教诸仙之一的云中子的修行洞府也在终南山。唐代大诗人王维有《终南山》一诗，单赞太乙山妙处：

太乙近天都，连山接海隅。

白云回望合，青霭入看无。

分野中峰变，阴晴众壑殊。

欲投人处宿，隔水问樵夫。

对西安人来说，太乙山属近水楼台，孩子们有缘一游，令人羡慕。

这么多十几岁的孩子到山上玩，哪有个本分安生的，自然是你追我赶，你藏我寻，上高爬低，穿林越涧。有位外号叫"小安民"的男生扔石头打核桃吃，不料石头让树干一弹，落下来时不偏不倚，正巧打到了柳枫秘书长的前额上，血都流出来了。

小安民吓坏了，藏到一个巨石后面不敢出来。柳秘书长擦干了脸上的血迹，泰然处之，行若无事，根本就没有去追查是谁扔了石头。当日无话。

第二天，大轿车又拉着大家向翠花山进发。途中，前额上带着血疤的柳秘书长笑着对同学们说："昨天是谁把我的头当核桃打了！"一句话把孩子们逗得前仰后合。柳秘书长接着说："大家不用担心！你们看我这不是好好的吗？"他停顿了一下，接着说道："石头打了我不要紧，打了你们麻烦可就大了。你们的脸上如果打出疤来，将来可就不能上台演出了！所以呀，你们既要玩得高兴，又要注意安全，千万不要再扔石头打核桃了。大家说好不好啊？"接着，柳秘书长给大家定了几条在山上玩耍的规矩，孩子们都高高兴兴地接受并严格遵守了。

第二件事是卢少琴养兔子的事。

除了春节和中秋节假期，卢少琴平时从来没有回过家。某个星期天，正在西安市上中学的哥哥卢少良来看她，手提柳条筐，筐内有小笼，笼内一只兔！小兔通体雪白，两只长耳朵，一对红眼睛，非常漂亮，少琴喜欢得要命。

大哥少良比少琴大两岁，因为年龄相近，兄弟姐妹中唯他俩关系最好。少良非常聪明，从长安子午镇考入西安一中，当时也在西安上学，后考入陕西师范，因病辍学。少良不但读书聪明，且具文艺天赋，编过剧本，上过舞台，得过表演奖，可惜 24 岁英年早逝。卢家兄妹四人，少良、少琴、少波三人均有秦腔表演天赋，都曾入专业剧团。

却说大哥少良可怜妹妹一天到晚学习、练功，没有任何玩耍时间，想给妹妹送一件稀罕物，给她的生活增加点乐趣，乃同秦腔名剧《三滴血》的原创作家范紫东的儿子、同在西安一中就读的范文豹设法搞了这只小兔子来送给妹妹。

集体宿舍，一人一张床，哪能养兔子？再说卢少琴一天到晚太忙了，无力抚养，咋办？找厨房的人帮忙，人家说干脆杀了吃了，少琴当然不肯。

班长王玉珍说："赶快将小兔藏在床下，大家都要保密，不能让老师知道，也不能让队长知道。"王玉珍只管三个宿舍共 12 个女生，相当于部队的一个班，而整个演员班的头不叫班长，而叫队长。

但总不能将小兔成天关在这个篮球大小的小笼子并成天藏在床下，一则小兔太可怜，说不定还会死掉，二则小兔要吃要拉，影响宿舍卫生。

一位男同学帮卢少琴在草坪花墙内用几砖瓦给小兔垒了个小窝，卢少琴将小兔放进窝里。第二天，从早上 6 点到中午 12 点半，卢少琴没有任何时间去想小兔。到了午睡时间，卢少琴才约了郎英去看小兔。

他们给兔子搭的窝四面通风，根本就不像个兔窝，小兔自然没有乖乖停留在窝里。还好，在不远的草坪上发现了小兔。谢天谢地，可爱的小兔还没有被猫吃掉。卢少琴和郎英想抓住小兔玩一会儿，可小兔不想让她们捉住。小兔在前面跑，她们在后面追。拐来拐去，最后进了一个她们从来不知道的小门。进得门来一看，原来到了食堂的菜园。

两个小姑娘从未到过这个地方。四下观瞧，只见里面种着各种各样的蔬菜，一头驴正在拉动水车，将低处水渠中的水车到菜地里浇菜。小兔进了菜园，更不好捉了。突然，二人发现了一块西红柿地，有的西红柿已经成熟了，红彤彤的，特别诱人。两个小家伙没有多想，一人摘了一个，在溪水中洗了洗，就吃了起来。两个人正吃得美气，却被正在给菜地浇水的炊事班长发现了。炊事班长说："好哇！我说我的菜怎么越来越少，原来被你们两个偷吃了！说吧，该怎么办？"两个孩子又是哀求又是打保证，总算没被告发。炊事班长帮他们捉到了兔子。

卢少琴养兔子的事很快就被柳风秘书长发现了。他对少琴说："兔子我替你养着，星期一到星期六归我，星期天才归你。"卢少琴当然答应了。

星期天到了，卢少琴记起小兔，跑去看，柳秘书长却又去开会了，找不着。后来找到了柳秘书长，但却找不到小兔了。尽管柳秘书长很随和，但人家那么大的官，卢少琴心虚胆怯，不好意思追问小兔下落。她终于再也没有看见过那只小兔。

这位柳风秘书长是院党委委员，有实权，是马健翎院长手下"风、云、雷、雨"四大金刚中的排名第一的"风"（另外三位是张云、史雷、毕羽，都是院党委委员，他们都非常能干，在音乐、文学、史学方面都有一定造诣），主管训练班的事，职责是要保证学员们吃得好，睡得好，人身安全，不受老师打骂。他说话风趣幽默，非常爱护这些孩子。孩子们都怕他，又都很喜欢他。

几十年后的今天，当问到"在演员训练班的两年，最让你怀念的是什么？"卢少琴老师想了一会儿，然后说："团结、紧张、严肃、活泼！"

1956 年 1 月下旬的一天，卢少琴在一本杂志的封面上见到了一幅画。就因为这幅画，她中止了在演员班的学习，人生道路彻底改变。

第四回

观彩画少女迷西藏
凭志愿团长索宝贝

要成为一名优秀的秦腔演员，至少必须具备三个条件：一是相貌，要五官端正，身高合格；二是一副好嗓子，先天要好，后天要练；三是要不怕吃苦，练就一身文功武功。三者缺一不可。

尽管演员训练班的学员当初入选时条件都不错，但主考老师看到的只是孩子十一二岁的情况，身高、悟性、成年后的嗓音等都是无法预知的。两年下来，学员们的优缺点逐渐显现。有的个子不高，有的长大后嗓音欠佳，有的身体灵活性不够。这些学员若跟常人相比，个个都艺业不凡。但若拿一个能够在全国叫得响的优秀演员的标准来衡量，则少有十全十美者。

1956年初，卢少琴13岁零四个月，身高已达160公分（成年后达166公分），亭亭玉立，嗓音出众，文功武功俱佳，一位优秀的秦腔旦角已经呼之欲出。

卢少琴喜欢戏曲研究院，喜欢演员班。她来自农村，知道生活的艰辛，不怕吃苦。演员班吃得好，穿得好，住得舒服，不用花家里一分钱，别人很羡慕，她一直很庆幸她能进入演员班。但一天到晚像打仗一样，紧紧张张，除了学习就是训练，不容许有丝毫松懈，其实有违小孩爱玩爱闹的天性。"成人不自在，自在不成人"，两年之中，卢少琴学得了一身本领，但也确实"不自在"。灵魂深处，她其实像其他同龄孩子一样，对一切事物充满好奇，向往自由自在的生活，也喜欢玩，对演员班这种紧张的生活多少有点厌倦，只是她自己并没有明确地意识到这一点。

卢少琴似乎命中注定要去西藏。没人强迫，没人劝说，没人鼓动，父母挡不住，恩师留不住，是她自己铁了心要去。不错，后来是有西藏来人要秦腔演员这回事，但在此之前小少琴就已经决定要去西藏了。在卢少琴作出去西藏决定的时候，她甚至都不知道西藏有没有人听秦腔，人家是不是要她。这到底是怎么回事呢？

说起来很好笑：让卢少琴作出奔赴西藏这个人生重大决定的，是一本杂志封面上的一幅画！

1956 年元月下旬的一天，戏曲研究院图书馆阅览室，卢少琴见到了一本唤作《民间文学》的杂志，小小的，只有 32 开本大小，封面上有一幅彩色画：一位藏族少女靠在一棵树的枝丫上，若有所思地望着远方。她穿着洁白的衬衣，外面套着只穿着一个袖子藏族皮袍，系着花围裙，戴着皮帽，梳着无数小辫，光着脚丫，脚下是一望无际的草地，看上去清新碧绿，一尘不染，羊儿们如一团团洁白的云朵撒落在草原上，正在自由自在地吃草、休息、散步。蔚蓝的天空中漂浮着一朵朵白云……

卢少琴生长在黄土高原，学习在西安大都市，从来没有见过这么美丽的大草原，它是那样的洁净，那样的宽广，就像绿色的地毯，走上去都不用穿鞋，可以光着脚丫！太美了！卢少琴完全被画中的美景所征服。

当今之世，彩色电视和互联网将南极、北极、天上、地下、海底、沙漠、草原、珠穆朗玛峰、尼亚加拉瀑布、月亮的环形山、火星的红沙土……几乎所有离奇古怪极美极丑极温柔极残忍的事物都带到人们眼前。现在的孩子看到这么小小一幅西藏风景画，根本不会当成一回事。但在那时，黄土高原上长大的卢少琴从来没有见过这样的景色，哪怕是在梦中，在最浪漫的想象中，她都没有见过。

她内心深处的好奇心像烈火一样被点燃，无法抑制。

这个美丽的地方是哪里呀？打开杂志，封面的内侧注明这幅画的题目叫《西藏牧羊女》。

啊，原来是西藏！

要是能去西藏，那该多好啊！对！我将来一定要去西藏。

英语中有一句俗语："Curiosity kills a cat"，即"好奇心足以让猫送命"。13 岁的女孩，最富好奇心，而正是这种好奇心把卢少琴"发配"到了西藏。

事情就这么巧，没过几天，老师就告诉他们：你们可能要提前毕业，需要填志愿，接着就给大家发了毕业分配志愿表。

卢少琴毫不犹豫，在志愿表上填了"西藏"二字。全班 37 人，填西藏的只有卢少琴一个。

按照西北戏曲研究院最初的计划，这个演员训练班的学员们要学习九年才毕业。如果把学员入学时的程度定为初中一年级，那么九年以后刚好是大学本科毕业。事实上后来戏曲研究院并没有让演员训练班的学员马上毕业，而是到了 1961 年才让他们毕业。这批学员实际学习了七年，最后拿的是大专文凭。

如果卢少琴看完那幅画后过五年之后再填志愿，长大了的她会不会还记得这幅画呢？即使记得，她会不会还在志愿表上填下"西藏"二字呢？可能不会。

好端端的，戏曲研究院为什么要有让这批学员提前毕业这一说呢？

原来，1955 年夏，中央决定撤销西北局，西北戏曲研究院也将更名为陕西省戏曲研究院。演员训练班本来为西北五省共有，戏曲研究院都更名了，这个演员训练班怎么办？让它变为陕西省的演员训练班，培养出来的人才为陕西省独吞？这不公平。让陕西继续义务为其他四省培养人才？也不公平。于是，才有了让这些学员提前毕业的说法。

演员训练班是西北五省合办的，学员们将来的分配去向应该是在西北五省里面选，西藏不在其中。如果当初没有西藏来客要人这档子事，卢少琴填了去西藏的志愿也是白填。

对于所有其他学员，留在陕西省戏曲研究院继续学习毫无疑问是大家的第一志愿，无论从生活条件还是秦腔演艺事业，留在陕西都是最佳选择。按照卢少琴的条件，她几乎百分之百地会被留在陕西省戏曲研究院；即使不留陕西，也只能是去甘肃、宁夏、青海、新疆四省区之一，而不会被分到西藏。

事情就是那么巧！就在同学们填志愿表的同时，西藏军区来戏曲研究院求助演员。

看画动心、填报志愿、西藏要人这三件本来风马牛不相及的事几乎同时发生，前后相差不到两个星期！真是天意！就因为如此，卢少琴此生此世注定要与西藏结缘了。

西藏为什么要这么迫切地需要秦腔演员呢？因为在西藏的中共西藏工作委员会（西工委）下属各机关中有许多西北人，他们要听秦腔。

且慢！打赢昌都战役，迫使西藏地方政府考虑和平解决西藏问题方案，最终派出全权谈判代表，经过谈判，签订了《十七条协议》，西藏和平解放、最后进驻西藏的，是赣人张国华（1914—1972，1955 年授中将）和湘人谭冠三（1908—1985，1955 年授中将）所率领的第二野战军第十八军。二野即刘邓大军，原为中原野战军，曾于 1947 年挺进位于湖北、河南、安徽交界处的大别山并在那里发展壮大。他们可不是西北兵啊！

1951 年 5 月 23 日，《中央人民政府和西藏地方政府关于和平解放西藏办法的协议》即"十七条协议"签字。1951 年 10 月，西南军区第十八军即二野第十八军按协议入藏，总部进驻拉萨。1952 年 2 月，以张国华的十八军为基础，成立了西藏军区，张国华任司令员，谭冠三任政委。1955 年 5 月，西藏军区由省军区级上升为大军区级（1969 年又改为省级军区），直接归中央军委领导。这里面似乎没有西北军的事。这到底是怎么回事呢？

原来，就在二野的十八军从四川进入西藏的同时，一野即原西北野战军的一支部队由范明率领，从青海进入西藏。

范明（1914—2010），原名郝克勇，陕西省临潼人。1938 年入党，1955 年授少将军衔。1940 年在国民党第三十八军做地下工作，被派往延安汇报工作，由于地下工作的需要，听从毛泽东建议改名范明。1949 年解放大西北时任第一野战军政治部秘书长兼联络部长，受命保护和争取因在西藏受排挤而住青海的班禅。1951 年 1 月，范明被任命为西北军区西藏工作委员会书记，并奉命组建西北军区进藏部队。4 月，范明帮助 13 岁的班禅抵达北京。8 月，西北军区入藏部队改称第十八军独立支队，由

范　明

西北西藏工委的 1100 人和班禅行辕随同入藏的 200 人组成，范明任支队司令员兼政委，慕生忠任副政委，途中慕生忠升任政委。12 月，一野部队与二野部队会师拉萨。之后班禅进藏，西北军区一个营护送，又有数百西北人入藏。

范明入藏后，以张国华为首的西南局西藏工委和以范明为首的西北局西藏工委合并，组成统一的中国共产党西藏地区工作委员会，简称西工委，张国华任书记，谭冠三、范明任副书记。1952 年 2 月成立了西藏军区，范明被任命

为第一副政委。1952 年 3 月，西藏工委领导班子调整，张经武任书记，张国华、谭冠三、范明分任第一、第二、第三副书记。

此外，1951 年 6 月，西北军区还有一支数百人的部队自新疆进军到西藏的阿里地区。

由于西北兵入藏后改用十八军的番号，而十八军隶属西南军政委员会，所以人们多不知早期驻藏部队中有西北兵。

就算是西藏有两千西北子弟兵吧，在驻藏的三万多部队中也只是一小部分。如果没有范明，西藏军区的领导大概不会想到成立秦剧团。

这位范明将军是陕西人，读过大学，文化素养高，对秦腔情有独钟，是名副其实的秦腔票友。在 1951 年范明率西北子弟入藏，居然带了十几位秦腔演员，这些演员入藏后组成了十八军独立支队文工队，在西南、西北两个西藏工委合二为一后，他们成为西藏工委文工团的秦腔分队。

西工委的四位书记中，张经武要掌握全局，在中央和西藏地方政府之间穿梭，张国华、谭冠三要带兵，要关注军事，而勇于任事的范明则成了处理西工委日常事务的主要领导。

当时，汉族进藏人员的生活条件极为艰苦，文化生活极度贫乏，令许多内地人望而却步。西北人吃苦耐劳，1951 至 1956 年，范明曾招募不少西北干部进藏，西工委下属的各个部门都有许多西北人。在入藏部队中，西北人比例很小，但在机关干部中，西北人所占比例很大。如果 1956 年拉萨的汉族干部和解放军官兵有八千人，则西北人至少有三千，这就为组建秦剧团提供了观众基础。任何其他剧种，如京剧、豫剧、黄梅戏、晋剧等，其在拉萨的观众群体都没有秦腔的观众群体大。如果只选一种地方戏进藏，非秦腔莫属。组建西藏军区秦剧团的决定虽然与范明个人对秦腔的偏爱有关，但客观上却也是一件鼓舞军心士气、促进汉藏文化交流的好事。

1954 年 7 月开始筹建西藏军区秦剧团时，青藏公路尚未通车，我驻藏部队的给养十分困难。但到了 1956 年，青藏、康藏两条公路均已通车，我驻藏部队粮草丰足，为正式成立西藏秦剧团提供了物质基础。

要组建秦剧团，一要有钱，二要找到艺术人才。在陕西、甘肃，只要有钱，不愁找不到好的秦腔演员。在西藏，有钱难寻秦腔演员。

1954 年 7 月，西工委文工团团长马顺池及所属秦腔分队的马振华、张志

1952年，西藏工委部分领导合影。左起：平措旺阶、慕生忠、谭冠三、范明、张经武、张国华、李觉、刘振国、王其梅。

峰、李晓俊等 13 人组成西藏秦剧团建团招生小组，开赴西安，招收学员，进行培训。同西北戏曲研究院招收卢少琴他们一样，马顺池他们所招收的学员也是十来岁的孩子。

既然他们自己有演员培训班，且学员数量不少，为什么还要瞄上戏曲研究院的这些孩子呢？答案随后揭晓。

话说 1956 年 2 月初的一天，三辆吉普车开进了戏曲研究院的大院，车上下来七八个人，有穿军装的，有穿便装的，领头的首长身穿崭新少校军服，举止优雅，态度和蔼，非常精明干练，他就是西藏军区秦剧团团长马顺池。卢少琴后来知道，他们中还有李晓俊、马振华、张耘、张茂林、张志峰等人。他们从车上抬下来好多礼物，其中有高级的毛料，有进口的瑞士手表，有漂亮的纱缎，等等，全是进口货，西安很难买到。原来，西藏当时没有海关，拉萨是名副其实的自由贸易区，外国货可以直接进入西藏。因为没有关税，所以这些进口货物在拉萨很便宜。为求演员，先送礼物，肯定是马顺池的妙策。

此后一连数日，这些人天天来戏曲研究院观看演员班的同学们训练，他们什么都看，从早到晚一直看。起初同学们都蒙在鼓里，以为西藏来客不过是来观摩学习，这种事又不是第一次发生。但没过多久，有一条消息就开始在同学中流传：西藏来客要从他们中间挑选演员去西藏！

同学们的传言很快就被证实。西藏来客果真要挑选演员。

听到这个消息，演员班的绝大多数同学都很担忧，唯恐自己被选入西藏秦剧团。但有一个人却是例外，她非常兴奋，热切盼望自己能够被选中。这个人就是卢少琴。

马顺池团长是河北人，话剧演员，曾留学苏联学习艺术编导和戏曲管理，是科班出身的文艺工作者，原在解放军总政治部话剧团工作，后分到西藏文工团，受命组建秦腔团。他这次是有备而来，持有国务院关于优先支持西藏边疆的批文，那是他们向戏曲研究院要人的法理依据。

国务院的文件只是说各地有义务支援西藏，并没有明令戏曲研究院把最好的演员选送西藏。戏曲研究院有义务支援西藏，马顺池等西藏来客诚心求助，又送了礼物，看来不给几个人是不行的。给谁呢？

戏曲研究院的马健翎院长、李正敏老师以及许许多多的领导和艺术家这两年在这个演员训练班身上可没少费心血。西藏来客若要几个二流三流学员，戏曲研究院应能同意；若要卢少琴这样出色的学员，料想马健翎、李正敏等会有几分割舍不下，所以李正敏才会亲自出面劝说卢少琴放弃去西藏的想法。

在几天的考察中，马顺池等早已注意到卢少琴，而卢少琴在毕业分配表上填了西藏为第一志愿也已是演员班的大新闻，马顺池等早有耳闻。马顺池要卢少琴，戏曲研究院有关人士坚决不答应。

关键时刻，卢少琴所填的分配志愿发生了决定性作用。马顺池指着卢少琴的志愿表说："我们西藏秦剧团刚刚组建，急需像卢少琴这样的优秀人才。卢少琴本人志愿去西藏，你们有什么理由不让人家去？"

班主任李正敏老师亲自找卢少琴谈话，他不仅是卢少琴的老师，还是卢鸿斌的把兄弟，与卢少琴有叔侄之谊。他对卢少琴说："你才学习了两年，刚刚有点基础。入一门，比海深，秦腔里有好多东西你还没有学。你的文功武功都还没有练好，应该留下来多学几年，把基础打得更扎实一些。你的条件不错，很有发展前途，好好学习，将来我会让你留在院里。西藏那么远，你没有跟家里商量就决定要去西藏，你家里会同意吗？爸爸妈妈不放心咋办？"

毕业以后留在戏曲研究院，那是演员班绝大多数学员梦寐以求的。以李正敏当时的声望和地位，亲自找 13 岁的卢少琴谈话已属例外，亲口许诺将来会把她留在院里更是非同小可。

训练班副主任姚铃也多次找卢少琴谈话，劝她改变主意。

但卢少琴不为所动，铁了心要去西藏。李正敏、姚铃怎么说都无济于事。

最后被分配到西藏秦剧团的演员班学员共有四人。卢少琴是自己要去西藏，院里派人说服她不要去；另外三个人，即郎英、张亚萍、罗昌富，都是自己没有说想去西藏，院里派人动员他们去，他们只得同意。

除了演员班的这四位同学外，戏曲研究院还从秦腔二团选派了两位青年男演员：一位是张建国，另一位是高林。

这样，马顺池从戏曲研究院总共挖走了六个人，除罗昌富一年后离开了西藏秦剧团外，另外五人日后都成为西藏秦剧团的骨干，尤以卢少琴成就最高。

红花也要绿叶配，但红花毕竟最关键。每个剧团都有一根或几根"台柱子"。对于马顺池马团长来说，卢少琴是他从戏曲研究院索取到的一块真正的宝贝。

在作出最后决定之前，院里给卢少琴放了几天假，让回家征求父母的意见。唯一的女儿突然要走那么远，父母哪会答应？但此时的卢少琴已经是出笼的小鸟，对自己的事有了自主权。面对小少琴的决心，家里谁也没了招。母亲向来豁达明理，知道无法阻止卢少琴远行，给她叮咛了许多话。父亲则专程把当子午市市长的叔父找来，一同商量。父亲、叔父决定随少琴去戏曲研究院看个究竟。

父亲和叔父先找李正敏谈，然后马顺池同二人进行了长谈。去西藏的生活待遇十分优越，解放军在人民当中有崇高威信，马团长崭新的少校军服更是增加了他谈话的可信度和分量。父亲、叔父见少琴是随一个大集体入藏，至少安全有保障，稍觉放心。

卢少琴不知道马团长对父亲和叔父说了些什么，只听见马团长在送客时对父亲和叔父说道："回去好好开导小卢的奶奶和妈妈，让他们放心，我们一定会好好照顾小卢的！"显然父亲和叔父已经同意让卢少琴去西藏。

至此，卢少琴去西藏的事最后敲定了。

就在戏曲研究院去西藏的人选大体敲定后，突然传来消息：马健翎院长生病住医院了！什么原因？人们议论纷纷，许多人都说马院长是给气成病的："你想，马院长在这个演员训练班上花了多少心血！现在一下子让人家挖走了好几个人，就连他亲自挑选到演员班的卢少琴也被挖走了，还能不气？"甚至有人说马院长气得都吐了血。

马院长住院是真的，马院长对演员班的学员被挖走肯定有那么一点忍痛割爱的意思。但说马院长为演员班学员被挖而气得吐血住院，未免低估了马院长的胸襟。

刚刚从医院出来的马健翎院长亲自找卢少琴等四位即将赴西藏的孩子谈话，他说："你们年龄还小，正是学习的时候，但革命事业需要你们去西藏，只好让你们走。去了以后要好好干。秦剧艺术上你们虽然有一定基础，但许多东西你们还没有学到，以后排戏演戏的时候如果遇到困难，可以再回来找我，我会尽量帮助你们的；如果想回来进修学习，我会为你们作安排。"说话的语气就像是一位慈爱的父亲在送女儿出嫁。马院长看上去有些憔悴。那天天气不错，马院长披着大衣，可依然显得有些弱不胜寒。

在戏曲研究院演员班的两年让卢少琴终身受用不尽。经历了演员班训练基本功的艰苦，卢少琴觉得世界上没有什么艰难困苦能使她退却。演员班军事化的集体生活养成了卢少琴遵守纪律的习惯。

卢少琴对戏曲研究院有感情，对同学好友和老师们有感情，现在要离开，有点儿依依不舍，但她情绪中百分之九十九都是梦想成真的兴奋，离愁别恨只有那么一丁点儿。

1956 年 2 月中旬的一个中午，餐桌上比平时多了几样菜，柳风秘书长告诉大家这是在为几位即将赴西藏的同志送行。下午，西藏秦剧团的吉普车带着卢少琴等六人离开了陕西省戏曲研究院，来到了位于西安市北广济街的西藏军区秦剧团办事处。

当日，在西藏军区秦剧团西安办事处，黑板上有欢迎词，晚餐伙食好于平日。床位已安排。发棉衣、棉帽、棉裤、棉大衣、保暖大头鞋、狗皮褥子、帆布等。发脸盆时，按理说女儿家应该喜欢花脸盆，卢少琴偏不要花的，专门挑了一个白脸盆，是骆驼牌，西安搪瓷厂造的，卢少琴很满意。

西藏秦剧团西安办事处院内近大门处立着一个大黑板，上面写着即将开始排练的三本戏：《劈山救母》《游龟山》《李彦贵卖水》，而三本戏的女主角，即《劈山救母》中的三圣母、《游龟山》中的胡凤莲、《李彦贵卖水》中的黄桂英，标的全是"卢少琴"三个字，并且都是 A 角！卢少琴人还未到，角色就给她安排好了。第二天她就开始背台词了。如果卢少琴继续留在戏曲研究院，她要熬到出演这样显赫的角色恐怕还得几年。

卢少琴在戏曲研究院时就是少先队的中队长。来到西藏秦剧团，领导仍旧让卢少琴担任少先队中队长。只不过在戏曲研究院，中队长之上还有大队长，而在西藏秦剧团，中队长就是少先队的最高领导了。

西藏军区秦剧团西安办事处也有个演员训练班，有三四十名孩子，于 1954 年 11 月开始接受训练。这里的训练条件跟戏曲研究院根本没法比。两个小四合院，总共二十几间房子，全用来住人，没有像样的练功场地，没有舞台，没有教室，吃饭是一人端一个碗蹲在地下……较大的一个四合院中间有一个三十平方米左右的露天院子，本来是黄土地表，秦剧团换成了砖，练功、走台步、集合训话等全在这里进行。院子太小，三四十个人往院中一站，做个两臂平伸的动作都施展不开，怎么练功！遇上下雨下雪，院子里没法儿练。正对院门是三间庭房，其左右两间是女生宿舍，中间的一间面积超不过 10 平方米，在下雨天可供大家挤在一起"听讲"，这是他们唯一的"教室"。

像戏曲研究演员班那样排出课表，请秦腔名家任教对小学员进行科学、系统的训练，这个演员训练班根本没有那个条件。从来到这里一直到离开西安赴西藏，卢少琴从未看见过任何秦腔名人前来上课。唯一一位专职老师叫任存才，原是京剧武丑，人很好，但功夫一般，后来没有随大家一起去西藏。

虽然这段时间西藏秦剧团的主要领导和老师马顺池、李晓俊、马振华、张志峰等都在西安盯着，但自这个演员班成立以来，马顺池等多不在西安而在西藏。领导和老师多数不在场，演员班的训练不可能严格。

俗话说"巧妇难为无米之炊"，毛泽东说："我们的任务是过河，但是没有桥或没有船就不能过。不解决桥或船的问题，过河就是一句空话。"生活条件差，师资条件差，缺乏必要的训练设施，学员资质差，这些加到一起，培训结果可想而知。这些小学员的水平比卢少琴等四人差得太远，大多数人连许多最基本的动作都做不好。例如，"虎跳"（俗称"打车轮"）对于戏曲研究院演员班的学员来说是最基本的动作，人人都会，但这里的绝大多数人却不能够很标准地做下来，有的人打车轮居然还会跌跤。翻跟头等难度较大的动作就更不用提了。孩子们的文化水平也不行，因为这个培训班似乎没有开文化课。

这样的水平，要排练一出能够让范明和广大秦腔观众所认可的大戏是几乎不可能的。所以马顺池才要费那么大的周折去戏曲研究院"索宝"。

马顺池等在戏曲研究院淘到的宝贝，除了六名演员外，更主要的是他们学到了训练演员的方法。对于西北戏曲研究院演员班连续几天从早到晚全方位的观摩，大大开阔了马顺池、李晓俊等人的眼界。马顺池、李晓俊等决心向戏曲研究院学习，不但学习演员训练班的课程设置和训练方法，而且决心为孩子们的训练创造物质条件。卢少琴多次听到领导、教练们发出的感慨和今后打算。

两周后，西藏秦剧团大队人马离开西安，开赴西藏。

第五回

赴西藏风尘唐蕃道
惊狂飙野宿倒淌河

1956 年的 3 月 1 日前后，西藏军区秦剧团乘火车离开西安，向西藏进发。

卢少琴、郎英等到达后，拿顶、踢腿、翻跟头、走台步……每个动作都中规中矩，像模像样，把西藏秦剧团培训班的孩子们看得目瞪口呆。每天早上练功，来自戏曲研究院的几个孩子就成了小教练，被老师叫出来做示范，让其他孩子学习模仿。张建国、高林也协助指导孩子们练功。

在卢少琴等加盟之后的两周内，西藏秦剧团除了练功、排戏、晚上偶尔出去演出之外，主要任务是为远征西藏作准备：学习文件，领会党在西藏的政策；学习打背包，搭帐篷，用皮风袋（吹火用），用防风火柴，等等。导演和老师们则忙着搜集、整理剧本。后勤忙着采购东西。剧团继续招募演员、乐队、舞台美术方面的艺术人才，并对演员班的小学员进行精减，淘汰了部分不适合演戏的学员。

离开西安赴西藏时，薛德春、李月来等几位优秀的形体教练员先后加盟西藏秦剧团。到达西藏后，马顺池将他们在观摩西北戏曲研究院后的感想向范明书记作了汇报，提出西藏秦剧团对小演员的培训应该向西北戏曲研究院演员班学习，建立严格科学的训练制度、课程设置和作息时间表，重视演员基本功训练和文化课学习，同时要为培训小演员创造物质条件，练功场必须有，教室必须有，形体教练必须有，文化课老师必须有……范书记非常支持。在范明的亲自关怀下，秦剧团有了刘更生这样的大儒作为孩子们的文化课老师，并极度重视图书馆建设；每次搬家，教室和练功场地成为与宿舍、厨房同等重要的必备设施。之后数年，西藏秦剧团尽可能采用戏曲研究院演员班的训练方法，对小演员们的基本功和文化课进行系统、科学、严格的训练，小演员们的舞台基本功有了突飞猛进的进步，涌现出了一批功夫不错的演员，使得西藏秦剧团具备了较强实力。这是后话。

西藏秦剧团的正式成立，应该从进藏人员名单正式敲定的一天算起，时间应该是 1956 年 2 月下旬。而 1954 年 7 月至 1956 年 2 月应该算作西藏秦剧团的筹备阶段。

内地省份，军区和政府二者分工明确。但在当时的西藏，军区是政治、军事、财政、农业、邮电、建设、运输、教育、文化、卫生等等一把抓，秦剧团同时受军区和西工委领导，因此西藏秦剧团有时也称西藏军区秦剧团。

马团长在作赴藏动员时说："西藏自治区筹备委员会即将成立，中央代表团要去西藏，我们的任务是尽早到达西藏拉萨，适应环境，排练节目，准备迎接中央代表团。这是内部消息，请大家不要给外面的人乱讲。"

组织上把日期事先通知了每个的家庭。卢少琴的父亲、叔父、大哥三人赶来为卢少琴送行。妈妈给卢少琴做了一袋"薄脆"，让她路上吃。薄脆的原料是面粉、猪油、芝麻之类，富含能量，薄薄的，酥酥的，香甜可口，且又耐放，十天半月不坏。除非出远门或坐月子，平时难得吃到，算得上是家乡最好的食品之一。

卢少琴只取了三五个薄脆同朋友共享，其余让父亲拿回去了，告诉父亲说一路之上饭菜会很好，比家里的饭菜好很多，不需要带任何食品。马团长也对叔父和父亲说："上级给我们西藏秦剧团定的伙食标准很高，孩子们想吃多少就吃多少，想吃啥都有，你们就放心吧。"

在当时人们的概念中，西藏太遥远了。一般人对西藏几乎一无所知。离开家乡，离开父母妻儿，要去一个遥远得超乎想象的地方，有的人而激动，有的人惆怅、茫然，有的人难免有些害怕。

事先每个人都曾表示志愿去西藏，言之凿凿。现在真要走，有的人又有点动摇。有一位小男生在火车站逃跑，不过很快就被捉住，只好乖乖和大家一同上了火车。当了逃兵，很不光彩，此后多年都成了他的把柄，被其他同学讥笑。

火车开动了。所有人中，最兴奋和最激动的恐怕要数卢少琴了。她要去西藏了！那里有那幅画中所描绘的美景：一望无际绿绒毯般的草原，悠闲自得的羊群……

卢少琴的觅画历程开始了！她的年龄：13 岁零六个月。

这支队伍有 50 余人，包括陕西省戏曲研究院分来的六人，从原西藏秦剧团演员训练班挑选的二三十名学员，七八位新近招募的演员和乐器手，马顺池、马振华、李晓俊等领导、导演、老师，以及随行家属若干人。虽然男女老幼，参差不齐，但完全按部队的规矩办事，遵守"三大纪律八项注意"，一切行动听指挥。队伍的总指挥是马顺池，少校军衔，西藏军区秦剧团团长、党总支书记。

秦剧团的这 50 来人占用了两节卧铺车厢。列车似乎对他们特殊照顾，热水、开水供应不缺，暖气充足，卫生良好，且餐厅是秦剧团用过饭后才向其他旅客开放。孩子们多是第一次坐火车，而且是坐卧铺，对沿途的一切都感到新鲜，大家一起热热闹闹，丝毫感觉不到旅途的寂寞和劳累。

出发地是古都西安，目的地是古城拉萨，让人想到 1300 年前文成公主进藏的故事。公元 641 年，唐太宗将文成公主许配吐蕃王松赞干布（617—650），派盛大使团护送文成公主进藏与完婚，起点是西安，终点是吐蕃首都逻些，即今之拉萨，走的路线即史家所称的唐蕃古道。唐是唐朝，蕃是吐蕃，即今之西藏。蕃音读 bō（播），西方文字对"西藏"一词的翻译是"Tibet"，应该就是"吐蕃"的音译。在吐蕃王朝兴盛的 200 年多中，唐朝与吐蕃使臣不断，贸易频繁，唐蕃古道站驿相连，兴盛一时。

唐蕃古道的大致路线是：从西安西行入甘肃，经天水、陇西、临洮、临夏，渡黄河入青海，经乐都、西宁、湟源，过日月山，翻巴颜喀拉山，过玉树清水河，渡通天河，越唐古拉山口，经那曲、羊八井，最后到拉萨。从西安到拉萨，在现在已知的所有进藏路线中，走唐蕃古道最近。

1956 年，从兰州到西宁尚无铁路，但公路是有的。西安到兰州的铁路、兰州到西宁的公路以及西宁到拉萨的青藏公路在很大程度上和唐蕃古道是重叠的。按常理，秦剧团应该在兰州下火车，换乘汽车沿湟水河谷至西宁，再经由当时刚刚修好不久的青藏公路至拉萨。但秦剧团的行军路线却是：从西安乘火车到达兰州后，继续乘火车北上，在甘肃柳园下火车，换乘卡车到西宁，再沿青藏公路到拉萨。

卢少琴他们的行军路线有两个不可思议的迷。

第一个迷是到兰州后，他们没有在兰州下火车改乘汽车去西宁，而是沿兰（州）新（疆）铁路继续往西北走，越乌鞘岭，沿河西走廊过武威、张掖，出酒泉、嘉峪关、玉门关，最后来到甘肃西端的柳园。难道他们选的进藏路线不经过西宁？不是。他们从柳园南行入青海后，在青海境内又回过头来乘汽车往东南走，最后来到到西宁。

算算这笔账：从兰州到西宁只有 230 公里（如果从兰州西面的河口车站算起，则只有 175 公里）；从兰州到柳园 1100 公里；从柳园到西宁是 1176 公里。这个 U 字形走下来，至少多走了 2000 公里！

就在西藏秦剧团踏上入藏征程之际，另一支队伍也在准备进藏，它就是陈毅元帅率领的前往拉萨出席西藏自治区筹备委员会成立大会的中央代表团。1956 年 3 月 16 日，中央代表团从北京启程，他们乘火车抵达兰州后，并没有继续乘火车西行去柳园，而是在兰州下了火车，改乘汽车直奔西宁，然后踏上青藏公路向拉萨进发。

马顺池是个非常精明能干的人，带领队伍舍近道走远道，必有道理。一种可能的解释是：西藏军区秦剧团的"粮户关系"不在西安，也不在兰州。从西安出发时，秦剧团的锅碗瓢盆、干菜面粉、武器帐篷等路上必需的物资无法在西安备齐。那个时候，青藏高原上的公路沿线没有旅馆、餐馆，乘卡车进西藏，面粉帐篷之类，必不可少。柳园是个巨大的兵站，是连接内地和新疆、西藏、青海的交通枢纽和军需物资转运站，柳园火车站全部由部队经营，周围没有人烟，物资的安全和保密性有保障。也许因为柳园可以为马团长他们提供进藏所需的一切，所以他们必须去柳园。

第二个迷是既然到了柳园，为何不取直线，走现在唤作 215 国道的公路，横穿柴达木盆地，直达格尔木，而是绕一个巨大的圈子，先到西宁，再从西宁到格尔木。难道他们在西宁有什么公务？似乎没有，他们到西宁只是路过。

算一下里程：柳园到西宁是 1176 公里，西宁到格尔木是 783 公里，如果截弯取直，按今日 215 国道里程计，柳园到格尔木只有 653 公里。马团长他们至少多走了 1300 公里！

最大的可能是当时柳园至格尔木之间穿越柴达木盆的简易公路尚未修通。格尔木因修筑青藏公路而诞生，1954 年才出现帐篷居民，青藏公路 1954 年年底才通车。即使在青藏公路通车后马上开始勘探和修筑穿越柴达木的柳（园）

格（尔木）公路，1955年通车可能都困难。1955年格尔木仍然没有一间永久性住房，连个小镇都算不上。因为柳格公路尚未通车，所以西藏秦剧团的车队才不得不绕道西宁。

言归正传。话说这日队伍来到柳园。下了火车，放眼四周，除了充作部队营房、库房、食堂、接待所之类的低矮平房外，没有老百姓居住，一片荒凉。名曰柳园，其实看不到柳，也看不到园。虽已三月，依然天寒地冻，朔风刺骨。当时，兰（州）新（疆）铁路只修到柳园附近，甚至还没有修到现今的柳园车站。柳园只有兵站，没有车站。

何谓兵站？部队驻守边关，需要有源源不断的物资供应和人员往来。从有粮食和城镇的地方到边关，中途有几百里甚至上千里没有人烟，中间设站，士兵长年驻守，为过往军人提供饮食、邮寄、通讯、咨询服务，这就是兵站。兵站的条件异常艰苦，绝大多数兵站没有房子，只有帐篷。

一下火车，西藏军区通讯营的十辆大卡车和一辆吉普车由一位连长带队，已经等候在那里，将他们连人带货一股脑儿拉到了柳园兵站。这些卡车将负责把他们从柳园送到拉萨。

通讯营来的这20多人，一个个全副武装，荷枪实弹。沿途所见其他开车跑运输的部队官兵也全都荷枪实弹。为什么？因为当时青藏高原不太平。

新中国成立已经六年，然而在青藏高原上，由于地域、民族、宗教特点，国民党败退台湾前留下的潜伏特务活动猖獗，美国和台湾还不时往这里空投特务。青海曾经是西北军阀马步芳的地盘，1949年人民解放军消灭了马家军主力，解放了甘肃、青海，一些马家军的散兵游勇便逃至青藏高原的偏远地区，变成了残害一方、继续与共产党为敌的土匪。更为严重的是，西藏、青海、甘肃藏人居住区，少数仇视解放军和共产党、主张西藏独立的分裂主义分子开始发动小规模的武装叛乱，袭击运输军需的卡车、残杀共产党干部的事时有发生。所有这些势力加到一起，使得青藏公路很有一些刀光剑影。往来在青藏公路上的大小车辆的每个司机都有枪，而且几乎都是解放军战士。

当晚住柳园兵站招待所。干打垒的房子，床单和被子黑乎乎的，不知多长时间没洗了。但跟即将经过的其他兵站比，这里已是天堂了。有招待所，可以住进房子，这已经够奢侈了。一路之上经过的其他兵站，几乎全要靠他们自己搭帐篷做窝。

从柳园西行 80 公里是新疆,南行 250 公里是青海。卢少琴他们是要往南走,穿越青海去西藏。

第二天上路,马团长上了吉普车,其余的人和粮草辎重分乘十辆卡车。每个卡车两个解放军战士,一个坐在驾驶室里开车,另一个持枪和秦剧团的人坐在后面的车厢里。

从柳园经当金山口去青海,敦煌是必经之地。当天中午到敦煌,花两个多小时参观了莫高窟。他们不是走马观花,而是找专家解说,一个窟一个窟地看,至少看了二三十个窟。许多窟前支着架子,不少专家和工匠正在进行修复工作。作为演员,综合文化素质很重要的,参观莫高窟是剧团领导的有意安排。

离开敦煌继续前进,经过一个叫长草沟的荒野,来到一座平缓的小山下,车队停了下来,为的是看"海眼"。戈壁滩上有一个洞,洞口有井口大小,深不可测,站在洞口,可清楚地听到地底有波涛汹涌之声,据说地下的水同大海相接,故称"海眼"。

当晚住安西兵站。次日再走,过当金山口,来到青海境内。

此后一路都住兵站。每次出发前,同下一兵站已经联系妥当,多少人,何时到,下一兵站已经知晓。下午到达时,兵站已为他们准备了饮水和晚饭。在兵站服务的战士长年累月住帐篷,而过往客人必须自备帐篷。

到达兵站,先从车上取下帐篷支起,打开背包,铺好床,然后吃饭、睡觉。早晨起来,先拆帐篷,打背包,再漱洗、吃饭,然后上车前进。雷厉风行,有条不紊,互相帮助,完全是部队的作风。给他们开车的同志们也和他们一起吃饭。饭前要排队、唱歌。卡车是双层帆布蒙的顶棚,保暖。在车上,评点沿途风景,讲故事,说笑,唱歌,睡觉,有时也对一对戏中的台词。

每天基本上只吃两顿饭,即早饭和晚饭。一般不会停下来专门吃中午饭,只是在车上随便吃点干粮。如碰巧路过兵站,有的人会进去拿些东西吃。许多人干脆不吃午饭。每个人都有水壶,每辆车上都有两个暖水瓶。有时车队会在没有人烟的荒野作短暂停留,领导给男生指一个山包,给女生指另一个山包,让大家去上厕所。

黄绿色是柳(园)西(宁)公路和青藏公路上的基本色,那是解放军军装的颜色。道上所见几乎全是军人,有些人虽然没有军人的领章帽徽,但依然穿着黄绿色军服，想必是转业军人干部。卡车是黄绿色，卡车上的篷布是黄绿色，吉普车是黄绿色，兵站的帐篷是黄绿色，兵站上用来覆盖各种物资的帆布也是黄绿色。路上几乎从未见到过步行的老乡或驴车马车，更没有运送旅客的长途班车。

军用卡车是青藏公路上的霸主，它们源源不断地给西藏边关将士运送给养和其他军需，常常是四五十辆卡车的庞大车队，行进起来浩浩荡荡，激起的尘土卷成一条长龙。

路边偶尔会见到测绘队的人，他们穿着蓝色棉衣，长筒靴子，头戴柳条盔帽，肩扛洋镐，路边常见他们的帐篷。

互相帮忙是风气。谁的车出故障或抛锚，过往车辆一定会主动停下来尽全力帮忙，不但帮忙将车拖出泥坑，而且还一起动手将坑填平，免得其他车辆重蹈覆辙。开车司机自觉养路，算得上是当时道上的独特文化。

在兵站停下来住宿或吃饭的，绝大多数都是部队的人。吃饭时碗筷自备。卢少琴未见到任何人吃完饭后给兵站付钱，大概兵站实行的是共产主义。

当时青藏高原上的所谓公路，充其量只是临时便道，路面很差。遇危险地段，小女生常被优待到驾驶室。顺利时每天可走200多公里，许多时候只能走100多公里。路上尘土飞扬，想洗澡那是痴心妄想。

这日到了西宁。从西安到达兰州后偏离了唐蕃故道，这时才又重新踏上唐蕃古道的正途。在西宁仍住兵站。西宁兵站由总后勤部经营，规模大，条件好，有招待所。但西宁城市却很小，虽有百货商店，但街道短小，房子低矮，不大像一个省会城市。

次日上路西行，偶尔有老师或通讯营的同志讲一下文成公主进藏时留下的古迹，卢少琴也不怎么在意。

这一日，车队翻过日月山，来到倒淌河。忽然，车队停在了道边，传下令来，说是今夜要在这里宿营。

太阳尚高，没到兵站，为什么宿营？曰：兵站尚远，今天到不了。如果继续前行，天一黑，支帐篷、做饭都费事，最好就地宿营，趁天亮把该干的事干完。

果然是令行禁止，大家立刻行动。选地面，打桩，搭帐篷，解背包，铺床。铺床时先将防雨布铺在地上，上面铺狗皮褥子，再铺棉褥子，再铺上床单布。这些事这些日子几乎天天必做，每个人都已非常熟练。每个帐篷住六至八人。通讯营派出一辆车去取水。炊事班拿出灶具、挂面、干菜，等等，忙着支锅准备做饭。做饭要烧火，烧火需要柴，卢少琴等的任务是四下里去捡柴火。

此地叫倒淌河，据说是因为这条河的河水是自东向西流，故曰"倒淌"。但四周一望，一片荒漠，根本看不到河流，甚至连水的痕迹都没有。也许他们所选的宿营地点远离河道。只要能找到一段灌木的枝干，常常已经干透，正好当柴烧。众人拾柴，任务很快超额完成。水也取来了，于是烧火做饭。

远处可见山，周围很空旷。太阳快要落山了。在太阳之右，他们营地的西北面大约两公里处，可见两个二三十米高的小山包。吃完饭了，太阳落了，天黑了，炊事班的同志点起了防风汽灯，继续工作。卢少琴等钻入自己的帐篷，很快进入梦乡。

突然，一阵噼里啪啦的声音将他们从梦中惊醒。是无数小石块和沙粒在击打帐篷！外面狂风怒吼，帐篷在剧烈地摇动，甚至地面都有些动。谁也睡不着了。不能出去，只有帐篷里面最安全。只有等待，别无良方。

也不知过了多长时间。突然"呼啦啦"一声响，卢少琴她们的帐篷被风连根拔起，卷入空中！同时被吹跑的还有另外两顶帐篷。

高原的三月，晚上气温可达零下十几甚至二十几度。卢少琴他们睡觉时只脱外面的棉衣和棉裤，里面的绒衣绒裤等都不脱就钻入被子，再将大衣、棉衣等压在被子上面。帐篷被风吹跑，住在帐篷里的全是女同志，大家齐声尖叫，把头钻入被窝，紧紧地裹住被子。马团长和部队的连长对大家说："你们不要动！我们给你们去追帐篷！"

这时天已微明。虽然大家睡觉都穿着内衣，但周围有男生，钻出被窝还是不好意思，只好把头蒙在被子里等待。马团长和其他几位男同志果然找到了帐篷，又替她们搭好，然后离去。起床哨子响了，天已大亮，风奇迹般地停了。像往常一样，大家穿衣、打背包、拆帐篷，装车。

太阳出来了。这时，突然有人喊叫起来：西北面的那两个小山包呢？怎么不见了？再一瞧，东北方向新出现了一个小山包！

大家纷纷议论，觉得不可思议。部队一位比较渊博的同志说，昨晚可能发生了"地翘"，所以山会移动，这种情况在青藏高原比较多见。他还说"地翘"是地质学上的名词，但地质学工具书中似乎查找不到"地翘"这个词。

"地翘"是什么，卢少琴现在也没搞明白，但倒淌河的经历至今历历在目。料想那位同志所说的是"地壳运动"，也就是地震，被卢少琴误听为"地翘"。

这一日，他们到达格尔木。格尔木是青海省的地理中心，位于昆仑山下，柴达木盆地南缘。青藏公路从西宁到格尔木是向正西走，到格尔木后一个 90度转弯，向正南走。

今日的格尔木，天下闻名，是青藏高原上仅次于西宁和拉萨的第三大城市。然而，卢少琴他们当年到达的时候，那里只有帐篷，没有一间房子，就连最简单的干打垒房子也没有。仍然是兵站接待，仍然要自己搭帐篷。

和其他兵站相比，这里的帐篷很多，因为这里是修建青藏公路的指挥部，总指挥慕生忠少将就坐镇这里。1954 年 12 月 25 日青藏公路通车后，慕生忠被任命为青藏公路管理局局长、党委书记，他的家和办公室仍然设在这里。将军仍然住帐篷。

这天晚上，大家吃到了一顿自离开西安以来最为丰盛的晚餐，不但有肉，而且有最为珍贵的新鲜蔬菜！有莲花白炒肉、白菜烩豆腐、粉条炒肉、火腿肉、炒蒜薹、炒干豆角、鸡蛋西红柿汤，主食既有面条又有米饭。

格尔木的饭菜为什么这么丰盛？因为慕将军关照了。这天早上，有个涵洞出问题，慕将军要去现场，临走专门告诉兵站站长说："文工队的孩子们下午要来，一定要给文工队吃好！拿出我们最好的东西。孩子们离开爸爸妈妈，到边疆不容易！"

离他们的帐篷不远是正在建设中的"将军楼"，地基已经挖开，还没有开始砌墙。旁边是将军住的帐篷，两三个警卫员正在忙碌。将军帐篷的前面有一个石头桩，桩上用铁链拴着一只黑熊！站起身来有一米多高，毛茸茸的，竖着两只耳朵，很有点可爱。

从兵站往东走一华里左右是正在建设中的"望柳庄"。还没有开始砌墙，但已经有挖掘机在那里工作。"望柳庄"这个名字是慕生忠起的，大约是说虽然格尔木现在很荒凉，但他们要用自己的双手把它建成柳暗花明的美丽庄园。从兵站到望柳庄的路是用盐铺的。

第二天早上发生了一件事，让卢少琴永远记住了格尔木。

早上起来，卢少琴洗脸刷牙稍晚了一点，兵站没有水了，就拿上自己心爱的白脸盆，跟另外几位同志一起到附近的格尔木河里去打水。

河面上有一层薄冰，轻轻敲打，冰面发出清脆悦耳的"叮咚铿唥"之声。敲开冰，下面是清澈见底的河水，波澜不惊，看上去十分温柔。小卢满心欢喜地去舀水，没有料到河水其实流得很急，她刚将盆子伸进水里，水就呼啦一下冲进了盆子，一个把持不定，盆子就被冲走了，差点儿没把小卢拖下水。

一眨眼，心爱的白脸盆就消失在河水中，无影无踪。

卢少琴和同来几个伙伴不死心，一起往下游追去。但冰层覆盖着河面，看不见脸盆被冲到何处，最后还是没有把脸盆再救回来。

小卢差一点就要哭出来了，早饭都没心思吃了。

大家都来安慰她。兵站站长说："小鬼，别难过！许多人的东西都曾经被河水冲走，毛巾啦，衣服啦，多了。你看，这是用香油泼的辣椒，多香啊！吃吧！"又对马团长说："给这小鬼再发一个脸盆吧！"

这香油泼的辣椒果然对卢少琴有诱惑力，卢少琴用馒头蘸着辣椒，吃了起来。

脸盆是个人生活的必需品，不能一日无此物。有个老师钻到装给养的车里，腾出了一个装干菜的脸盆发给了卢少琴。只是这一次卢少琴没有了挑选的余地，她拿到的是一个花脸盆。

从格尔木再往前走，要翻越昆仑山了。

第六回

越昆仑勇士搏大狼
入拉萨童心悯贫弱

　　1956 年 3 月 10 日前后，西藏秦剧团的车队离开格尔木南行，前面就是昆仑山。

　　蓝天，古人无法到达，于是有灵霄宝殿和玉皇大帝的想象。月亮，古人无法到达，于是有广寒宫和嫦娥玉兔的神话。昆仑山，太高太大太遥远，古人无法触摸，于是，神秘感生焉，神话传说生焉。

　　昆仑，古人称为万山之宗，又称为第一神山。"横空出世，莽昆仑"（毛泽东）！"黄河西来决昆仑，咆哮万里触龙门"（李白）。"西望瑶池降王母，东来紫气满涵关"（杜甫），王母娘娘，至圣至尊，仙乡何处？瑶池昆仑。李白夸杨贵妃漂亮："若非群玉山头见，会向瑶台月下逢"，群玉山者，昆仑山之别称也，瑶台者，昆仑山中王母娘娘住所也，李白说杨贵妃就像昆仑瑶池的仙女一样漂亮。话说 3000 年前，成汤数尽，周朝将兴，诸多神仙犯劫，昆仑山玉虚宫元始天尊门下弟子姜子牙下山，助周伐商，昆仑诸仙下山相助，各显神通。却说唐三藏路阻火焰山，只有铁扇公主的芭蕉扇能灭此火，因为"那芭蕉扇本是昆仑山后，自混沌开辟以来，天地产成的一个灵宝"。话说张无忌小小年纪，便为玄冥神掌所伤，又被坏人逼入昆仑山绝地，眼看必死无疑，却无意中发现武学圣典《九阳真经》，驱出了体内致命寒毒，成就了绝世武功。……

　　昆仑山，承载着中国人太多的文化情感，令人神往，令人敬畏。

　　真实的昆仑山究竟如何？且看 1956 年 4 月乘车沿青藏公路登上昆仑山的新中国开国元帅、诗人陈毅的《昆仑山颂》：

峰外多峰峰不存，岭外有岭岭难寻。
地大势高无险阻，到处川原一线平。
目极雪线连天际，望中牛马漫逡巡。
漠漠荒野人迹少，间有水草便是容。
粒粒砂石是何物，辨别留待勘探群。
我车日行三百里，七天驰骋不曾停。
昆仑魄力何伟大，不以丘壑博盛名。
驱遣江河东入海，控制五岳断山横。

上得山来，有平原，有丘陵，有草地，有荒漠，有江河，有湖泊，有盆地，有峡谷，有冰雪，有温泉……横无际涯。峰外多峰，岭外有岭。何处是顶峰？顶峰不可寻。不见人烟，偶见动物漫游。看那些奇砂怪岩，正不知是何宝藏。驱车日行 300 里，好几天都走不出昆仑山。处海拔 5000 米之地而不觉其高。不知身在昆仑山，只缘此山太庞大……这就是陈毅笔下所描绘的真实的昆仑山，也正是秦剧团当年翻越昆仑所见到的昆仑山。

秦剧团的车队离开格尔木时，卢少琴才意识到，他们这十辆卡车不是谁想走在前面谁就走在前面，而是有秩序的。走在最前面的一辆车上有一挺机枪，走在最后面的一辆车上也有一挺机枪，最前面和最后面的车都是粮草辎重，孩子们乘坐的几辆车居中。坐在卡车车厢里的解放军战士时刻保持高度警惕，为了不分散注意力，他们很少和秦剧团的人闲聊。听战士说，临行前首长有交代：一定要将文工队的人安全送到拉萨。

卢少琴所能记得的昆仑山上的地名有三个：纳赤台、不冻泉、通天河。

离开格尔木，沿途所见，尽是荒凉。走着走着，突然前面一个不高的山崖上出现了三个鲜红的大字：纳赤台。不知为什么，在这个地方见到汉字，卢少琴觉得格外亲切，于是永远记住了这个地名。纳赤台附近不见人烟，公路两边的土全是红色的，让卢少琴猜想这里是不是《西游记》中的火焰山。

有一次，车队在一个兵站停下来吃饭，卢少琴看见路边立着个牌子，上面写着"不冻泉兵站"。昆仑山上天寒地冻，冰雪随处可见。卢少琴想：不冻泉应该就是温泉，有温泉的地方应该比较暖和。但下车以后，严寒依然，冰雪依然。吃完饭后，车队继续前进，卢少琴根本没有看见什么泉水，但却记住了这个地名。其实这里真有泉水，水量大而稳定，严冬不冻，水质优良，好事者说它是西王母酿制琼浆玉液的泉水。

这一日，车队来到一条河边，沿着河道前行。有人告诉大家，这就是通天河。听到这个地名，卢少琴等读过《西游记》的人来了精神，看见河水起个漩涡，就说"沙和尚要跳出水来了"，看见天空中飘来一朵云，就说"观音菩萨派木叉前来收服沙和尚"。其实，唐僧取经根本就没有翻越昆仑山，沙和尚的老巢是流沙河而非通天河，而且他们所见的这条河也只是通天河的支流楚玛尔河而已。

一路之上，部队的同志吃苦在先、享受在后，遇到危险挺身而出，对秦剧团的人呵护有加，对这些孩子们更是关怀备至。

上了昆仑山，路上不时出现积雪、水坑，有的地方干脆是翻浆路，车队常常被迫停在半路，一天常常只能走 100 多公里。

从西宁到拉萨，青藏公路全长为 1937 公里。按照路况，整个青藏公路充其量只能算是临时便道，其中从青海格尔木到西藏当雄约 1000 公里的路程尤为难走，要翻越三座大山，依次为昆仑山（可可西里山是其一部分）、唐古拉山和念青唐古拉山，还要通过河汉纵横的三江源地区。这段路的平均海拔在 4500 米左右，唐古拉山口是道路最高处，海拔 5231 米。

在青藏铁路已经通车的今天，人们一定会想：上了昆仑山，有多少美景值得一看，有多少地方值得留影！然而，当年的卢少琴他们却很少想到要借此机会观赏高山风景；即使他们想要欣赏沿途风景也不可能，因为他们多数时候都被蒙在黑暗里！

为什么会被蒙在黑暗里？因为上了山，天气冷，早上更冷。坐的是卡车，没有热气，车往前行，等于大风迎面吹来。那么冷的风，谁受得了！没办法，只好把前后左右都用帆布蒙得严严实实。车里倒是暖和多了，但却是一片黑暗。路不平坦，车一直摇来晃去颠上颠下，不一会儿，黑暗中的乘客便一个个似睡非睡半梦半醒，许多名胜都是这样稀里糊涂走过去的。

蒙在车上的帆布设计有窗口，不太冷的时候将一根绳子一拉，就可以将窗口的帆布撩起来看外面。透过窗口，有好多次卢少琴都看见成群的羊、鹿类动物，经常走道的战士们管它们叫黄羊，也许是藏羚羊也未可知。这些黄羊不甚怕人，甚至也不太怕汽车。因路况不好，汽车走得很慢，卢少琴有好几次看见黄羊也不紧不慢地在车前面走，直到司机按了喇叭它们才惊慌逃跑。

因为太冷，坐在车上又不能活动，手脚常常被冻僵。下车后，负责运送他们的连长总要提醒大家不要立即跑进兵站的食堂去烤火，那样受冻的手脚容易受伤甚至残废，他要大家先在院子里蹦一蹦跳一跳，搓搓手，活动活动再解散。

一个少女愿意成天跟一群吃了生蒜的人挤在一起吗？她自己愿意吃生蒜吗？卢少琴必须吃生蒜。当时走青藏公路的人都相信吃蒜能够减轻高原反应，每个兵站都备有许多蒜，敞开供应，除了吃饭时会吃一点蒜外，早上出发前每个人口袋里都要装点蒜，路上有时会拿出来吃。即使没有高原反应，不吃蒜也不行；别人都吃，你不吃，别人身上的蒜味会让你受不了；只有你也吃了，你才闻不到蒜臭。大蒜能否减轻高原反应暂且不论，当时因条件所限，难以做到时时处处卫生，饭前便后洗手肯定不能完全做到，蒜能杀菌，从健康角度看，吃蒜肯定有益。

有的时候，卡车会陷进泥坑。因为路太窄，一辆车动不了，路上所有的车都得停下来，车排起的长龙一眼望不到头。被迫停下来的其他车辆谁也不会抱怨，而是过来帮忙。往往一折腾就是好几个小时。走不了，那就下车吧。要上厕所，约几个女生一块儿去，找个相对隐蔽的地方。四处走走，看看周围的风景。每次停车后领导都要强调："不能走远了"。在一处地方发现许多透明晶体，晶莹透亮，非常好看。卢少琴开始以为是盐的结晶，但有人说是水晶石，比盐贵重多了，卢少琴捡了几块放在口袋里。

有的司机打了黄羊，从车上取下气炉子烤肉吃，盐瓶子、辣椒面俱全；有的车上备有干柴，燃起火来烤肉吃。看样子这些战士根本不怕在野外过夜。这些战士成年累月跑这条道，太寂寞了，看见秦剧团的这帮孩子，都非常亲热，毫无例外地要打招呼："嗨，小鬼！过来吃！""嗨，小鬼！过来喝！"小鬼们也不客气，昆仑之巅一时欢声笑语。

队伍中有二十几名女同志。女人爱美，做演员的女人尤其爱美。坐在车上只需半天，身上就会有一层土。衣服上、帽子上的土还好办，拍一拍，刷一刷，凑合一下就过去了。最要命的是头发里面钻土，影响容貌，也实在难受。车上没法洗，帐篷里没法洗，怎么办？还是有办法。碰到有热水的兵站，打半盆热水，走远一点，几个人帮忙站岗放哨，有男生走近马上示警，把头发洗一洗，把能够擦到的地方用毛巾擦一擦。互相帮忙。时间得抓紧。虽然不能完全解决问题，还是好受多了。遇到有房子又有热水的兵站，那就太好了，把窗户堵上，几个女生就可以在里面把身上擦一擦；兵站的热水有限，你用多了，别人就没有水了，每次去打水就心虚，觉得大家都在盯着你，还是尽量少用水吧；只可惜这样既有房子又有热水的兵站太少。

海拔高，气压低，水的沸点降到八十几度，米饭蒸得半生不熟。那也得吃。有的兵站有高压锅，蒸的米饭好吃，但高压锅太小，蒸出的米饭有限，根本不够吃，让秦剧团的小鬼们吃高压锅蒸的米饭，似乎是天经地义，谁也没有意见。那些运送粮草的小伙子们吃半生不熟的大锅米饭，一碗接一碗，吃得挺香。

话说这天早上十点，西藏军区秦剧团的人马来到一个名叫"安多买马"的兵站，准备吃饭。在兵站里等着吃饭的除了他们外，还有很多其他人，包括刚刚到达的一卡车新兵，听口音都是四川人。有两个藏民各背一大捆柴卖给了兵站。

大家等着用餐，有的人站在院子里聊天，有的人在兵站外面转悠。突然有人喊："快来看！外面一只大灰狼，团长去拿枪了，要打狼！"大家蜂拥而出。

出了院子，顺着人们手指的方向看去，果然看见四五百米远的地方有一只狼，它正在不紧不慢地碎步跑着。

这时，马顺池团长已经取来了他的卡宾枪。马团长虽然穿着少校军服，但剧团的人都知道他并不是当兵的出身，是个白面书生。他打枪行吗？

团长端起枪，瞄准。枪响了。狼的后半身猛栽了一下，坐在了地上，显然受了伤。距离这么远，又是移动目标，居然打中了，马团长的枪法还真不含糊。人们欢呼起来。一眨眼工夫，狼又起来了，一瘸一拐，继续向前跑。团长又打了一枪。狼又倒下了，但一眨眼工夫，狼站起来了，一步三颠往前走。

正在马团长犹豫要不要再开枪时，人群中突然窜出一个小伙子，箭一般地向狼奔去。少琴一看，是一路上给他们开卡车的通讯营的一位战士。

接着，又有一个小伙儿冲了出去，随手将棉衣棉帽扔在了地上。他是刚才到达的那群新兵中的一员。

许多人都开始向狼奔去。卢少琴她们几个小鬼也跟着跑。最先冲出去的那两个人跑得最快，和其余的人拉开的距离越来越大。

突然，跑在第二位的新兵战士倒在了地上。难道他怕被狼发现，要隐蔽前进？不对！跑在最前面那位战士都肆无忌惮，他怕什么！难道他被蛇咬了一口？不对，周围冰雪都没有化，哪来的蛇！难道地上有什么东西绊了他一跤？

等人们跑到这位新兵战士跟前，只见他仰面朝天，七窍流血，已经不省人事！

赶快救人！有人摸了摸他的鼻孔，好像还有气儿。几个战士抬起他来就往兵站走。只听得人群中有人议论："高原缺氧，刚来，还没有适应，跑得太猛了！恐怕是心都挣裂了，看来凶多吉少！"又听有人说："四川人，分到这个兵站来工作，刚到！"

再看跑在最前面的那位战士。跟在他身后的人倒下，他似乎浑不知晓，继续向前跑去。其余的人因围观那位倒地的新兵而耽误了一下，跟他离得更远了。

他孤身一人跑到狼跟前。狼看到他，站了起来，龇牙咧嘴，愤怒咆哮，作势要扑。这只狼好大，抬起头来有一米多高，足有一百多斤。一看狼发狠，小伙子也发了狠。身上别无武器，他急中生智，脱下棉衣当作盾牌，一个猛冲就扑了过去，一下子就把狼扑倒在地，用前额顶住了狼的嘴巴，右手抓住了狼的左前爪，左手抓住了狼的右前爪，膝盖抵住了狼的后腿，将狼仰面朝天压在身下。

狼拼命挣扎，四蹄乱蹬，头颈猛转，试图调动嘴巴撕咬战士。战士岂能容它得逞，使尽全力不让狼的嘴巴从头上滑落下来。毕竟狼已经受伤，相持了一两分钟，狼大概因为气管受战士头部的顶压而呼吸不畅，渐渐没了力气。战士转换姿势，一面继续将狼按倒在自己的身下，一面用双手将按着狼的头部撞向地面，一下，两下……一连撞了十几下。

后面的人也陆续来到近前。战士见援兵已到，精神大振，站起身来，双手揪住狼双耳附近的毛皮，用力一甩，先将狼背在身后，来了个急转身，将狼抡在空中，像掷链球那样抡了一圈，使尽全力将狼掷出。一百多斤的狼竟被他摔出五六米远！

"啪"的一声，狼落到了地上，四蹄微微摇动，但再也没有爬起来。

人们正待欢呼，却见战士啪嗒一声倒在了地上。人们围上前去，只见战士已失去了知觉，双眼微闭，满脸苍白，就连嘴唇都毫无血色。

人群中不乏有经验的人，他们说："高原缺氧，他是用力太猛。看来不要紧，休息一会儿就会好的。"大家给战士的身下垫上棉衣，身上盖上大衣，让他静躺了几分钟，战士就醒过来了。

那只狼被摔出去后，虽然活着，但已没有了反抗之力，七八个壮小伙儿早已将它捆得结结实实，抬了回去。

卢少琴等回到兵站，饭也好了。吃完饭，又匆匆上路。抓住的狼呢？不知道，马团长没有带走，大概是让兵站的人炖了吃了吧。

卢少琴到现在还不知道那位新兵是死是活。他才十八九岁，如果这样死去，那就太可惜了；如果他真死了，他的死是重于泰山还是轻于鸿毛？他会不会被算作烈士？他的父母可要心疼死了！

至于那位伏狼勇士，因为和剧团的人走一道，所以卢少琴经常见到。有人问他："你当时怎么敢往狼身上扑？"他回答得很简单："我不扑它，它就要扑我！"他与狼博斗的情景卢少琴看得一清二楚，对他很是佩服。遗憾的是卢少琴竟不知道勇士的姓名。

恶狼扑来，不退反进，敢于向狼反扑去，不是人人可以做到的。在卢少琴心中，这位战士是个勇士。在她的心目中，解放军中人人都是这样的勇士。

同行的许多人有高原反应，但卢少琴一点儿不适感觉都没有，走到那里都是活蹦乱跳的。不过两个壮小伙儿因缺氧而倒地，还是给孩子们上了一课。姑娘们互相警告说："西藏缺氧，可不能跑得太快！"

终于有一天，下坡路多了起来，温度也明显升高，车上帆布的窗口可以经常打开。路边柳树已经长出绿芽，远处也开始偶尔见到老乡和民房。接着，卢少琴见到了一个新奇的景象：远处的平地上停放着几架闪闪发光的飞机！那年月，飞机是稀罕物，卢少琴是第一次见到。原来那是我们部队的一个军用飞机场。当雄到了！

当晚他们就住在当雄兵站。当雄有部队的大营，兵站条件好，有房子，热水足，卢少琴他们不用支帐篷，可以洗头，还吃到了新鲜蔬菜。

第二天继续赶路。当雄离拉萨只有150多公里，今天下午就要到达拉萨了！大家心情都很好。屈指算来，从他们坐卡车离开柳园的那天算起，今天已经是第16天了。

绝大多数人都是第一次来西藏，大家心里都在想：拉萨会是什么样子呢？

卢少琴更比其他人多了一个疑问："拉萨有那幅画里所画的美丽大草原吗？"

下午3点左右，车上不知谁先喊了一声："看！哲蚌寺！"大家翘首观看，在路的左前方，群山环抱之中，出现了一大片建筑群。自离开西宁，一路走来，县级城镇也过了几个，它们的规模基本上就相当于内地大一点的村庄，叫个镇子都有点勉强，像眼前这么大的建筑群还是第一次看到。早先来过西藏的老师讲，哲蚌寺很大，在全国也算得上是屈指可数的大寺院之一，听说里面有7000个喇嘛。

在哲蚌寺附近，离公路更近处还有另外一个建筑群，规模较小，大约有哲蚌寺的三分之一，有人说那是色拉寺，又说那是一座尼姑寺院。后来对拉萨熟悉了，才知道那不是色拉寺，而是乃琼寺。

老师说：走拉萨的人把哲蚌寺看成是拉萨的大门，过了哲蚌寺，就应该算是已经到拉萨了。再有十多分钟就到拉萨了。

如果拉萨已经很近，那么这里就应该是拉萨城的近郊。大家都睁大眼睛四下搜寻，寻找拉萨城的郊区，比如越来越多的行人和车辆，路边越来越多的房子和店铺，等等。但四下里分明还是一片荒郊野外。

老师肯定是在骗他们。拉萨至少还在十公里以外，不然怎么什么都看不见呢？正这么想着，前面就出现了不少似乎是杂乱无章地分布着的藏式房子，路上也有了越来越多的行人和牛羊。车队放慢了速度。突然，车上又有人喊了："看！布达拉宫！"

果然，不远的前方，在高高的山坡上梦幻般地出现了一处庞大的宫殿群，同周围的一切相比，如鹤立鸡群，在落日余晖里，显得无比的雄伟壮丽。

真是布达拉宫！老师没有骗他们。真是到了拉萨！

车缓缓前行，车上的人仍然在四下寻找。主要街道在哪儿？看不见。商业街在哪儿？看不见。笔直纵横的道路在哪儿？没有。来来往往的车辆和人群在哪儿？看不见。百货商店在哪儿？看不见？蔬菜市场在哪儿？看不见。饭馆子在哪儿？看不见。公共厕所在哪儿？看不见。干净时髦的市民在哪儿？看不见。……这个地方似乎和他们想象中的省会城市相差太远。

车队来到布达拉宫跟前。刚才从远处看，布达拉宫确实雄伟壮丽。现在走到了跟前，反而觉得布达拉宫不如从远处看那么美观。布达拉宫的墙壁和窗户主要是白、红两种颜色。不知道已经有多少年没有维修，各个表面似乎都蒙上了一层泥土，红墙变成了褐墙，白墙变成了灰墙，就像刚从土里挖出来一样。许多墙壁上都生了青苔，并有雨水冲刷的痕迹。周围杂乱无章地长着杂草灌木，垃圾、粪便随处可见。

卢少琴心里偷偷地想："这么脏，文成公主怎么住！"

不过比较起来，拉萨城里还是布达拉宫最好看。站在行进的卡车上一眼望去，除了布达拉宫、大昭寺等几所建筑很漂亮很气派外，这里的多数房子都很破旧。房子都是平顶的藏式楼房，可能因为路上尘土太大，房子看上去都是灰蒙蒙的。没有看见一条像个城市街道的路，路上坑坑洼洼的，上面散布着许多干黑的人畜粪便。一阵风吹过，尘土飞扬，钻入我们鼻孔的，是一股牛粪味。

路上的行人不是很多。碰到的行人从头到脚都是灰蒙蒙的，多数人穿得很破旧。许多低矮的民房前用门板搭着简易架子，上边摆放着一些售卖的干奶酪、干葱、服饰和其他日用品。卢少琴没有看到一个穿着打扮很漂亮的人。每个人都留一个辫子，有的盘在头上，有的吊在背后。有些人一路磕长头，听说他们是去大昭寺的。有的人背着筐，一边走路一边拿着转经轮摇着。有的老太婆没有背筐，一边走一边转经。每个人走路都是低着头，没有一个人是昂首挺胸。有的人蹲在墙角，手拿鼻烟壶，用指甲挑了鼻烟吸入鼻孔，然后打一声喷嚏。

门框都是黑漆。窗户不大，不是规则的长方形，而是上窄下宽的梯形。每栋房子都有点像城堡一样。路都是土路，稍微一刮风，就尘土飞扬。每个人的头上脸上似乎都有蒙上了一层灰尘。卢少琴对这一切都觉得非常新奇。

"这就是拉萨？"大家多次问着这么一句话，像是在问别人，又像是在问自己。卢少琴也在问这句话。

看到眼前这一切，卢少琴心里有点儿失望，这和《西藏牧羊女》那幅画中的景象相差太远。

车队是从西面进城的，来到布达拉宫近前，在布达拉宫广场的西北角右转，走了一个 S 形，然后沿拉萨河的北岸东行。

拉萨河边的沙滩上看到的情景震撼了卢少琴这个 13 岁少女纯洁的心灵。

她看到了什么呢？许多乞丐家庭。他们的"房子"是用长短不一、奇形怪状的树枝、石块支撑的帐篷，小的如狗窝，大的如牛棚。蒙帐篷用的布多数由许多块千疮百孔的氆氇连接而成，帐篷八面通风，根本不能遮风挡雨。帐篷中的居民男女老少都有，一个个蓬头垢面，骨瘦如柴，光着脚丫，穿着又脏又破的氆氇衣，衣不遮体，露肩，露腿，甚至露一些不该露的地方。这样的帐篷，这样的衣服，拉萨的冬夜这么冷，他们是怎么熬的！

何谓"氆氇"？氆氇是藏族人用羊毛手工捻线手工织造而成的一种布，质地有点像麻袋片。在旧西藏，贵族多穿绸缎、棉布、进口毛料，下层劳动人民只能穿自己制作的氆氇。在崇尚纯羊毛制品和手工制品的现代，氆氇作为藏族的传统工艺品受到游客的青睐。

卢少琴从来没有见过这么多这般贫困之人。她震惊了。她觉得这些人太可怜了！她心里很难过，真想帮助他们，但是不知道该怎么去帮。秦剧团的车走得很慢，这些藏族人纷纷凑到卡车跟前，伸出手来，口里说着："咕叽咕叽！咕叽咕叽！"卢少琴和她的同伴们纷纷拿出自己的馒头、饼干、糖果之类的东西递给他们，有些男同志拿出香烟分给他们。收到东西，这些人就说："吐吉其！吐吉其！"西藏用银元和铜钱，人民币在西藏尚不能流通，大家身上的钱都是人民币，无法给他们。

卢少琴想起了那幅画中的美景……她相信一定能够找到。

最后，车队在一个唤作"孜仲林卡"的庄园停了下来，到家了。

第七回

拉萨河畔秦腔落户
孜仲林卡暗岗示警

1956 年 3 月 20 日前后，西藏军区秦腔剧团 50 余人抵达拉萨，住进西藏军区所在地——孜仲林卡。

到达当日，拉萨天气晴好。经历过昆仑山和唐古拉山的寒冷，大家感到拉萨气温宜人。柳树现新绿，小鸟在歌唱，春天已到来。

卡车直接开到大院门口。院子内外干干净净，门房有人在值班。大家都急于一睹新家，车刚一停稳，就急着跳下车，跟着后勤的同志进了大院。宿舍已经分配好，每个房子门口都贴了一张纸，上面写了每位新主人的名字。床头也有标签，写着床位主人的名字。

看完房子出来，发现这一路之上为他们开车、保护他们的解放军同志已将他们的行李从车上拿了下来，堆放在了门房附近。大家取了行李，拿回自己的房间。这时就听院子中有人喊："水开了！大家可以去打开水和热水，抓紧时间洗一洗，喝点水，马上就要开饭了。"

不再支帐篷，有房子可住，有床可以睡觉，有开水，有热水。万里征程结束了，卢少琴有了家的感觉。

这次进藏的 50 多人并非是西藏秦剧团的全部，另有少数人已经在拉萨，他们为"大部队"的到来准备好了一切。

孜仲林卡是西藏上层人士擦绒的庄园，位于拉萨河畔，现在的体育场和妇幼保健院一带，拉萨城的黄金地段。西北面一公里外是大昭寺，东南面两公里外是布达拉宫，总面积估计在 700 亩以上，内有院落多处。

擦绒家族乃西藏望族，近代出过旺秋杰布和达桑占堆两大名人。擦绒·旺秋杰布曾任噶伦。旧西藏政教合一，噶伦为三品官，相当于副省长，共设四名。旺秋杰布有资格担任噶伦，擦绒家族自然非同小可。

800 年来，每当朝廷昏庸懦弱之际，主张西藏独立的势力就会抬头。清朝末年，清廷在与西方列强的博弈中屡战屡败。1904 年，西藏遭受英国军队侵略，清廷未能给予西藏强有力地保护，致使英军占领拉萨，藏人寒心，使得朝廷在包括十三世达赖在内的西藏人心目中声望日下。1909 年，赵尔丰率清军入藏，军纪败坏，引起藏人不满，达赖反抗清军入藏失败，被朝廷革去名号，于 1910 年逃往印度，临走委任噶伦擦绒·旺秋杰布与驻守拉萨的清廷周旋。

达赖外逃时，后来成为擦绒家族成员的达桑占堆曾率卫队拼死抵抗清军，使达赖外逃成功。1911 年辛亥革命爆发，清朝灭亡，原来与清廷关系密切者遭到打击。1912 年，擦绒·旺秋杰布被指控对清廷让步太多，与其独生子同时被处死，留下一门孤寡。

1913 年，十三世达赖拒绝了英国人的威逼利诱，返回拉萨，承认西藏属于中华民国。他让护驾有功的达桑占堆入赘擦绒家为婿，更名为擦绒·达桑占堆。达赖的信任，加上擦绒家族的声望，使得达桑占堆成了西藏炙手可热的权势人物，曾任藏军总司令、噶伦、司伦。1933 年，十三世达赖圆寂，达桑占堆权势稍减，但一直是上层贵族中的头面人物。

劳动人民出身的达桑占堆聪明勤劳，善于经营，挣了好多钱，喜欢下地干活和养花弄草，是个园艺家，创建了孜仲林卡，并将其建设得很漂亮。1951 年 8 月解放军进藏后，从擦绒手中租借了孜仲林卡的大部作为西藏军区驻地。政治上，达桑占堆曾经亲近英国人，主张藏独。1956 年西藏自治区筹委会成立，他任建设处处长。1959 年 3 月，西藏发生全面叛乱。擦绒·达桑占堆参与了叛乱。3 月 22 日，拉萨的西藏叛军在解放军的打击下土崩瓦解，守卫在布达拉宫的叛军升起白旗投降，其中就有叛军副司令擦绒·达桑占堆。作为叛军头目之一，他被关入监狱，不久死去，享年 70 岁左右。

"林卡"的意思通常被解释为"园林"，其实并不确切。在旧西藏，林卡是树林环绕的贵族庄园，包括这个贵族家庭生活的府第和周围的园林。林卡之中，园林是附属于庄园的，林卡的本质是私人住宅，而不是供人们游玩的园林。林卡内的宅院固然不能擅入，周围的大片树林也是庄园主私有，外人非经许可不得进入。当时拉萨可能有一二十个林卡。最著名的林卡当然是罗布林卡，它是达赖的夏宫。达赖姐姐绕西的庄园叫绕西林卡。内地的富贵人家只知建深宅大院，而西藏的富贵人家除了建深宅大院，还注重在庄院四周植树造林，更符合现代人居环境理念。

秦剧团同西藏歌舞团、塔工文工队合住一个现成的大院子，三个单位各走各的门，倒也互不干扰。这个院子被称为"军区后院"，而"军区前院"则驻着西藏军区司令部、作战部、政治部、宣传部、后勤部、运输团、通讯营、卫生营、警卫营、军区文工团等几十个单位。没有任何一个现成的宅院可以容纳西藏军区这么庞大的机构，所以西藏军区既租用了孜仲林卡现成的房子，也租用了孜仲林卡的地皮开发使用权，在这块地上建造住宅、营房、礼堂、办公室等。与秦剧团离得最近的是军区政治部，由此及彼只需穿过二三十米的树林。

卢少琴等 20 多名女生的宿舍是一所建筑质量非常好的藏式平顶房。房子建在一个一米多高的平台上，四周设有多个落地玻璃窗户。房内有 16 根边长约 20 公分的方形柱子，按照藏式房子一柱一间的算法，这所房子应为 16 间，每间按 10 平方米计算，就是 160 平方米，中间没有隔墙，整个房子形成了一个大厅。室内的地面是所谓的"阿嘎"地面，据说是用榆树皮泡水，泡出树皮中的胶质后，再拌进干净沙子，和成像水泥一样，然后铺到地表，夯实，干了以后再磨平，为藏式古建筑屋顶和地面所普遍采用。这种地面不渗水，不起尘土，非常干净平整。

利用室内的柱子，剧团用白帆布将大厅分隔成若干个小房间，每个房间安放四张床。床是在木框上穿洞，用牛筋和棕绳拉成网状形成的，牛筋有弹力，睡在上面就像睡在弹簧床上一样；站在床上蹦，有点跳蹦床的感觉。孩子们睡这种牛筋床还是第一次，觉得挺新鲜。室内四周安装着若干个藏式柜子，柜子连着墙，墙就是柜的后壁，桌面有四五十公分宽，有写字台那么高，平时可放碗筷茶杯之类。

厕所怎样？

卢少琴他们进藏时，即使在拉萨城内，也经常看到有人随地大小便，以至于拉萨街头随处可见粪便，秦剧团的人很不习惯，于是才有了藏族人家会不会有厕所的疑问。

西藏地广人稀，走空旷山岭，处无际草原，且多为游牧，无须积肥种田，随地大小便实属自然。旧拉萨的街头没有公共厕所，人们对随地大小便习以为常，但私人住宅内是有厕所的。随着社会的进步，拉萨和西藏其他城市有了公共厕所，这种随地大小便的习惯至少在城市中已悄然绝迹。

秦剧团所在的孜仲林卡的厕所很好。厕所靠院墙而建，离居室较远，石头砌的墙，有门有窗，是一所认真建造的房子，房子建在一个两米高的平台上，进厕所门要上八级石头砌的台阶，室内地板用的是高质量的厚木板，木板上设两个人蹲的坑，地板离下面的粪池足有四五米。厕所里面非常干净。粪池通到院墙外，工人不必进院子就可掏粪。男女厕所分开，相距百米以上。厕所是庄园里原来就有的，门窗较旧，可见已经使用多年。它应该就是当时西藏贵族家庭所使用的厕所。

秦剧团是下午到的，紧紧张张弄好自己的床铺，上个厕所洗个脸，就到了晚饭时间。整队集合去吃饭。领导催大家说："快吃！吃完饭要开会！"

当晚开会，团长马顺池讲话："我们已经安全到达拉萨，第一次进藏的同志们都经受住了考验，各班要认真总结经验，发扬成绩，纠正错误。现在，西藏就是我们的战场，我们的阵地就是舞台，我们的武器就是戏剧。我们要刻苦训练，认真排练，认真演出。部队很辛苦，我们要热情为部队服务。我们军队进藏的目的是保卫祖国的疆土，合理合法。西方反动派反对我们进藏，西藏反动势力和国际反动派勾结，不断制造事端，搅得西藏不安定，敌情非常严重。我们要随时准备战斗，服从命令听指挥。最近因为长途转移，演员训练班的文化课没有上，现在要上，每周要保证至少十节文化课。……"

副团长阎志仁对乐队、演员的练功和排练的时间和地点作了安排。为了让大家从长途旅行的疲劳中恢复一下，团部决定次日放假一天。

就这样，西藏秦剧团在孜仲林卡安家落户。此后的一段时间，剧团通过其他途径招募的人员陆续抵达。至1956年年底，西藏秦剧团人数达到最多，有将近130人。

除了秦剧团外，西藏歌舞团、豫剧团、京剧团、黄梅剧团、杂技团、藏剧团等也在这一时期先后成立。当时西藏的工作和生活条件都十分艰苦，文化生活尤其贫乏，中央深知这一情况。解放军要长期驻藏，保卫边疆，如何激励士气、稳定军心，避免我进藏人员日久思归、锐气丧失，是具有军事战略意义的大事，因此需要组建各类文艺团体。

当时在拉萨的各类剧团虽有好几个，但要说实力和名气，首推西藏秦剧团。何以见得？当时拉萨唯一的大剧场即拉萨人民大礼堂归秦剧团掌控，秦剧团的舞台美术队常驻礼堂，其他剧团要用礼堂，必须先和秦剧团联系。此后若干年，西藏广播电台播送戏曲节目，秦剧团的录音占绝对优势。

西藏秦剧团的成立在秦腔传播史上有着特殊的意义，而当时的国内外政治环境又给它的建立和发展蒙上了浓郁的传奇色彩。为了保存史料，这里对西藏秦剧团的人员组成情况略作介绍，其中有些人是在卢少琴他们抵达拉萨后的大半年内陆续加入的，1959 年以后加入的人员此处未包括在内。

团部：马顺池任团长兼党总支书记；四位副团长：阎志仁（早年参军，擅板胡、二胡，原秦腔队指导员，娶藏族姑娘喜洛，1957 年被免职回陕西老家），李晓俊（总导演、艺术总监），张耀民（剧本创作、编剧），刘更生（精通古文、诗词、历史，擅长书法，很有学问，范明极看重，主要负责小演员们的文化课学习，并参与剧本创作）。党总支委员有马振华（秦腔名旦）、张茂林（甘肃人，音乐、作曲，擅长扬琴、唢呐）、张耘（擅长二胡、唢呐、小提琴、钢琴）、高林、张志峰等。

业务室：任务是搜集和选择剧本，选择演员，负责导演。主任李晓俊，副主任张志峰、张茂林。成员有李益中（原三意社成员，武生，导演）、吴君尚（导演）、雒祥杰（甘肃人，擅长板胡、二胡、唢呐）、薛德春（原上海京剧院武生，武功教练）、张小培（武功教练，薛德春助手）等。

大演员队约 15 人：队长高林。两位女演员：韩玉兰、李彩霞。男演员有张建国、高林、焦成锋、张岳华、张益民、李福中等。张建国、高林来自西北戏曲研究院。张建国是西藏秦剧团最优秀的生角演员之一，高林主要从事教练和管理工作。其他大演员则在 1957 年全部被精简。

小演员队约 50 人：队长孙忠孝，指导员由阎志仁兼。

主要女演员有卢少琴（西藏秦剧团最主要的旦角，主工小旦、青衣、正旦，亦演老旦、武旦，兼报幕）、陆桂爱（小旦）、胡新华（正旦、青衣）、张亚萍（旦角）、张英琴（正旦，青衣，嗓音很好）、杨宝华（小旦）、郎英（武旦）。

其他女演员有胡宾环（正旦、老旦）、荆彩霞（花旦）、许秀英（后转舞美队搞服装）、石菊霞（武旦）、耿引弟（配角）等。张樱桃（后转舞美队搞化妆)、刘爱云（配角）、崔志宁（配角）等于1956年下半年加入。另有王慎荣、李淑贤、刘素芳、张菊梅等配角演员于1957年初被精简。

主要男演员有刘保平（文武小生）、刘印堂（武生）、王双群（猴戏，武生）、白贵平（须生）、田德昌（花脸）、孙忠孝（丑角）、郭善民（老生）、樊西圆（小生）等。

其他男演员有侯宽初（花脸）、张建华（老生）、宋怀安（武生）、王崇华（武生）、张新乾（武生）、张新安（老生，后转业务室搞剧本创作）、郭西宝（配角）、孙升仁（后转舞美队搞道具和效果）、刘振国（胡子生，擅长书画，后转舞美队，后成为知名书法家）、许胜利（配角）、陆根才（娃娃生）、罗昌福（1957年初被精简）等。

乐队：队长张茂林（作曲，扬琴、唢呐、中胡等），副队长张耘（头把二胡，提琴）。队员有雒祥杰（板胡）、常立成（笛子、唢呐）、王根孝（三弦）、王忠谦（月琴，三弦）、武耀星（二胡）、王兆吉（中提琴，大提琴；音乐教员）、冯树茂（打击乐）、丁治顺（打击乐）、赵天民（打击乐）、高连喜（手锣）、苏小红（手锣）、王嘉辉（水镲、钩锣）、魏新民（板胡）、田广斌（板胡）等。

舞台美术队：队长杨振海（服装）。队员有李仁友（灯光，电工）、赵维俊（电工）、赵连城（化妆）、邓军（布景）、高峰（布景）、刘秀英（服装）、崔琳（服装；马顺池夫人）等。

此外还有炊事班、资料室、图书室、会计、出纳、财产管理员、理发员、后勤管理员、枪械保管员等。其中炊事班长马保全及炊事员郭新发、严师傅等三人始终跟着剧团，兢兢业业，全心全意，做出的饭菜好，对每个人都很好，很让卢少琴怀念。

抵达拉萨的第三天，西藏工委副书记范明率领共青团工委书记梁枫（范明夫人）、西藏自治区筹委会秘书长陈竞波、组织部长白云峰、妇联副主任李静、宣传部方部长等前来看望。卢少琴听见范书记给剧团领导说："赶快给孩子们把礼服弄起来！伙食一定要搞好！安全要搞好！"视察厨房时，范明夸奖馒头蒸得好，比工委的馒头好。范明跟小演员们一个个握手谈话，问"想家不想？哪儿的人？家里几口人？"等等。

由于范明等上层领导的重视，西藏秦剧团的伙食非常好，肉类、鸡蛋、蔬菜等供应充足，吃饭不限量，因为考虑到孩子们正在长身体，而且每天训练，运动量大，剧团每月还给孩子们发可可奶粉、进口奶粉、白砂糖、葡萄糖等营养品。

紧张的基本功训练、文化课学习和戏曲排练开始了。上面传下话来，两个星期后就要进行首场汇报演出，时间很紧。先期到达的同志已经在院子内用帆布搭了一个 100 多平方米的简易练功棚。此外，院内还有 1000 多平方米的大草坪，也被大家用来练功。马团长是演话剧出身，不太懂秦腔，练功和排练在技术上由副团长李晓俊全面负责。

拉萨与北京有两小时的时差，但仍用北京时间，夏天到晚上 9 点还有太阳。早上 8 点起床，练功两个小时，由原上海京剧院武生薛德春担任教练。然后排戏。下午一般是开会学习或上文化课。吃完晚饭再排练两个小时。晚上11 点睡觉。

文化课对历史很强调，因为演戏要懂得历史。文化课老师为刘更生，陕西蒲城人，原陕西师大老师，学问很好，原是杨虎城将军的军需官，所在部队起义，地下党了解他，得到重用；1954 年来西藏工作，常给军区领导讲历史和兵法。"更"和"生"本是同一个字"甦"的左半部和右半部，是"苏"的繁体字之一，因别人常将他的名字读写为"更生"二字，刘老师便将错就错，改名更生。

从到达拉萨的那一刻起，领导就反复强调剧团必须每时每刻都处于一级战备状态。所谓一级战备状态，最主要的是随时都要准备出发。要保证在十分钟内打好背包、带上所有该带的东西，集合完毕整装待发。所有的日常生活都要按这一要求来安排。睡觉前袜子要放在鞋里，以免临时手忙脚乱找不着袜子；背包带要按照一定规矩摆放在床下固定位置；炊事班在每次饭后都要将灶具收拾起来装入筐内；无故不得走出院子，出门散步要事先报告请求同意；上街至少必须有五个人结伴，其中要有一人带枪；等等。

当时拉萨的局势可以用两句话来总结：表面上风平浪静，暗地里激流涌动。这暗中的敌情卢少琴他们岂能知晓？领导叫他们怎样准备，他们就怎样准备，除此之外，对"一级战备"四个字其实并没有更深的理解，直到有一天晚上发生了一件事，差点闹出了人命，才让卢少琴对"敌情"二字有了更深刻的认识。

4月的一天，卢少琴等到拉萨人民大礼堂去彩排，忙碌了整整一天。天黑了，一部分人先坐车回去了，卢少琴、冯树茂等几位同志还有点事没做完。老冯就对司机说："不要再回来接我们，路不远，我们自己走回去。"事情干完后，老冯、小卢等七八位同志开始往回走。

拉萨大礼堂位于现在的自治区政府附近，要不了20分钟就可以走到孜仲林卡的秦剧团大院。他们沿人民路（现在叫北京路）往东走，再折而向南，进孜仲林卡的树林，沿林中小路走捷径回剧团大院。

那天晚上月白风清，气候宜人。在房子中蒙了一整天的他们走在这林荫小道上，又说又笑，十分惬意。

正在这时，一棵树上突然有人大喊一声："站住！口令？"

那时，每隔两三天就要换一次口令。虽然每次有新口令都会告知剧团所有的人，但大家平时进出院门都乘车，口令从来没有派上过用场，所以谁都不用心去记它。没想到今天晚上步行回家，居然需要回答口令！

大家都愣住了，你看看我，我看看你，都希望别人能够记住口令，但谁也没有记住。要是剧团有人出来说句话就好了！但这时他们离剧团门口还有一二百米，即使大声喊叫，院门房的同志也听不见。

树上的人等了一会儿，见没人回答口令，又高喊一声："开枪！"

开枪！人家要开枪！大家哗啦啦一下藏到了树后。明知对方是解放军，自己人，但子弹不认人，答不上口令，人家开枪有理，死了白死。这可不是演戏！不能等死！好在林中树多，藏身不难。

这帮人中，老冯年龄最大，又是男生，隐然是大家的领袖；称呼中虽然有个"老"字，但他也才三十出头，血气方刚。七八个人，一条枪，枪在老冯身上。老冯的枪是一支加拿大造二十响，这种手枪体积较大，掂在手里沉甸甸的，大家称之为"半斤铁"。

《秋收起义歌》里唱得好："革命要有立脚点，地是根来枪是胆。"有枪壮胆，老冯的火气就比别人大些，而藏到了树后，有了革命的立脚点，老冯这火就上来了，心想："哼！不问青红皂白就要开枪！岂有此理！"他咔嗒一声将子弹上了堂，喊道："开枪？你开枪老子也开枪！"

当然，老冯这么喊，也是给自己壮胆，吓唬对方，希望对方不要开枪伤到自己的同伴而已；真要扣动扳机，玩惯了乐器的老冯还是下不了这个手；对方可是替秦剧团看家护院的解放军战士，自己人，怎能随便开枪？闹出人命可不是玩的！

正在这时，只听得身后"唰啦唰啦"一阵响，五六个手持冲锋枪的解放军战士来了个散包围，枪口从不同的方位对准了老冯他们。没等老冯明白过来，他的枪已经让人家给缴了。老冯、小卢等只好老老实实听候处理。

这时，树上那位战士已经下了树。他们是军区警卫营的，领头的是一位班长。班长向老冯、小卢等问明了情况，见他们的模样举止真有几分像舞台上的生净丑旦，确信他们是秦剧团的人，这才命令手下解除了对他们的看管。

班长接着解释说："刚才在树上值勤的这位战士是四川人，他刚才喊的是'开腔'，是口腔的腔，不是冲锋枪的枪，意思是叫你们开口说话，说明情况，并没有说要开枪打你们。他真要开枪，你们是来不及往树后藏的。"

班长见老冯年龄最长，是唯一一位带枪的，刚才又听见老冯喊"你开枪老子也开枪"，就放过了其他人，单独给老冯上起了政治课。他严肃地说："你们为什么不记住口令？你们为什么不坐车？你们不知道敌情有多严重！你这位同志，看样子识文断字有文化，怎能够不知道纪律？火气倒不小！居然还敢说'你开枪老子也开枪！'要是我们晚来一步，你真的开了枪，你知道后果有多严重吗？"班长比老冯年轻，文化水平也没有老冯高，但人家占理，这一顿训得老冯哑口无言。

班长又说："你们暴露了我们的一个暗岗，我得重新布置。"然后将老冯、小卢等送到剧团大院。

回到大院，别人都已吃过晚饭，厨房在等他们几个人。他们将饭菜拿到外面院子里，餐桌是用木板钉的简易桌子，有点像现在公园里的野餐桌；院子里也没有灯光，他们在月光下用餐。除了炒菜、馒头外，炊事班长马保全又打开了一个凤尾鱼罐头倒在了一个瓷盘里端到他们桌上。

他们在月光下用晚餐。其他人都没有把刚才发生的事放在心里，高高兴兴地吃饭。只有老冯还没有从刚才的挨训状态中解脱出来，自己的领袖没有当好，在卢少琴等小孩子面前失了面子，心里别扭，在餐桌上默不作声，只是一口一口地扒拉着饭菜。

别人吃饭用筷子，而老冯则拿了一样西洋餐具：不锈钢叉子。盘中的凤尾鱼已经吃完，可老冯还在那里用手中的钢叉捣着盘子。"当！当当！当当当！"

声音越来越响。

炊事班长老马闻声出来，说道："谁惹了你？干嘛拿盘子出气！捣破了盘子你可是要赔的！"大家也都纳闷儿：老冯这是犯了哪根儿神经了？

等到老冯说出话来，直把大家笑得前仰后合。

此照摄于1956年4月10日前后，西藏秦剧团从西安抵达拉萨约有三个星期，正是西藏自治区筹委会成立前夕。照片中人物的背后是布达拉宫，正前方数十米远近是当时拉萨最现代化的建筑——拉萨人民大礼堂，照相用的凳子就是从礼堂搬来的。照片展现了西藏秦剧团初建时的主要阵容，也记录了拉萨当时的风貌：布达拉宫广场沙土其表，砾石遍地，不像城市广场，倒像荒漠沙滩。照片背景中见不到一个行人。小演员们都穿着刚刚由军区为他们量体定做的礼服。秦剧团的小演员队是西藏当时唯一的少先队，孩子们不但要演戏，而且要作为军区的"红领巾"仪仗队迎来送往和参加各种庆典。

前排左起：宋怀安、袁思友、孙升仁、郎英、石菊霞、卢少琴、许胜利、耿引弟、荆彩霞、陆桂爱、刘印堂；

二排左起：刘保平、罗昌富、郭民权、李彩霞、王家辉、胡新华、张菊梅、张英琴、杨保华、？、王双群、樊西园；

三排左起：郭哲儒、李淑贤、候宽初、郭善民、张亚萍、常立成、？、武侠义、白贵平、？、刘素芳（戴着帽子，像男生）、刘振国、王慎荣、许秀英；

四排左起：张耀民、张益民、王崇华、薛得春、李福中、王兆吉、焦成峰、张耘、张茂林、张建国、马振华、张志锋。

第八回

紧备战玉手弄钢枪
迎达赖莽汉蔑铁棒

大家以为老冯还在为树林挨训的事生气，就安慰老冯说："虽然今天晚上在树林中受了点委屈，那只不过是个误会，不能怪你，小事一桩，你也不必生气！"老冯说："人倒霉，连盘子里的鱼都不让我吃，明明有鱼，可我就是叉不上！"说着指了指盘中的"鱼"。大家一看，原来老冯是近视眼，月光下面看不清楚，误把盘子上的三朵菊花图案当成鱼了。大家哈哈大笑。老冯也笑了。此后多年，大家一说起老冯吃鱼的事就乐。

经过了"树林月夜遇暗哨"这件事，卢少琴才意识到，领导上反复强调的"一级战备状态"并不只是说说而已，我们的部队时刻保持警惕。她还逐渐了解到：白天秦剧团大院门口虽然不站岗，但暗中军区安全部门的人从不同的方位时刻监控着大院的各个重要位置；到了晚上，军区警卫营就将岗哨撒到秦剧团大院，不仅门口有荷枪实弹的战士站岗，还有暗哨和流动哨。从老冯他们被迅速包围缴械的事实看，每个明岗和暗哨的附近都有后援，一有情况马上就能赶到。

战斗意识如此浓厚，警惕性如此之高，行动如此之迅速，这样的队伍怎能不打胜仗！解放军不愧百战雄师！不管真正的敌情有多么严重，卢少琴却有一种安全感，因为她知道我们的战士无时不在保护他们。

为什么每天都要一级战备？因为当时的西藏和拉萨确实有敌情。

1954年底，青藏公路和康藏公路同时通车，我进藏部队和文职人员的给养有了保证。相对稳定的粮草供应为1955、1956两年共产党势力在西藏的大发展创造了条件。西工委经过中央组织部批准，从内地抽调大批汉族干部进藏，前后达两千多人，并吸收和培养了大批藏族党员和干部，军区、西工委和自治区筹委会原有的机构得到扩充，新的机构和企事业单位纷纷成立。人多势壮了，民主改革的呼声也日渐响亮。西藏秦剧团的成立和壮大就与这种大发展的形势有关。

西藏本来就有藏独势力，得到美国和其他国际反共势力的极力扶持，开始是反对解放军进藏，后来又想逼走解放军。现在眼看逼走或者饿死解放军的美梦破灭，共产党势力大发展，他们可真是急了，有些人不惜铤而走险。许多上层贵族对于统一或者独立的态度本来就在两可之间，现在看到民主改革呼声日益高涨，切身利益受到威胁，开始向西藏独立势力靠拢。

按照"十七条协议"，解放军虽然强大，也只是在军事要地和公路沿线驻扎，无权干预西藏地方事务。噶厦政府和它所领导的藏军同共产党貌合神离，纵容、支持西藏独立势力。当时，境外的武器弹药几乎可以自由运入西藏，寺庙和贵族可以自由拥有枪支和武装。解放军无权进入各大寺院和贵族庄园，这些地方成了藏垢纳污的场所，美蒋特务、藏独人士、反共分子可以肆无忌惮地策划包括武装叛乱在内的活动。四川、云南、甘肃藏区和西藏本土先后出现零星叛乱，叛乱分子打出"西藏独立""保护宗教""赶走汉人""永不改革"等口号，杀害地方干部和进步分子，袭击解放军运输物资车辆，围攻党政机关，洗劫公路道班，伏击国家地质勘探队车队，杀害解放军和其他进藏人员，种种祸害不可胜数。

正大光明地打，驻藏部队没有敌手，就怕敌人搞暗杀和绑架。文艺团体的人，尤其是像卢少琴这样的汉族小姑娘，可能最容易成为袭击对象。为了保护秦剧团人员的安全，军区警卫团的人明里暗里付出着巨大的劳动。一级战备，绝对必要。

西藏工委有个社会部。"社会"二字，容易让人联想它可能是帮助找工作、介绍婚姻、关照老弱病残，等等。其实它相当于公安局和保卫部，主要职责是保护我进藏人员的人身安全，发现和监视暗藏的敌人。社会部的人穿便衣，枪藏在衣下，常扮作普通的顾客或行人，因此他们可以进出任何公共场合而不会引起人们的注意。他们四处巡逻，遇见我们的人有危险，就明帮暗助。当时西藏是噶厦政府执政，西藏工委不能行使政府职能，不可能像公安局那样公开执行巡逻，所以才有了社会部。

有个叫张向明的人，抗战时期曾任新四军四师锄奸部秘书科科长，解放战争时期曾任豫皖苏八分区宿西县公安局局长，1951 年十八军入藏时为该军的保卫部副部长，1952 年西藏工委成立后担任了社会部副部长。可见所谓社会部者，公安局、保卫部也。

秦剧团的几位女同志就曾经享受过社会部便衣的特殊"关照"。有一次，几个女生要买手表。在拉萨买进口手表便宜，但必须去外国人开的店。这些店在八廓街一带，店面一般很小，没有橱窗，只有一个小门进出，因为没有电灯，里面光线很暗，刚进里面什么也看不见，过几分钟眼睛适应后才能视物。离开剧团大院时，她们是按规定结伴同行，并有一位带枪。开始逛店后，她们走散了，有人已经去了另外的店，其余的人还在第一个店里停留，后来干脆各逛各的。社会部的便衣发现了她们，不动声色将她们一个个收容了，电话打到秦剧团，让剧团去领人。秦剧团派车将她们接了回来。马振华就指着她们的鼻子说："一群女光棍们回来了！"这几个女生知道违反了纪律，一个个垂头丧气。马顺池对她们说："你们可能不知道，敌情很紧张，万一出个事，怎么得了！你们这是拿自己的性命当儿戏。这次就不给你们处分了，以后可不能犯同样的错误！"

社会部的人为什么要如此小题大做呢？原来，曾经发生过我们的同志进了那些小店后就再也没有出来，这些同志后来证实被敌人杀害了。因此规定逛这些外国人开的小店必须五人以上，并有人带枪。有人建议逛店时最好留人在店外观风，以免让人家关门打狗，来个一窝端。

剧团有三支冲锋枪和几支其他类型的枪支，由枪械保管员保管。马顺池团长佩带一支手枪。团里其他人员外出，需要带枪的人员到保管员那里领枪。团里发枪，只给男生，不给女生，大概是担心女生带枪出门容易让人家缴械。这似乎有重男轻女之嫌，但女生也真的不喜欢动枪，从来没有女生为争取男女平等而主动要求出门带枪。

穆桂英不爱红装该武装，一剑能挡百万兵，但这样的女人太少，唯其如此，才能入戏。现实生活中，舞台小旦的纤纤玉手和杀人武器结合，似乎有点不大和谐。

卢少琴她们这些少女光演假戏不动真枪行不行？不行！

有一天，军区派来了卡车，将秦剧团的男女演员一股脑儿拉到了拉萨东郊

　　1956年，西藏已有少数分裂势力纠结的叛乱武装经常袭击我们的工作人员，所以即便是文艺团体，为了安全，也都发放枪支以保安全。此照反映的就是1956年4月秦剧团抵达拉萨后不久，军区将他们用卡车拉到拉萨东郊的军区靶场进行射击训练，由部队的同志教他们拆枪、擦枪，并进行实弹练习。

　　前排左起：卢少琴、胡新华、张志峰、白贵平（只见背影）；

　　第二排左起：陆桂爱（蹲着，竖着的枪半遮头）、杨保华、樊西园（胡新华身后戴帽平端枪者）、张建国（竖着枪坐）；

　　最后一排左起：刘振国（陆桂爱后坐者）、胡宾环（杨保华身后，似在手举望远镜遮住双眼）、张亚萍（站着，正在玩张耘的冲锋枪）、张耘（侧身，似在指导孙忠孝练刺杀）、孙忠孝（练刺杀动作者）。

的军区靶场，每人发了一支"新式步枪"即56式半自动步枪，由部队的同志教他们拆枪、擦枪、打枪，真枪实弹练射击。

56式半自动步枪是我国仿照苏联同类武器制造的新式武器，1956年刚刚出炉，料想当时优先装备驻藏部队，其他部队可能还没见过呢。枪比较沉，空枪重量即达3.7公斤，一般的小女孩要将它平端起来高举到头部都困难，更不用说拿稳枪杆，数分钟内一动不动地瞄准了。好在卢少琴等不是普通小女孩，她们练过武功，臂力强，但还是不容易。这种枪的后坐力不小，第一枪一放，卢少琴差点没被震爬下，自然而然地用上了一点舞台上翻跟头的技巧才稳住了脚跟，那欲倒又直的姿势一定很娇美，把站在一旁的战士倒逗乐了。打第二枪时对后坐力有了精神准备，情况才好了点。

此后一段时间，他们到靶场来了好几次。除了练习打枪外，部队的同志还教他们利用地形地物隐蔽、匍匐前进等其他一些实战技巧。

中央代表团马上就要来，剧团的排练任务非常繁重，像卢少琴这样的主要演员整天忙得不可开交，导演和老师恨不能将他们的一天当作两天用。但再忙，打靶训练谁都不能缺，从领导、导演到普通演员，谁也没有抱怨，一是觉得玩玩枪倒也新鲜，二是想到这些军事技能到时候也许真有大用。

当然，也不是时时处处刀光剑影。那段时间有一件给卢少琴留下愉快记忆的事是去擦绒家买果子吃。擦绒是孜仲林卡的地主，1956年6月秦剧团搬家后，秦剧团的院子就在擦绒家住的院子隔壁。卢少琴他们出入院门时偶尔会碰见擦绒和他的仆人们。两个院子互不干涉内政、互相礼让、和平共处。这边厢唱秦腔，那边厢的擦绒及其眷属肯定能够听见，彼时彼刻，不知擦绒及其眷属作何感想。在昔日拉萨贵族的隔壁唱秦腔，算得上是秦腔传播和汉、藏文化交流史上的一段佳话。

秦剧团的院门和擦绒居住的院子的后门相对。擦绒院中有山楂树，秋天，树上的果实红艳艳的，格外诱人。擦绒院子的后门通常是紧锁的，为了让秦剧团的这些孩子们进院吃果子，擦绒特意吩咐下人敞开了院门。当时拉萨的果树很少，水果奇缺，即使山楂，在这些孩子们眼中也成了仙果。卢少琴等经常进擦绒的院子买果子吃。

擦绒60来岁，中等个子，略胖，非常和气，常常在树下纳凉休息，眼前放着暖水瓶、茶杯、点心等，每次见到这些孩子们，擦绒都笑着向他们点点头。一个银元买三四十个果子，卢少琴等连比带划，告诉擦绒说他的果子卖得太贵，于是擦绒就会给他们再添上几个果子。

西藏拉萨的一个贵族庄园里，树上果实累累；树下，一群戴着红领巾的少先队员正在向一位藏族奴隶主买果子吃，虽然语言不通，也能手舞足蹈，讨价还价；小朋友固然天真活泼俊美可爱，老贵族也是憨态可掬和蔼可亲……真是一幅绝妙的和谐图！

发钱了！4月5日清明节，卢少琴等第一次在西藏领到工资。加上拉萨的地区补贴，卢少琴每月工资是五十几元；从西安到拉萨，旅途每天补助两元；在拉萨，只要出门坐车，不管距离远近，每天补助两元；可能还有其他补贴。这第一次，卢少琴就拿了一百多元。人民币在西藏不能流通，发的是银元，大家叫它钢洋，一块人民币一个钢洋，只发工资的一半，另一半单位替你存入你的银行户头。像卢少琴这样被正式定为文艺15级的小演员是凤毛麟角，多数小演员定的是辅助一级或辅助二级。

吃饭不要钱，住房不要钱，乘车不要钱，小小年纪，就拿这么多钱，令人羡慕。问题是有钱没地方花，所以当时的卢少琴对钱并不怎么看重，常将存折当书签用。有一次，借的书读完后还到图书馆，图书管理员发现了夹在书中的存折，托一位同学给她捎去；这位同学是她的好友，故意和她闹，用她的存折从银行取了钱，她浑不知晓，最后还是这位同学自己沉不住气告诉了她。

在内地城市，只要有钱，花钱的地方多得很。但在当年的拉萨，要找个花钱的地方还真不容易。逛商店？对不起，没有值得一逛的商店。去看戏看电影？所有的戏和电影都是单位包场，没有买票入场的戏和电影。找朋友下餐馆？对不起，此地没有餐馆。可怜了这群孩子，居然拿宝贵的银元去买擦绒院子里的山楂果吃！

跟藏族人交易只能用钢洋。拉萨有印度人、尼泊尔人和其他外国人开的商店，那里也得使用钢洋；这些店里卖外国手表、首饰、衣料等，很便宜，国内其他地方买不到；当初马顺池到西北戏曲研究院要人，所带的礼品大概都是从这些商店里买的。

第二个月发钱后，卢少琴给自己买了一块罗马表，价格是32块钢洋。在内地，那年月戴手表的人可不多见，何况是罗马表，更何况是一个13岁的小鬼。当时的入藏人员，只要是拿工资的，人人都戴外国手表。

银元的标准重量是 26.6 克，20 块银元就是一斤多，如果要买一块比较高级的瑞士表，需要 100 多块，五六斤重，装在兜里沉甸甸的，走起路来"当啷当啷"响，满街的人都知道你带钱了，想保密也保不住。且莫说当时有政治暗杀，见财起意的劫匪也可能会对大家的安全造成威胁。

西工委在拉萨有贸易公司和商店，那里买东西不必用钢洋，但也不用人民币现款交易。买东西的方法是：选好东西，商店开个一式四联的单据给你，你拿上单据到银行，银行把钱从你的户头上转到商店的户头上，给你的单据上盖章，银行留一份，你凭盖了章的单据再回到商店去拿你买的物品，商店留一份单据，你自己留一份。整个过程有点麻烦，但后来也就慢慢习惯了。只是一样，买东西必须成箱成捆地买。比如买袜子，几个人凑到一块买，一次至少买一打，回来大家分。

食堂的伙食再好，但也有吃腻的时候。想换个口味，但拉萨没有餐馆。于是大家合伙买一箱陈皮鸡罐头、猪肉罐头、鱼罐头之类，回来分而食之。

当时从内地往西藏运货十分困难，但商店里日用品的价格并不比内地贵，国家其实负担了全部的运输费。因为进货困难，商店里有时连日用品都会脱销。

大概当时各单位的领导为了鼓励大家安心留在西藏工作，常常说西藏这好那好。有一段时间商店里买不到牙膏，有人就编了一句顺口溜："西藏好，西藏好，百货公司没牙膏！"有一次卢少琴当着领导的面念这个顺口溜，领导半开玩笑半认真地说："哪儿来那么多怪话！小心人家说你有'右派'言论！"这么一吓唬，卢少琴果然就不敢再说了。

秦剧团到达拉萨的第三天，四号首长范明带领西工委各部委的头头探望了大家。十余日后，西藏军区的一号、二号、五号首长结伴前来探望秦剧团。一号即张国华司令员，二号即谭冠三政委，五号即陈明义参谋长。西藏自治区筹委会秘书长陈竞波等陪同。领导探望，过程大同小异，看厨房，看宿舍，询问"小鬼，多大啦？想家吗？有没有高山反应？有什么困难？"等等。

西藏军区职位最高的五位首长中的四位，即一号张国华、二号谭冠三、四号范明、五号陈明义，在卢少琴他们抵达拉萨的两个星期内亲临秦腔剧团探望慰问，任何其他文艺团体都没有享受过这种礼遇。消息传到歌舞团、京剧团、豫剧团等其他文艺团体，人家都说军区领导偏心，对秦剧团格外重视，好事都给了秦剧团，不但最高首长亲自去看，而且住在条件较好的军区后院，服装也好，大礼堂也归秦剧团掌管，等等。

当时拉萨有秦剧团、豫剧团、京剧团、黄梅剧团四个汉族地方戏剧团。进藏人员来自五湖四海，有喜欢秦腔的西北人，有喜欢豫剧的河南人，有喜欢京剧的北京人，也有喜欢黄梅戏的鄂皖赣人。但相对而言，还是西北人的群体最大。1951 年范明带兵入藏和 1952 年班禅行辕入藏，所带的汉族随员基本上是清一色的西北人。此后这些早期入藏人员的家属纷纷入藏，这些家属主要也是西北人。范明进藏后，又从西北选调大批干部入藏。假如当时拉萨的汉族人有八千，则西北人可能有三四千，占到将近一半。京剧在中国大普及主要是 60 年代后期革命样板戏的功劳，但在 50 年代，驻藏部队中的京剧听众远不如秦腔听众多。所以，军区领导关心秦剧团，倒不完全是军区领导偏心，而是从西藏工作的全局出发。

1956 年 4 月的一天，上级有令，秦剧团全体集合，穿上礼服，乘车到拉萨城外的接官亭，列队整齐等候在那里。任务：作为仪仗队的一部分迎接达赖。

范明初次探望秦剧团时，所作指示中就有一条：赶快给孩子们把礼服做起来。当时大家都不理解，唱秦腔的人，做礼服干什么？现在明白了，领导果然是站得高看得远，秦剧团除了演戏还得当仪仗队，礼服原来有大用！

既然范书记作了明确指示，做礼服就成了秦剧团抵达拉萨后立即着手办理的几件大事之一。秦剧团有舞台美术队，设计服装很内行，衣服料子也由他们选。每人两套礼服。卢少琴她们女生的两套礼服是：一套米色西装上衣配天蓝色下装，另一套是花裙子配花上衣。男生的礼服是米黄色西装。所有礼服都是高级毛比几布料。男生女生都配发从拉萨皮革厂定做的崭新的皮鞋。

汉族进藏人员迎接达赖的队伍由西工委宣传部和文化局协调指挥。接官亭离拉萨四公里，本是清朝时期西藏地方政府为迎接朝廷驻藏大臣而设。那天天气好，能穿裙子。

达赖到了！他是从什么地方来的？卢少琴不知道。只见他乘坐八抬大轿，轿子前面有几名铁棒喇嘛分成两排，沿道路两侧前进，为大轿开道。

铁棒喇嘛是对藏传佛教寺院中负责维持僧人清规戒律的寺院执事的俗称，因他们常随身携带铁杖，故有此名。达赖驾前的铁棒喇嘛一个个身强力壮，目空一切，手中的铁棒足有胳膊那么粗，五六尺长，可能有二十几斤重，朝上的一端有几个铁环，每走一步，他们似乎有意无意地将铁棒往地下"咚"地一捣，棒上的铁环跟棒身撞击，会发出"仓啷"一声响，显得威风八面。

在两排铁棒喇嘛中间的是身披袈裟、头戴黄色鸡冠的喇嘛，他们手拿佛珠，边走边念叨。在这些喇嘛前面走着几位衣着华贵的藏人，据说是噶厦政府的官员。走在轿子前面的还有一个长号，有好几米长，五六个人抬着走，一个人吹号，发出低沉的"呜呜"声，制造出一种唯我独尊、庄严肃穆的气氛。大轿后面也跟着一些喇嘛，再后面跟着百十名藏军。这些藏军头戴大檐帽，身穿类似于中山装的灰色制服，外面套着只穿一个袖子的藏式外衣，背着大枪，服装倒也整齐，但队伍不太整齐，站相和走姿都有点歪七扭八，不大像军人。秦剧团的小鬼们见了，很是瞧不起。

达赖抵达接官亭后，撩起前面的帘子向欢迎人群致意，然后又放下了帘子。卢少琴见达赖很年轻，脸比周围的人白，戴着颜色很深的墨镜。然后，仪仗队在前，达赖行辕在后，整个队伍开始向拉萨行进。

行走在达赖大轿前面的仪仗队，由近及远依次为铁棒喇嘛、鸡冠喇嘛、藏剧团、秦剧团、豫剧团、京剧团、黄梅剧团、军区文工团、歌舞团、杂技团、干部、市民等。普通的藏族民众似乎不容许接近达赖行辕，只能远远观看。

在汉族人的仪仗队中，秦剧团离达赖距离最近，且有其他文艺团体所没有的整齐的礼服。这秦剧团还有一样是其他文艺团体没有的，就是卢少琴他们这些戴着红领巾的少先队员，在几千人的欢迎队伍中绝无仅有。

人要衣装，马要鞍装，秦剧团的演员一个个都是俊男美女，配上崭新的礼服和鲜艳的红领巾，出类拔萃，美不胜收。只不过达赖活佛四大皆空，"色不异空，空不异色"，"无眼耳鼻舌身意，无色声香味触法"，说不定对所有的仪仗队都视而不见也未可知。

乐队的人，无论平时玩什么乐器，似乎都会吹唢呐。这次迎接达赖，乐队的人带了十来把唢呐，在仪仗队中吹将起来。吹什么呢？说不准，听起来欢乐喜庆，想必是"迎仙客""将军令""上逍遥""番王令""点将唇""动銮舆""中军令""水龙吟"之类的秦腔曲牌，或威武雄壮，或欢乐喜庆，或踌躇满志。

正因为秦剧团离达赖行辕太近，才发生了焦成锋和铁棒喇嘛之间枪、棒对峙的事件。

焦成锋是秦剧团大演员队的演员，他带了一支冲锋枪，没穿礼服，穿了一套蓝色制服，腰扎皮带，站在秦剧团仪仗队旁边，倒也神气十足。马顺池团长有军籍，佩带手枪，也是一身戎装。秦剧团还有另外两三个年轻力壮的男士，也像焦成锋一样，挎着冲锋枪，扎着腰带，护卫在秦剧团仪仗队两旁。难道秦剧团有民兵组织？没有。每逢秦剧团外出，团长会让有些男同志带枪担任安全保卫任务，就像团长会吩咐有些人为大家带水带干粮一样，如此而已。

当时西工委麾下所有的非军事单位都配备有一些枪支弹药，有些单位还曾凭借自己的力量打退过叛匪的围攻。

普通寺庙中的铁棒喇嘛就已经足以让一般藏族僧俗民众敬畏，达赖驾前的铁棒喇嘛，那还了得！平时藏族僧俗群众对他们丝毫不敢违抗。铁棒喇嘛为大轿开道，通常只是摆个样子，知道规矩的人不等铁棒喇嘛走到近前就会远远躲开，哪里用得着他们动手。进藏汉人觉得铁棒喇嘛很蛮横。其实，在当时的西藏社会中，他们理应"蛮横"，非此不足以表现活佛的尊崇。制度如此，怪不得他们。

偏偏这焦成锋生就一副莽张飞的火爆脾气，最是嫉恶如仇。他本来就看不惯铁棒喇嘛那趾高气扬的样子，见一位铁棒喇嘛走近，他只是往道边一让，心想我已经给你让了道，这么大的空间也够你通过了。他不知道铁棒喇嘛并不仅仅是要走道，还要让所有行人远离达赖大轿，这也是为了保护达赖安全。

这铁棒喇嘛见焦成锋躲得不够远，便故意往焦成锋身边靠去，并瞪大眼睛威胁焦成锋，示意让他走开。

焦成锋觉得自己已无退路，再往边靠就会掉下路面，落到路边的水沟里去。他觉得铁棒喇嘛欺人太甚，于是以眼还眼，怒目而视，表示绝不退让。

铁棒喇嘛举起了铁棒，作势要打。他这还算是瞧在焦成锋是汉族干部的分上对他格外客气。要是对面站的不是焦成锋而是一位藏民，这铁棒可能早就敲下去了。

焦成锋一下子火了，他取下背上的冲锋枪，"咔嗒"一声子弹上膛，将枪口对准了铁棒喇嘛，口里骂道："妈的！欺人太甚！难道老子的冲锋枪还怕你这破铁烂铜不成！"

第九回

假猴王官道戏喇嘛
真元帅拉萨会活佛

话说 1956 年 4 月中旬的一天，西工委组织仪仗队到拉萨城外的接官亭迎接达赖喇嘛，秦剧团大演员队的焦成锋，看不惯替达赖大轿开道的铁棒喇嘛的蛮横，上演了一出冲锋枪对生铁棒的好戏。

中央对西藏的政策，秦剧团在西安准备进藏时学习过，到达拉萨后也学习过，平时领导也反复强调。"十七条协议"第四条称："对于西藏的现行政治制度，中央不予变更。达赖喇嘛的固有地位及职权，中央亦不予变更。各级官员照常供职。"第七条称："实行《中国人民政治协商会议共同纲领》规定的宗教信仰自由的政策，尊重西藏人民的宗教信仰和风俗习惯，保护喇嘛寺庙。寺庙的收入，中央不予变更。"解放军进西藏是为了保卫祖国的疆土，而不是为了改变西藏的现行制度，一定要尊重藏族同胞的风俗习惯，等等，这些大家几乎都能背出来了。

政策是理，内心的好恶是情，理和情是两码事。情、理相争，必有一伤。天下的小说家，莫不围绕情、理冲突大做文章。就拿四大古典名著来说，《三国演义》中，诸葛亮挥泪斩马谡是理胜情；《水浒传》中，林冲雪夜上梁山是情胜理；《西游记》中，唐僧不顾师徒情分，见孙悟空杀生就"咒念紧箍闻万遍"是理胜情；《红楼梦》中，宝玉、宝钗成婚是封建之理战胜宝、黛之情，而贾宝玉最终离家出走，却又是情胜了理。

每当看到西藏有人作威作福、有人遭受凌辱时，进藏人员都面临尖锐的情理冲突。

包括卢少琴在内，几乎所有进藏人员都是共产党教育出来的革命者，"打倒地主分田地、穷人翻身做主人"的平等思想已经融入每个进藏人员的血液中。政策归政策，面对西藏少数人骑在人民头上作威作福的现象，大家心里早就憋着一肚子火，恨不能立刻改变西藏的社会制度，让西藏广大受苦受难的农奴翻身当家做主人。

假如西藏贵族很强大而解放军很弱小，大家心中的火气可能还容易压制一些；现在解放军手里是冲锋枪，而欺压百姓作威作福的西藏贵族手里只有铁棒，这心头之火怎能压得住！

诸位看官不妨问问任何一位当年进藏的人：无论男女老少，不分三教九流，凡是同情心大于政治偏见、亲眼见过旧西藏的，没有一个不对旧西藏政教合一的农奴制度深恶痛绝。路见不平，拔刀相助，方是英雄本色；眼看着蒋门神欺压良民，不让侠肝义胆、武艺超群的武松去打，武松心中肯定别扭。

西藏的民主改革始于1959年西藏发生全面叛乱之后，共产党一边平叛，一边进行民主改革。表面上看是叛乱触发了民主改革，但即使1959年西藏上层不发动全面叛乱，难道驻藏官兵会容忍西藏的封建农奴制度永远存在下去？不可能！解放军，解放军，这"解放"二字难道是白叫的！毛泽东、陈毅都曾说过：西藏搞民主改革只是个迟早问题。

秦剧团的人是第一次见达赖，与达赖无冤无仇，但不知为什么，不约而同，每个人心里对达赖都没有好感。今日给达赖当仪仗队，大家心里都有点别扭。尔有何德何能，敢让我们给你当仪仗队！

今日焦成锋大闹接官亭，虽出偶然，实含必然。

眼前，"理"要焦成锋尊重铁棒喇嘛给人家让道，而"情"要焦成锋举枪对准铁棒喇嘛，不许他们欺压良民。结果是焦成锋的情胜了理，他和铁棒喇嘛干上了。

队伍停了。大家都看着这两个人，一个举着铁棒，一个端着快枪，谁也不肯退让；还好，铁棒没有往下砸，快枪也没有动扳机。一位社会部的便衣一个箭步冲上去，抱住了焦成锋，另一位社会部的便衣向马顺池团长使了个眼色，低声说："把他的枪下了！"马团长命令秦剧团的几个壮汉下了焦成锋的枪。

焦成锋被带离了现场，事情以铁棒喇嘛占上风而告终。

平心而论，这件事铁棒喇嘛没有错，他只是履行职责。在铁棒与冲锋枪对峙的那一刻，铁棒喇嘛似乎很无理，因为他逼得焦成锋没有了退路。但按照当时藏族社会风俗，在铁棒喇嘛走近以前焦成锋就应该主动后撤，与达赖大轿拉开距离；果能如此，冲突根本就不会发生。

但秦剧团的人可不这么想。他们的想法跟焦成锋一样：路已经给你让开，你完全可以通过，为什么还要将焦成锋往路下逼！铁棒喇嘛太欺负人！大家都替焦成锋打抱不平。

就中恼了一位好汉。谁？专演猴戏的少年武生王双群。他一身猴王打扮，跳出仪仗队，一个筋斗翻到铁棒喇嘛近前，举起了手中闪闪发亮的"金箍棒"，似乎要以金箍棒对铁棒，替焦成锋出了这口恶气！

王双群是何等人？仪仗队中何以会有一位拿着金箍棒的王双群？

王双群是 1954 年西藏秦剧团演员训练班在西安招收的小学员之一。前文提及，这个演员训练班的学习条件跟西北戏曲研究院演员训练班的学习条件不可同日而语，学员的基本功普遍较差。这王双群练的是武生，因为个子瘦小，专攻猴戏，练功很能吃苦，悟性也好，来到西藏后，勤奋努力，很得薛得春教练的赏识。就武功而言，王双群是小演员队的将军之一。

大家都穿礼服，王双群为什么穿戏装？由于语言和文化的差异，唱腔、对白比较多的文戏藏族人是看不懂的，但包括达赖、班禅在内，所有的藏族人都喜欢看猴戏和武打戏。所以，凡是在藏族同胞比较多的场合，王双群都是主角之一。这次出来迎接达赖，王双群没有穿礼服，而是化了妆，完全是花果山美猴王孙悟空的扮相。手中的"金箍棒"是剧团从上海买的专门演猴戏的电光棍，闪闪发亮。仪仗队中穿戏装的还有另外几位武打演员。领导这样安排是为了让达赖喇嘛及其手下的藏族同胞高兴。

只见王双群来到铁棒喇嘛跟前，就像在台上做戏一样，摆出架势，将手中"金箍棒"一抖，指着铁棒喇嘛的鼻子说："呔！何方妖孽？胆敢在此逞凶撒野！俺老孙当年大闹天宫，玉帝十万天兵，都被我杀得落花流水。西方路上多少妖魔鬼怪，都死在俺老孙的金箍棒下。量尔有何本事，敢挡俺老孙的去路！尔若晓事，快快投降！敢道半个不字，惹怒了俺老孙，管叫尔等粉身碎骨！"说完，丢开解数，使出一套猴棍来，金光闪闪，煞是好看。

王双群手中拿的金箍棒只是舞台上用的道具，总重量恐怕也就是一二斤，中看不中用，可能经不起铁棒喇嘛的大铁棒一撞。难道王双群不怕铁棒喇嘛打他？当然不怕！须知他是剧团的武生，虽然才十四五岁，但手脚灵便，铁棒喇嘛真要打他也不容易。艺高人胆大，他是存心要戏弄一下铁棒喇嘛。

可怜这几个铁棒喇嘛，王双群说的一长串汉话，他们一句也听不懂，弄不清王双群是在为迎接达赖喇嘛而表演节目呢，还是在向他们挑战，进也不是，退也不是，打也不是，骂也不是，竟被王双群弄了个手足无措，满脸尴尬。

有的人笑出了声，有的人低声欢呼。

团长马顺池见状，心想："这王双群演的是猴子，果然像猴子一样调皮捣蛋。"他心里虽然觉得有点好笑，但真怕闹出事来，他这当团长的可不好交代，于是赶快出来喝道："王双群，别耍捣蛋！小心我回去处分你！快回队伍！"

王双群回到了仪仗队。欢迎达赖的队伍又继续前进了。

仪仗队陪着达赖行辕朝拉萨方向行进了大约半里地，然后卢少琴他们乘车回院。回来以后，马顺池要处分焦成锋，但团部好几个领导都替焦成锋辩护，说那铁棒喇嘛欺人太甚，事情不能全怪焦成锋，于是免予处分，只让焦成锋作检讨。至于王双群，马团长既没有批评，也没有让作检讨。

那些日子，秦剧团的礼服可派上了大用场，他们似乎三天两头都要出去参加迎接、欢送、庆祝、游行之类的活动。为什么？因为西藏自治区筹备委员会就要成立了。迎接达赖的只不过是围绕这件大事的一系列庆祝活动的序幕。其中最重用的活动之一是迎接中央代表团。

1956 年 4 月 17 日，以国务院副总理陈毅为团长的中央代表团抵达拉萨，参加即将召开的西藏自治区筹备委员会成立大会，并慰问西藏人民和驻藏人民解放军。中央代表团设多个副团长，其中两位分别是中共西藏工作委员会书记、中央人民政府驻西藏代表、西藏军区政治委员张经武中将和中央统战部副部长、国家民委副主任汪锋。代表团成员有蒙古族、藏族、维吾尔族、朝鲜族、壮族、彝族、回族、傣族、瑶族等我国许多民族的代表人物，有歌舞、戏剧、杂技等艺术领域的优秀演员，有中央有关部门的负责同志和各民主党派、群众团体的代表，有阵容强大的记者群，其中既有《人民画报》《解放军画报》《民族画报》和国内其他主要媒体的记者，也有金发碧眼的外国记者，加上医疗、总务、保卫和其他人员，浩浩荡荡数百人。

中央代表团于 1956 年 3 月 16 日乘火车离开北京，陈毅副总理沿途可能还有视察任务，所以走得较慢。像秦剧团进藏一样，中央代表团自带帐篷、炊具、食品、药品等，乘车经兰州、西宁、格尔木，沿青藏公路至拉萨，这似乎是当时入藏的最佳途径。3月31日，代表团乘汽车由甘肃兰州赴青海西宁。4月3日离开西宁，沿青藏公路入藏，于4月17日抵达拉萨，在青藏公路上竟走了14天之多，青藏公路之难行可见一斑。

早在西安，马团长就给大家讲到迎接中央代表团的事。秦剧团为什么要选择在3月上旬离开西安赴西藏？为什么马顺池不让他的小演员们再在西安多学习一段时间？因为他们必须赶在中央代表团之前到达拉萨。早在数月以前，马顺池就开始精心准备迎接中央代表团了，可想而知整个西藏对这件事有多重视。

这段日子，迎接中央代表团成为秦剧团刻苦练功、加紧排练、努力工作的最大动力。秦剧团除了抓紧排练节目外，有时还外出参加义务劳动，慰问艰苦战斗在第一线的工人和部队。卢少琴记得最清楚的是去纳金电厂那一次。

在拉萨东郊的纳金有一个小小的水电站，即夺底沟水电站，供电能力十分有限，远远满足不了当时拉萨的需求。为了迎接中央代表团的到来，纳金电厂的工人们在夜以继日地奋战，力争在中央代表团到来之前再装一个发电机组，保证在中央代表团停留期间的电力需求。4月上旬的一天，秦剧团前去纳金电站参加义务劳动，并进行慰问演出。休息的时候，秦剧团演员们在工地上为工人们表演，武功较好的演员翻跟头，耍花招，抢枪舞剑，卢少琴等唱功较好的演员表演了秦腔清唱，个别有文艺特长的工人也表演了节目。秦剧团的到来鼓舞了工人们。纳金电站终于在中央代表团到达之前装好了一个发电机组，保证了大会期间拉萨用电的需要。

4月17日这一天，西藏军区、西工委和西藏地方政府动员了所属各单位的人去欢迎中央代表团。十四世达赖喇嘛、十世班禅喇嘛、西工委副书记兼西藏军区司令员张国华、西藏军区第一副司令员阿沛·阿旺晋美、西工委副书记兼西藏军区政治委员谭冠三、西工委副书记兼西藏军区副政治委员范明、西藏地方政府官员噶伦索康·旺清格来、朵噶·彭措绕杰等前往接官亭迎接。从接官亭到拉萨城内的自治区大院，上万人在长达四五公里的公路上夹道欢迎中央代表团。

欢迎人群中当然少不了秦剧团，他们的指定地点是布达拉宫广场。和迎接达赖不同，连同王双群在内，这次所有演员都穿礼服，不穿戏装。早上起来，吃饱喝足，穿戴完毕，然后整队出发，早早来到广场。

连同进藏部队和游民、乞丐在内，当时拉萨全城人口也就是四五万，而迎接中央代表团的人数在一万以上，是名副其实地倾城而出。

广场上的欢迎人群都是各就各位，按各自的工作单位排成队伍，不能随意走动。欢迎人群中有藏民，他们都穿节日盛装，看不到衣衫褴褛的人。听说有些朗生的衣服是政府借给他们的，欢迎活动结束后要交还政府。看来噶厦政府在组织动员迎接中央代表团方面也是花了很大气力。广场上总共可能有近千人，并非所有的地方都站满了人，人们主要集中在道路两旁。

等了一个多小时后，终于看见中央代表团的庞大车队缓缓驶来。

欢迎路线虽长，但最重要的是两个地点：一是接官亭，一是布达拉宫广场。接官亭是迎接，布达拉宫广场是欢迎。到达布达拉宫广场就标志着已经抵达拉萨。接官亭唱主角的是达赖喇嘛、班禅喇嘛、张国华司令等西藏首脑人物，而在布达拉宫广场，唱主角的则是由秦剧团和拉萨其他文艺团体组成的仪仗队。卢少琴他们这群少男少女一个个眉清目秀，整齐美观的礼服上系着鲜艳的红领巾，在整个仪仗队中最引人注目。

到布达拉宫广场后，陈毅副总理等下了车，频频向欢迎人群挥手致意。中央代表团里有许多东方歌舞团的演员，其中有些卢少琴早闻其名，如演唱《白毛女》的王昆、歌词作家乔羽，此外还有傣族舞蹈家刀美兰、擅长缅甸舞的舞蹈家张筠、擅长朝鲜舞的朝鲜族舞蹈家崔美善，维吾尔族舞蹈家阿衣吐拉，等等，他们穿着鲜艳的民族服装，也下了车。

秦剧团的少先队员们走上前去，向首长们和走在最前面代表团成员献花。当时拉萨没有鲜花，他们献的是手工制作的纸花。

在张国华等首长的陪同下，陈毅和代表团的其他重要成员向自治区筹委会大院走去，仪仗队跟在后面。只有走在仪仗队最前面的是秦剧团的少先队员们一直陪同首长们走进了自治区筹委会的大院，其他人在中央代表团离开布达拉宫广场后就各回各单位了。

解放军进藏后，于1952年8月建立了西藏第一所现代化学校，即拉萨小学，张国华任董事长；副董事长和校长总共有十几名，分别由西藏的一些著名活佛和达官显贵担任。学生多是贵族子弟，每天都要诵经。为了团结西藏上层，贯彻统一战线方针，西工委没有在拉萨小学成立少先队组织。包括各文艺团体在内，西工委下属的各个单位都没有像秦剧团这么多的少年儿童。所以，在整个拉萨乃至整个西藏，秦剧团的这个少先队中队是当时唯一的少先队组织，在许多场合起着其他人不可代替的作用。卢少琴是西藏秦剧团少先队员的最高首长，即中队长。秦剧团党总支宣传委员、乐队副队长张耘是少先队辅导员。

上次迎接达赖，那是上级的命令，不得不执行，大家心里其实不愿意。这次迎接陈毅副总理和中央代表团，大家心情大不一样。有一首歌里唱道："毛主席呀派人来，雪山点头笑啰彩云把路开。"这首歌不是为这次中央代表团来西藏而写的，但却可以用来描述大家当时的心情。当时人们对毛主席的崇拜发自内心。中央代表团是毛主席派来看望大家的，大家心里有点像迎接亲人一样的感觉。陈毅元帅，多么响亮的名字！等待一两个小时算什么，为了见陈毅，为了迎接中央代表团，再等几个小时也值！

第二天晚上，中央代表团的艺术家们跟西藏秦剧团、歌舞团、豫剧团、黄梅剧团、京剧团、杂技团等艺术团体在拉萨大礼堂举办了拉萨有史以来规模最大、水平最高的文艺联欢晚会。陈毅、达赖、班禅、张经武、张国华、汪锋、帕巴拉、西藏地方政府高官等重要人物悉数到场。观众中有许多藏族人，其中有些是在昌都解放后参加革命工作的干部，有些是西藏的上层人物。汉族观众是驻藏各单位的领导和先进模范人物。票是各单位发的，一票难求。参加演出的各个文艺团体拿出的节目均力求既有艺术水准又能为达赖、班禅和其他藏族同胞所欣赏。秦剧团演出的是猴戏《闹龙宫》和武戏《三岔口》。卢少琴没有角色，在后台帮忙。演出结束，陈毅、达赖等上台同全体演员握手并合影留念。卢少琴也参加了合影，照片后来被存放在西藏秦剧团资料室。

1956 年 4 月 22 日，在拉萨人民大礼堂举行了西藏自治区筹备委员会成立大会，达赖讲话，陈毅讲话。陈毅宣读国务院令，并代表国务院把西藏自治区筹备委员会的大印授予达赖喇嘛。大会还宣读了毛泽东主席、刘少奇委员长、周恩来总理以及全国人大常委会、国家民委等单位的贺电和贺词。

秦剧团全体演员出席了 4 月 22 日的自治区筹委会成立大会。每位领导的汉语讲话都要用藏语再翻译一次，藏语讲话又要用汉语再翻译一次。开会时间太长，有些小演员们坐不住，偷偷地溜出来玩。卢少琴同几个小伙伴也跑了出来。东方歌舞团的阿衣吐拉、崔美善、张筠、刀美兰等都比卢少琴大不了几岁，她们也跑出会场散心，见到卢少琴她们，就过来拉着她们的手问这问那。

1956 年 5 月 15 日，陈毅等中央代表团参加日喀则市 92 名藏族儿童入队宣誓仪式。左起：汪锋、十世班禅、陈毅、张经武。

卢少琴比较崇拜阿衣吐拉、崔美善、张筠等人，拿出笔记本让她们签字留言。

西藏自治区筹备委员会成立了，达赖为主任，班禅为第一副主任，张国华为第二副主任，51 名委员中藏族占了 48 名。

有关文献中将西藏自治区筹备委员会称之为"带政权性质的协商办事机构"，这种定义非常耐人寻味，筹委会的职权非常具有弹性。从 1951 年解放军进藏到 1965 年西藏自治区成立，西藏的政权性质经历了非常戏剧性的变化，在古今中外政权交替史上绝无仅有。

1951 年以前，西藏是尊崇达赖的噶厦政府当权。1951 年以后，西藏是噶厦和西工委两权并存，噶厦政府统治西藏人，西工委领导进驻西藏的解放军和共产党在西藏逐步建立的各党政机构及企事业单位，诸如公路局、农业局、农场、邮电局、运输团、大修厂等。

1956 年 4 月自治区筹委会成立，西藏进入了一个噶厦政府、自治区筹委会、西工委三个权力机构并存的时代，一方面，筹委会是噶厦和西工委之间的一个协调和对话机制；另一方面，它又是一个权力机构，下面逐步建立起许多部门，无形之中从噶厦和西工委手中接过了越来越多的职权，它的决定噶厦和西工委都有义务执行，在某种意义上它的地位高于噶厦和西工委。

1959 年 3 月，西藏上层反动集团发动全面武装叛乱，噶厦支持并参与叛乱，中央下令解散噶厦政府，西藏又进入了一个自治区筹委会和西工委两权并存的时代。此后，自治区筹委会越来越像自治区政府，而西工委越来越像自治区党委。1965 年 9 月，瓜熟蒂落，西藏自治区和自治区党委正式成立，西工委撤销。

在所有的重要场合，陈毅和达赖共同构成了事件的重心，大家众星捧月似的围着他们转。走路时他们俩常常并排前行，看节目时他们俩必然坐在一起，照相时他们俩被安排在前排最中间。卢少琴常常看见他们在一起又说又笑。虽然达赖会说一些普通话，但他们跟前常常跟着一个翻译。此时，达赖还不到 21 岁，而陈毅元帅已近 55 岁。

陈毅元帅留过学，后来长期担任新中国的外交部部长，是个儒将、诗人、外交家。他平易近人，举止得体，此次率中央代表团进藏，无论是在正式场合还是非正式场合，都准确地诠释了党中央和毛主席的西藏政策、民族政策和宗教政策。

中央代表团 5 月 31 日离开西藏。从 4 月 17 日迎接到 5 月 31 日欢送，秦剧团参加了所有重要的典礼和联欢活动，至少在十次以上。除了上面提到的这几次活动外，给卢少琴留下特别深刻影响的还有五一节在绕西林卡的游园联欢活动。

绕西林卡是达赖姐姐绕西的庄园，像孜仲林卡一样，大部分已经被西工委租用。中央代表团的艺术家们和西工委、西藏军区所属的各个文艺团体在园内不同地点设摊演出，人们可以在园内任意游玩。很多藏族人都来看，他们几乎全都是西藏贵族。这些上层人物穿得漂漂亮亮，多数带着仆人，仆人替他们背着筐，筐里装着暖水瓶、酥油茶、点心和其他用品。园中不同地点设有休息喝茶处，巨大的伞下放着桌椅，桌上放暖水瓶和茶杯，有服务员看管。秦剧团也在园中设摊演出，依然演猴戏和武打戏。

第十回

汉藏联欢活佛观舞
秦腔初演将军护兵

话说 1956 年 4 月 17 日至 5 月 31 日，西藏成了全中国和世界关注的焦点。这期间西藏自治区筹备委员会成立，陈毅副总理率中央代表团在西藏见证盛事，慰问驻藏官兵，参加其他许多旨在促进民族团结和西藏政局稳定的社会活动。除在拉萨活动外，中央代表团还派遣分团去了历代班禅的驻锡之地日喀则和西藏其他地方。

解放军进藏以前拉萨没有大礼堂或大剧院。解放军进藏以后建了拉萨大礼堂，可容纳 1500 人，用现在的标准衡量，这个礼堂很简陋，现在有些普通中学的礼堂可能都比它豪华，但那时它却是西藏的人民大会堂，自治区筹委会成立大会就在那里举行。另外还有几个较小的礼堂，如军区礼堂和西工委礼堂等，可容纳二三百人至五六百人不等。中央代表团在拉萨期间，这些礼堂轮番举行各种会议、文艺晚会和舞会，好不热闹。

在所有这些活动中，经常和陈毅、张经武、张国华、范明、汪锋等重要人物一起在人前露脸的藏族活佛有三位，即达赖、班禅和帕巴拉。

达赖 21 岁，班禅 18 岁，帕巴拉 16 岁。在这个年龄段，虽只相差两三岁，行为却大不相同。达赖显得比他的年龄更加老成稳重，班禅和帕巴拉则是活泼好动。

达赖平时不苟言笑，从来不和卢少琴他们这些普通人交往；喜欢戴墨镜，让卢少琴他们觉得达赖好像总要把自己隐蔽起来一样；和秦剧团的人在街上相遇，从不互相打招呼。卢少琴他们不喜欢达赖，私下议论，说达赖坐在台上的样子好像总是有心事。

　　班禅和帕巴拉常常来找秦剧团的男生们玩耍，学翻跟头，舞刀抢剑。如果班禅、帕巴拉在街上撞见秦剧团的人，那是肯定要跑过来打招呼的。秦剧团的人把这两个活佛完全看作是自己人、好朋友。

　　却说这一天，自治区礼堂举行联欢晚会，达赖、班禅、帕巴拉三大活佛和中央代表团、西藏军区、自治区、西工委、西藏地方政府的许多领导都到场，中央代表团的文艺工作者和西藏军区、西工委下属的各文艺团体悉数参加。联欢会上有即兴表演，而主要内容是跳交谊舞，秦剧团的乐队伴奏。许多领导都下场跳舞。

　　在场的许多女性都是十七八岁、二十来岁的演员，漂亮时髦，虽然个个自尊自爱，但年青美貌加人数众多，举手投足皆是景色，目盼口动俱成情趣，有她们在，这舞会自然多姿多彩。她们和首长们一对一牵手揽腰，在轻快的音乐节奏中上摇下摆，起伏有致。普通演员能够陪首长跳舞，略感荣耀。共产党纪律严明，首长们在男女问题上颇知自律，但爱美之心，人皆有之，他们许多都是出生入死、经历千辛万苦的人，难得有这样的轻松时光，今日和美女共舞，想必也是心旷神怡，其喜洋洋者矣。

　　卢少琴等小姑娘年龄尚小，不会跳交谊舞，在一旁看热闹，悄悄议论哪个领导跳得好，哪个领导跳得可笑。

　　5 月 23 日，是毛主席《在延安文艺座谈会上的讲话》发表 14 周年，又是"十七条协议"签订五周年，拉萨大礼堂又有规模宏大的文艺汇演，秦剧团照例参加，不在话下。

　　中央代表团在拉萨期间，所有公共场合，随处可见社会部和穿便装的解放军战士，他们在承担着安全保卫工作。无数大大小小的活动，非常错综复杂的敌情，没有发生过一次现在的政治辞典中称之为"恐怖袭击"的事件，不能不说是一个奇迹。

　　就在中央代表团在拉萨期间，西藏又发生了一件大事：我驻藏官兵在缺乏大型机械和许多其他设备的情况下，经过 118 天的艰苦奋战，在位于海拔 4200 米的当雄县建成了西藏有史以来第一个飞机场。5 月 26 日，飞行员韩琳驾驶伊尔 –12 型飞机安全降落当雄机场，北京到拉萨的航线试飞成功！

　　5 月 31 日，陈毅等中央代表团主要成员乘飞机离开拉萨返回北京。秦剧团参加汇演、欢送，不在话下。

中央代表团走了，秦剧团作为仪仗队、舞会伴奏、集会参加者、大会听众等等的政治任务暂时告一段落，而基本功训练、排练、演出、文化课学习恢复了正常。

大概因为中央代表团的离去使得西藏军区的房子紧张状况得到缓解，秦剧团搬了一次家，新居仍然在孜仲林卡，只是更靠西、更靠河边，房子更好。原来是一个大院子住三个单位，现在是整个院子归秦剧团独占，住房更加宽敞。就在秦剧团搬家前后，卢少琴等曾经看见军区的一辆嘎斯69拉了满满一车银元驶进了擦绒的院子。嘎斯69的载重量是半吨，半吨银元约有两万块。不知这些钱是否是用来租借秦剧团的新家。

搬家之前，大家要彻底搞一下集体卫生和个人卫生。其中一项是拆洗被子。被子拆起来容易，缝起来虽然也不复杂，但这些女孩子自小学戏，这"德、容、言、工"中的"工"却是要差一些，许多人从来没动过针线，卢少琴就是其中之一。

偏偏有这位因演猴戏而变得猴气十足的王双群，跑到女生宿舍门口，又是鞠躬又是作揖，就差没有下跪磕头了，口里说道："好姐姐好姨娘好姑姑好奶奶！小的这厢有礼！行行好帮帮忙吧！可怜我无依无靠孤苦伶仃，帮我缝缝被子吧，小的知恩图报，永记恩德！"

大家都不吱声。卢少琴心软，见王双群说得可怜，更兼王双群曾帮她打过背包，就说："我来帮你缝吧！"于是，卢少琴在练功毯上铺上床单，铺开被子，认认真真，开始了生平第一次缝被子的壮举。

费了九牛二虎之力，卢少琴终于完工了。王双群千恩万谢，开始叠被子，但叠了两折就叠不动了，王双群一看，他可乐了，喊叫起来："哈哈！快来看呐！卢少琴把被子缝到练功毯上了！"卢少琴臊得满脸通红，赶快藏了起来。

韩玉兰大姐闻声出来，连忙制止道："喊什么喊什么！小卢从小学戏，没做过针线，她自己的被子都是我们帮她缝的，能帮你缝被子，够朋友了！人家好心帮你，你就这样待人家！看以后谁还帮你！别吵！我来帮你弄好！"韩玉兰大姐果然帮王双群缝好了被子。

生活安定了，大家更爱洗澡洗衣服了，烧水任务繁重。拉萨当时不烧煤，只烧柴，烧水费事。炊事班忙不过来，于是雇了一个专门负责烧水的藏族男子，名叫边巴，二十几岁，会说点汉语。他的妻子叫白珍，跟解放军学会了理

　　1956 年 6 月，参加完西藏自治区筹备委员会成立大会的中央代表团离去之后，进藏部队在拉萨住房紧张状况得到缓解，秦剧团搬了一次家，新居仍然在孜仲林卡，房子更宽敞。刚搬到新家，打扫完卫生，卢少琴来到女生宿舍后面的草坪上，准备把花丛附近的杂草拔一拔，有人给她拍了这张照片。卢少琴的身后是女生宿舍的后窗户。1957 年春节范明就是在这个草坪上给孩子们发的压岁钱。

发，在街上开了家理发馆，顾客主要是拉萨街上做生意的四川人，这些人有的卖衣服，有的做鞋卖鞋，有的卖炊具餐具，有的卖花椒、大料、干辣椒、干果之类。遗憾的是没有开川菜馆的。

拉萨就那么几个国家单位，来了个秦剧团，早已满城知晓。大家早就盼着看秦剧团的戏，期望值比较高。秦剧团上下一心，士气高昂，利用分分秒秒加紧排练。

有三本戏早在 1956 年 2 月剧团仍在西安的时候就开始排练了，即《劈山救母》《游龟山》和《李彦贵卖水》。这三部戏都是非常有名的秦腔剧目，在当时的西北可谓家喻户晓。

《劈山救母》是一个神话故事，讲的是华山三圣母爱上了凡间书生刘彦昌，生子沉香，哥哥二郎神杨戬知晓，将三圣母压在华山之下。沉香长大，练成武艺，战败了二郎神，劈开华山，救出母亲。电影《宝莲灯》的故事情节与之大同小异。三圣母由卢少琴出演，刘彦昌由樊西圆出演，小沉香、大沉香分别由刘印堂、刘保平出演，二郎神由田德昌出演。

《游龟山》讲县令田云山之子田玉川文武双全，出游龟山，遇总督卢林之子卢世宽抢夺娃娃鱼将渔翁胡彦打死，路见不平，愤而打死卢世宽，遭官府捉拿，为渔夫之女胡凤莲解救，二人订白头之约。田玉川远走他乡。胡凤莲凭信物找到田玉川父母二堂认亲，在公堂为父申冤，并为田云山申辩。卢林征蛮受困，为田玉川所救，并招为婿。后胡、卢二女同配玉川。胡凤莲由卢少琴（A角）出演，田玉川由刘保平出演，胡彦由郭善民出演，田云山由白贵平出演，卢林由田德昌出演。

《李彦贵卖水》又名《火焰驹》，被拍成电影。故事情节是：宋时，番邦北狄王造反，李彦荣奉命挂帅出征。朝中奸臣王强与兵部尚书李绶（李彦荣之父）不和，诬告李彦荣投敌，朝廷遂将李绶下入天牢，李家被满门抄封，家人被赶出京城。李绶次子彦贵危难之中向居住在苏州的岳父黄璋求援，黄璋却冷目相向，悔婚退亲。彦贵在无奈之中，靠沿街卖水度日，侍奉老母。一日，彦贵卖水被未婚妻黄桂英之丫鬟芸香看见，芸香引其与桂英相会，并约好夜晚在花园赠金。岂料三人举动被家人王良发现，王将此事密告黄璋，黄璋命王良杀死芸香，栽赃于彦贵，预置彦贵于死地。苏州知府受贿，将彦贵判处死刑，秋后待决。李家连遭危难之事被贩马义士艾谦知晓，艾谦乘火焰驹日夜兼程，入番报信。彦荣领兵归劫杀场，救出彦贵，合家团圆。黄桂英由卢少琴出演，李彦贵由刘保平出演，芸香由陆桂爱出演。

戏曲是综合艺术，涉及许多艺术领域。从选定剧本、演员，到作曲、配器，再到布景、灯光、服装设计，再到动作、对白、唱腔练习，再到乐队、演员配合，再到彩排，几乎每个环节都要经历创作、演练、修改、再演练、再修改的多次反复。直到最后公演，正经拍一本戏，没有几个月时间下不来。出一个精品常常需要一年以上。所以我们常见一个剧团几个月只是反复演一出戏。

对西藏秦剧团而言，几个月才排一本戏，那是绝对不行的。生活作风军事化，排戏也得军事化。最好是一天排一出戏，让大家每天都看新戏，这当然是不可能的。但排戏速度不能太慢。当时的情景真有点像"铁人"王进喜所说："有条件要上，没有条件创造条件也要上。"短短几个星期，大小好几本戏就同拉萨观众见面了。

第一次汇报演出是在拉萨大礼堂。观众来自西藏日报社、政府大院、财金大院、运输营、卫生营、警卫团、军区文工团……先睹为快，人同此心。大礼堂座无虚席。

效果如何？答案是《西藏日报》上的一幅漫画：戏台上，一位美女身穿戏装，模样略有几分像卢少琴，嘴巴张得圆圆的，似乎正在唱一个长长的拖腔，台下无数人头在看戏，离戏台最近的观众把耳朵伸得长长的，还是听不清美女唱的是什么词，只听见美女唱的是"饿—饿—饿—……"让人联想到这位唱戏的演员可能好几天没有吃饭，饿得没有了力气，所以声音太小，就连离戏台最近的观众都听不清她唱什么。

《西藏日报》还真有人才，这幅漫画的水平就不低，抵得过一大篇戏评。

显而易见，最大的问题是音响效果不行，观众听不见。高原空气稀薄，传声效果差，但这不是主要原因。拉萨缺氧，刚去的人说话气都结不上，唱戏难度大，卢少琴他们年龄小，肺活量小，唱功造诣尚浅，音量不大，但这也不是主要原因。拉萨大礼堂在回音设计上不够科学，台上发出的声音往观众席方向的传播效果太差，而且音响设备非常简陋，拉萨电力不足，音响功率不够大，麦克风灵敏度不够，喇叭位置也有问题。礼堂的结构和扩音系统太差才是主要原因。

看见漫画，卢少琴等孩子们哈哈大笑，觉得画中的形象很有趣。但有些大演员气得直骂："狗日的《西藏日报》这么坏！下次再不请他们看戏了！"马团长说："人家画漫画讽刺我们，指出了我们的缺点，这是好事。台上演，台下听不见，这确实是我们面临的突出问题。舞美队要改进音响，无论如何，这个难关必须攻破。演员要刻苦训练，尽快适应高原环境，提高自己的音量。"

同样的戏曾在军区和其他地方演出，因为礼堂较小，声音不是大问题。

过了几天，秦剧团到拉萨大礼堂彩排，西藏军区副政委、西工委副书记范明将军带着宣传部方部长来看戏。范明和秦剧团亲如一家，范明来秦剧团，那是家常便饭，事先从来不打招呼；秦剧团彩排，别人不能看，范明常来看。

演出结束，范明和方部长走到后台，对大家说："你们演得很好！在拉萨能够看到这么好的秦腔，你们的功劳很大！我知道你们很辛苦。我看见了那幅漫画。报社那伙人站着说话腰不疼，真是吃饱了撑的！"他转过头来对方部长说："报社可是归你管。你回去把那些家伙们好好骂一顿。简直是胡闹！你看孩子们多辛苦！让他们来到这台子上吼几声秦腔试试！让他们来到这台子上翻几个跟头给我看看！告诉他们，以后不许再说孩子们的怪话！"方部长连声说："是！"看见首长这么爱护他们，小演员们都很受鼓舞。

范明接着对大家说："当然，台下观众听不清，这可能也是事实。你们也需要改进。你们年龄小，声音不够大，要好好练习，尽快适应高原环境。"

范明又对马团长说："不要理会报社那些人，好好干！需要什么就告诉我。"马团长说："你看这后台跟前台没有隔墙，后台这么空旷，不聚音，前台发出的声音都跑到后面去了。这礼堂的天花板也不行，不能回声。"范明说："你们就尽量改进一下，需要的所有东西我都给你们供应。"

此后一段时间，舞美队的人可就忙了。前台和后台之间装了一个玻璃隔板，能够将前台的声音向台下反射，对改进礼堂的聚音功能效果明显。扩音设备也得到改进。后来再有演出，音响效果虽不完美，但观众基本上都能听见了。

有一天，秦剧团大院出了一桩奇事：一个藏族小孩要学秦腔！

第十一回

收藏娃李晓俊仁义
奖飞机齐政委慷慨

　　两种墨水相遇，不用摇动，不用搅拌，随着时间的推移，它们会自然而然地互相交流，先是你中有我、我中有你，最后你我不分，完全融为一体；一段骨头入土，骨头和沙土会互相"交流"，最后骨头竟会因沙土中的矿物质渗入太多而变为化石。此类互相交流过程完全是自发的，无须注入任何动力，就像水向低处流一样自然，而要阻止它们互相交流，反而需要投入能量去设置障碍。为什么？因为两种不同物质接触后的自发交流其实是热力学第二定律的一种表现形式。定律使然，必定如此。

　　秦剧团的服务对象主要是我驻藏官兵，他们并没有刻意去承担汉、藏文化交流的任务，但秦剧团既然已经来到西藏，就等于芝麻油和酥油被装入同一容器，在热力学第二定律的支配下，二者的交流是必然的。

　　秦剧团的人本来对藏族文化了解甚少，而藏族人本来对秦腔一无所知。然而，随着时间的推移，秦剧团的人都学会了几句藏话，都知道了西藏音乐中什么是大囊玛，什么是小囊玛，都成了跳西藏踢踏舞的能手，秦剧团创作的反映西藏社会现实的秦腔《血的控诉》、眉户剧《英雄乌珠》不但道具、服装、对白等包含西藏文化元素，音乐也加进了西藏音乐元素。秦剧团的严志仁、雒祥杰、田德昌、陆根才等好几个小伙还"勾搭"上了藏族姑娘，汉、藏结婚，生儿育女。

　　交流是双向的，在秦剧团获取藏族文化的同时，西藏人民对于秦剧也从一无所知到有所了解。这方面最有趣的事例莫过于一位藏族男孩来到秦剧团学习秦腔的故事。

1956 年 6 月的一天，李晓俊上街归来，身后跟了一位三十出头的藏族老乡和一个七八岁的藏族小男孩。李晓俊、李玉兰夫妇俩像招待亲人一样招待他们。几个小时后，年长的藏族老乡走了，而藏族小孩却留在了秦剧团。这是怎么回事呢？

原来这两个藏族人是父子俩，孩子叫嘎玛吉里，父亲姓名已难以查知，只知道他是纳金电厂的临时工。4 月份剧团到纳金电厂慰问演出，嘎玛吉里看到秦剧团的孩子们演戏，在地上翻跟头，舞刀抢枪，个个身手不凡，一下子就迷上了。孩子喜欢孩子，没过三分钟，嘎玛吉里就跟秦剧团的孩子们玩到了一处，又是踢腿又是翻跟头。

第一眼见到这个藏族小孩，李老师就心中一动：孩子处处透着天真可爱，双眼灵动，大而有神，睫毛长长，眉毛弯弯，头发浓黑，五官匀称。大凡好老师都爱惜人才，李老师这时也动了爱才之心，他有意无意地跟孩子的父亲聊了几句。不过他比谁都清楚，秦腔是综合艺术，一个优秀演员需要有较好的历史文化知识功底，孩子是藏族，没上过学，连汉话都说不好，要让他学秦腔那可是太难了。

从纳金电厂回来，李老师早把这事抛在了脑后。李老师忘了，孩子可没忘。自从秦剧团走后，他就在父母跟前闹着要来找秦剧团学戏。这次是父亲专门送儿子到秦剧团学戏来了。

没有关系网，没有电话预约，连秦剧团的地址都不知道，父子俩来到拉萨，只能在大街上瞎转悠。

无巧不成书，嘎玛吉里父子在拉萨街头恰好就碰到了李晓俊。李晓俊认识嘎玛吉里，而且是业务副团长兼总导演，有权招收新学员，更重要的是他仁义过人。碰到李晓俊真是嘎玛吉里父子俩的福气。

李晓俊带着嘎玛吉里父子来到秦剧团大院。李晓俊倒真喜欢这孩子，抱着试一试的态度，他将嘎玛吉里留下了。

七八岁的孩子仍然离不开大人。李晓俊、李玉兰让嘎玛吉里住在自己家里，为他准备衣服和被褥，操心他的吃饭、喝水、洗澡、睡觉，将孩子收拾得干干净净，生活上的关照无微不至，待嘎玛吉里就像亲生儿子一样，还找了一些识字课本教孩子认字。

嘎玛吉里的到来使秦剧团一下子热闹起来了。小家伙不但长得好看，而且天生一个好性格，不认生，不害怕，皮实，爱笑不爱哭，一口半生不熟的汉语每次都把大家逗得直乐，非常可爱，一下子就成了全团人的"开心果"，上至老，下至小，没有一个不喜欢。马顺池团长平时那么严肃，也会像孩子一样和嘎玛吉里在院子里互相追逐、游戏。

嘎玛吉里还有一个妙处，就是模仿能力特别强，让翻就翻，让唱就唱，而且天生一副好嗓子。李老师教他唱秦腔，他居然就能跟着唱出来，听上去还真有秦腔味儿。有一次李老师教的是《冯彦坐监》里的两句："二王爷进来在永寿庵下，他母子进庵去避雨歇乏，"嘎玛吉里丝毫不懂唱词的意思，但居然唱得有板有眼。零零碎碎学了几句秦腔，他自己就常常自觉不自觉地随口乱唱，经常把大家逗得哈哈大笑。

当然，嘎玛吉里最愿意找的还是小演员队的哥哥姐姐们。他当初之所以迷上秦剧团，就是因为那次在纳金电厂跟小男生们玩得开心，又羡慕他们会翻跟头。现在可以天天跟这些哥哥姐姐们在一起，嘎玛吉里高兴。而这些小演员们平时都是听人指挥，现在有人崇拜他们，叫他们哥哥姐姐，他们也高兴。他们教嘎玛吉里练功夫，认字，说汉话。有好吃的、好玩的，他们都忘不了嘎玛吉里。

刘保平、王双群、许胜利等一帮男生动不动就喊："嘎玛吉里，过来，翻一个！"他就过来做前滚翻、后滚翻。武功较好的男生会伸出一条腿，脚蹬在墙上或树干上，让嘎玛吉里把他们的腿当单杠玩。

卢少琴每次上街，都忘不了给嘎玛吉里买糖果；有一次卢少琴正在排戏，嘎玛吉里在门口招手叫她，原来是他捡到了一个发卡，他觉得应该是小卢姐姐的，就给卢少琴送来了。发卡不是卢少琴的，但卢少琴还是从口袋里摸出一块糖来给了嘎玛吉里。

嘎玛吉里的父亲来看过几次，见孩子掉进了福窝，非常高兴。他每次来，李晓俊和他的同事们都热情招待，临走还要送给他一些衣裤鞋帽之类。

嘎玛吉里曾经演过《铡美案》中秦香莲的小孩。如果嘎玛吉里继续留在秦剧团，说不定他真会成长为一个优秀的秦腔演员。

天有不测风云。1957年夏秋之交，反"右"运动开始。因种种原因，秦剧团要离开拉萨远走他乡，前途未卜，有关情况，后面再表。李晓俊怕耽误孩子的前程，就给嘎玛吉里和他父亲留下一些用品，将他送到纳金电厂刚刚开办的工人子弟学校。临别时大家都有一些依依不舍。

屈指算来，嘎玛吉里现在应有 70 岁左右。他虽然没有能够当成秦腔演员，但他在秦剧团学了汉语，认了汉字，听惯了秦腔眉户，汉族文化在他身上已经留下烙印。嘎玛吉里学秦腔，是汉藏交流的一段佳话。嘎玛吉里，你还好吗？

有的人在舞台上光彩照人，但肚子里少了墨水；有的人善做导演，但当演员不行；有的人武功好，但没有嗓子；有的人嗓子好，但个子太矮……西藏秦剧团有这么一个人，他学识渊博，文武俱佳，既能演生又能演旦，能演、能导、能教、能编，懂理论，有实践，见解高，有创新。谁？副团长兼总导演李晓俊。他是西藏秦剧团的灵魂，没有他，就没有西藏秦剧团的辉煌。中国秦腔界对李晓俊知之甚少，为李晓俊立个小传，是一份历史责任。

李晓俊（1925—1997？），陕西省长安县东大乡落驾庄人，原陕西晓钟社旦角演员。1949 年参军，加盟第一野战军政治部宣传队，随大军西进，为部队演出。1951 年作为西北军区进藏部队秦腔队的成员进藏。1954 年参与组建西藏秦剧团。1956 年西藏秦剧团在拉萨正式挂牌，他任副团长、总导演、艺术总监、业务室主任、代理团长、团长、代理党总支书记等职务。1978 年西藏秦剧团解散，他回到陕西，在长安县文史馆工作。1997 年前后病逝。

李晓俊个子中等偏高，相貌清雅，嗓子好。他原本唱旦，可能因为西藏秦剧团有女演员，他在西藏秦剧团没演过旦角，但多次出演生角，如《软玉屏》中的丁守梅，《吕蒙正赶斋》中的吕蒙正，《血的控诉》中的老多吉，等等。每次出场，均获满场掌声。

李晓俊的主要成就不是做演员而是做导演。西藏秦剧团百分之六十以上的戏都是他导演的，而西藏秦剧团所有优秀演员的成长都离不开他的教学。他每导演一出戏，总是要阅读大量参考资料，对剧本反复研究，研究透了才选择演员，下达任务。传统剧目中常常会出现一些生僻字词，其他导演经常出现把剧本中的字音读错的情况，这种情况在他身上从未发生过。他常常发现剧本中不通顺、不合理之处，加以改进。他排出的戏常常有创新、有突破。他不但研究秦剧，对其他地方戏剧乃至外国戏剧的优点他都学习、借鉴。他勤奋好学，博学多闻，每天晚上都要工作到深夜。

李晓俊作风严谨，一丝不苟。课堂上要求严格，生活中非常随和，和所有的人都能打成一片。他与人为善，是一位仁、义、礼、智、信的正人君子。他对团里出身贫寒的演员特别关照。天涯海角，人们总能看到他将母亲的照片带在身边，足见他对母亲的孝心。他和夫人李玉兰都有一颗仁爱之心，除了善待藏族小男孩嘎玛吉里外，他们还收养了一个藏族孤儿，将他抚养成人，供他上学，给他娶妻，他叫李建宏，现在长安县工作。李晓俊夫妇自己有一个女儿。

1997 年前后李晓俊去世时，他在西安的原西藏秦剧团的学生们几乎都参加了葬礼，并在他的出生之地陕西省长安县落驾庄和最后落脚之地长安县文史馆住宅小区各组织了专场演出。一群年过半百的学生演出当年李老师给他们导演过的秦剧精彩片段，盛况空前，场面感人。

1956 年 7 月 1 日，拉萨孜仲林卡西藏秦剧团大院的会议室里，卢少琴、刘印堂和另外一名小演员（可能是陆桂爱）一起，面对中国共产党党旗庄严宣誓："我志愿加入中国共产主义青年团，坚决拥护中国共产党的领导。遵守团的章程，执行团的决议，履行团员义务，严守团的纪律，勤奋学习，积极工作，吃苦在前，享受在后，为共产主义事业而奋斗。"

三个孩子成为西藏秦剧团小演员队的第一批共青团员。在此以前，秦剧团似乎没有共青团组织。入团后，卢少琴成了团小组长，兼任少先队中队长。

西藏自治区共青团委专门派了一位干事作为代表参加仪式。省级团委派人参加一个基层组织的入团仪式，倒也少见。当时整个西藏的共青团支部数量有限，秦剧团等许多基层支部都直属自治区团委领导。

当秦剧团宣传委员兼少先队辅导员张耘将共青团团徽别到她胸前的那一刻，卢少琴很激动。那一刻，没有矫情做作，完全发自内心，还不满 14 岁的卢少琴愿为共产主义事业奋斗终身，如果党的事业需要，她甚至愿意牺牲自己的生命。突然之间，卢少琴觉得自己长大了许多，由少年变成了青年。

在卢少琴和所有其他孩子的心目中，入团是一种最大的奖励，很荣耀。其他小演员们有的羡慕，有的嫉妒。

卢少琴获得这种荣誉不是偶然的。入团誓词中"勤奋学习，积极工作，吃苦在前，享受在后"这几条她都做到了。她的爱学习和爱读书在剧团是出了名的，读书是她的嗜好；她的床头、小板凳、挎包、笔记本等器物上都写着十六世纪英国哲学家弗朗西斯·培根的名言"知识就是力量"，这句名言成了"卢少琴"三个字的代号，以至于别人一看到某件东西上写有这句话，就断定它是卢少琴的东西。她生性要强，不想让任何人对她的表现说三道四，再苦再累都

　　左图：初到西藏、快满 14 周岁、身着西藏秦剧团小演员礼服、既佩团徽又戴红领巾的卢少琴。1956 年 7、8 月间，团里请来一位摄影师，为每个人拍摄工作证照。后来工作证没有发放，但照片得以保存。

　　右图：1956 年 7 月 1 日，卢少琴入团当日拍摄。照片中，后排的陆桂爱、刘印堂、卢少琴（从左至右）三人是新团员，而前排的嘎玛吉里和许胜利（从左至右）则是新少先队员。

不怕，教练怎么要求她就怎么练，从不偷懒，从未像别人那样动不动就装病请假不练功。她天生一副热心肠，乐于助人。

当然，卢少琴能够入团的最主要的原因，恐怕还是她作为秦剧团第一名旦的特殊地位。这一地位，当时的秦剧团无任何人可以取她而代之。作为演员，卢少琴的长相、武功、嗓子、悟性、文化知识、品行、青春魅力等综合素质，在秦剧团无人可及，已经隐然是秦剧团的台柱子。如果不是因为角色太多顾不过来的话，几乎每一本戏的女一号可能都非她莫属。西藏广播电台给秦剧团录音，一般只录卢少琴一个人的唱腔，因为听众最喜欢卢少琴。惺惺惜惺惺，其他剧团的女一号最爱找卢少琴玩而不会去找其他人。

正因为如此，剧团有好事，每次都少不了卢少琴。如果选两人以上，卢少琴肯定在其中；如果只选一人，通常非卢少琴莫属。卢少琴这次能够入团就是这类好事之一。

卢少琴演的主角太多，演员中多有羡慕乃至嫉妒者。其实演主角工作量很大，排练和演出都要比别人付出更多的劳动，演得多了就觉得很累。所以卢少琴经常主动让角。有一次，她为了不当主角，甚至玩了一个小小的花招。演员拿到角色，首先要熟悉剧本，查找资料，写出角色自传交给业务室审查，再写出对角色的体会交给导演审查。这一次卢少琴为了不演这个角色，对角色自传写得很敷衍，被马顺池团长单独叫到办公室批评了一顿，角色没推掉，角色自传得重写。

秦剧团正式成立才短短数月，大本戏、小本戏就排了五六本，排戏速度惊人，但仍然满足不了观众的需求。排一本戏要费很大气力，而排好以后，最多演四五场，拉萨的汉族干部就全看完了，再演就没有观众了，所以要经常排新戏。其他文艺团体面临同样问题。当时拉萨的几个剧团互相观摩，暗中较劲，秦剧团当然不甘示弱，士气高涨，非常卖力。和其他剧团相比，秦剧团的演出无论在数量上还是在质量上都略胜一筹，尤其是这帮小演员的戏，在拉萨很受欢迎。

那段时间，团里又在赶排两本新戏，一是上下两集的重头戏《软玉屏》；一是小戏《挑女婿》，均为古装戏。

《软玉屏》的剧情是：丁守梅、秦一鄂为同窗好友。一鄂与老师之女白妙香有婚约。老师去世。守梅之父曾为礼部尚书，安徽巡抚魏效忠曾将女儿魏纫秋许与守梅，但此时丁家衰落，魏乃逼守梅退婚。秦一鄂欲成就守梅、绍秋婚事，假意向魏中丞求婚，魏见秦家富有，将女儿许配一鄂。一鄂假娶魏绍秋，使之与丁守梅夜逃。魏之宠妾黑氏，害死丫鬟雪红，弃尸郊外。绍秋见尸，脱下外衣穿到雪红身上以表情谊。魏效忠见身穿绍秋衣服的女尸，误以为女儿已亡，欲捉拿一鄂偿命。一鄂逃至白妙香家。魏效忠曾见白妙香容貌，欲强买妙香为妾，妙香男扮逃出，一鄂则扮作妙香到了魏家，暗中告发魏家草菅人命。魏家遭人命官司，更兼黑氏妒忌，魏效忠未能与假白妙香相聚。真妙香赴京冒名秦一鄂应试中状元。绍秋与守梅外逃后，守梅落水不知生死，绍秋奔舅家，舅父是朝中大官，知绍秋曾许于一鄂，乃将其嫁于冒名状元"秦一鄂"。后真相大白，皇上赐软玉屏，两对夫妻各自团圆。

《软玉屏》的导演是刚到剧团不久的吴君尚。白妙香由李彩霞演，魏绍秋由韩玉兰演，后李、韩被精简离团，二角色分归张亚萍、卢少琴。李晓俊演丁守梅；后吴君尚离去，李晓俊做了导演，此角由樊西园演。张建国演秦一鄂。

《挑女婿》讲的是老两口家境贫寒，只有一女，指望挑个能养老送终的女婿。女儿张丽英勤劳贤美，与村中穷书生李俊生相恋。老两口认为书生家贫，无力为他们养老送终，各自为女儿相中了一位富家子，一个叫王钱，一个叫吴三丁。两个富家子都喜欢丽英美貌，以重金纳聘。三个女婿候选人争执不下，来到公堂。县令在其聪明的夫人的帮助下，将丽英带到后堂，假称已将不遵父母之命执意要嫁李俊生的张丽英以不孝罪打死。王钱、吴三丁听说丽英已死，要逼二老退彩礼，唯李俊生伤心丽英之死，痛哭流涕，并答应抚养二老，县令乃将丽英判与李俊生为妻。导演李晓俊。张亚萍演张丽英，郭善民演丽英之父，胡宾环演丽英之母，王崇华演王钱，李福中演吴三丁，田德昌演县令，杨保华演县令夫人。

除了在拉萨人民大礼堂、军区礼堂、自治区礼堂演出外，有时秦剧团还应邀去拉萨附近的一些单位演出，如大修厂、公路管理站、纳金电厂、汽车十六团、十四团、十一团、蓬勃农场等。他们每到一处，都受到最为热情的接待，每个单位都会拿出最好的饭菜招待他们。而给卢少琴留下深刻印象的是去当雄空军指挥部的慰问演出。

那是8月1日建军节，当雄空军指挥部派车来接秦剧团去演戏，早上9点车就来了，其中一辆车是可以坐二十几个人的大轿车，另外还有卡车。秦剧团舞美、乐队、演员加在一起，一共出动了四五十人。拉萨到当雄150多公里，到达的时候已经是中午。

中午饭主要吃水果、面条，虽然简单，但却吃到了西藏极难见到的西瓜。部队的同志将新鲜甘美的西瓜切好放在盘中，让秦剧团的人随意享用。自来西藏，卢少琴已经去过无数大宴小餐，首长小灶的饭也吃过，但吃西瓜还是第一次。空军嘛，走内地容易，这吃西瓜的特权恐怕只有他们才有。

吃完午饭，舞美队的人就大忙起来，开始弄布景、道具、灯光、台幕，几位大演员在帮忙。舞美队的人上高爬低不太行，高空作业需要会点飞檐走壁技巧的演员帮忙。演出地点是在一个既像礼堂又像饭厅的大房子中，里面有个低矮的台子，不适合演戏，剧团的人和部队的同志一起动手，搭了个临时台子。

大人在那边忙着，卢少琴等孩子们把自己的台词复习了一下，然后跑到外面玩。大家对飞机和飞机场都非常好奇。飞机场四周很空旷，除了空军指挥部的营房外，看不到任何民房。有一个建筑物构造奇特，没有在其他任何地方见过，它是什么呢？一问，有人告诉他们那是雷达塔。干什么用的？不知道。

远处的地面上停着几架飞机。有多少架？说不准。大家不约而同地议论这样的问题：飞机里面是什么样子？坐飞机的感觉如何？要是这辈子能坐一下飞机，那该多好啊！不过，师长团长可能都坐不上飞机，他们坐飞机怎么可能？还是别做梦了吧！

正在这个时候，空军指挥部的齐政委来到了孩子们中间。

齐政委似乎早就知道大家的心思，他问道："小朋友们，你们坐过飞机吗？"

"没有。"

"你们想不想坐飞机？"

"想！"大家异口同声，回答声非常整齐。

奇迹出现了。在齐政委的安排下，七八个小演员，加上当时幸运在场的个别老师和乐队的人，总共十几个，坐进了一架飞机。飞行员年轻英俊，不知姓名。

飞机发动机响了，巨大的轰鸣声震耳欲聋，机身开始微微颤动。飞机开始移动了，越来越快。突然间感觉到身体一重，往后一仰，还没弄清是怎么回事，发现飞机已经离开地面，来到空中。大家真的飞到了天上！

十分钟前还是梦想，现在居然变成了现实！人生何事不可能发生呢！

飞机带着秦剧团的幸运者们在机场上空盘旋了一圈，然后落回了地面。空中停留时间大概只有三分钟。永难忘怀的三分钟！

后来卢少琴虽然多次乘坐飞机，但总觉得那一次的三分钟最幸福。

追本溯源，他们今日之所以能够乘坐飞机，得力于他们会唱秦腔的一技之长。是秦腔将他们带到当雄，是秦腔让他们受到尊重以至于享受了乘坐飞机的特殊礼遇。

东晋时候，山阴道士想得到王羲之的书法，得知王羲之喜欢白鹅，就花工夫养了一群。某日王羲之路过，看到河里游着的白鹅，果然舍不得离开。道士曰：您若愿意为我抄写一本经卷，白鹅可以相赠。王羲之大喜，为道士抄写《黄庭经》，换取了这群白鹅。

历史上有王羲之"书法换白鹅"，今日有秦剧团秦腔换坐飞机。只不过山阴道士有意用白鹅诱取王羲之的字，多了一点儿市侩味，少了一份情意，而齐政委是在已经得到秦腔的情况下主动献上飞机，可谓情深意浓。

当卢少琴他们乘飞机在天空翱翔的时候，舞美队和大演员队的人正在为演出成功而紧张劳动。

坐了飞机的人兴奋异常，没有坐上飞机的人非常羡慕。在里面忙着搭建戏台布置道具的人没有坐上飞机，在外面闲逛的人倒坐了飞机。这有点儿不公平。齐政委难道没有安排让秦剧团其余的人都坐一次飞机？没有。他当时也许只是看见小演员们可爱，兴之所至，为孩子们制造了一个梦幻。若成惯例，何奇之有！

坐完飞机，舞台已准备完毕。卢少琴等演员们连忙进到后台开始化妆。当天下午演的是《游龟山》。这是一本大戏，两个多小时，中间又穿插了演两个短小的武戏。观众除空军指挥部的干部战士外，陆军总后勤部当雄兵站的人也来观看。晚餐非常丰盛，每桌十几道菜。晚上再演《挑女婿》。然后部队派车把他们送回拉萨。

回到拉萨已过午夜。算上乘车时间，这一天大家工作了十六七个小时，每个人都觉得很累。但大家都很兴奋，因为他们感觉到部队的同志们非常喜欢他们的戏。只要他们的戏大家喜欢，再苦再累都值。

第十二回

备饸饹范明发豪气
入亚东秦伶诧异俗

中共西藏工作委员会副书记范明有大学学历，是个知识分子，曾长期做地下工作，理应文雅内敛，但他的性格却是粗豪张扬，敢作敢为，雷厉风行，待人热诚，不拘小节，颇有豪士之风，又重情义，对陕西同乡和一野战友颇多关照。

范明的生活习惯和言谈完全是陕西味，对秦腔不仅仅是喜欢，而且爱学爱唱，是忠实票友。范明对西藏军区秦剧团的偏爱是公然而公开的。范明和秦剧团血肉相连。没有范明，就没有西藏秦剧团。

历史应该感谢范明对秦剧团尤其是对卢少琴他们这些小演员的关心和支持，因为秦剧团入藏卢少琴等秦腔文艺人才能够长期留在西藏建设边疆，是1951年以后的西藏历史中非常正面的一笔。

"祸兮福所倚，福兮祸所伏"，对秦剧团而言，范明对秦剧团的关心也产生了某些不良后果。秦剧团后来不得不离开拉萨，就与范明对秦剧团的关心有某种关联。

这里讲讲范明"三宴秦剧团，广施压岁钱"的故事。

1956年4月中旬，中央代表团到来之前，范书记首次请秦剧团的人到他家吃饭。当时秦剧团到拉萨不久，进行了首场汇报演出，次日范书记设家宴招待大家，含有慰问和鼓励的意思。秦剧团的领导把它看作是首长对秦剧团组建工作的肯定。

秦剧团100多号人，范书记家哪能装得下？所以不可能人人邀请。马顺池团长点了卢少琴等主要演员和几个乐队的人，外加刘更生老师，共20来个人。

范明平时霸气十足，对刘更生老师却礼敬有加，每次都奉为座上宾，显示了范明爱才和儒雅的一面。刘老师刚调到秦剧团，大家对他尚不太了解。在这次聚会上范书记专门向秦剧团的人介绍了刘老师，他说："刘先生是饱学之士，学问可大了！他是陕西蒲城人，和杨虎城将军是同乡，当年为了抗日，投笔从戎。我费了好大的劲儿才将他请到西藏，给军区首长讲解《孙子兵法》和中国历史文化。我把刘先生调到秦剧团，主要目的是要刘老师抓孩子们的文化教育。要演好戏，就必须有文化，就必须了解中国的历史，你们对孩子们的文化课学习一定要重视。刘先生是块宝，秦剧团一定要珍惜。"范书记还介绍了刘老师名字的由来。听了范书记的介绍，秦剧团的人对刘老师都肃然起敬。过了几天中央代表团到达，刘老师被请去帮忙筹备自治区筹委会成立大会，开会那天，大会主席台前张贴着刘老师用楷书书写的大会议程，红纸黑字，每个人看了之后都说字写得漂亮，秦剧团的人对刘老师更加尊重了。

范明和张经武、白云峰、王植、陈竞波等领导都住在西工委大院的同一栋楼里。楼是二层，客厅很大，有五六十平方米，内有多把座椅，一个茶几和一个饭桌，此外没有什么家具。

饭上来了，是首长小灶上陕西厨师做的地道的陕西饭：锅盔、臊子面、油泼辣椒、炒菜之类。还有拉萨很难买到的橘子、苹果、香蕉等水果。除了吃饭，大家还唱秦腔、眉户，乐队的人来时带有板胡、二胡等乐器，他们伴奏。

西工委书记、中央驻藏代表张经武也过来坐了一会儿。范书记向张代表介绍说："这些小鬼们都挺能干的。"西工委宣传部长白云峰夫妇见郎英可爱，认了干女儿；西工委统战部长陈竞波夫妇见许胜利可爱，认了干儿子。那许胜利只有10岁，刚刚加入秦剧团。郎英13岁，是卢少琴在西北戏曲研究院的同学。

范明的夫人梁枫是西藏团委书记，很和蔼，很会办事。她把女孩子们单独叫到另一个房间，悄悄问大家："长大了吧？来月经了吧？"教导姑娘们如何对付月经，告诉大家月经期间不可用冷水、吃冷食。又告诉大家注意安全，女孩子不能单独出去。她说西工委计划派个女老师，以便于管理女孩子的生活。又说："你们的爸爸妈妈不在你们身边，我就是你们的妈妈，范书记就是你们的爸爸，有困难就来找我们。"鼓励是少不了的："好好工作，准备长期建设西藏。怕苦不怕苦？打仗怕不怕？不要怕！要坚强勇敢！"

　　回来的路上，马团长显得非常高兴，料想领导对秦剧团来到西藏后的工作很满意。

　　范明第二次请秦剧团的人去他家赴宴是1956年的中秋节。那是9月23日，中秋节过后的第四天，是个星期天。大家在谈话当中既祝国庆，又庆中秋。这次秦剧团去的人比较多，有30多人，主要是演员和乐队的人，仍然是马团长点将、带队。范明手下的几员大将，如组织部部长白云峰、秘书长王植等也都在。

　　范明这次请客可花了大工夫：他从西安运来了著名的陕西小吃"荞面饸（hé）饹（luò）"和乾州锅盔。如何运？走陆路至少得半个月，那饸饹还能再吃？只能用飞机运。这段时间，张经武、张国华不在西藏，范明是"西藏总督"，有权动用飞机，但也不能专门为了运饸饹而动用飞机。正巧西北军区有几个高干要乘飞机来拉萨开会，范明就让他们带来了两大筐饸饹。

　　这乾州锅盔不要紧，西工委的陕西厨师勉强可以做一下。但这荞面饸饹可非同小可，单是这"饸饹"二字就是特别为这种食品而造。

　　荞面饸饹是用荞麦面做的一种面条，据说已有六七百年的历史。其制作工艺非常奇特：先是选用新鲜荞麦磨面，必须现磨现做。然后和面；和面据说必须用所谓的"青石水"。选一块鸡蛋大小的青石用火烧红，放入凉水中一激，"嗞喇"一声，这水就变成了青石水。据说只有用这青石水和面，做出的饸饹才筋韧耐嚼。下一道工序是压饸饹：大锅里是正在沸腾的开水，锅上架着一个木架子，架子上安置着压面装置，其核心部件是一个底部有细孔、上粗下细、正对着铁锅的锥形筒，将和好的荞面面团塞入圆筒用力下压，筒底就会流出一条条细面丝进入锅中的沸水中。将煮熟的荞面面条捞出锅，抹上油，饸饹就算成了。饸饹分热、凉两种吃法。凉吃是在饸饹中调入精盐、香醋、芥末、蒜汁、芝麻酱和红油辣子等等，吃法跟吃凉面差不多。热吃是在饸饹碗里浇上臊子或热骨头汤，再撒入胡椒粉、香菜、蒜苗丝和紫菜，吃法跟吃臊子面差不多。

　　荞面饸饹条细筋韧，又滑又窨又耐嚼，非常好吃。只是有一条：家里没法做，因为其制作过程的技术含量太高。西安人想吃荞面饸饹也得到店里去买，何况是拉萨人！

　　范明的饸饹是从西安许士庙街最老字号的店里定做的质量最地道的饸饹，

就连芥末、油辣子等作料也是飞机从西安运来的正宗货，臊子也很正宗。来西藏这么长时间，哪见过这个！大家有的热吃，有的凉吃。太好吃了！可想而知，大家是美美地过了一把瘾。吃饱喝足，唱秦腔、眉户、碗碗腔是少不了的环节。

席间有人问范明："您请过豫剧团、京剧团、黄梅剧团的人吗？"范明把眼睛一瞪说："请他们干啥！"

中秋节是阖家团圆的节日，范明花这么大的功夫请大家来吃家乡饭，让大家有点家的感觉，免得大家想家，以振奋士气，安定军心，可谓用心良苦。

遗憾的是范明不能甘露普降，让所有想吃饸饹的人都吃到饸饹。吃到的人高兴，吃不到的人有些嫉妒。在 1957 年反"右"的时候，秦剧团内部曾出现攻击范明的大字报，里面有这样的话："范明的饸饹压的婵（chàn），要请秦剧团的名演员。""婵"是陕西土话，意思是得计、美气。

范明第三次请秦剧团的人去他家赴宴是 1957 年春节，可能是正月初三吧。这次去的人不多，只有十来个，其中有六七个小演员，两三个乐队的人，外加马顺池团长，李晓俊副团长，刘更生老师。大演员一个也没有去。吃的是西工委首长小灶上做的臊子面、饺子、锅盔和卤肉、炒菜。席间范明说："西工委这几天天天开会，开得人头都疼。今天好好放松一下。"怎么放松？没有卡拉OK，没有电视，最大的放松就是听秦腔。卢少琴每次必去，去了必唱。

春节假期，范明开什么会？这"开得头疼"四字中是否有什么玄机？

原来，在范明的主持下，西工委开拓工作思路，一些新的企事业单位纷纷建立，越来越多的贫苦藏民开始向共产党靠拢，在西藏尽早进行民主改革的呼声日益高涨。这一切都引起了西藏上层中间人士的恐慌，而各种反共势力也造谣破坏，借机在人民中煽动反共情绪，零星叛乱此起彼伏。1956 年年底，张经武、张国华相继回到西藏，西工委开会，检讨路线、方针问题，有人指出西工委近期的工作偏离了党中央和毛主席"慎重稳进"的西藏工作方针，许多同志对范明颇有微词，范明的日子开始有点儿不好过了，难怪他要说"开会头疼"。

开会这么忙，范明还是没忘了过年请秦剧团的人到家里来吃饭，有义气。

以上是"三宴秦剧团"的故事。"广施压岁钱"又是怎么回事呢？

在第三次宴请秦剧团的前两天，1957 年春节大年初一，小演员队五十来人全体集合，列队整齐。干什么？原来是范明带着他手下大将来秦剧团拜年，要给小演员们发压岁钱。他的大将包括他的夫人、团委书记梁枫，宣传部长白云峰，秘书长王植，宣传部长方弛辛，行政局长（管房子）范子缨，等等。秘书用盘子端着一大盘钢洋，小演员们每人两块；五十几人，加起来也有一百多块银元，这在当时可不是小数目。梁枫说："这是你们的主帅从自己的工资里拿出来的，给你们发压岁钱。"范明插嘴说："什么主帅！叫爸哩！这都是我的娃！"少先队员们行队礼。范明讲话："你们小小年纪到西藏来工作，很不简单。希望你们能够能长期建设边疆。"又对秦剧团的领导们说："晚上带孩子们去自治区看电影。伙食要搞好。"范明临走对马团长说："孩子们若有闪失，唯你是问！"

透过"三宴秦剧团""广施压岁钱"的豪行壮举，我们看到了一位率直的陕西老乡，看到了一位豪迈、仁义、直率、霸气十足、爱惜人才的将军。

1957 年春节期间，卢少琴还应邀到张经武家去了一次。那是个星期天。早上 9 点，马团长只带了卢少琴一个人来到张经武家。桌子上的早餐已经摆好，是豆浆、油条、咸菜之类。原来是来张经武夫人杨岗刚到拉萨不久，那时秦剧团和卢少琴已经在拉萨创出了点名气，杨岗点名要看看卢少琴，所以请客。吃过早饭，张经武、马顺池在家里谈话，杨岗带着卢少琴在院子里散步、聊天儿。杨岗问多大啦、想家吗、在拉萨习惯吗，等等，卢少琴一一回答。

1956 年中秋节前后，秦剧团又排了两本新戏，一是《赤胆忠心》，一是《貂蝉》。《赤胆忠心》讲的是明朝抗倭名将戚继光某次与倭寇作战，虽然胜利，但幼子却被倭寇掳走。十余年后，倭寇再犯，戚继光率军出战。戚继光有子女多人，个个武艺精通，女儿戚桂莲尤为出众。倭将平井攀松很神勇，连败戚继光的三个儿子，奇怪的是这倭将枪法中有戚家枪法，且长得像戚继光。后戚桂莲上，打成平手，诱他说话，发现倭将就是戚继光多年前丢失的幼子、自己的亲弟弟。后来戚继光亲自出马，擒获平井攀松，父子相认，戚继光大获全胜。卢少琴演武旦戚桂莲，王崇华演平井攀松，张益民演戚继光。

《貂蝉》讲东汉末年，董卓无道，王允巧施美人计，利用美女貂蝉离间了董卓和吕布。故事家喻户晓，不须多费口舌。导演曾有意让卢少琴演貂蝉，但卢少琴声明自己不愿意演貂蝉，公开理由是自己当时正排练《赤胆忠心》，没有工夫再演貂蝉，真正理由是貂蝉一角有男女拉拉扯扯的场面，卢少琴不喜欢。貂蝉由陆桂爱演，吕布由张建国演，王允由白贵平演，董卓由侯宽初演。

1956 年 10 月，拉萨河畔出现了热火朝天的劳动场面，上千人在几公里的河岸上打了一场修筑河堤的人民战争，河岸上红旗飘扬，劳动号子回荡，人人争先，个个奋勇，其场面既有点像 1944 年延安的大生产，又有点像 70 年代中国农村的学习大寨移山填沟。

驻藏各单位都有任务，秦剧团也不例外。晨练、排练不能停，修堤工程也要完成。一部分人早上去劳动，下午排练，另一部分人早上排练，下午去劳动，还有一些人上午下午都在工地。抬大石头，捡小石头，搬运沙子，打夯，和水泥，等等，都是重体力活。小演员们会翻跟头、会武打程式，但肩膀上的功夫不行，扁担、箩筐往上一搁就疼，但大家都要极力证明自己能吃苦，争先恐后地干，肩膀肿了，垫上棉衣继续干。团部、舞美、乐队、后勤以及大演员队的人多出身于农家，干活很在行，不乏心灵手巧之人，什么活都难不住。炊事班要送饭送水，任务比平时艰巨得多，卢少琴等几个小女孩去帮忙。整整忙乎了一个礼拜。

修河堤是为了保护河边的公路。养路、修河堤一类事本来应该归西藏地方政府管，但当时的西藏政府行政职能有限，基本上不管这些事。公路对我驻藏人员至关重要，因为所有给养要通过公路运来，但与噶厦政府关系不大。自己动手，丰衣足食，这是共产党的老传统。西藏政府不管，他们就自己动手。

1956 年 11、12 月间，秦剧团到后藏地区巡回演出。

西藏分为前藏、后藏两个地域。前藏靠东，以拉萨为其政治、经济、文化的中心；后藏靠西，以日喀则为其政治、经济、文化的中心。除了拉萨，西藏最重要的地方就是日喀则。公元 13 世纪中叶，后藏一度成为西藏的政治、文化中心，日喀则曾经非常繁盛。后来，拉萨无论人口还是文化方面都超过了日喀则，成为西藏的政治中心。清政府分别册封达赖和班禅，形成达赖掌管前藏、班禅掌管后藏的格局。西藏内部两大势力互相制衡，对朝廷统治西藏自然是有利的。拉萨比日喀则重要，这恰恰与达赖、班禅两大活佛转世体系在西藏的政治、宗教地位相对应，二者孰因孰果，恐怕一时难以说清。

从拉萨出发西行 280 公里就到了日喀则，中间有高山大川阻隔，在没有公路的时代，两地相距其实颇为遥远，可谓阻隔重重。日喀则位于西藏第一大河雅鲁藏布江之畔，而雅鲁藏布江的一条大支流年楚河也在这里汇入雅鲁藏布江。年楚河发源于喜马拉雅山，奇特之处是它的流向是自东南向西北。大河交汇之处必然好风水，常有大城市，日喀则出现在年楚河与雅鲁藏布江的交汇处也就不足为奇了。

西藏人口稀少，日喀则迄今不足十万人口，当时可能不足三万，在内地大概够不上城市的称谓，在西藏却是名副其实的大城市。日喀则既是城市名称，又是日喀则地区的名字。世界第一高峰珠穆朗玛峰就在日喀则地区境内。

秦剧团奉命赴后藏慰问部队，抵达的地方按先后顺序依次为日喀则、江孜、定结、岗巴、亚东，这些地方均是我们部队的驻守之地。1951 年以前，这些地方是不通公路的。解放军逢山开路，遇水搭桥，没有条件搭桥就设立渡口，到 1956 年，凡是有我军重兵驻守的地方均能乘车直达，只是路况很差，多数地段根本就不能称之为"公路"，但至少可以通车，给养可以用车运送，无须肩扛马驮，这就行了。从地图上看，江孜位于拉萨与日喀则之间，但由于高山阻隔，当年乘车自拉萨去江孜必须绕道日喀则。

秦剧团从拉萨出发，这日来到达竹卡渡口，所有的卡车和行人必须依靠渡船来横渡雅鲁藏布江，渡口是解放军建立、操作、维护、守护。渡船挂在一条横跨江面的钢丝缆绳上，吊挂渡船的缆绳跟横跨大江的缆绳之间用滑轮连接，另有缆绳将船同两岸的缆绳绞盘连接，几个壮小伙推动缆绳绞盘，船就从此岸移向彼岸。渡口雇了许多藏族劳工，他们工作很卖力。渡船很大，一次可渡三辆空卡车。秦剧团利用等待渡河的两小时时间为在渡口工作的我军官兵和藏族工人们进行了演出。

这是秦剧团第一次到日喀则。班禅不在，所以他们和扎什伦布寺没有多少互动，只是为解放军和汉、藏干部及其家属们演了几场戏。扎什伦布寺当然是要去参观一下的。小演员们对灿烂的藏文化缺乏认识，他们来自西安，大宫殿在他们眼中也不怎么新奇，只觉得里面酥油灯的味道太重，转了一下就出来了。

秦剧团每到一地都受到最为热情的接待，每个人工作也都非常努力，不在话下。

这日离开岗巴向亚东行进。当时是冬季，沿途都是积雪，许多地方哪边是路哪边是水沟常常难以分清，司机有时只是凭感觉掌握个大方向往前开，好在天气寒冷，水坑水沟都冻得硬邦邦的，陷不了车。有一段"路"相对平坦，司机以为上了正路，放心大胆往前开。走着走着，前面出现了四五个骑马挎枪的人，他们示意要让秦剧团停车。原来秦剧团走的"路"不是路，而是一条河的河面，河水封冻，所以看起来倒像是被积雪覆盖的公路。这几个人是锡金的边防巡逻兵，原来他们在不知不觉之中已经越过国境线，来到了当时已被印度控制的锡金境内。这些锡金兵看上去跟藏族人没有什么两样，会讲藏语。听说他们的车是在河面上行进，可把司机吓了一跳，万一有些地方有温泉之类导致冰层脆弱不堪重负，那可就遭了！这些锡金兵对秦剧团很友善客气，给司机指明了方向，秦剧团向他们赠送了一条香烟表示谢意。

作为世界上最高的山脉，喜马拉雅山可不是好翻越的，所以喜马拉雅山成了中国和尼泊尔等国的天然国境线。在大约 1000 公里地段上，喜马拉雅山的主峰成了国境线，山的北坡是中国，山的南坡是印度、尼泊尔、不丹等国，只有亚东是个例外，它是中国领土，却在喜马拉雅山的南坡，所以去亚东意味着要翻越喜马拉雅山。亚东北部是喜马拉雅山脉的一个"断带"，海拔较低，容易翻越，形成了一条中国与南亚交往的通道。亚东的东、南、西三面具是国境线，只有北面与中国相连，是祖国西南边疆的前哨和门户，战略地位十分重要。

过了岗巴县，一路下坡，气温越来越高，坐在车上的卢少琴他们先脱大衣，过了一会儿又开始脱棉衣，后来多数人连毛衣也脱了。路两旁开始出现了绿树，鲜花也出现了，见得最多的是枇杷花。绿树鲜花越来越多。亚东到了。

亚东县的平均海拔是 3500 米，境内有海拔 7400 米的高山。当时亚东尚未设县，秦剧团所到的地方是现在的亚东县人民政府所在地下司马镇，海拔只有 2000 多米。因为纬度低，又处喜马拉雅山南麓，受亚热带半湿润季风的影响，气候温和湿润，山清水秀，素有"西藏小江南"之称。12 月在西藏其他地方是隆冬季节，而这里的人们只穿单衣，最多在脖子上围条围巾。如果没有战争，这里真是地球上的一块风水宝地，世外仙境。

下司马镇街道不长，商店也不算多，却能见到许多印度人和尼泊尔人，他们中的绝大部分都是亚东的永久居民，他们在亚东建造了小巧玲珑不同于藏式和汉家建筑的木板房，使得亚东具有不同于西藏其他任何地方的文化特色。

中国很大，国境线在一般人的脑子里遥远而又神秘，现在大家居然来到了国境线上，孩子们生出了好奇之心：国外到底是什么样子呢？越过国境线去参

上图：1956 年 12 月，秦剧团来到中印边境重镇亚东。这日，驻亚东的印度商务参赞宴请秦剧团。宴罢归来，信步漫游，有人为卢少琴拍了这张照片。

下图：与上照摄于同一日。左起：雒祥杰、卢少琴、陆桂爱、王家辉。雒祥杰是甘肃人，秦剧团的头把板胡。当日大家从印度商务参赞处出来，附近有个桃园，桃花盛开，大家各自游玩，无意中走到了一起。

观暂时不可能，但目光越过国境线去观瞧国外的景色并不违反国际法。有几个男生很调皮，他们从部队借了望远镜四下观看，不仅看到了国境线外的景色，而且还看到了一个奇特现象。

每天早上，都有印度男女手提水罐，到河边解手。这几个拿着望远镜欣赏境外景色的男生无意之中观察到印度人解手的一个细节：他们发现印度人大便以后不用手纸，而是用手指头直接擦屁股，然后将手伸在水罐里摆一摆了事。这个观察被证实是当地印度人的风俗习惯。几个小家伙对这个发现津津乐道，连女生都知道了这件事。

印度在亚东设有商务处，由一位商务参赞负责。亚东地处边塞，专业文艺团体从未光顾过，来了秦剧团，那是天大的新闻。印度的商务参赞为了表示对中国的友好，宴请秦剧团的主要演员，马顺池团长带秦剧团演员和乐队的近20人赴宴，我方驻亚东外事处的鲍秘书到场，担任领队并兼做翻译；鲍秘书三十来岁，最大的特点是两条水平伸展的浓眉很长，几乎相连，在前额上画出了一个"一"字，他对秦剧团照顾得非常周到。印度商务处的饭菜很丰盛，精致的盘子中盛着类似于维吾尔族抓饭或扬州炒饭的米饭，周围摆放着多样菜肴。印度人既不用筷子，也不用刀叉，直接用手指抓了米饭往嘴里喂，并热情地请客人用饭。

饭菜丰盛，主人热情，但卢少琴、陆桂爱、郎英、刘保平、王双群、孙忠孝等小演员们却一点儿也没有食欲，因为他们不约而同，心里都想到了印度人擦屁股的方式。想到此，饭菜是一口都吃不下去了，只吃了一些水果。只有乐队的几个大男子狼吞虎咽，吃了个痛快，小演员们暗骂这几个家伙没出息。

见到这群小客人不吃他们的饭菜，主人很纳闷儿，或以为中国的文化就是如此，或以为自己的饭菜不合小演员的口味。他们无论如何都想象不到这不吃现象的背后会有着这么一个说不出口的原因。

作为一个市镇，亚东县府下司马镇的居民总数两千左右。解放军在亚东大约驻着一个营，另外还有外事机构和地方官员。秦剧团驻招待所，而招待所的大食堂就成了秦剧团演出的临时剧场。亚东的居民极少有机会欣赏专业剧团的演出，秦剧团无论演什么节目都是当地若干年中所能看到的最高水平，观众对每一场演出都赞叹不绝。

当时《梁秋燕》在内地非常火爆，部队官兵要求看《梁秋燕》。秦剧团尚未排练《梁秋燕》的全本，但许多唱段、台词卢少琴等都非常熟悉，于是给大家演出了《梁秋燕》的片段。印度商务处的人应邀前来观看，一些印度妇女听翻译讲了剧情，都大为赞叹，连称"好故事"，有的甚至感动得泪流满面。印度参赞说："剧中的那个法官好"，他把剧中的区长称为法官。当时印度也是包办婚姻，难怪这些印度妇女对宣传婚姻自由的《梁秋燕》要大加称赞了。

12月的亚东，风景秀丽，气候宜人，秦剧团准备在亚东整训一段时间。正在大家高高兴兴准备在亚东过元旦的时候，突然接到军区的电报，要秦剧团务必在年底以前返回拉萨，接受新的任务。

　　本照与前两照摄于同一日，其珍贵之处在于，卢少琴身穿在西北戏曲研究院演员班学习时发的服装，佩戴着"西藏秦剧团"的徽章，徽章上的字是用藏、汉两种文字书写的。卢少琴回忆，当日她的左臂上还佩戴着两道杠的少先队中队长臂章，摄影者觉得景没取好，就把臂章连同部分背景一起剪掉了。

第十三回

英雄士戟折美人关
浮滑生颜失议事厅

　　1956年12月28日前后，在亚东的慰问演出尚未结束，秦剧团突然接到命令，要他们务必于1957年元旦以前赶回拉萨，参加元旦期间自治区、军区和西工委同西藏噶厦政府之间的联欢庆祝活动，西藏军区已派专车在江孜等候他们。于是秦剧团立刻动身返回。

　　到江孜后，军区的车果然已经等在那里。诸位要问：秦剧团这一路走来，不是已经有车送他们吗？为什么还要再派车到江孜接他们？因为秦剧团这一路都是乘坐卡车，而军区这次派来的是一辆大轿车。长途旅行，大轿车比卡车舒服，也比卡车快。遗憾的是轿车只有一辆，其他人仍得坐卡车。军区为什么不多派几辆轿车来？因为这样的大轿车当时在西藏是稀罕物，西藏军区司令部可能只有这么一辆。

　　剧团的大部分女生都上了轿车。有些女生更愿意坐在卡车的驾驶室里。马顺池团长有吉普车，而李晓俊副团长则被安排坐大轿车。江孜地区团委的一位女同志领着四个年龄大约5至8岁的小孩要回拉萨，上了轿车。还剩下几个空位，坐了白贵平、张新乾、张建华、王双群等几个男生。为了尽早赶回拉萨，他们起了个大早，7点钟车就上了路。马顺池团长的吉普先行，大轿车是第二，后面是几辆卡车。头天晚上大家都没有睡好觉，车上摇来晃去，没过多久大家都有点迷迷糊糊，半睡半醒。

　　突然，这些处于半睡眠状态的乘客觉得车身剧烈跳动，等他们明白过来，每个人身体各部分在三维空间中的坐标已发生巨大变化。原来是翻车了！

　　演员们大都手脚灵活，本能反应，蹭、蹬、抓、拿、遮、挡、闪，谁也记不清用了哪些招数。卢少琴用上了自救训练中学到的常识，用大衣和双手护住头部，两膝收至胸前，全身卷成了一个圆球。过了几秒钟，一切归于平静，这才抬起头来勘察四周情况，见车并没有像自己感觉的那样底朝天，而是右侧着地躺着；车内的每个人都有几分演杂技的样子：有的像做劈叉，有的像做俯卧撑，有的像练吊环，有的像做仰卧起坐，五花八门，应有尽有，很少出现坐在左侧座位的人叠压在右侧座位的人身上的情况，绝大多数人都找到了各自的着力点挂在了空中。

怎么办？先出去再说。怎么出去？右侧的窗户紧贴地面，无法打开。左侧的车窗现在变成了天窗。几个男生义不容辞，设法打开了"天窗"，然后用手扳住"天窗"两侧，略一用力，来了个灵猿上树，人的上半身已出了"天窗"，接着全身跃出了"牢笼"。想不到为了演戏学的一些功夫在生活中也这般有用。接着，大家你帮我，我帮你，一个个从"天窗"中爬了出去。这时，后面的卡车也到了，大家都过来帮忙，接住了从车的"顶部"往下的人。

除了李晓俊老师的右手食指被擦破外，其他人没有受伤。随行的陈医生马上给李团长进行了包扎，又仔细检查和询问了每一个人。这时大约是上午9点半。

司机是个20多岁的战士，听口音好像是甘肃人，见所有的人脱险，他蹲在车旁抱头大哭，口里说道："如果剧团任何人有个三长两短，我回去不死也得坐监狱！"这才叫痛定思痛。原来，上级告诉他任务紧急，他从拉萨出来，急着赶路，一天一夜没有睡觉，太疲劳了，开车的时候不由自主地打起了盹儿，造成了这次翻车事故。好在这一带空旷平坦，没有山沟山崖，否则后果将不堪设想。大家都安慰他。

下一步是想办法把车扶起来，没有起重机，只好用人力。那时的司机对付翻车很有一套，何处拴绳子，何处用撬杠，都有章法。小姑娘们靠边站，男子汉主动上前，有人指挥喊号子，大家一起用力，居然将翻倒的车扶正了！司机一发动车，发动机和驱动系统好好的，还可以继续开。大家又上了车继续前进。只是右侧的车窗玻璃多已破碎，风呼呼地直往里灌，大家都穿上了大衣，戴上了棉帽。大轿车的前面有卡车开路，后面有另外的卡车断后。司机还是原来的司机，他心有余悸，再也不敢打盹儿，只是行车速度明显慢了。

司机为了让秦剧团尽早回到拉萨而耽误了睡觉，结果出了事故，白白浪费了一个多小时，正应了欲速则不达的古训。

走在前面的马团长可等着急了！听说翻车，马团长吃惊；见他的兵将完好无缺，又觉得庆幸。

车队在日喀则没有停留，一路之上，大家饿了吃点干粮，渴了喝一口随身携带的水，偶尔停下来让大家上个厕所。当晚抵达拉萨。回到拉萨后的任务，无非是元旦期间的联欢、舞会、慰问、庆祝之类，无须细表。

这是秦剧团在西藏过的第一个春节。春节期间，部队备战很紧张，秦剧团也高度警觉。但各单位还是尽量营造节日气氛。西藏军区、自治区筹委会、西藏工委所属各机关放假，各机关大院均贴春联、标语，张灯结彩。秦剧团院内院外也贴了刘更生老师写的对联。连续几天剧团都有会餐。藏族的雪顿节似乎也在这段时间，西藏地方政府组织人们打扫街道，布置环境，并举行广场舞会等庆祝活动。大街上每个藏族家庭的门前和屋顶都挂起了五光十色的彩带，十分好看。

春节期间是剧团最忙碌的时候，他们要去许多不同的地方给干部和工人们演出，为他们增添节日的欢乐。

西藏军区秦剧团是漂亮少女荟萃之地。解放军纪律严明，作风过硬，无论走到哪里，他们都是秦剧团的保护神。部队中没有任何人对剧团的女孩子有任何形式的越轨行为。只要跟部队在一起，大家就觉得安全。对此卢少琴深有体会，她一生都感激部队。剧团内部，事事处处按部队的规矩办，风气也很正，绝无旧社会剧班中常见的那种女演员受性骚扰的现象。

但1957年2月，却发生了西藏军区一位领导将秦剧团女演员带走过夜的事。此事还得从貂蝉这个角色的人选说起。

貂蝉是个重要角色，导演曾有意让卢少琴出演。但卢少琴演戏有个缺点：每当戏演到涉及男女爱情的地方，她都放不开手脚。说起这方面，还有几个小故事。

《劈山救母》中有一个三圣母与丈夫刘彦昌生离死别、夫妇二人拥抱痛哭的场面，卢少琴总是演不好，无论导演如何启发，卢少琴就是演不到位。后来导演一方面继续给她做思想工作，提高她对戏曲艺术的认识，另一方面对她也不强求。好在一部戏中，这样的场面有限，只要其他部分演好，观众仍然喜欢。

有一次排练，演生角的演员在演夫妻相抱转身的动作时不小心让他的头碰了卢少琴的头，卢少琴当场给了对方一个耳光。男生很委屈。导演批评卢少琴道："你怎么能这样！这是演戏，不小心碰了你一下，有什么要紧！你不该打人家！"卢少琴说："我不管！我就是不让他碰我！"

还有一次，小演员们在一起休息闲聊，一位男生说他要向卢少琴提亲。卢少琴气炸了，顺手操起一个扫把就打了过去，男生一看不妙，撒腿就跑，卢少琴提着扫把紧追不舍。男生急中生智，钻进了男厕所。好一个卢少琴，竟然追进男厕所去打！一位男生正要准备解手，冷不防冲进了一位手提扫把的女将，吓了一大跳。那位对卢少琴轻薄的男生逾墙而逃，但身上早挨了几扫把。

十三四岁的女孩子，正处在对爱情似懂非懂的朦胧阶段，让表达夫妻感情，真有点勉为其难。这个缺点直到卢少琴十七八岁以后才慢慢克服。

貂蝉一角男女戏较多，卢少琴不适合演，其他几个条件较好的旦角小演员也在不同程度上存在同样的问题，这就为金巧云出演像貂蝉提供了机会。

金巧云比卢少琴大三岁，芳龄 17 岁，鲜花初开。这个年龄，就是人品一般的女孩子也具魅力，何况这金巧云本有七分姿色，且有演艺功底，更兼她着意修饰，时髦新潮，性感活泼，所以颇有动人之处。作为演员，其嗓音条件、身段、文功武功等在秦剧团都进不到一流行列。范明三宴秦剧团，每次参加宴会都没有她的份儿，可见她在马团长心目中的地位并不重要。

别看这金巧云只有 17 岁，却早识男女之事，已经多次品尝禁果。她还有另一样好处，就是思想特别解放。有一次她正跟一位男子亲密，让别人撞上。换别的女孩子，可能会羞愧难当，她却泰然处之，行若无事。舞台之上，演生旦互动的戏成了金巧云的强项。她演这种戏特别夸张，常常有临场发挥。剧情本来只要求拉拉手，她却要搂搂腰；剧情本来只要求搂搂腰，她却要挨挨脸。动作自然，丝毫不扭捏造作。

貂蝉不是由陆桂爱演吗？事有凑巧，剧团要兵分两路，需要第二套《貂蝉》演员。选谁演貂蝉呢？金巧云毛遂自荐，自告奋勇。导演说："那就试试吧！"

这出戏里貂蝉勾引吕布、董卓，对了金巧云戏路，她早就想演貂蝉。这次机会降临，她很高兴，特别卖力。导演多次向她指出：不能把貂蝉演成妓女，她对这点总是感悟不透。排练了几次，导演觉得虽然不能尽如人意，也别无其他人选。

这一天彩排，军区一位名叫席志伟的领导前来观看。

貂蝉本来是行为端庄的女子，为了拯救国家而甘愿献出自己的身体。在"小宴"和"凤仪亭"这两折戏中，董卓、吕布对她神魂颠倒，那是因为她本身就是绝代佳人，但金巧云却将貂蝉演成了妓女，极尽卖弄风情之能事。

在台下观看彩排的导演李晓俊正在抽烟，见金巧云将貂蝉演成这样低贱的女子，气得将烟头"啪"地一下摔到地上，低声自言自语道："怎么能这样！"

导演看不惯，但有一位观众可看得津津有味，热血沸腾，心潮澎湃。谁？席志伟。演出刚一结束，金巧云还没有来得及卸妆，就进了席志伟的专车。

当晚，金巧云没有回来。

吕布一表人才，跨下赤兔马，掌中方天戟，英勇无敌，却在貂蝉面前低头。席英雄虽不及吕布英勇，也曾跃马挺抢，驰骋疆场，打过许多胜仗，想不到今日栽到了舞台上的假貂蝉手里，令人叹惜。这正应了一句名言：英雄难过美人关。

这种事，换其他未出阁的姑娘，可能生怕别人知晓。这金巧云则不然，她要让秦剧团所有人知道她有了靠山，走路说话都有些飘飘然。

团长、导演好为难，但没有办法，只得让步。金巧云的貂蝉是演定了。席志伟还要求秦剧团给金巧云安排另一重要角色。金巧云迟到，早退，不搞卫生，练功装病，不交作业，历来如此，过去常挨批评，现在领导和老师只好睁一只眼闭一只眼。她的嗓子有点左，乐队的人有时集体罢工，拒绝为她伴奏，团长只好从中调解。

秦剧团本来纪律严明，令行禁止，现在剧团领导常常不得不对金巧云法外施恩，就连在秦剧团一言九鼎的马团长也不得不对金巧云礼让三分。这么一来，领导再要管其他人就显得底气不足，指挥开始有点失灵，整个领导阶层的劲头也不那么足了，剧团的士气军心虽不能说是一落千丈，落了几十丈是有的。

某日，秦剧团开会，目的是集思广益，解决剧团的排戏速度赶不上拉萨人民需求的突出问题。自来拉萨，大家工作非常努力，不到一年，已经排练和公演了六七本戏，排戏速度惊人。但拉萨的观众群体有限，一本新戏出来，演不了几次，所有的人就全看过了，再演就没有了观众。拉萨人都给秦剧团编了顺口溜:"《劈山救母》《游归山》,《赤胆忠心》加《貂蝉》,《软玉屏》,上下集,再加一个《挑女婿》。"说他们演来演去就是这几部戏。其他文艺团体也面临同样的问题。例如,群众给西藏歌舞团也编有顺口溜,说他们是"七个歌,八个舞,最后来个大花鼓。"

会上,自然是领导们讲得最多。有的说:"应该成立西藏秦腔二团,有了两个秦剧团,一个团演出,另一个团可以休整、排练,同样时间段内排出的戏可以多一倍,每个团排新戏的压力就减轻了。"有的说:"我们不能光守在拉萨,排好一出戏后,除了在拉萨演,还应该走出去。西藏其他许多地方都有我们的部队,那些同志们还没有看过我们的戏,我们应该到那里演出。"

普通群众中有那些爱说话的,也是七嘴八舌,纷纷发表意见,郑曦就是其中之一。在进入西藏秦剧团以前,郑曦在内地就混出了一丁点儿名气。进入秦剧团后,他把自己看成个人物,颇有些自负。大概由于他常演丑角,养成了油嘴滑舌、说话没遮拦的毛病。今日开会,领导让大家集思广益,他发言了,说道:"我们秦剧团要挑好演员。"

这话说得对,领导连连点头。马顺池团长问:"什么样的演员算是好演员?"

"就像我呀、金巧云呀,这样的演员应该多选。"

听到"金巧云"三个字,马团长的脸"唰"地一下变红了,但他还没有发作。

郑曦对马团长的脸色毫无知觉,继续说道:"我们要多成立几个团。也不要叫什么一团、二团,就叫郑曦秦剧团、金巧云秦剧团。"

人们哄堂大笑。

平时温文尔雅、从不失态的马团长再也忍不住了,他拍案而起,声嘶力竭地喊道:"郑曦!给我滚出去!滚出去!马上滚出去!"

大家都愣住了。郑曦没有料到马团长会发这么大火,张皇失措,羞愧而出。

这段时间,马团长心中对金巧云恨得直咬牙。他说话失去分量,秦剧团军心涣散,全是因为金巧云而起。为了大局,他不得不对金巧云迁就一下,但早都憋了一肚子火。郑曦哪壶不开提哪壶,撞到了枪口上。

这次商讨的结果,决定成立西藏秦腔二团,以马振华为团长,派他去西安招人。不过因为种种干扰,筹建西藏秦腔二团的事直到1958年才付诸实施。

1955、1956 年，内地大批汉族干部入藏，西工委领导的革命势力在西藏大发展，引起了西藏上层的不安。中央及时调整方针政策，1957 年初提出六年内在西藏不进行民主改革的方针；六年以后是否改革，要看西藏上层的意愿，以安定藏人之心。为了防止由于进藏汉人太多引起藏人的误解和猜疑，1957 年上半年，西工委开始实行紧缩政策，部分汉族干部被精简，离开西藏，返回内地。

秦剧团也开始"缩减"，裁减人员。小演员去了耿引弟、刘素芳、李淑贤、王慎荣等。大演员几乎裁完，去了李益中、李福中、张益民、韩玉兰、李彩霞、焦成锋、张岳华等。领导去了阎志仁副团长，据说后来被打成了"右派"。严副团长参加革命早，工作认真负责，有才能，板胡拉得不错，听说被裁的缘由是他在男女问题上有失检点。卢少琴年幼，人称"书呆子"，对团里的这类绯闻知之甚少。

走的时候，每个被裁减的人都不愿意走。秦剧团实行类似于部队待遇的供给制，资金充裕，到处都受尊重，西藏工资也高，这些都是内地剧团所无法比拟的。

上级要秦剧团裁员，演员都不愿意离开秦剧团，这终于给了马团长一把制服那些难缠分子的杀手锏。席志伟据说已经犯了错误，所以金巧云也大为收敛。

西工委曾答应给秦剧团派来一位女指导员，以便于管理女孩子的生活。1956 年底，这一诺言兑现，女指导员高翔到任。

高翔毕业于陕北米脂中学，1949 年参军，原在西藏军区文工团工作，虽然年轻，但非常稳重，大家都喜欢她。她在孩子们中间倡导每天记日记，她自己就每天记日记。卢少琴惊奇地发现，高指导员用英文记日记。她对高指导员说："高指导，你检查我们的日记，我们却看不懂你的日记，这不公平！"高指导笑了笑说："鬼丫头！尽说调皮话。"高翔只是一位基层政工干部，居然懂英语，想不到当时驻藏解放军中还有这样的人才。

1957 年"三八"妇女节，拉萨大礼堂开妇女大会。西藏妇联主任谭冠三、副主任李静到场讲话。听到妇联主任是谭冠三中将，卢少琴这些坐在台下的妇女们忍不住咯咯咯、嘻嘻嘻直笑。大会结束，在礼堂外面又碰到了谭冠三，大家忍不住又笑将起来。谭冠三逗大家道："怎么？瞧不起我这个妇联主任？"大家笑得更厉害了。

4月，秦剧团到澎波农场参加劳动并进行慰问演出，在那边住了一个礼拜。农场的工人都住帐篷，剧团当然也得住帐篷。戏台是临时用帐篷搭的，观众在露天站着看戏。农场有很多土地，一望无际，有好几百工人，一半以上的工人是藏民。听说拉萨各机关吃的蔬菜基本上全是这个农场供应的。

来到西藏已整整一年。按照年龄，卢少琴他们仍然是中学生。文化课虽然有时难免被政治活动或演出任务挤掉，但在力所能及的情况下，秦剧团对孩子们的文化课学习非常重视，有正规的课程安排和考试。刘更生老师在汉语、历史、文化、文学等方面有很深的造诣，对教学很负责任，至少让孩子们背诵了不少唐诗宋词，并学习了许多篇古文，对四大古典文学名著也有所涉及，小演员们的文化素质日益提高。

紧张而艰苦的集体生活是友谊的催化剂。在困难时候，小演员们互相帮忙，结下了牢不可破的友谊。经过一年的磨炼，秦剧团已经成了一支召之即来、来之能战的队伍。对于秦剧团，大家都有了一种归属感、自豪感和集体荣誉感。

物以类聚，人以群分，小演员们秉性各异，自然也会抱团分群，其中实力最强、最抱团的当属卢少琴所在的"小集团"，成员包括卢少琴、张英琴、胡宾环、郎英、刘保平、王双群、孙忠孝、刘印堂、宋怀安、张新乾等，囊括了剧团主要演员的大部分。乐队的常立成、武耀星也在其中。

这个"小集团"有一个非常偶然的开头。有一次，卢少琴想买条床单，她看中了一条，但百货公司不卖给她，因为拉萨的百货公司不收现金，只批发，不零售。中午，大家都休息了，卢少琴独自坐在台阶上发愁。王双群走过，见卢少琴双眉微颦，于是问道："喂，小姐，发什么呆？要发呆进屋发去！"卢少琴说出原委，王双群道："这有何难！我也需要床单。此事不用发愁，我来料理！"他出面联络，凑够了一伙子人，买来了一打床单。从此，这帮人床上铺的都是一样的床单，十分引人注目。后来，大家又凑在一起买袜子，练功的时候，脚一伸出，这帮人全是一样的袜子，又十分引人注目。

小演员中有人对卢少琴非常嫉妒，经常找机会给卢少琴制造麻烦，有时甚至把卢少琴的东西偷偷弄坏一两件。看到这十来个人铺一样的床单穿一样的袜，有些平时嫉妒卢少琴、刘保平等主要演员的人以为逮着了个机会，趁机到马团长跟前告状："卢少琴他们在搞小集团，你看，他们就连练功袜子都穿一样的！"搞小集团轻则可能被批评为自由主义，重则有可能被视为严重的政治问题受到批评，打成"右派"都有可能。

但马团长对这些孩子的情况了如指掌，谁工作努力、谁专爱搬弄是非他一清二楚。告状之人恰恰是平时作风散漫、上课迟到、练功怕苦、惯会说谎之人，马团长当场就顶了回去："去！别瞎说！小集团要有组织，有纲领，他们有吗？这事怎么可以随便说？人家铺一样的床单，穿一样的袜子，那是因为百货公司不给零买，怎么能说人家是小集团？我看你是无事生非、唯恐天下不乱！给我回去！再要胡说八道看我怎么收拾你！"

马团长把话说到这个份儿上，一般人会羞愧而退，但脸皮厚是这类人的特点，她在退出马团长办公室时仍然振振有词地说道："言论自由，我只不过是向团长汇报一下我的想法，也是为了革命事业，我的出发点是好的。"

话传到了刘保平、卢少琴、王双群等人的耳朵里，他们本来不是小集团，让这些人这么一闹，思想上倒真有了抱成"小集团"的觉悟。他们更加抱团了。

这十来个人从来没有开过小集团会议，从未有人提出要组织小集团，只是因为他们都正直，讲义气，够朋友，有本事，工作好，所以干任何事情都愿意在一起。打背包、装车，"小集团"内的男生主动帮助女生，包饺子、补衣服，"小集团"内的女生主动帮助男生。卢少琴角色多，很忙，别人常常帮她打开水，甚至帮她洗衣服。刘保平的一场《雁荡山》演下来，累得筋疲力尽，衣服都让汗水湿透了，伙伴们早都给他准备好了毛巾、开水。这样的事例举不胜举。一个人有好处，总和大家分享；一个人有困难，大家都来帮忙。有人受了欺负，不用张口，就会有人替他出气。当然，他们也帮助团里的其他人。

这些人个个工作出色，领导需要依靠他们。这些人在小演员中形成了一股势力，他们不去欺负人，但别人也休想欺负他们。

"小集团"的存在使得卢少琴少受了不少欺负。"小集团"内部各人之间所显示的友谊关系远远超过了一般的同事关系。几十年后，"小集团"的成员对当年的这份友谊仍然十分怀念。

第十四回

秦剧团拉萨倒靠山
班禅佛后藏摆盛宴

1957 年 4 月份以后，拉萨的公开场合就再也没有见到过范明。人们纷纷传言，范明犯了错误，可能已经被停职。

秦剧团的人认为他们与西工委和西藏军区属下的其他文艺单位一样，是西藏革命队伍中的一个战斗集体，只把范明看作是一位特别关心群众生活、善于同群众打成一片的首长；范明对秦剧团的关心，他们心存感激，如此而已。然而在许多其他人的眼中，范明是秦剧团的靠山。范明失势了，大家对秦剧团的态度一夜之间发生了微妙变化。

5 月 23 日是毛主席发表《在延安文艺座谈会上的讲话》的日子，文艺界每年都很重视，每年必有文艺汇演一类的纪念活动。1957 年的"5·23"快到了，秦剧团赶排了眉户现代剧《梁秋燕》。

眉（音 mi）户，或称迷糊、迷胡，陕西戏种，盛行于陕西、甘肃、宁夏，而山西、河南、湖北、四川等地也有流行，因最早流行于陕西眉县和户县而得名。唱腔委婉细腻，优美动听，剧情和表演都非常贴近生活。曲调甚多，有"七十二大调、三十六小调"之说。

眉户剧《梁秋燕》由西北戏曲研究院创作于 1953 年，定型于 1954 年，讲述新中国成立初期一对彼此相爱的农村青年争取婚姻自由、反抗封建包办婚姻的故事。由于音乐优美，唱词、对白贴近生活，主演李瑞芳色艺双绝，一经公演，立刻轰动，若干年长盛不衰。1956 至 1958 年，正是《梁秋燕》在内地最红火的时期，西北群众有"看了梁秋燕，三天不吃饭"的评语。

卢少琴在西北戏曲研究院的那两年，正赶上西北戏曲研究院天天排练《梁秋燕》，所以她对所有的音乐、唱段、对白等等早都烂熟于胸。卢少琴演主角梁秋燕，并参与了整个剧的编排和导演。这个戏在排练上费力较小，两个星期就基本搞定了。春生由樊西圆扮演，梁母由胡宾环扮演，梁父由白贵平扮演，二嫂先后由张亚萍、陆桂爱扮演，候下山由孙忠孝扮演，区长由郭善民扮演。西藏秦剧团排出《梁秋燕》的时候，正值拉萨传言范明出了问题，秦剧团失去靠山、士气下降的时候。《梁秋燕》在拉萨掀起了一个小高潮，让秦剧团的演出邀请又多了起来。

这段时间秦剧团还排出了秦腔《打镇台》《镇台念书》《写状》，武戏《雁荡山》等。

四号首长范明不来看秦剧团了，五号首长、军区参谋长陈明义却来了一次。那是 6 月的一天，陈明义来到秦剧团大院，身后带的是后勤部杨部长、统战部长陈竞波等。

陈明义等来到女生宿舍问寒问暖的时候，有的女生直截了当地问："人家都说范书记犯错误了，秦剧团要被撤销了。是不是真的？"杨部长说："你们这些小丫头，还挺敏感的！没有的事不要瞎说！"陈参谋长说："聪明的孩子哪个不敏感！秦剧团怎么会被撤销呢？你们看，我这不是来看你们了吗？"又转过身去对马顺池团长说道："小马，你说给你们的供应是不是还是和从前一样好？"马团长说："是！有些方面比过去还好。"首长说："这不就得了！别胡思乱想，安下心来，好好工作！小马，秦剧团有什么困难就及时给上级反映。"

随着时间的推移，范明的"问题"越来越多，性质也越来越严重。1958年，在全国的反"右"运动进入高潮之际，范明被定为反党集团头子、极右分子，开除党籍、军籍，撤销党内外一切职务，送陕西农场劳动改造。西北军区 600 多名进藏干部也因范明受到牵连。1962 年，七千人大会之后，经过多次向周总理和党中央申诉，范明受到的不白之冤得到平反，全家搬回西安。然而，这一年 9 月，又受彭德怀反党集团案牵连，以"纠集反坏分子翻案闹事"罪锒铛入狱，直到 1980 年才获得平反。复出后的范明曾任第六、七届全国政协委员，第四、五届陕西省政协副主席。1991 年 6 月，西藏和平解放 40 周年之际，77 岁高龄的范明重返第二故乡西藏。在庆祝盛会上，中央代表团团长李铁映拉着范明的手向大会介绍说："这是我们的革命老前辈、解放西藏的唯一活宝——范明将军。"2010 年 2 月 23 日，这位传奇将军在西安逝世，享年

96 岁。

就在秦剧团在拉萨遭受冷落、大家情绪低落的时候，1957 年 6 月至 7 月，秦剧团第二次去后藏慰问演出。

第一站当然是日喀则。这一次班禅大师在日喀则。班禅和秦剧团的小男生们去年四五月间在拉萨就已经玩到了一处，交情非比寻常。秦剧团到达日喀则的当日班禅就在当地军政首长的簇拥之下和秦剧团的人见面，次日又在扎什伦布寺大排宴席，款待秦剧团。

扎什伦布寺占地面积 15 万平方米，周围筑有周长 3000 多米的宫墙，寺内有经堂 57 间，房屋 3600 间，整个寺院背靠高山，坐北向阳，殿宇疏密均衡，和谐对称，金碧辉煌，雄伟壮丽。扎什伦布寺是日喀则的心脏和灵魂，是整个日喀则地区最大的寺庙，也是全西藏乃至全中国最大的寺庙之一，始建于 1447 年，为四世之后历代班禅的驻锡之地（古代僧人出行，常带锡杖，故称僧人住址为驻锡），与拉萨的"三大寺"即甘丹寺、色拉寺、哲蚌寺合称藏传佛教格鲁派的"四大寺"，而这四大寺同青海的塔尔寺和甘肃的拉卜楞寺并称为格鲁派的"六大寺"。格鲁派又称黄教，是藏传佛教中影响最大势力最强的宗派，几乎是藏传佛教的代名词。达赖、班禅都是格鲁派。

俗话说入乡随俗，客随主便。藏族人设宴，应该是吃青稞酒、酥油茶、糌粑、牛肉干、煮羊肉、酸奶之类。但班禅大师设宴，却不讲究入乡随俗客随主便这一套，他是以秦剧团的人吃得痛快为最高宗旨，来了个主随客便，特意按照西北人的饮食习惯准备了汉族美食，而其中的主打食品是西北人最爱吃的臊子面。

在日喀则准备臊子面跟在西安准备臊子面可不一样。在西安做臊子面，所需的器皿、工具、原料、调和之类一般家里都有，就是偶然缺一两样，或者从隔壁借，或者上街去买，总之很容易弄到。在日喀则可不一样，不用说别的，做面条用的小麦面粉，西安家家都有，在日喀则一般人家都没有。臊子面所需的各种作料在日喀则更是难找，万一在做的过程中缺一样作料，不要说从邻居家借，整个日喀则都买不到。范明请秦剧团的人吃饸饹，是利用手中的权力动用了飞机。班禅要用解放军的飞机去西安运臊子面恐怕没那么方便。总之，班禅的这顿臊子面来之不易，一天两天是准备不出来的，可能数月前就开始筹划了，虽然不能说是价值连城，却也肯定得花不少银子。

　　班禅心诚啊！如果他只是为了政治上和礼仪上的原因招待秦剧团，他根本没有必要用臊子面来招待；他是真心想让秦剧团的人吃得高兴啊！达赖会这么干吗？不会。秦剧团在拉萨这么长时间，达赖从未宴请过秦剧团；即使他宴请秦剧团，料想他也不会准备臊子面，而只会是酥油茶、糌粑一类。心诚与否有时是假装不出来的。

　　班禅的臊子面做得怎么样？答曰：非常地道！面很精道耐嚼，臊子里肉丁、豆腐、胡萝卜、木耳、黄花菜、葱花等，色香味俱全，就连香醋、油泼辣椒也很正宗。另外还有多样地道的汉式炒菜，外加馒头和各种精致高级的水果、干果、糖果。

　　宴会设在扎什伦布寺最富丽堂皇的大厅，据说班禅的堪布会议就常在这里举行。所用的各类餐具、茶具也是描花贴金的景德镇瓷器，非常精致。

　　家乡饭，做得这么好，秦剧团所有的人都该大饱口福了吧。也不尽然。许多男生吃了一碗又一碗，但不少女生和个别男生却毫无食欲。这没有食欲的当人中就有卢少琴。自来西藏，许多这样的场合她都吃不下东西。领导反复强调要尊重藏族人的风俗习惯，"如果人家给你酥油茶，你想喝也得喝，不想喝也得喝，这是命令！"但卢少琴每次总能设法躲过领导的眼睛不喝不吃；有时勉强喝一口，但不咽下去，而是趁人不注意又吐掉；如果真的咽到了肚里，那她这一整天都会觉得肚子里不舒服。

　　这次来到扎什伦布寺赴宴，安席之后上饭之前，卢少琴约了几个女孩子悄悄离开了座位。马顺池团长问她们哪里去，答曰去厨房看看，团长指着她们的鼻子说："你们这些小丫头，又是要看人家干净不干净！小心着！可不要给我惹麻烦！"

　　厨房很干净。班禅有一个汉族厨师，西北人，他正在那里忙碌，这次的臊子面正是他主理；汉族厨师戴着干净的护袖和帽子，从头到脚都很干净、利索。卢少琴等验收厨房、厨师合格，正要准备离开，一转眼，看见了盛面条的大锅和几个正在捞面的喇嘛。

　　卢少琴看到的是：一个硕大无比的锅里盛着干净清澈的凉水，里面泡着已经煮好的面条。几个喇嘛半露着膀子，手伸向锅里，正要往碗里捞面。看见卢少琴她们，喇嘛友善地笑了笑，露出了洁白的牙齿。这些场景本来都很正常，但不知为什么，卢少琴对臊子面却没有食欲了。

卢少琴在小伙伴中有较大影响力。走出厨房，她将自己的感觉悄悄告诉同伴，其他几个女生也有同感。餐桌之上，有几个小男生看到卢少琴等几个女生的表情，知道这臊子面有些蹊跷，吃了两口也不吃了，免得过后被这群小丫头们取笑。

不吃面，吃什么呢？馒头又白又暄，油泼辣椒香味扑鼻，还有各种水果、干果、点心。卢少琴掰了半个馒头，蘸了辣椒，就着炒菜，细嚼慢咽。此外她还吃了许多核桃、花生、果脯、蜜枣之类。其中有一样干果，比花生粒长，白白胖胖弯弯，吃在口里油津津的，比核桃仁都好吃。这是什么东西？大家都叫不出名字，只好叫它"弯弯的花生"。直到几年以后，秦剧团到北京演出，再次碰到这东西，别人才告诉他们这叫腰果。

班禅跟男生们又说又笑，不时催促大家"吃吃吃"。有时卢少琴似乎觉得团长和班禅的眼睛在看她，只好将臊子面碗放到眼前做做样子。她舀了半勺臊子汤放到嘴里，觉得味道确实不错，又勉强吞下了几根面条，但一想到喇嘛的白指头，她还是吃不下去。此后接连几天，她都觉得自己为应付马团长和班禅大师的目光而勉强吞到肚里的这几根面条依然停留在她的胃里，一直没有被消化掉。这当然只是"杯弓蛇影"效应而已。

共产党提倡跟人民群众打成一片，卢少琴不是不知道。其实，卢少琴对藏族人民的印象很好，直到现在，每当谈论到这方面的话题，她总说藏族人的好话，说藏族工人干活如何如何卖力，藏族人交朋友如何如何实在，等等。卢少琴对党对革命忠心耿耿，"要奋斗就会有牺牲"，"为人民利益而死，就是死得其所"，毛主席的这些教导她都记在心里，当时的她，为了革命连死都不怕。但卢少琴就有这个毛病：怕吃"脏"饭。她自己也知道她的这种行为肯定不对，有点小资产阶级情调，但就是改不掉。

《红楼梦》里有个妙玉，驻守大观园栊翠庵，贾母带刘姥姥到那里，妙玉用成窑五彩小盖钟奉上"老君眉"香茶。贾母吃了半盏，剩下的半盏递与刘姥姥吃了。成窑乃明代官窑，所产瓷器十分名贵。妙玉嫌刘姥姥腌臜，竟要将这成窑五彩小盖钟扔掉。可想而知，如果让刘姥姥当招待员，无论何种山珍海味，妙玉都不会有任何食欲。孔子曰："色恶不食，臭恶不食，失饪不食，不时不食，割不正不食，不得其酱不食"，卢少琴的行为不符合党的教导，却略与圣人的教导暗合，似乎也未可厚非。

　　扎什伦布寺的喇嘛无可挑剔。他们把寺内寺外打扫的非常干净，对秦剧团非常热情，非常礼貌，非常周到，不停地为秦剧团而忙碌，见到秦剧团的每一个人都显得非常高兴、友善。班禅大师对众喇嘛的政治思想工作做得真不差！

　　当晚，秦剧团在扎什伦布寺进行了演出，演的是《闹龙宫》《武松打店》一类的热闹戏，众喇嘛看得手舞足蹈，喜笑颜开，乐不可支。

第十五回

马顺池近忧失常态
慕生忠远虑存精兵

话说 1957 年 6 月下旬，秦剧团奉命到后藏慰问演出。先到日喀则，班禅大师用西北人最爱吃的臊子面招待了他们。

秦剧团在日喀则和江孜各待了十来天。一般情况下白天演戏，晚上排练，因为这两个地方电力不足，晚上灯光昏暗，只好白天演戏。这些地方平时没有什么文化娱乐活动，而秦剧团这一年多排的戏对当地的驻军和干部来说都是新戏，"《劈山救母》《游归山》《赤胆忠心》加《貂蝉》《软玉屏》，上下集，再加一个《招女婿》"，另外再加新排的《打镇台》《镇台念书》《写状》《梁秋燕》《雁荡山》等，挨个儿往过演，不仅部队和地区干部看，各县的干部都来看，当地军民算是美美地过了一把戏瘾。此外，秦剧团还抓紧时间排练新戏《檀道济》《回荆州》等。

在日喀则的这段时间，班禅经常到秦剧团来找这帮小男生们玩，主要是向武功好的刘宝平、刘印堂、王双群等学功夫。班禅每次来，女生们都远远躲开，而小男生们则抖擞精神，将自己的本事尽力展示，倾囊相授。班禅身体壮实，手脚麻利，功夫已有点根基。有一次练拿顶功，班禅大师不小心扭了脖子，好几天都歪着头，小女生们背地里当笑话讲。

有一天下午，马顺池书记在日喀则的礼堂给大家上党课。共产党员和共青团员必须参加，积极要求进步的同志应该参加。谁都不愿意让别人说自己不要求进步，所以几乎全团的人都参加了。课堂上，聚精会神的人有，打瞌睡的人也有。但总的来说，课堂秩序不错，除了马书记的声音，礼堂内外静悄悄。

正在这时，就听见外面"咚"的一声巨响。战争年代，大家对这类响声特

　　1957 年 6 月摄于日喀则礼堂前。这一天，班禅大师学习开车，车撞日喀则礼堂旁边的电线杆，给卢少琴留下很深的印象。前排左起：张英琴、张樱桃、刘爱云；后排左起：胡新华、卢少琴、陆桂爱。这天风和日丽，六位姑娘无意中聚到了一处，秦剧团有人正好拿着照相机，说道："来，给你们照个相！"于是有了这张生活照。从中可见当时女生们的日常装束：人人戴围巾，个个梳辫子。

别警觉。不等马书记发话，全都涌出礼堂去看个究竟。

原来是一辆吉普车撞到了电线杆上。电杆离礼堂只有两米，旁边是鹅卵石铺的大路。日喀则的汽车屈指可数，大家都认识这是班禅大师的车。车门已经打开，司机不见踪影。班禅大师的一位六七十岁的师傅在后面的座位上坐着，额头上撞出了血，但依然手捎佛珠，双眼微闭，对周围的一切视而不见充耳不闻，口中念念有词，俨然一位有道高僧模样。念的是什么，大家谁也听不懂，也许是"南无大慈大悲救苦救难观世音菩萨"之类。

大家一看明白了。班禅大师很想学开车，可能趁司机不注意自己开车到秦剧团来玩，不小心撞上了电线杆。他人到哪儿去了呢？也许跑去找人帮忙。谢天谢地，班禅大师福大命大，也许有神灵护体，居然毫发无损。不一会儿，扎什伦布寺来人将班禅的师傅接走，日喀则军分区也派人来将班禅的吉普车拖走了。

7月上旬，秦剧团来到江孜。跟日喀则一样，江孜当时也是管辖数县的地区。江孜位于前藏后藏交接处，建城已600余年，甚至比日喀则都稍早。由于江孜地处西藏经亚东通往锡金、印度、不丹和南亚地区的交通要冲，且土地肥美，物产丰盛，因此成为西藏重镇。1903至1904年英国军队进攻西藏，便是自亚东侵入我国境内，攻打江孜。藏军在江孜顽强地抵抗了英军，江孜保卫战持续了100天，在西藏近代史上书写了惊心动魄的一页。江孜被认为是拉萨的门户，江孜失陷，英军便长驱直入，于1904年8月占领拉萨。由于江孜军事战略地位重要，所以有解放军驻扎。

秦剧团住地区招待所。招待所的房子是质量较好的砖混结构，水房、食堂、厕所等设施俱全。附近还有我进藏人员经营的小百货商店。地区工委有一个小礼堂可供秦剧团演出和排练，可容纳一二百人，也许只能算是较大的会议厅，但在当时的西藏已经很了不起，须知这一切都是我们的进藏大军创造的。解放军进藏才短短几年，地、县两级的领导班子都已经建立起来，而且有了这么多永久性的建筑。解放军不简单！

这次出来演出，大家感觉到马顺池团长神态有点失常。

马顺池30来岁，曾留学苏联，对文学、艺术和艺术理论都有较深的造诣，兼有军人和知识分子的优良素质，儒雅有教养，对工作认真负责，凡事都显得胸有成竹，很有自信。他满腔热情，管理有方，爱护士卒，懂得艺术。秦剧团有今日的阵容，马顺池起了关键作用，在秦剧团威信很高。但这次出来，他好像变了另外一个人：胸中的竹子似乎被砍伐殆尽，笑容少了，讲话少了，操心少了，训人多了，发火多了，懒散多了。

事情还得从临要离开拉萨的时候说起。那天中午，卢少琴等几个姑娘正在院子里玩耍，忽然看见马团长走出了他的住房。马团长出门不奇特，奇特的是他的样子：衬衣领口和袖口的扣子都没有扣，头发散乱，耷拉着脑袋，步伐沉重，一副灰头土脸、心事重重的模样。这副尊容卢少琴她们可从来没见过。马团长最强调军风纪，平时以身作则，出门总是衣帽整洁，精神饱满。姑娘们望着马团长的背影，觉得奇怪，又觉得好笑，禁不住喊了一句："注意你的军风纪！"接着几个人哗哗地笑了起来。

这句话正是马团长经常说给她们听的，现在她们终于有机会将这句话回敬给马团长，所以觉得很开心。

马团长听见，转过头来看了看她们，一声不响，转身走了。

几个人更奇怪了，因为按照马团长的个性，他肯定会教导她们几句，至少会亲切地骂一句："调皮鬼！"

少先队辅导员张耘在不远的地方站着，他朝着几个丫头摆摆手，等马团长走后，他走过来压低了声音说道："你们别闹了，马团长这几天心烦。"过了一会儿，马团长的爱人崔琳出来打开水，几个人凑上去问道："马团长今天怎么啦？"崔琳是河北人，操着浓浓的河北腔说道："谁知道！在家里也是乱发脾气，放个茶杯都要'嗵'地摔一下，神经病！"

在江孜又接连发生了两件事，让卢少琴觉得马团长真是和原来不一样了。

那天中午，卢少琴从商店新买了一双鞋，坐在台阶上试，左试右试不合适，原来她买了两只"顺顺儿鞋"，都是右脚鞋。她坐在那里发愁，张志峰、张茂林两人在一旁看着发笑。这时他们突然听见马团长的办公室里有异常声音。透过玻璃窗，他们看见马团长在办公室里对白贵平、刘保平两人大发雷霆。后来，马团长竟然操起一把椅子向刘保平砸去，刘保平噌地一下上了桌子，然后翻窗户逃跑了，趁此机会白贵平也从门里逃了出来，留下马团长一人在办公室呼哧呼哧出大气。

后来才知道，马团长批评刘、白二人，不过是因为排练不认真之类的鸡毛蒜皮小事，刘、白二人仗着自己是主要演员，马团长平时宠他们，不免有些嘻皮笑脸，尤其这刘保平乃是小男演员中头一个调皮的，领导批评，他从来就没有束手就擒过，总要回敬几句，当然过后还是会改正领导指出的错误。他们和马团长之间的这种游戏已经玩儿过多少次了，以前都没有问题，谁知道这一次马团长竟动了真气，甚至还抢椅子打他们，让白、刘二人始料未及。在外面偷窥的卢少琴也是莫名惊诧。

另外一次是在晚上，剧团排练《回荆州》，刘保平演赵云，白贵平演鲁肃，张志峰演刘备，胡新华演孙尚香，卢少琴、张英琴、石菊霞、杨宝华、张亚萍等几个没有角色的小女演员坐在台下观摩。胡新华的脸没画好，由于灯光昏暗，照得脸很难看。几个姑娘在一起哪有安静的时候，自然要对台上的每个人、每个动作、每句唱腔都要吹毛求疵品头论足一番。

正在几个姑娘指手画脚议论胡新华的时候，马团长来了。他一言不发，将一份画报卷成棒子，每个人头上都敲了一下，只有卢少琴头一偏打在了肩膀上。马团长余怒未消，当晚将她们罚站两小时，派马振华副团长监刑。姑娘们都不知自己犯了什么错，观摩别人排练是正经事，没有错。如果说观摩时不能说话，团里可从来没有这个规定。唯一的解释是马团长情绪失常，量刑失度。

7月20日前后，秦剧团回到了拉萨。大家惊奇地发现他们住的地方变了样，许多设施已经被拆除，后勤和舞美的人已经将他们的许多东西装箱。这时马团长才告诉大家，秦剧团将离开拉萨去格尔木，一周后出发，要大家做准备。

大家恍然大悟，原来马团长最近神态失常是为这事儿。格尔木大家去年在开赴拉萨的路上曾经路过，一片荒滩，全是帐篷。现在倒好，范明倒台，秦剧团失去靠山，军区便将秦剧团流放到格尔木！难怪马团长情绪反常。

马顺池有苦难言。自己辛辛苦苦地干，现在在有些领导眼中他成了范明的党翼，升迁无望，事业泡汤，撇下秦剧团舍不得，留在秦剧团又前途渺茫，谁能理解！这一腔冤屈向谁去诉说？所以他才有点儿失去常态。但他毕竟是个有理智的人，最终还是选择了服从命令，带领秦剧团去格尔木。

军区让秦剧团去格尔木，这是一个怪招。1957年的格尔木，算个小镇都勉强，除了曾经走过青藏公路的人，其他人根本不知道世界上有格尔木。再说，格尔木已经在青海，不在西藏，前不着村后不着店的，去格尔木做什么？假如西藏"不需要"秦剧团了，秦剧团的归宿似乎只有两个选项：要么解散，要么回西安。解散秦剧团可以理解，那是精兵简政的需要；让秦剧团回西安也可以理解，那是秦剧团的老家。出乎任何人的意料，秦剧团既没有被解散，也没有回西安，而是要去格尔木。为什么？

原来，就在拉萨有人要"化解"秦剧团的危急关头，西工委的另一位来自西北局的将领慕生忠少将挺身而出，决定将秦剧团转移到青海格尔木。来到格尔木，有慕将军的保护，秦剧团转危为安。

要了解秦剧团迁居格尔木的奥秘，就得了解慕生忠，而要了解慕生忠，就得了解他修筑青藏公路和创建格尔木的传奇而英雄的事迹。

慕生忠（1910—1994），陕西省吴堡县人，1930年参加革命，老红军。1951年西北军区派十八军独立支队入藏，范明是司令员，慕生忠是政委。1955年授少将军衔。1957年8月秦剧团去格尔木时，慕生忠任青藏公路交通运输管理局党委书记、局长，西藏自治区筹委会委员，西藏工委常委、工交部长，青藏铁路工程局党委书记、局长，柴达木工委常委。

西藏，外有印度、尼泊尔和西方势力虎视眈眈，内有不服中央管辖的各类势力。入藏部队太少，不解决问题。入藏部队必须维持一定数量。然而部队多，需要的粮草也多。西藏山太高，路太远，如果没有公路，粮草就无法保障。

从文成公主和亲至今，中国也强大过几次，有作为的帝王也出了几个，他们可以让西藏俯首称臣，但无法对西藏进行强有力的统治。为什么？因为他们不能在西藏长期驻军。为什么不能长期驻军？因为西藏山高路远，运粮困难。

和平解放西藏的"十七条协议"，核心内容是解放军可以常驻西藏。但如果不能解决粮草运输问题，解放军常驻西藏这一条写了等于没写。

带兵的人，谁不知道粮草的重要性！毛泽东作为大军事家，既然想到要在西藏驻军，当然也想到了要修筑通往西藏的公路。早在进军西藏之时，毛泽东就明确指出："一边进军，一边修路"。

1950年4月，康藏公路动工，专门成立了修建司令部，由十八军参谋长陈明义任司令员，指挥着十余万修路大军。在国家财政因抗美援朝战争而极度困难的情况下，仍然把数以亿计的资金投入康藏公路。康藏公路现在叫川藏公路；康即西康省，1955年撤销，西康省大部分地区划归四川省。

"二呀二郎山高呀么高万丈，古树荒草遍山野，巨石满山冈；羊肠小道难行走，康藏交通被它挡那个被它挡。二呀二郎山，哪怕你高万丈，解放军，铁打的汉，下决心坚如钢，要把那公路修到西藏。"这首《歌唱二郎山》的歌曲，就是歌颂修筑路康藏公路的英雄们的。康藏公路太难修了，艰难险阻太多

慕生忠

太大，尽管所投入的人力物力财力资源已经无以复加，尽管修路大军英雄无比，修路速度还是远远落后于进军速度。部队已经进藏，而公路尚未修通。

《孙子兵法》云："因粮于敌，故军食可足也。……国之贫于师者远输，远输则百姓贫。近于师者贵卖，贵卖则百姓财竭。"译成白话是：从敌人手中夺取粮食，能使部队粮草充足。……打仗导致国家贫穷的原因是因为远道运输，远道运输就会导致百姓贫困。靠近军队的地方物价飞涨，物价飞涨就会使得百姓财力枯竭。

毛主席制定的进兵西藏的方针之一是"进军西藏，不吃地方"，非常英明，否则就无法取得藏族人民的拥护。驻藏部队粮草不够，不能违反民族政策在西藏搞打土豪筹军需，"因粮于敌"这一条首先行不通。怎么办？拿出抗战时期八路军生产自救精神，想尽办法搞生产，无奈西藏高寒难长庄稼，部队又是初来乍到，自己生产只有小补，无法丰衣足食。最后一招是拿出红军过雪山草地的精神，勒紧裤腰带，每人每天只供 4 两粮。但粮还是不够，只好向藏族人买。一斤面一斤银子。中央驻藏代表、西工委书记张经武感叹："我们是吃银咽金打发日子的！"西藏反共势力则得意扬扬，等待着解放军自行退出西藏。

部队"吃银咽金"，是因为"近于师者贵卖"，这是战争的规律使然，不能完全归罪于西藏某些上层人士的囤积居奇。按照西藏当时的生产力，即使西藏人全都拿出余粮来供应解放军，也可能无法完全解决部队的给养。解放军嫌粮贵，那么当地的老百姓呢？那么贵的粮价，老百姓怎么吃得起饭！这种情况如果持续下去，民心不稳，军心不稳。情况很危险。

解放军进藏之后，部队给养发生极大困难。危机时刻，慕生忠做了押粮官，即西藏运输总队政治委员。先是用骆驼运粮，动用了 2.8 万头骆驼，来去几个月，耗时费力人吃苦甚至牺牲不说，才运了两次，绝大部分骆驼就光荣牺牲。

于是，慕生忠想修筑青藏公路。这是被当时的形势逼出来的想法。

1953 年 10 月，慕生忠派运输总队副政委任启明带了三人，赶着一辆胶轮马车探路。50 多天后，任启明来电，说已经胜利完成探路计划。慕生忠高兴地说："胶轮马车能通过去，这说明公路也能修通。"这就是慕生忠对于青藏公路可行性的论证报告。

1954 年 1 月，慕生忠到北京找到交通部公路局局长，提出要修青藏公路。

公路局长大吃一惊："在青藏高原修公路？这是件大事，我们作为主管部门，从来没有安排这项工程呀！你是代表西藏工委来的吗？""不，我代表我个人！"公路局长冷静地对慕生忠说："同志，康藏公路已修了几年，投进去多少亿还没见名堂。你要求修青藏公路，不但国家第一个五年计划不能安排，第二个五年计划也安排不上。"

慕生忠不死心，再找自己的老首长、国防部长彭德怀汇报。彭德怀毕竟是战略家，他走到中国地图前，在青藏高原上画了一条线，说道："从长远看，这里非有一条交通大动脉不可！"彭德怀要慕生忠写个修路报告，由他转交周总理。

周恩来批准了修筑青藏公路的报告，同意先修格尔木至可可西里段，批下来 30 万元作为修路经费。30 万元对于修筑青藏公路，不啻杯水车薪。30 万元是小事，最主要的是周总理、彭部长都已经同意青藏公路上马，慕生忠可以理直气壮的修路，不怕有人说他胡闹和不务正业了。

没有盛大庆典，青藏公路这一惊天动地的大工程就这样悄无声息地上马了。

格尔木没有人烟。1954 年，慕生忠要修青藏公路，带人来到这里，面对一片荒野，有人问慕生忠"格尔木到底在哪里？"慕生忠回答："我们的帐篷扎在哪里，哪儿就是格尔木。"于是，六顶帐篷就成了格尔木市的开端，一座城市就这样开始了。从此，格尔木成了慕生忠的家，成了青藏公路的指挥部和大本营。

修筑过程艰苦卓绝，惊天地而泣鬼神。

1954 年 12 月 25 日，100 辆大卡车抵达拉萨。慕生忠仅用了 7 个月零 4 天就全线打通青藏公路！

康藏公路与青藏公路同一天建成通车。

公路通了，粮草足了，驻藏部队不但可以吃饱，而且养得起戏剧团了。解放军不仅不再向地方买粮草，而且还向藏族同胞发放救济物资，真正做到了"不吃地方"，成了名副其实的仁义之师。

言归正传。话说 1957 年夏，范明倒台。范明在台上时得罪过不少人，于是有些人把秦剧团看作是范明的御用剧团，必欲除之而后快，有人甚至连"化

　　上图：青藏、康藏公路于 1954 年 12 月 25 日正式通车。毛泽东主席特为康藏、青藏公路全线通车题词："庆祝康藏、青藏两公路的通车，巩固各族人民的团结，建设祖国！"

　　下图：通车典礼上，西南公路工程局的文工队演出采茶舞。

解"西藏秦剧团的方案都提出来了。危急关头，老战友慕生忠挺身而出，把秦剧团接到了他所管理的格尔木。

慕生忠是这样考虑的："解散一个秦剧团容易，组建一个秦剧团很难。格尔木常住人口已达好几千人，每天都在增加，它是青藏公路的咽喉重地，将来要有大发展。格尔木至今还没有一个像样的文艺团体，部队和工人的文化生活十分贫乏，正需要有一个秦剧团。拉萨文艺团体比较多，既然拉萨现在不需要秦剧团，与其解散它，还不如让它到格尔木继续为革命事业作贡献。"

这时的秦剧团已经能够演十几本大戏小戏，集体荣誉感和团队精神已经形成，而一个新组建的剧团，即使能够高薪聘请到一群个人技术不错的人才，导演、编剧、作曲、乐队、演员之间也需要磨合，排戏也需要时间，仓促之间哪能达到像秦剧团这样召之即来、来之能战、战之能胜的境界？

后来的事实证明，秦剧团是一支精兵、一支奇兵。1959 年西藏叛乱，秦剧团随步兵十一师入藏，转战千里，所到之处，都极大地鼓舞了我军士气。西藏艰苦，安定军心是我入藏部队政治工作的重点。秦剧团每次为战士们演出，第二天战士们的决心书、请战书就会像雪片一样飞向部队领导。战士们说："秦剧团的这些孩子们不畏艰险，到前线来为我们演出，如果我们不安心留在西藏，保卫边疆，多打胜仗，我们对不起他们！对不起党和人民！"部队领导感叹："秦剧团的一场戏，抵得过我们做半年政治思想工作！"

慕生忠为什么要让秦剧团来格尔木？他在格尔木第一次见到秦剧团人马时说的一番话中给出了答案："……西藏是前线，这里就是西藏的后方。……将来西藏还要打仗，你们还会再次回到西藏前线去战斗。……在回到西藏之前，好好为格尔木人民服务……"

慕生忠把格尔木看作是西藏的后方，这是一。慕生忠预料到将来西藏还要打仗，这是二。慕生忠预料到将来西藏战事一起，秦剧团还会再回到西藏去，这是三。格尔木人民也需要秦剧团，这是四。这些都是战略眼光。慕生忠救秦剧团，不是为一己之私，而是为整个西藏全局。

慕将军深谋远虑，为新中国解放西藏、保卫西南边境保存了秦剧团这支精兵。

第十六回

秦剧团退守格尔木
铁路局慷慨望柳庄

1957 年 7 月 20 日前后，秦剧团从江孜回到拉萨。进了孜仲林卡的秦剧团大院，大家发现院子里面已经面目全非，许多设施已经被拆除、打包、装箱。马团长召集全团人员开会，告诉大家秦剧团已接到军区命令，要离开拉萨，去格尔木安家，执行新的任务，给大家一个星期的准备时间。

秦剧团近来失宠，大家情绪已经很低落，现在又得离开拉萨这个省会城市去那地图上找不到、一片荒凉的格尔木！给内地的亲人说格尔木，人家都不知道那是什么地方。对于秦剧团的全体人员，这个消息不啻雪上加霜。

命令必须执行。秦剧团带上所有家当，乘十几辆卡车离开拉萨，踏上了去格尔木的征程。临走，军区五号首长陈明义带杨部长、陈秘书长等前来送行。

一路上，大家心情沉重，士气低落到了极点。那些男生动不动就摔东西骂娘。常听他们口里嚷道："他妈的！老子这一仗打的，真是稀里哗啦的！""他娘的！老子这一仗！连主帅都让人家给生擒活捉了！"

不管事实真相如何，在每个人的心中，都认为他们被西南局的人给整了，这次去格尔木，并不是如同陈明义参谋长临别时所讲："革命需要你们换一个阵地继续战斗，"而是战斗失败后的撤退，是范明倒台后他们受到的连带待遇。

一路之上不时碰到为西藏运送物资的汽车团的战士们，他们中的绝大多数都曾经看过秦剧团的戏，见秦剧团带着粮草辎重像是在搬家，许多人过来打招呼："喂！上哪儿去啊？"汽车团的人问。

"往后撤！"秦剧团的男生回答。

"为什么撤？仗打得怎么样啊？"

"唉，别提啦！他娘的这一仗打得莫名其妙，真是稀里哗啦的！"

1956年3月秦剧团进藏时曾经在格尔木住过一宿，那时格尔木没有一间永久性建筑，就连将军楼也只是刚刚打好地基，慕生忠将军自己仍然住帐篷。在拉萨至格尔木的路上，秦剧团的人都想到了这么一个问题：到了格尔木住哪里？

当初所见全是帐篷，这次去了难道还住帐篷？住一天两天甚至一月两月都没关系，要成年累月地住帐篷，那可就糟透了。

"说不定会把我们安置在一个寺庙里。"不对！格尔木过去没有人烟，直到最近才有了帐篷，哪来的寺庙！

"会不会把我们安置在一所学校里？"不可能，格尔木没有居民，哪有学校！

到了格尔木，在哪儿练功？在哪儿排练？在哪儿演出？演给谁看？……大家越想问题越多，越想情绪越低落。

有没有人想离开秦剧团回老家呢？有，十个八个人都不止。其中有些人平时因为演不上角色，觉得待下去没有前途，早就有了走的想法，这次被发配到格尔木更加助长了他们离开秦剧团的念头。

就连卢少琴也曾动过回西安的念头。有一次她试探着给马团长说："我想回西安上学。"马团长当场就火了："你给我闭上你的嘴！你还嫌团里不够乱？你的戏谁演？你还是共青团员！别人都走光了我也不会让你走！"从此卢少琴再也不敢提回西安的事了。

对于这些想离队的人，领导坚持的是两字真言：不许！那时讲究服从命令，个人服从组织，"辞职"一词尚未创造出来。当然你也可以一走了之，那不叫辞职，那叫逃兵，形同叛变，那是最不光彩的事。档案里注上一笔，回老家没有组织关照，找工作都难，出人头地更是休想。

对多数人来说，秦剧团待遇优越，即使在格尔木住帐篷，留下来还是利大于弊。

当时的文化是：大家都仰慕红军、八路军、解放军、抗美援朝志愿军的革命英雄主义，谁也不愿意让人家说自己怕苦怕累怕困难。红军长征那么苦，我们去格尔木算什么！

秦剧团是一个非常有凝聚力的战斗集体，大家朝夕相处，战友情深，多数人对这个集体已经有了深厚的感情，舍不得轻易离开。

青藏公路的路况跟他们一年多以前入藏时相比有了很大的改进，沿途各个兵站的条件也有了很大改善，这次又是夏天，无须自己搭帐篷和支锅做饭，旅途顺利。

8月5日前后，车队过了纳赤台，一路下坡。大家知道，格尔木马上就要到了。

突然，前面出现了一大片绿树成荫的村庄。不对！不是村庄！你看那几个高高的大烟囱在冒烟，像是一些工厂。再看那边：那街道，那电线杆，那路灯，还有那么多门上挂招牌的建筑。这几乎是一座小城市！这是什么地方？怎么从来没听说过？

运送秦剧团的车队属于军区司令部运输营，常跑青藏公路，对路上的一切都很熟悉。司机微笑着说："这就是格尔木！"大家说："这不可能！绝对不可能！格尔木我们来过，才一年工夫，哪能有这么多建筑！你骗不了我们！"

司机没有争辩，依然微笑，继续说道："我们现在正在经过203大站（203是总后勤部的代号）。这许多二层楼房是他们的住处、招待所和办公室，那许许多多用帆布蒙着的小山包是即将运往西藏的军需品。我们马上就要到格尔木的望柳庄了。"

203大站，那不就是兵站吗！好家伙，这么多二层楼房！不住帐篷，鸟枪换炮啦！恐怕比原来大了100倍！"大站"中的这个"大"字加得有道理。"走了一路，哪见过这么气派的兵站！"有人赞叹。"不对，人家现在不叫兵站，叫物资转运站！"有人纠正说。"说到底还是兵站！"那个人不服气地辩道。

青藏公路通车，格尔木的军事战略地位凸显，于是，格尔木兵站由一个普通兵站一跃而成为凌驾于其他兵站之上的大站。

望柳庄的名字大家是听说过的。去年路过格尔木，望柳庄只有几台挖掘机，没有一所房子。不错，路旁这些树几乎全是柳树，不过都还没有胳膊粗细，看来可能都是去年栽的。再往前走。啊，"望柳庄浴池"！"望柳庄理发店"！"望柳庄粮油门市部"！"望柳庄百货商店"！"望柳庄餐馆"！"格尔木邮电局"！……

果然到了望柳庄！果然到了格尔木！

仅仅一年多光景，格尔木已经有了许许多多的建筑，商店、银行、医院、工厂、机关、学校、发电厂、居民区、部队营房等，应有尽有，成了一座名副其实的城市。颇具规模的工厂就有汽车大修厂、皮革厂、盐厂、硼砂厂、地毯厂等好几个。国家和部队的单位有兵站、好几个汽车运输团、青藏公路局、青藏铁路工程局，等等。光是职工医院就有两所。昔日的帐篷已经极少见到。

大家睁大眼睛四下观瞧，东看西看南看北看远看近看，每个人都多次重复着这样的赞叹："怎么会呢?! 这简直就像是变魔术一样!"

更大的惊奇还在后边。

大老远就发现有一群建筑不同寻常，上面的玻璃在阳光下闪闪发光。再走，前方出现了一所高大雄伟的"宫殿"，崭新洁白的墙，烘托着三个崭新的大门，漆成红色，宽阔而美观，三个门的上方均匀地镶嵌着几个鲜艳夺目的红色大字，每个字足有二尺见方，行楷书法，字体美观，装潢精致。字的上方中央镶嵌着一个巨大的红五星。字的内容读出来赫然是"格尔木人民剧场"!

大家都不敢相信自己的眼睛。拉萨——千年古城、省会城市，也只有礼堂而没有剧场。眼前所见，不是可以临时充作剧场的礼堂，而是正式的剧场，这么漂亮，它属于格尔木! 大家不约而同有了这样的奢望："这个剧场要是能让我们秦剧团用就好了!"

靠近驾驶室的人试探着问司机："这个剧场是给谁修的?"。司机慢腾腾地说："这是慕将军专门为你们这些少爷小姐们建造的! 格尔木最高级的建筑就是它了。"

大家欢呼起来。卢少琴听见后面的男生车厢里欢呼声响亮，回头一望，只见有的男生居然在卡车车厢里翻起了跟头，有的把帽子扔到了天上，帽子落到车外的路上也不去捡。

女生没有男生那么狂热外露，但她们和男生一样的高兴和激动。卢少琴身旁的胡宾环说："你掐一掐我，看我是不是在做梦!"

大家恨不得马上飞进剧场里面去看，前面的人使劲拍着车头，对司机说："开快点儿! 开快点儿!"司机好像故意拖延时间，还是慢腾腾地往前开，甚至越开越慢。

车果然在剧场门前停了下来，原来这就是他们的终点。

剧场周围还有许多大大小小的房子，刚才在远处看见的闪闪发光的建筑群就是它们。这许多房子连同"格尔木人民剧场"一起，全都属于秦剧团! 这儿就是秦剧团的新家!

车还没停稳，大家就迫不及待地跳下了车朝剧场门口跑去。刚到门口，门"哐当"一声自动开了，里面走出来一个笑眯眯的人。谁？李鸿玉，秦剧团的后勤管理员，大家从江孜回到拉萨时就没有见到他，原来他提前到达格尔木来为大部队打前站。

随后，剧场内又走出了青藏铁路工程局副局长马平、政治部王主任、书记杨子廉等，带着一群秘书和干事迎接他们。马局长说，慕生忠将军外出不在，他代表慕将军、代表格尔木欢迎秦剧团来格尔木安家。

顾不得卸车、喝水、休息，大家先看剧场。

剧场里面的设施更让大家满意。整个剧场灯光充足，明暗可控。干净平滑的砖地，从后往前略成坡度，崭新的木制靠背椅，清一色用清漆刷成本色，可以闻到新家具特有的木头香和油漆味。

舞台上，从后台到前台全铺着厚厚的地毯，走在上面不会发出任何响声；三道大幕，全是高级丝绒质地，第一道幕是玫瑰红色，第二道幕是深蓝色，第三道幕是浅灰色，用手轻轻一拉，幕便随意开闭，毫不费力。从舞台地板到顶棚足有七八米高，演员在台上无论如何翻跃腾挪舞刀抢枪都毫无挂碍。顶上设有足够的灯槽，各类可以上下左右移动位置的电灯就隐藏在灯槽里，台下的观众只见光，不见灯，一般的礼堂是不会有这样的装置的。舞台的顶篷上配有可以操控的天幕，这是只有最专业的剧院才会具备的设施。

整个剧场的回音效果很好，秦剧团的老师们评价：这个剧场是懂得声学原理的内行人修的，修建这个剧场的人花了心思，必有高人指点。

大家越看越兴奋。

拉萨人民大礼堂曾归秦剧团掌控，但毕竟不完全属于秦剧团，而且离住处远，每次去还得坐车。格尔木人民剧场就在秦剧团居住的院子内，完全属于秦剧团，没有豫剧团、歌舞团之类来跟秦剧团争夺所有权。

秦剧团所处的位置也是格尔木最显赫的地盘，因为它就在将军楼的旁边。

将军楼是一座二层小楼，砖木结构，那是慕生忠将军的家。将军楼周围是将军和夫人薛阿姨以及几个警卫战士开垦种植的菜园和庄稼地，足有七八亩，四周用 1 米高的矮墙围成了一个院子，里面有各种蔬菜和玉米。玉米长得非常精神，玉米棒子的红缨已经"盖帽"。按现在的标准，将军楼既不豪华，也不壮丽，活像一个农家小院。但在当时，它是格尔木的心脏，相当于北京的中南海和华盛顿的白宫。

在将军楼的西面，紧靠将军楼的院墙，是秦剧团的排练大厅。在拉萨，排练大厅是秦剧团自己搭的一个巨大帐篷。而在这里，排练大厅是按照专业标准修建的永久性建筑，足有 300 平方米。大厅内，四面的墙壁上都有镜子，练功者可以对着镜子自我纠正动作。高级的大块方砖铺成了洁净光滑的地面，有巨大的地毯可以按照需要铺开或卷起。四周有众多上圆下方的窗户，丝绒窗帘；顶棚很高，做任何器械演练都绝无挂碍。练功大厅也可举办舞会。

练功大厅和格尔木人民剧场之间只隔着一条砖铺的大道。剧场之南是秦剧团的篮球场。篮球场旁边是秦剧团的厨房，去年秦剧团经过格尔木时这个地方曾经是兵站。剧场后面又是一所大房子，那是秦剧团的布景库房和制作布景的工作房。

将军楼的西南方约 50 米处、与剧场隔篮球场和厨房相望的是东西走向排列的 40 余间房子，分别是女生宿舍、男生宿舍、教师宿舍、教室、办公室、小练功室、乐队练习室、舞美工作室、图书馆、阅览室、工会办公室、乒乓球室，等等。团部的房子在东南角，距离男女生宿舍约 100 多米，李晓俊、马顺池等有家的领导住那边。

所有的房子都挂了牌，编了号，标得一清二楚，就连房间里住谁都写在宿舍门口了。因为这些房子都是专门为某种目的而修建的，所以每一间房子都大小适中，设备齐全，非常实用。

各个房间里，全新的家具已经全部配齐。篮球场里，崭新的篮板高高耸立。乒乓球室里，崭新的球桌、球拍、乒乓球一应俱全。工会办公室的橱柜里放满了各种崭新的体育和娱乐器材，甚至还有冰鞋。

就宿舍而言，拉萨孜仲林卡的房子虽然也很好，但那些房子毕竟是按照藏族人的生活方式设计的，窗户的设置，脸盆架和桌子的位置等等都有令人不便的地方，光线较暗。而这里的宿舍对房间里住几个人、放几张床、几张桌子、几把椅子等等事先都有估算，窗户的位置更加合乎汉族人的生活习惯，所以住着更加舒服。

令人惊奇的是这些房子各有各的用途，似乎一间不多，一间不少。显然，设计这所院子的人知道剧团需要什么，就连剧团中有多少男生、多少女生、多少老师、多少对夫妇等等，都搞得一清二楚！

秦剧团的人喜出望外，他们似乎觉得好像有一位魔术师一夜之间为他们制造出了一个美丽的梦幻。

是的，是有一位魔术师制造了这个梦幻，他就是慕生忠。

从开始请人设计到最后完工、粉刷装修、房子干透、可以住人，就算是"大跃进"的速度，至少需三个月以上，而慕将军作出秦剧团应该撤退到格尔木这一判断的时间应该更早。这就是说，1957年的二三月间，作为西工委常委的慕生忠将军就敏锐地感觉到了西藏上层政治形势的变化，察觉到西藏秦剧团面临解散的危险，从而作出了让秦剧团撤退到格尔木的决定。

秦剧团到达当日慕将军不在。几天后的一个中午，正在利用午休时间在院子里玩耍的卢少琴等看见一辆吉普车扬起一阵尘土，停在了将军楼前，车上下来一位中等个子的中年人和两个警卫员。她们知道这肯定是慕将军到了。慕将军进了将军楼，不到一盏茶的工夫他又从将军楼里走了出来，来到秦剧团的院子，先看厨房，然后来到院子中央，打发人去找马团长。马顺池一路小跑来到慕将军跟前。两人谈了一会儿，然后马团长招呼大伙儿出来见慕将军。

就在宿舍前的院子里，大家围在慕将军身旁，不是开会，没有排队，慕将军没有讲稿，就像是拉家常一样对大家说："灰孩儿们！住得惯吗？西藏是前线，这里是西藏的后方。就像部队打仗一样，打几仗就得休整一下，你们在西藏已经战斗了一年多，需要休整。你们离开西藏来到这里，只是整训一下。将来西藏还要打仗，你们肯定还会再次回到西藏前线去战斗。你们要好好学习，好好排戏，随时准备重返西藏前线，做到'召之即来，来之能战，战之能胜！'在回到西藏之前，好好为格尔木的人民服务，我们这里所有的人都盼望着看你们的戏呢！需要什么，有什么困难，就告诉马团长，我们一定会全力支持你们。"

"灰孩儿"是陕西吴堡一带的土话，相当于小家伙、小鬼，慕将军每次见到秦剧团的小演员，都这样称呼他们。

"有困难告诉马团长"，不要直接去找将军，这是慕生忠的工作方法。他从来不直接跟秦剧团其他人讲工作上的事，发现问题只找团长单独谈。

子曰："名不正则言不顺，言不顺则事不成。"既然离开了西藏，就不能再叫西藏秦剧团了。那么秦剧团应该叫什么呢？叫"格尔木秦剧团"？不行！格尔木可能连个市政府甚至街道办事处都没有，哪能养得起一个秦剧团呀！再说，格尔木充其量只是个乡镇，将秦剧团从省级单位降到乡镇级单位，这降得也太厉害了吧！

甭急！慕生忠是何等样人，这点儿小事能难住他！这一切他早都筹划停当了。剧团现在叫"青藏铁路工程局秦剧团"，这个名称早在来格尔木的路上马团长就给大家宣布了。为了方便，我们有时仍会用"西藏秦剧团"这个称谓。

青藏公路通车，慕生忠在部下和同事中树立了威信。慕生忠又一次高瞻远瞩，立即着手开始筹划修建青藏铁路，得到了中央的支持。1956 年，青藏铁路工程局诞生了，慕生忠任局长；后来彭德怀倒台，慕生忠遭受池鱼之殃也被撤职，青藏铁路下马，这是后话。

没过多久，铁路工程局给秦剧团发了新服装，从头到脚全换，像解放军发军装一样，这些服装全是白给的，大家一分钱不用花。不是抱来一大堆工作服让大家挑，而是有裁缝师傅来给每个人量体裁衣，就像当初在拉萨做礼服一样。高帮牛皮鞋，女鞋并带高跟；直领深蓝色高级毛毕叽棉衣、单衣、大衣，这些衣服结实、保暖、轻便、合身、舒适、漂亮，胸前"青藏铁路工程局"红底白字徽章，那是一个令人自豪的标志，因为在那个年月，火车和铁路对中国人来说是新鲜事儿，铁路部门是令人羡慕的单位。

秦剧团的这帮姑娘小伙都爱时髦、漂亮，穿衣服挑剔，唯独对这身衣服人人喜爱，甚至还穿着它上过舞台。

后来，铁路局又给他们发了"青藏铁路工程局"工作证，凭着这个证件，乘坐火车不需要票。1959 年秦剧团去北京演出，铁道部又给他们的"青藏铁路工程局"工作证上又加盖了标有"特供"二字的金印，凭证可以在任何客运列车上享受免费卧铺待遇。

慕生忠曾经对秦剧团的人说道："拉萨有人说你们是范书记娇生惯养的少爷小姐，你们不要理会这些言论。如果说你们是少爷小姐，你们也是共产党的少爷小姐，而不是资产阶级的少爷小姐。共产党需要你们，革命事业需要你们。现在你们来到了格尔木，我也要娇惯你们，让你们吃得好，住得好，尽量为你们排戏演戏创造好的条件。当然，你们是无产阶级的秦剧团，是共产党领导的一支革命队伍，要艰苦奋斗，勤俭节约，不能怕苦怕累，不能瞧不起工农兵，努力排好戏，演好戏，为工农兵服务，为革命事业服务。"

那年月，到处都在抓"右派"言论。如果有人硬要鸡蛋里挑骨头，是可以从慕生忠的这番话里挖出"右派"言论来的。好在慕生忠领导下的格尔木"反右"气氛不浓，而他的威望又很高，大家都觉得他说得对。

俗话说开门七件事，柴、米、油、盐、酱、醋、茶。要建立一个社区乃至一个城市，要做的事不是七件，而是七十件、七百件。作为一个城市，格尔木从无到有，1956 年以后才开始有了房子。饮水、用电、住房、粮店、菜市、医院、邮局、商店、学校、公园、交通、公安，等等，那一样都少不了。可想而知，1957 年的格尔木，有多少迫在眉睫的事要做！水泥、木材、钢材、地毯、砖瓦等建筑材料在当时的格尔木更是极为短缺。慕生忠就是在这种情况下不惜人力、物力、财力，为秦剧团建造了一个舒适的家，这个家比秦剧团在拉萨的家更阔气，凡是拉萨有的，格尔木都有，而拉萨没有但秦剧团需要的，格尔木也有。

慕生忠断定离开拉萨到格尔木对秦剧团是一个沉重的打击，如果格尔木没有可以同拉萨相比的条件，秦剧团会军心涣散，所以他在为秦剧团建造家园时处处挑战拉萨，每一个方面都只能等同于拉萨或者比拉萨更好，而绝不能比拉萨差。他做到了。

在迎接秦剧团进格尔木这件事上，慕生忠表现出心细如发，算无遗策。

看看眼前这许多在当时堪称完美的设施，再看看秦剧团的姑娘小伙儿们身上穿的，我们不禁要赞叹：慕生忠对秦剧团真好！青藏铁路工程局对秦剧团很慷慨！格尔木对秦剧团很慷慨！

自此，西藏秦剧团在格尔木安了家，军心稳定，士气高涨，人人摩拳擦掌，准备大干一场，以报答慕将军的知遇之恩。

第十七回

情抒真赞唱格尔木
质胜文尴尬邱指导

1957 年 8 月，昆仑山脚下，青藏公路旁，原西藏军区秦剧团在青海省刚刚诞生的小镇格尔木安了家，更名为"青藏铁路工程局秦剧团"。格尔木的住房条件、后勤保障、排练条件都比拉萨更好。

突然之间，大家都觉得浑身是劲，说话气壮，干活不累，练功、翻跟头都有精神。为什么？因为这里海拔比拉萨低，拉萨是 3650 米，这里是 2800 米。对于其他地方的人，2800 米是高原，但对于青藏高原的人，2800 米是低谷。

海拔低了，但工资照旧，仍按照拉萨的标准发。伙食更是莫嫌谈，一点儿都不比拉萨差。顺便提及，银元不能带出西藏，离开拉萨时每个人的钢洋全都兑换成了人民币。

"山重水复疑无路，柳暗花明又一村。"撤离拉萨时，大家像打了败仗，灰头土脸，牢骚满腹。而今，大家欣喜若狂，士气高涨，摩拳擦掌，准备在格尔木大干一场。

条件好了，原来想离开秦剧团的人现在也安心了。老师和领导们腰杆硬了，说话底气十足，批评人最爱用的几句话是："党和人民为我们创造了这么好的条件，你还不努力工作，对得起党吗？对得起人民吗？"有时还要加上一句"对得起慕将军吗？"而被批评的人听到这几句话也总是内心惭愧，低头认错。

格尔木对秦剧团好，让秦剧团喜出望外，秦剧团的许多人都从内心涌出了一股知恩图报的激情。慕生忠的心血没有白费！

格尔木的变化太超乎想象了，格尔木的新家太完美无缺了，以至于秦剧团的人不约而同，都燃起了一种激情，想要对格尔木说点什么，来表达自己的赞叹和感激。

领导将大家的激情略加引导，全团上下掀起了一个歌颂格尔木的浪潮，人人都拿起了笔，有的写诗歌，有的写数来宝，有的写散文，抒发各自对格尔木的感情，墙报上贴满了大家歌颂格尔木的作品。

相比之下，大家觉得张耀民写的诗歌不仅读起来顺口，而且讲得比较全面，最能够代表大家对格尔木的感觉。张耀民是剧团的编剧，负责办墙报。领导决定让乐队给这首诗歌谱曲，将它编排成一个女声小合唱，奉献给格尔木的观众，题目就叫《歌唱格尔木》。

《歌唱格尔木》的歌词前后改了许多次，音乐也改了许多次，边排练，边演出，边修改。《歌唱格尔木》其实是一首秦剧团集体创作的歌曲。遗憾的是具体的词和曲卢少琴记不准确了。曲谱中用了秦腔和眉户的元素，完全是西北风格。

为了让诸位看官感觉当时的情景，根据卢少琴描述的歌词大意，模仿当时的墙报诗歌体，这里替《歌唱格尔木》写出三段歌词：

一

去年的格尔木，四野光秃秃；

帐篷低又矮，人们没房住；

远处没人烟，近处无绿树；

存钱没银行，照明靠蜡烛；

医院千里外，商店万山阻……

二

今年的格尔木，绿柳荫马路；

剧场真漂亮，楼房一处处；

工厂机器鸣，学校人读书；

医院举步到，商店货物足；

银行服务好，电灯照夜幕……

三

　　我们的格尔木，变化真神速！

　　人民是英雄，党指革命路；

　　军民齐动手，革命干劲足；

　　敢叫山低头，能令河让路；

　　明天更美好，我爱格尔木！

　　《歌唱格尔木》先是由卢少琴、陆桂爱、胡新华、张英琴四人演唱，后来又加了胡宾环、许秀英，共是六位品貌出众的少女演唱。格尔木人听见有人写了歌曲来夸赞格尔木，当然高兴，所以这个节目一出台，立刻就获得满堂喝彩。这个节目后来成了秦剧团在格尔木的保留节目，演大戏时常常将它作为小节目穿插进去，去兵站、硼砂厂、皮革厂、地毯厂、农场、大修厂等单位去演出时总是带上这个节目。

　　作为一个城市，格尔木是1956年诞生的，因为从那一年起，格尔木有了永久性建筑和简单的服务机构。因此，1956年、1957年这两年的历史将是格尔木最重要的历史。假如有人能够找到原本的《歌唱格尔木》的词和曲，将是对研究格尔木历史的一个贡献。

　　女生有《歌唱格尔木》，男生也有一个类似的节目，即男声小合唱《青藏公路》，歌曲赞美青藏公路以及护路养路的战士们，用的是威武雄壮的秦腔曲调为基础，卢少琴只记得其中的两句唱词是："坚决消灭搓板路，不叫流沙堆路旁。"为了让诸位看官感觉当时的情景，今模仿这两句歌词的风格，根据卢少琴所述的歌词大意，写出男声小合唱《青藏公路》的歌词如下：

　　人民军队斗志昂，保卫祖国进西藏。

　　青藏高原修公路，战天斗地奇迹创。

　　雪山顶上走汽车，边疆供应有保障。

　　筑路英雄永铭记，养路英雄不能忘。

　　足迹踏遍每寸路，哪怕山高风雪狂。

　　昆仑山顶住帐篷，沱沱河畔伴野狼。

　　搬开拦路土和石，填平坑洼路通畅。

坚决消灭搓板路，不叫流沙堆路旁。

哪里危险哪有我，司机有难我帮忙。

护路养路为革命，一颗红心永向党。

男生的《青藏公路》虽然没有女生的《歌唱格尔木》那么火爆，但也很受欢迎。

秦剧团创作的歌颂真人真事的小节目远不止这两个。从 1956 成立到"文化大革命"期间的十余年中，秦剧团去部队、工厂、农场、各地县以及各边防站演出，每到一处，都注意采访先进人物和先进事迹，并根据这些事迹即兴创作一些眉户、秦腔、歌曲、快板等小节目在演大戏和折子戏的时候穿插演出，很受群众欢迎。

到了格尔木，大家都高兴，唯独马顺池团长情绪依旧低落。马团长的情绪低落始于 1957 年 4 月拉萨出现范明倒台的传闻之后，6 月达到最低点，到达格尔木后略有恢复，但比起 1956 年那个满腔热忱、朝气蓬勃的马顺池来，他像是换了一个人，虽然工作总的来说仍然比较认真，该干的也都干了，但漠然处之、得过且过的态度时有表现，常常欲言又止，似乎在经常提醒自己不要去多管闲事。对拉萨上层官场明争暗斗的洞察，因被视为范明党翼而升迁无望，当时的"反右"气氛打击了知识分子的积极性，等等，可能都是马顺池情绪一蹶不振的原因。

凡事都不可能太完美。慕生忠想为秦剧团创造完美的条件，该做的他都做了，只是在一件事情上出了点问题。什么事？——给秦剧团的小演员们派遣女指导员的事。

孩子们远离父母来到西藏，除了排戏演戏，生活上得有人照顾；女孩子有些特殊性，男指导管理不方便，所以需要女指导员。

在拉萨，秦剧团有过一个名叫高翔的女指导员，非常称职，是从西藏军区文工团借调的，不占秦剧团的编制名额。高翔有军籍。当时秦剧团是西藏军区和西工委双重领导，只要秦剧团仍在西藏，马顺池、高翔等都能保留军籍。秦剧团这次离开拉萨，就不再属于西藏军区，对高翔、马顺池等而言，意味着丧失军籍。高指导是借调的，又回到原单位。因此，初到格尔木时，秦剧团没有指导员。

小演员需要女指导员这件小事没有逃过慕将军的眼睛，他要给秦剧团的小演员们选派一个女指导员。他委托人事部门去办这件事。

选派女指导员这件事应该做，但也不是什么迫在眉睫的事。当初西工委的梁枫在 1956 年 4 月就答应要给秦剧团派个女指导员，直到 12 月才兑现，大概当时在青藏高原上工作的有文化的女同志太少，要给秦剧团找个合适的指导员也不容易。秦剧团到达格尔木的最初几个月没有指导员。铁路工程局从北京挖来一对夫妇，男的叫李月来，是京剧武生，女的也是京剧演员，姓名被卢少琴忘记了。二人除了在业务上帮助薛德春老师辅导孩子们进行基本功训练外，生活上承担了照顾这帮小演员的任务。

1957 年 11 月，马团长告诉大家，新的指导员很快就要到任了，并介绍说，这位同志姓邱，有一次她工作所在的农场发生了火灾，这位同志奋不顾身，从大火中救出了战友，保护了国家财产，自己却受了伤，荣立三等功，是一位值得我们每个人学习和尊敬的英雄模范。于是大家都盼望着邱指导员早日到来。

这一天，早上练完功，全体演员在宿舍门前整队集合，男生在后，女生在前。马团长领着一位中年人来到队伍前面，向大家介绍说："同志们！这位就是你们新来的邱指导。大家欢迎！"

大家当然要打量一下这位邱指导了，不约而同，所有的目光向同一个方向聚焦。不看则已，一看每个人都像被电击了一下，浑身一哆嗦，头脑里也嗡的一声，似乎暂时失去了知觉。

大家长这么大，还从来没见过这么难看的女人！

此人中等个子，三十七八岁，腰壮臂粗，挑粪拉车肯定一个顶俩；穿一身臃肿厚实的旧军装，棉裤内的棉花在膝盖处堆积了两个大包；足上穿一双沾满泥土、抗美援朝志愿军用过的男式军用大头鞋，头戴威虎山八大金刚惯用的狗皮大棉帽；头发七长八短往外翻，上面点缀的不是金银首饰，而是一些柴渣草芥。难道她今天没有梳头？

邱指导打扮得很"工农兵"倒也罢了，最令人震撼的是她的脸面：满脸大大小小黑色、棕色、紫色的麻子和斑点，在这些麻子、斑点的笼罩下，五官如何分布已经无关紧要。

邱指导的脸，男生不愿看，女生不敢看。女生低下了头，眼睛望着自己的脚尖。男生抬起了头，眼睛望着天空。女生们的心思是："人家的脸长成这个样子你还故意盯着看！多不礼貌！"其实这是以小人之心度君子之腹，人家邱指导才不在乎呢！

马团长还在讲话，讲的是什么，大家一句也没有听进去。平时马团长讲话，下面总有人会制造一点噪音。而此时此刻，大家却静得出奇。

这个不正常的宁静只持续了几十妙，就听见后排的刘保平大叫一声："哎呀我的妈呀！"男生女生都笑起来。女生很快止住了笑，多数男生也止住了笑。有那么几个男生，止不住笑，又不敢大声笑，只得捂着肚子蹲到了地下。

马团长命令道："站起来！"

男生强忍住笑说："我肚子痛，站不起来！"

马团长再下命令："我叫你给我马上站起来！"

这时邱指导凑了过来，操着一口土土的河南方言，温和地说道："孩子肚子疼，别难为孩子，快找医生给孩子瞧病！"这是大家第一次听到邱指导讲话。

指导员说话了，马团长还能说什么呢！他不好再命令男生站起来。

男生说："真得谢谢您这位老大娘了！"

这一句"老大娘"又把许多人给逗得偷偷发笑。马团长也不继续讲话了，宣布解散，然后转身对刘保平说："刘保平，到我办公室来一趟！"刘保平说："不去！"马团长说："你想干什么？"刘保平说："回家！"

马团长没词了。他两眼盯着刘保平，刘保平也以眼还眼。半分钟后，马团长向后转，起步走，回了办公室，事情就这么结束了。

秦剧团对演员最严厉的惩罚莫过于开除。"你想干就好好干，不想干就给我走人！"这是秦剧团的领导训人时爱用的一句话，吓住过不少人。然而，"民不畏死，奈何以死惧之！"开除意味着回家，刘保平连"回家"都不怕，马团长能把他怎么样呢！

何况，别人可以开除，这刘保平是万万开除不得的，他是秦剧团小男演员中最优秀的小生，文武俱佳，练功很勤奋，很能吃苦，排戏、演戏都很认真。工作好，一好足以遮百丑。刘保平调皮，淘气，恶作剧，常常是路见不平，拔刀相助，是《水浒传》中拼命三郎石秀一类的人物，但他并不是一味胡闹不可理喻之人，也不是盲目地不服管，只是在遇到不公正对待时才奋起反抗。

马团长让步了，可这刘保平并没有完。他躺在地上不起来，新新的大衣上蹭了一身土。几个人过去将他拉了起来。他把大衣脱了，往地上使劲一摔，然后向剧场跑去。进了剧场，跃上舞台，仰天长啸。

回到宿舍，男生们有的摔东西，有的大喊大叫。有一个人大声喊道："我操他姥姥的！"连隔壁的女生们都听见了。好几个人附和，骂娘声此起彼伏。有人报告了马团长。

马团长把大家召集起来问道："刚才谁骂娘？"大家都说"不知道"。马团长没有办法，无可奈何地说："都让范书记把你们给惯坏了！"有人反唇相讥道："范书记把你也惯坏了！"此事不了了之。

领导给他们派了这么一位指导员，凉了大家的心，许多男生胸中有怨气，他们觉得领导对他们不公平，个别人甚至觉得领导这么做是没有把他们当人看。

也许你会认为这些男生是小题大做。慕将军给你们创造了这么好的条件，指导员长相难看一点你们就要造反，马团长说得不错，真是惯坏了。十几岁的男生，正是不知天高地厚、造反精神最强烈的时候，恼将起来天王老子也敢惹，何况这些人自小就没有吃过亏，会唱戏，会翻跟头，走到哪里人家都捧着宠着，难免有些公子脾气。

第二天天还没亮，大家就听见有人在扫院子。谁这么勤快？趴到窗户上一看，原来是邱指导。从此，每天一大早邱指导打扫院子就成了秦剧团大院的一道风景。

邱指导是真心想做好事，每时每刻都想帮忙，但她不懂艺术，剧团里似乎没有一样事情是她可以插进手插进嘴的。

排练的时候，邱指导进了练功大厅。看见邱指导进来，演员们不练了，一个个溜出了练功大厅，导演李晓俊也不去制止，对邱指导点点头表示打招呼，然后自己坐在椅子上抽烟。邱指导说："现在是上班时间，怎么人都走光了呢？"李老师只是微笑，不说话。邱指导这边看看，那边看看，见无事可做，只得走了。她刚一走，小演员们一个个又回来排练了。邱指导自言自语地说："哦，原来刚才是休息时间，怎么也不告诉我！"

马团长从来不找邱指导谈工作。邱指导自由自在。

邱指导是个勤劳的人，绝不做那衣来伸手饭来张口的寄生虫，没事做憋得慌，就在院子里到处搞"调查研究"，看什么地方需要改进。她发现食堂和后勤的人和她有一定的"共同语言",因为做饭和操心柴米油盐和她的"专业"有些对口,所以常去后勤和食堂帮忙,脏活苦活她抢着干。

通过调查研究,邱指导有一个重大发现:她发现食堂里每次都有残汤剩饭。她找到了工作的"突破口":残汤剩饭倒掉岂不可惜,所以她建议秦剧团养猪,既能利用残汤剩饭,又能增加猪肉改善伙食,还能对孩子们进行勤俭节约教育,并让他们懂得一些养猪常识,可谓一举数得。

猪圈建在哪里呢?她开始了新的调查研究,走遍了秦剧团大院的各个角落,接连提出了好几个地方,团里其他领导都说不合适。慕将军当初规划秦剧团大院,猪圈不在考虑之列,要找个盖猪圈的地方还真不容易。

以前的高指导常常利用中午吃饭时间和大家谈心:"给家里的回信写了没有?没有?今天回去就写,你爸爸妈妈会着急的。""这个星期天没洗衣服吧,干什么去了?""那本书读完了吗?觉得怎么样?""等会儿你把衣服脱下来给我,我帮你把扣子缝上。"……今天和这几个坐一个桌,明天和那几个坐一起。高指导不但稳重,工作能力强,人也漂亮,所以无论男生女生,都愿意和高指导坐在一起。

邱指导非常愿意和大家交朋友,套近乎。但无论男生女生都躲着她,邱指导自东来,他们往西走。邱指导倒想和大家坐在一起吃午餐,但她走到哪个饭桌,哪个桌上的人就都走光。有些男生一点情面都不讲,邱指导好心好意关心他们,找他们谈话,他们却说:"去去去!您还是找你盖猪圈的地方去!我们不需要您帮忙!"邱指导知道这些孩子不喜欢她,也不去和他们一般见识,照样精神饱满地为革命工作。

任何剧团的女一号都是大家关注的重点,前后几位指导员都和卢少琴关系最好,邱指导也不例外。卢少琴虽然也不喜欢邱指导,但她觉得邱指导心地善良,勤劳吃苦,思想革命,是个好人,所以卢少琴不会像别人那样笑话邱指导或故意给人家下不去,邱指导来找她时她不会故意走开,指导员问话,她也总是老老实实地回答。

邱指导的朋友太少了,卢少琴几乎成了她在秦剧团小演员中的唯一"朋友",大家常见她和卢少琴一块走路,还常常拉住卢少琴的手。那些男生常常取笑卢少琴:"你大娘给你给了什么好吃的?分给我们一些吧!"有时邱指导站在女生宿舍门口喊:"小卢!小卢!"其他女生就会说:"快去快去!你大娘又要请你吃糖呢！"

　　有一次，卢少琴看见邱指导的头发实在乱得不像样子，就悄悄地对邱指导说："您的头发要是能够如此这般弄一下就好看了。"邱指导说："你这孩子！我又不另嫁人，弄它干啥？浪费时间！"

　　这一天，邱指导把卢少琴叫到一边，郑重其事地说："有的同志反映你将一些你不愿意穿的衣服埋到了土里。有这回事吗？"

　　卢少琴不会撒谎，只得点头承认。

　　邱指导严肃地说："艰苦朴素是我们党的优良传统，勤俭节约是我们劳动人民的本色。党和人民给你们提供了这么好的生活条件，连衣服都给你们发！衣服旧一点，穿着有什么关系呢？你看我这一身衣服，虽然旧了，但我觉得穿上挺好。衣服破了，补一下还可以再穿嘛！把不想穿的衣服埋了，你这是资产阶级思想，可千万要不得呀！赶快去把埋掉的衣服挖出来！犯了错误就一定要改正，这才是好同志。"

　　卢少琴说："哎呀邱指导！您不了解情况！不是那样的！衣服真的不能再穿了！"

　　"那你告诉我衣服什么地方破了，为什么不能再补？"

　　"我没有办法跟您说。衣服真的不能再穿了。您就别再问了好不好？"说完，卢少琴转身跑了。

　　但邱指导穷追不舍，再度找到卢少琴，刨根问底，一定要让卢少琴讲清楚。卢少琴没法儿，只得"老实交代"。

　　原来，秦剧团刚到格尔木不久，有一天，卢少琴正在和大家一起往院子里的一段路面上铺砖，女孩子那每月一次的麻烦事发生了。等到回到宿舍处理，长内裤的内侧从上到下一直到脚上的袜子都已渗透。她赶快脱下，卷起，放到床下，换好衣服，急忙去上课。衣服上的血依然是湿的，经她这么一卷，血斑又渗透了若干层布，使衣服的更多部位都有了斑点。上完课回来，她首先想到的是洗衣服。当时年龄小，没经验，她把这几件衣服放到一个大盆里，然后接了一盆开水将衣服泡上。

　　后来她才知道，血迹只能用冷水慢慢搓洗，若开水一烫，会变成硬块，再也无法洗掉。这些衣服上的血迹经她用开水这么一烫，再也无法洗掉了。既然无法洗掉，她便将好布剪下、洗净、晾干，以备不时之需；剩下的部分，血迹斑斑，千疮百孔，不堪入目，她便在大家中午休息的时候，端了个大盆，装作去河边洗衣服。来到格尔木河边。四下观瞧，见四下无人，卢少琴便将这些衣服埋掉了。

卢少琴自以为神不知鬼不觉，岂知就有特别关心她的人，不仅看见了她埋"衣服"，还将她埋衣服的事加油添醋反映给领导，真够损的！

邱指导虽然长得难看，到底是个女人，懂得做女人的难处，而正因为她是女人，卢少琴才愿意讲她的这个隐秘；如果指导员是个男人，按照卢少琴倔脾气，她肯定觉得没法儿讲。上级选派女指导员，关键时候果然有方便之处。

邱指导让卢少琴挖出"衣服"，真相大白。邱指导通情达理，也就不再追究。

孔子曰："质胜文则野，文胜质则史。文质彬彬，然后君子。"质是品德，文是艺术，光是品德好（质胜文）或艺术好（文胜质），都不是君子，只有品德和艺术都好（文质彬彬），才能成为君子。邱指导虽然是典型的"质胜文"，没有达到"文质彬彬"的标准，但其实也是君子，只不过这样的君子适合当农场干部，却不适合在文艺单位担任领导。

千里马常有，而伯乐不常有。这个世界上，多少才智之士被用错了地方，终身不得施展才华。知人善任的领导难遇啊！那邱指导并非无才之人，只是她的才不在艺术领域，和秦剧团的环境格格不入，于是一番好心，换得的却是无数尴尬。这岂是她的过错？惜乎哉，邱指导！

第十八回

将军楼薛姨亲黑熊
格尔木秦戏涌狂潮

话说 1957 年 11 月，青藏铁路工程局秦剧团即西藏秦剧团在格尔木安家落户的第四个月，上级给秦剧团演员队派来的女指导员邱某到任。邱指导心地善良，思想革命，但缺乏艺术素质，她给秦剧团的小演员们当指导员，就好比聘请刘姥姥担任大观园众姐妹的管家一样别扭。邱指导和团里其他人没有共同语言，无法沟通，帮不上忙，插不进手，处处尴尬。

邱指导到任的时候，适逢慕将军外出。过了两个多月，慕将军回来了。像每次外出回来一样，他回到将军楼后首先要来秦剧团大院走一圈，看看厨房，找马团长问问情况。

慕将军回来后没过几天，邱指导就从大家的视野中消失了。没有欢送会，没有告别仪式，怎么走的，何时走的，许多人都不知道。又过了几天，新的女指导员张锦航到任。

据说慕将军听到马团长汇报有关邱指导员的情况后，当时没有表态，但回去后立即将主管人事的同志找来训了一顿，并亲自为秦剧团的小演员们选定了新的指导员，两周内就把撤换指导员的事搞定了，不但邱指导走了，而且张指导也到任了。慕生忠办事雷厉风行的作风再次得到体现。

慕将军选定的新指导员怎么样呢？答案是：慕生忠知人善任，张指导既有"质"又有"文"，真正的"文质彬彬"，可以说是完美无缺。

张指导是西安人，高个子，瓜子脸，容貌端庄，衣着得体，气质优雅，性格贤淑，诚所谓秀外慧中者。她是青藏铁路工程局政治处王主任的爱人，原来在空军服役，任中队副，转业来到青藏铁路工程局。20 世纪 50 年代能进入中国空军的女人自然是万里挑一，一要文化，二要革命，三要漂亮，难怪张指导这么优秀。

到达秦剧团当日，马团长集合全体演员介绍新指导员，两人站在一块，马团长的个子比张指导还矮，大家窃笑，不是笑新来的指导员，而是笑马团长个子太矮。

张指导不仅漂亮，而且有爱心，有水平，真心诚意地对孩子们好，全心全意地为孩子们服务。孩子们从她身上体会到的首先是一种母爱，其次才是领导的关怀。她从来不搞形式主义，从来不上纲上线，从来没有狂风暴雨。她有的只是和风细雨，润物无声。她处理问题的宗旨永远是大事化小，小事化了。

比如，遇见有男生惹马团长生气，她会用优美温和的声音微笑着说："怎么又惹马团长生气？快走快走！回去好好想想！"马团长有了台阶下，不生气了；张指导随后又会找到男生，就像是一位慈祥的母亲，对他温言开导一番，每次都能让男生心服口服。

比如，她给孩子们上政治课从来不说教或照本宣科，而是讲故事，大家都爱听。

比如，演出时她眼观六路耳听八方，谁有可能迟到误场就赶快提醒，谁的衣服落下了就帮忙拿上，化妆时帮着演员拿盒子，撩衣服，拢头发，系带子。

比如，她提倡大家写日记，但她尊重孩子们的隐私，从来不看孩子们的日记。

比如，她时刻留心孩子们的安全，防止有人在练功和玩耍时摔伤或扭伤。

比如，她操心大家的吃饭、穿衣、睡觉，谁没好好吃饭，谁的衣服脏了，谁出门穿衣服太少，等等，都逃不过她的眼睛……

如果说秦剧团是一部机器，张指导就是一剂万能的润滑油，凡是原来有些摩擦的地方都因她而变得没有了噪音，马团长、导演和老师们都觉得轻松多了，孩子们也觉得愉快了。就连那些最调皮的男生也把张指导看作心腹，遇到问题常常主动去找她问计。

从 1958 年 3 月张指导到任到 1959 年 5 月秦剧团赴藏，张指导和这些小演员们仅仅相处了一年多，却结下了终身的友谊。几十年后，秦剧团的演员们在西安聚会，每次都要邀请他们所爱戴的张指导。这是后话。

秦剧团的隔壁是将军楼。将军楼是格尔木的心脏，慕生忠将军的家。慕将军的夫人姓薛，乃陕西吴堡县薛家巷人氏，名字不详，秦剧团的孩子们都叫她薛阿姨。慕将军四处奔波，一月之中在将军楼待不了十天，而薛阿姨则常驻将军楼，所以将军楼的真正主人不是慕将军，而是薛阿姨。

薛阿姨40多岁，中等个子，五官端正，双手因劳动而生跰，皮肤因日晒而粗糙，穿着自己做的布鞋和自己缝的衣服，外衣几乎永远是普通农村妇女经常穿的自己缝的那种大兜襟衣服。她是格尔木最早的居民之一，早在慕将军在格尔木住帐篷的时候她就已经来到了格尔木。

她是劳动妇女，过去是，现在她贵为将军夫人，仍然种庄稼、做饭、洗衣、做针线，仍然是劳动妇女。

将军夫妇和几个警卫耕种着七八亩地，地里主要种植各种蔬菜，兼种一些玉米和谷子。没有机械，没有牲口，一切全凭人力。将军不在的时候，家里就是薛阿姨和两个警卫。就像在农村一样，薛阿姨日出而作，日落而息，每天都在地里忙碌。如果没有其他工作，两个留守警卫可能一个值班，另一个下地干活。七八亩地，三四口人，正是中国农村一个典型的自耕农家庭。

切莫要以为薛阿姨太土气，配不上慕将军，他们俩正是天造地设的一对，因为慕将军也很土气，尤其是当他戴上草帽在地里干活的时候，那样子活脱脱就是农民。慕将军很忙，几乎看不见他有闲着的时候，经常外出，而在家的时候，只要没有公务，他准会在地里劳动。有时夫妇俩同时在地里劳动，慕将军挑水浇苗，薛阿姨挖坑栽菜，夫唱妇随，不知内情的路人谁都不会怀疑他们是一对普通的农家夫妇。

有一次，慕将军正在园子里锄地，突然飞来一粒铅弹，把他的草帽打了一个洞！这是怎么回事呢？

原来，几个男生借了工会的气枪玩打靶。他们将几个空酒瓶子立在将军楼院子的矮墙上，然后趴在秦剧团院子的地上瞄准瓶子打枪。扳机一动，铅弹出膛，立在墙上的瓶子纹丝不动，倒打中了慕将军的草帽。

警卫员大喊一声："谁打枪？"手提冲锋枪跃过矮墙前来查询。

慕将军也提着草帽走了过来，问道："谁打枪？差点要了我老汉的命！"玩枪的人知道闯了祸，把枪一扔，早跑得没了踪影。工会的小朱为此挨了马团长一顿批评，从此规定气枪不得轻易借出，并不许在剧团大院中玩气枪。

慕将军、薛阿姨为什么种菜种粮？难道他们是想捞点外快？非也！西藏前线的部队要吃饭，运送给养的部队要吃饭，修路养路的人要吃饭，汽车大修厂的人要吃饭……粮食、蔬菜从哪里来？得从内地运来。那年月，从内地运粮运菜可不容易，内地的粮食和菜运到格尔木要大大增值。在格尔木种菜种粮正是非常重要的革命工作。

《孙子兵法》说："故智将务食于敌，食敌一钟，当吾二十钟。"食敌，是指从敌人那里获得给养，可以理解为就地解决粮草。聪明的将帅要尽量设法就地解决粮草；就地解决一斤粮草，相当于从内地运输 20 斤粮草。1 比 20 的比例不可能放之四海而皆准，但运粮不如就地弄粮的原理却是永远正确的。

慕将军是公家的人，吃公家的粮是天经地义；慕将军那么大的权力，能养活一个秦剧团，难道养活不了自己的老婆？非不能也，是不为也。他们自己动手种地解决口粮，就是为国家做贡献。他们种的菜除能满足自己和警卫班的消费，粮食也能部分自给，还常常为秦剧团提供新鲜蔬菜，这就减少了国家从内地运菜运粮的压力。薛阿姨种菜种粮为国家所创造的价值，可能不亚于格尔木许多拿工资的人。

将军楼还有另外一个居民：一只大黑熊。据说这只黑熊是 1954 年修筑青藏公路时慕将军的警卫们逮住的，当时它只是一只小熊，有人说杀了吃肉，熊掌最好吃了，还可得一张熊皮，慕将军不忍心，像养宠物一样将黑熊养了起来，卢少琴他们 1956 年 3 月路经格尔木时就见过它。

将军楼的右侧正对着秦剧团女生宿舍的地方立着一块巨石，石上有孔，黑熊是用铁链拴在巨石上的。将军楼右侧楼梯下方的空间被改造成了一所熊屋，可以为黑熊遮风挡雨。有时路过将军楼，会看见狗熊像人一样站在熊屋里，两"手"抓住铁栏杆向外张望。每天傍晚，慕将军的警卫员将黑熊牵进熊屋，早上再牵出来拴到石桩上。

饲喂黑熊是薛阿姨每天的工作。黑熊和薛阿姨关系密切。有一次，卢少琴看见薛阿姨端着一盆熊食去喂黑熊，黑熊不老实，抢食，弄得头上都沾满了食物。薛阿姨用手轻轻地在黑熊的额头上拍了两巴掌，接着用手轻轻地为黑熊清理头上的食物，一边弄一边还说着什么，想必是说："调皮鬼！不听话！脸都弄脏了！多难看！"

熊是凶猛的大型动物，就连虎豹也不敢轻易惹它。或因其威武雄壮，它曾经是我们华夏民族所崇拜的图腾之一。华夏民族的始祖黄帝轩辕氏又称有熊氏，他是有熊部落首领，这有熊部落的图腾想必就是熊了。

薛阿姨一个弱女子，当她第一次给熊喂食、第一次给熊挠痒、第一次拍打熊的额头时，她害怕吗？她是怎么驯服这头黑熊的呢？有一点可以肯定，就是这个过程少不了一颗仁爱之心。

刚到格尔木的时候，有时卢少琴等会利用中午休息时间或下午课外活动的时间爬到将军楼小院的矮墙上去看黑熊。薛阿姨会掰几个玉米棒子给孩子们，让她们喂狗熊。孩子们掰一段玉米扔给黑熊，黑熊拿到玉米会将两个前掌合起来向孩子们作揖，那是警卫们训练的。

如今，将军逝去，将军楼已成为格尔木的旅游景点。不知楼旁的拴熊石是否尚存？

将军楼当年接待过许多风云人物。每次有客人来访，慕将军的妻子都是以陕西农民妇女的服装和形象出现在客人面前。古人云："贫贱之交不可忘，糟糠之妻不下堂，"又云："唯大英雄能本色，是真名士自风流。"

慕将军和薛阿姨有一个儿子，当时正在陕西吴堡老家上中学。

当初在拉萨，范明家离秦剧团有好几里，尚且三宴秦剧团，广施压岁钱，对秦剧团非常亲近。现在将军楼和秦剧团是隔壁，慕将军家同秦剧团的关系怎么样呢？三个字：淡如水。

慕将军从来没有在将军楼大摆筵席请秦剧团，没有对秦剧团的孩子们说过"你们是我的娃"之类的话，没有给孩子们发过压岁钱。在秦剧团大院碰到孩子们，慕将军只是点头笑着打招呼："灰孩儿们，满意吗？"或"灰孩儿们，好好干！"然后走开，从来不会拉着手问长问短。有时孩子们在院子里打篮球，打羽毛球，将军会站在他的院中微笑着观看，显得非常愉快。

薛阿姨常来给秦剧团的食堂送菜，每次都是直来直去，从不在院子里走东家串西家，也不和任何人套近乎。见到秦剧团的人，她只是微笑一下，算是打过了招呼，然后就走了，没有多余的话。有一次，她在路过练功大厅时站在外面的窗口往里面看，大概是好奇。大家出来招呼她，请她进去参观，她只是笑了一下，摆了摆手，然后走了。有时孩子们的羽毛球、乒乓球落到了将军楼的院子里，她会捡了给孩子们送来，并说："你们怎么不过来捡呀？"她从来没有到秦剧团任何人的宿舍去串过门。

几乎所有的孩子都去过将军楼，不是像去范明家那样由马团长点将带队去，而是受薛阿姨的邀请随便去的。有时，老家捎来大枣、杏子之类的东西，薛阿姨会站在院子里招呼孩子们到将军楼去吃，孩子们就是在这种情况下去将军楼的，有的去了，有的没去，非常随便。

庄子云："君子之交淡如水。"慕生忠、薛阿姨夫妇和秦剧团之间淡如水。淡如水不等于不亲近、不密切。在秦剧团小演员们的心中，范书记亲，慕将军同样亲。慕将军和薛阿姨都是他们非常崇敬的人。

除了剧场好、海拔低等硬件优势外，秦剧团的人很快发现，在软件方面格尔木与拉萨相比也有三大优势。

第一个优势是他们不再每天都处于一级战备状态。他们不再担心出门上街会被绑架，出门必须五个人以上并要有一人带枪的禁令取消了。虽然说秦剧团依然保持行动军事化的传统，但日常生活环境宽松多了。晚上，门口不再有全副武装的警卫战士站岗。星期天出门，不再需要向领导报告。买袜子买床单不再需要一打一打地买。

第二个优势是政治活动少了。他们不再充当仪仗队去迎来送往，不再去给各类政治大会当听众，不再去频繁参加首长的舞会，参加群众大会的频率也大大减少。政治任务少了，排戏、演戏和文化课学习的时间就得到了充分的保证。

第三个优势是格尔木人基本上都是西北人，都喜欢秦腔、眉户。秦剧团在格尔木没有竞争对手，格尔木的专业文艺团体只有秦剧团一家，在"格尔木人民剧场"看戏成了格尔木人民唯一的高档娱乐。

这三大优势，尤其是第二、第三个优势，让秦剧团迎来了一个排戏、演戏、学习都取得巨大成就的黄金时代。

格尔木地处青藏公路的咽喉要道，来看戏的观众除了长期工作和生活在格尔木的人，还有来来往往的过客。203大站经常有过往人员住宿，为秦剧团提供了源源不断的观众。运送物资的汽车队一过就是五六十辆甚至上百辆卡车。运输团的战士们上了路，两个人整天坐在驾驶室里，生活极其单调。青藏公路沿途荒凉，像格尔木这样有戏院的地方岂能错过！他们在格尔木必停，停下必来看戏。

拉萨那些外地干部，同一出戏看上一遍就不想再看第二遍，老想看新戏。格尔木人可不一样，同一出戏他们可以看无数遍。他们不仅看戏，许多人自己回去还要学唱。这样的人当然是戏迷了。秦剧团在格尔木有着众多的戏迷。

任何艺术团体最难得到的是什么？观众。秦腔眉户在格尔木有这么多的戏迷，秦剧团当然要兴旺发达了。

有一次，秦剧团乐队的一位同志偶然发现运输团一辆卡车的驾驶室里前后左右密密麻麻抄写的全是秦剧团演出过的秦腔唱段的唱词！司机解释说，开车上路常常感觉到寂寞，吼一段秦腔，觉得挺提神、挺舒服。当时在青藏公路上跑车的司机中像这位司机一样喜欢秦腔的人很多。也难怪，当时的汽车没有电话，没有录音带，没有光盘，没有收音机，青藏公路那么长，几十里上百里不见人烟，司机只好唱秦腔了。

秦剧团在西藏演戏从来没有卖过票，每次演出都是有关单位包场或各个单位发票。秦剧团来到格尔木后，开头一两个月是所谓的招待演出、答谢演出和慰问演出，不收门票。后来开始卖票，一张票三毛钱。秦剧团无论演什么戏，票都是早早售完，观众都是场场爆满，从来没有出现票卖不出去的情况。如果有一个星期不演戏，观众就来敲卖票窗口。虽然有时秦剧团自己觉得演出不够理想，但观众依然热情不减。

秦剧团的人感叹说："不管好戏歹戏都喜欢看，格尔木的人咋是这样！"料想当时中国没有任何一个专业剧团能够像青藏铁路工程局秦剧团这样生意兴隆。

秦剧团的艺术水平也有了长足的进步。在慕将军的亲自鼓动和支持下，秦剧团尝试并成功地采用了当时最现代化的技术：电打布景。这在全国都是比较领先的。电打布景的效果当然好，观众都觉得新鲜。比如演《游西湖》，电打布景一放，西湖美景就在眼前，美轮美奂，宛如仙境，大大地提高了演出效果。运输团的战士们在格尔木看了电打布景的戏，然后到拉萨去夸耀说："人家秦剧团到格尔木后可好了！有电打布景，看着过瘾！"把那些拉萨人都羡慕得不得了。

环境稳定了，导演和演员能够静下心了，在情节、动作编排和唱念做打方面也尽量去精益求精。比如《梁秋燕》在拉萨就演过，当时是仓促上阵，许多地方都抠得不细，这次在格尔木又认认真真地重新排了一次，使演出的艺术水平有了提高。

除了演出在西藏排练过的《劈山救母》《游龟山》《软玉屏》《挑女婿》

《李彦贵卖水》《武松打店》等外，短短一年半的时间，在不耽误演出和学习的情况下，秦剧团在格尔木居然排出了大小约 20 多部戏，令人赞叹。加上以前排的戏，秦剧团手头握着约三四十部戏，可谓实力雄厚，为后来随部队进藏千里转战打下了坚实的基础。

当时提倡两条腿走路，既排古装传统戏，又排现代戏。最受观众欢迎、演得最多的戏有《软玉屏》《梁秋燕》《西厢记》《白蛇传》《游西湖》《周仁回府》《三滴血》《劈山救母》《李彦贵卖水》等。有些现代戏虽然昙花一现，但具有明显的时代特征。这里对某些戏目略作介绍。

《烈火红心》：秦剧团排演过的唯一一个话剧，由演话剧出身的马顺池担任导演。故事讲复员军人回到家乡，艰苦创业，成功办起了工厂，既改变了家乡贫困面貌，又填补了国家的技术空白。该戏与大跃进运动有直接关系，既是其产物，又为其助澜，北京人艺创作，周恩来总理修改过剧本，英雄的原型李兴发曾受到过毛主席的接见。樊西园、卢少琴等主演。格尔木观众对话剧热情不高，只演过几场。

《社长的女儿》：秦腔。讲革命战争年代，一对农民夫妇收养了一个革命烈士的女儿，夫妇俩非常爱护，后来农民当了社长，女儿被宠坏，不爱学习，与同村地主的儿子为友。社长夫妇向女儿讲明了她的出身真相，女儿变好。郭善民演社长，郎英演社长女儿，卢少琴演有大段唱腔的社长妻子，郭民权演地主儿子，陆桂爱演地主婆。

《鹰山春雷》：眉户剧。讲述鹰山农民为了抗旱夺丰收，在共产党领导下劈山引水，水渠需要从春女（卢少琴演）家门前通过，爷爷（白贵平演）思想开通，但父亲（孙忠孝演）思想顽固，怕动了自家风水，不让渠从门口过。后来在大家的教育下父亲觉悟，水到渠成。此剧与后来的革命样板戏《龙江颂》剧情类似，不知二者有无关联。

《大字报》：秦腔独幕剧。中国现代史中的大字报特指将批判或揭发文章用较大的字抄写后张贴到公共场合供人们观看的一种发表意见和观点的方式，因得到毛泽东的倡导而盛极一时，是反右运动中涌现的新事物。该剧可谓紧跟形势。故事讲某村两位农民妇女为生活中的一些鸡毛蒜皮的事不和，写大字报互相攻击，后来两人觉悟，成为好朋友。由卢少琴、张亚萍主演。

《两颗铃》：眉户剧。讲述我方特警打入敌人内部抓获美蒋特务（台湾蒋介石集团派遣的特务，因台湾受美国支持，故名）的故事，两颗铃是特务的联络暗号。张建国演特警侦察员，杨宝华演田护士长，胡新华演特务白玉花。

《西厢记》剧情人人知晓，无须赘述。卢少琴演崔莺莺，张建国演张生，陆桂爱演红娘，杨宝华演老夫人。

《白蛇传》剧情人人知晓，无须赘述。杨宝华饰白蛇，胡新华饰青蛇，田德昌饰法海和尚。

《游西湖》：南宋时期，李慧娘（杨宝华饰）与书生裴禹（张建国饰）相恋。大奸相贾似道（候宽初饰）抢慧娘，欲纳为妾，慧娘不从。贾似道带众妾游西湖，逼慧娘同行。裴生知悉，亦游西湖，隔船与慧娘以目传情，贾似道得知，将慧娘杀害。神赐慧娘鬼魂阴阳扇，使她能在夜间还阳与裴郎相会。贾似道遣廖寅（田德昌饰）去杀裴郎，慧娘使宝扇，喷神火，驱走廖寅，救了裴生，吓昏贾似道。

《周仁回府》：明朝嘉靖年间，奸臣严嵩当权。周仁（樊西园演）和杜文学（白贵平演）是结义兄弟。杜家受严嵩迫害失势，原杜家食客奉承东（孙忠孝演）为讨好严嵩之子严年（张建华演），极言杜妻美貌，并告知严年一条绝密消息：杜妻（胡宾环演）并未随夫逃亡，而是栖身于杜的好友周仁的府中。严年要周仁献出杜妻。周仁回府，好生为难。为保护杜妻，周仁妻（卢少琴演）代杜妻去严府，刺严不成，自刎身死。后杜文学复官，夫妻团聚，周仁却永远失去了爱妻。

《三滴血》：剧本原作者是著名秦腔剧作家范紫东（1878—1954），很经典，是被拍成戏曲艺术电影片的少数秦腔戏目之一，剧情几乎家喻户晓，兹不赘述。刘保平演李遇春，卢少琴演李晚春，田德昌演晋信书，张建国演周天佑，荆彩霞演贾莲香。

《枫洛池》：原为甘肃地方戏陇剧，由西藏秦剧团移植为秦腔，经历了数年的反复修改。明朝官逼民反，省督马某（先由张志锋饰；后由曹新辉饰）挂帅征剿。马元帅之女马瑶草（卢少琴饰）郊游，与叛民首领之女邬飞霞（陆桂爱饰）相识并成为好友。瑶草从飞霞那里了解到官府的残暴和叛民的冤屈，同情叛民，关键时刻解救了飞霞。

卢少琴回忆说："当时我们的工作热情的确很高，每个人都非常卖力。当时经常有英雄模范人物的事迹报道出来，把我们都感动得不得了。我自己经常想的就是向英雄学习，努力工作。秦剧团财力充足，演出每一本戏，所需的所有服装道具都是专门从上海等地购置的，若干年下来，秦剧团的家底很厚，这是因为有范明、慕生忠的大力支持。"

同一时期，中国的反右运动、大跃进运动、人民公社化运动正轰轰烈烈，全国其他地方的文艺团体正在揪右派、炼钢铁呢！慕生忠将军为秦剧团营造了一个排戏演戏的世外桃源，这样的领导全国少有。慕生忠可贵啊！

秦剧团在格尔木只待了一年半时间，每月演出常常超过二十场。在完成这么繁重的演出任务的同时，居然能够排出这么多的新戏，令人难以置信。试问过去、现在和未来的剧团，谁敢和当时的"青藏铁路工程局秦剧团"比成绩？

这正是：

拉萨逢变军心摇，慕帅解围勇略高。
忽见花柳格尔木，秦戏高原涌狂潮。

第十九回

喻萝卜忠孝发宏论
观汇演剧团抵西安

　　1957 年 8 月至 1959 年 4 月，青藏铁路工程局秦剧团落户格尔木。由于青藏铁路工程局局长兼党委书记慕生忠将军的关照，秦剧团吃得好，住得好，经费足，政治干扰少，观众多，成就了一个演戏、排戏、文化学习都取得重大成就的黄金时代。从 1956 年 3 月建团到现在，经过两年多的学习和演出实践，成年演员多被淘汰，小演员挑起大梁，秦剧团走向成熟，成为一支召之即来、来之能战、战之能胜的队伍。

　　剧团对小演员们的文化课学习一直很重视。来到格尔木后，干扰少了，时间上有了保证，剧团排有课表，无故不得旷课，每次课后老师都留作业，每学期结束都有考试。教学内容依然是偏重于文学、历史、古汉语、现代汉语，也涉及美术、书法、美学、戏曲理论等。文化课是刘更生老师挑大梁。乐理课由乐队大提琴手王兆吉讲授。李晓俊讲授舞台实践。马顺池担任政治课和文艺理论课老师。

　　刘更生（1900—1986），陕西蒲城人，跟杨虎城将军以及范明夫人梁枫是同乡，曾为杨虎城军中幕僚，离开军界后在大学教书，通经史，善书法，由范明带到西藏，曾多次应邀为西藏军区和西工委的领导讲解《孙子兵法》等经典，并常常为有关部门解答历史典籍方面的疑难。秦剧团到格尔木时刘老师任副团长。他学而不厌，诲人不倦，学识渊博。秦剧团排的每一本戏，刘老师都是事实上的文学、史学顾问。有他把关，秦剧团的戏从未出现过关公战秦琼、唐人吟宋词之类的滑稽错误。刘老师的存在让西藏秦剧团脱离了浅薄和轻浮，显得深沉而有文化底蕴。作为秦剧团的文化课老师，他尽职尽责，认真备课，认真讲课，认真批改作业，认真组织考试。对于喜欢学习的孩子，他勤加指导，不断鼓励；个别演员不爱学习，不交作业，他也不去斥责。自从范明出事后，他脸上的笑容少了，讲话更加谨慎，韬光养晦，洁身自好，从来不让自己卷入秦剧团的任何是非。能帮的忙他尽量帮，损人利己的事情他绝不做，好人他不去过于亲近，小人他不会过于疏远，在秦剧团人缘很好，上至团长书记，下至工人演员，对他都很尊重。

秦剧团的图书馆和资料室是西藏各文艺团体中最好的。因为考虑到西藏偏远，查找汉语文献资料不容易，早在进藏以前，秦剧团就开始搜集图书，1956年进藏时，秦剧团从西安带来了大量图书。秦剧团每年都会拿出相当数量的资金来购买图书。诸子百家，二十四史，唐诗宋词，古文观止，四大名著，外国名著，现代小说，秦腔、眉户、碗碗腔、京剧、豫剧和其他各种剧种的各种剧本，赵树理、杜鹏程、托尔斯泰、高尔基、泰戈尔等中外名家的作品，以及西藏秦剧团演出的照片和报道，等等，几乎应有尽有。秦剧团搬家，至少需要有两辆大卡车专门用来装载图书资料。秦剧团无论排什么戏，都有非常多的参考资料供导演和演员阅读。

因为秦剧团有一大批学龄少年，所以秦剧团的图书馆非常注意为孩子们购买图书，有着非常丰富的青少年读物，成套的四大名著连环画丛书和其他连环画故事书，历史故事，革命故事，拿破仑传、朱可夫传等中外名人传记，等等，为喜欢学习的小演员们提供了取之不尽的各类书籍。

秦剧团活跃在偏远的西藏和一个充满硝烟的年代，工作流动性大，经常需要搬家，搜集和保护、保存图书不易，能有这么好的图书馆，是一个很了不起的成就。

秦剧团的图书馆好，与马顺池、李晓俊、张耀民等领导的重视有关，也与文化课老师刘更生和图书资料管理员贾湘云有关。张耀民副团长是秦剧团的编剧，对于"书到用时方恨少"有切身体会，由于工作的需要，平时很注意搜罗书籍。刘更生慧眼独具，很会选好书。贾湘云认真负责，是个好管家，作用尤为关键。

贾湘云在秦剧团是个小人物，很平凡，容易被人忽略不计，但颇有令人敬重之处。贾湘云，北京人，生于1935年前后，漂亮、善良，原为西藏军区文工团话剧演员，因与秦剧团张耀民副团长结婚，调到西藏秦剧团，一直担任图书管理员。在这一微不足道的岗位上，她不仅尽职尽责，而且全心全意。贾湘云平时非常留心出版信息，每过一段时间，就打购书报告，经刘老师审阅后交团部审批，然后由会计拨款购书。回内地探亲或出差，必去书店，看见好书，就打电报给秦剧团，将书买好带回西藏。给图书资料登记、编号，办理借书证，借书、还书登记，推荐、查找图书资料，秦剧团搬家时书籍的装箱，等等，贾湘云都一丝不苟，有条有理，极少出差错。有些书皮有破损，贾湘云就自己动手糊好。谁借书逾期未还，贾湘云会登门提醒。"文革"时期，秦剧团中的个别打砸抢分子想毁坏某些资料和秦剧团的演出照片，贾湘云千方百计保护这些资料不受损害。

从秦剧团的后门出去，走半里路就到了格尔木河。格尔木河在这里水流比较平缓，冬季到来，河水封冻，河面上出现了一个天然冰场。1957年的冬季到来的时候，格尔木河上出现了一道风景：一群俊美的少男少女在滑冰，引得不少人来到河边观看。这些滑冰者当然是秦剧团的小演员们了，而滑冰最积极的分子中就有卢少琴。

冰在青藏高原不稀罕，小孩子偶尔在冰上溜一下也不稀罕，稀罕的是穿上带有钢刀的冰鞋滑冰。据说中国清代已有铁条钉木板、木板绑鞋底的冰鞋，但现代化的真正的冰鞋也许当时青藏高原的人从未见过。小演员们的冰鞋是哪儿来的？从秦剧团的工会借的。当初慕生忠为秦剧团打造新家时没有忘记为工会购买体育用品，不简单；在购买体育用品时居然能想到买冰鞋，更不简单！格尔木有不少大单位，但河面上滑冰的只有秦剧团的人，似乎格尔木有冰鞋的单位只此一家。

刚开始大家都不会滑冰。但这帮孩子好奇好动，看见冰鞋，觉得新鲜，谁都想试。乐队那些大男人穿上冰鞋，人人免不了摔跤，说道："算了算了！这不是咱玩儿的！"而这些小演员们练过舞台把式，身轻如燕，眼疾手快，摔倒的概率大大降低。偶然摔倒，爬起来接着干。没过几天，就可以溜了。此后滑冰技巧日见长进。

工会只有三双冰鞋，僧多粥少，先下手为强，孩子们为争夺冰鞋控制权费了不少心机。慕将军见了，告诉马团长说："孩子们这么爱滑冰，多买几双冰鞋不就得了！冰鞋不够，你看把娃们难肠的！"慕将军的话就是最高指示，于是工会的柜子里有了二三十双冰鞋，同学们上课时再也不必惦记下课后如何抢占先机拿冰鞋了。

工会负责人叫朱祝心，从部队转业，秦剧团到格尔木后才加入，江苏人，曾长期在东北工作，故对滑冰略知一二。他见孩子们爱滑冰，早上常挑上水桶去给冰面上泼水维护冰场，有小坑小坎的地方也给改造一下。

那时邱指导还没有来，李月来老师夫妇俩负责孩子们的生活。孩子们一下课就往河边跑，只听见李夫人在后面喊着："我的姑奶奶小少爷们！怎么不穿棉衣就往外跑！冻出病来可怎么得了！快回来穿衣服！"但孩子们早就跑远了。

元旦、春节到了，团里多次会餐。有时集体动手包饺子，七嘴八舌，各显神通，饺子出手，五花八门，包饺子的热闹倒超过了吃饺子。节日期间要演出，偶尔也应邀去其他单位演出。但总的来说，在格尔木过节日比在拉萨轻松多了，不用再频繁执行政治任务。

1958年4月，格尔木的播种季节到了，秦剧团到农场去劳动。两辆大卡车，拉了三四十个人，主要是演员和乐队的人，开车一个多小时到农场。白天劳动，晚上住帐篷，休息时候免不了给农场工人唱秦腔、眉户。种过地的人干开沟、撒种等技术活，其他人主要是翻地，干了一个星期。小演员们争先恐后，卢少琴手上磨出了血泡也不愿让别人知道，怕人家说她娇气。有这帮孩子们在，地里的气氛热烈，干活儿似乎也不容易累了。

当时格尔木的口号是要做到基本自给，减轻国家负担。格尔木的农场才建立不久，各个单位都有在农场劳动的任务，党政机关带头劳动。

秦剧团已经在农场劳动过一个星期。但无论农场的人还是秦剧团后勤的人，都想让演员们再去农场劳动。这帮姑娘小伙儿干劲儿足，还能唱秦腔活跃气氛。上级分给秦剧团到农场劳动的任务主要由后勤上的几位同志去完成，后勤上就那么几个人，平时各有各的事，现在又要经常去农场，有点忙不过来。于是有人就想让演员们再去农场劳动。四五十个演员，劳动起来个个生龙活虎，他们多干一个星期，后勤的人可能会少干一个月，何乐而不为呢？

小演员们听到风声，私下议论说："刚去劳动了一个星期，怎么又要去劳动？真把我们当成劳动力了！"心里都不愿意去。

5月的一天，全团在剧场开会学习政治时事，并讨论团里的日常事务。有位后勤的同志提出："我们党的传统是自力更生，艰苦奋斗，上级号召我们在格尔木的各个单位要尽量自己动手、丰衣足食，所以我们秦剧团的演员们应该每个季度义务到农场劳动一个月，一方面对大家是个锻炼，另一方面也是为减轻国家负担做贡献。"

每个季度义务劳动一个月，这也太过分了！但人家的理由冠冕堂皇，如果反对，万一被人家说成右派言论，那就麻烦了。所以大家虽然明明知道这样不太合适，但都不吭声。

当真就没有人敢说真话？有的。这个人就是擅长演丑角和反面人物的孙忠孝。孙忠孝20岁左右，是小演员中年龄较大的，沉稳、机敏、讲义气，曾经当过小演员队的队长，后来大演员多被精简，大、小演员队合二为一，归指导员管。现在的孙忠孝虽然无官无职，但依然隐然是许多小演员的领袖。只见他走到舞台之上，面对全团干部群众，不慌不忙，说了这么一席话："劳动可以，咱是劳动人民的后代，无产阶级的文艺战士，热爱劳动，愿意劳动，也有力气。但我们是演戏的，演戏也是劳动啊！要我们去农场种萝卜，谁来演戏？让农场的人来演戏，行吗？我们天天练功，功夫还练不到家呢。每个季度在农场劳动一个月，我们的腿都硬了，怎么演戏？到时候台下的观众说我们的戏演得不好，连腿都踢不起来，我们怎么回答？我们说'我们的戏虽然演得不好，但我们的萝卜种得好！'成吗？"

大家哄堂大笑，并热烈鼓掌。小演员们都觉得孙忠孝说出了他们的心里话。

好一个孙忠孝，他的"种萝卜喻"一针见血，把演戏与劳动的辩证关系说透了，这才叫唯物辩证法。

孙忠孝回到座位，相好的伙伴悄悄对他说："你小心人家说你有右派言论！"孙忠孝说："球！我才不管那么多呢！"

马团长觉得双方讲得都有道理，明哲保身，他不愿做主，便去请示慕将军。过了几天，马团长向大家转达了慕将军的指示。慕将军说："最重要的是做好本职工作。格尔木再缺粮，也不靠你们秦剧团生产粮食。演员们去农场劳动一下是应该的，你们需要知道粮食是怎么来的。但你们的主要任务是把戏演好。只要演员们热爱劳动，不轻视劳动人民，思想正确，这就行了。每个季度劳动一个月，那怎么成！"

每季度下农场劳动一个月的事就此作罢。须知当时是大跃进年代和"反右"年代，全国的文艺单位都要抽时间参加生产劳动。慕将军能说这样的话，有胆识。

1958 年秋，西北五省区在西安举办西北历史上规模最大的戏剧汇演，参加演出的有西北五省、市、县三级的剧团。在没有录像的年代，这应该是秦剧团的一次绝佳的观摩学习机会。机不可失。于是，征得慕将军的同意，青藏铁路工程局出钱，秦剧团除留下几个人照看院落外，其余全体出动，赴西安观摩汇演，于 9 月 20 日左右抵达西安。

在西安，秦剧团住哪里呢？西藏办事处。

西安西藏办事处在西安市和平门外的李家村，是一个厅局级单位，院子很大，里面房子很多，它的招待所居然能够长期接待秦剧团这么多的人，不简单。

阔别两年半之后回到西安，小演员们最想干的是什么？当然是回家看爸爸妈妈。但是不行，马团长不给大伙儿放假。除了几个家在西安的人，大家谁也不敢擅自回家。卢少琴家在长安县子午镇，说远不远，说近不近，也不能回家。

第二天早晨，他们就去"五四"剧场看戏。此后四五十天，大家的任务是天天看戏。看戏多好啊！但天天看戏，不是看热闹，而是要看门道。白天看戏，晚上还要讨论；见了好戏，还要为我所用，赶着排练。有些剧团的戏仍然带着浓厚的旧社会舞台的格调，音乐、道白都缺少美，小演员们根本不愿看这类戏，但还得硬着头皮看。于是，看戏便从一种娱乐和享受变成了一种负担和任务。

汇演期间，西安城里好几个剧场同时演戏，秦剧团只能有选择地看。有的戏是剧本好，有的戏中有名角，有的剧种比较少见，有的剧团整体水平比较高，有的戏是反映时代风貌。通过观摩，小演员们开了眼界，学到了不少新的技巧。

这次观摩也让大家增强了信心，因为他们发现绝大多数剧团的水平都不如他们，西藏秦剧团完全可以跻身于高水平的省级剧团之列。

格尔木位于青海，青海是西北五省之一。西北五省的汇演，格尔木的秦剧团似乎应该有资格参加。但遗憾的是青藏铁路工程局秦剧团只有观摩学习的资格，没有登台表演参加汇演的资格，因为秦剧团虽然在格尔木安家，但青藏铁路工程局不归青海省管辖，所以秦剧团不能参加这次大汇演。

　　参加汇演的许多剧团历史悠久，演员主要是解放前培养的，仍然沿用老旧的风格演唱秦腔，唱、念用陕西土话，乐器单调，过门和过度音乐显得单调、重复，千篇一律，少有变化，不能紧扣剧情。西藏秦剧团的人看了，觉得这样的秦腔太陈旧，不优美。

　　比起这些旧式的秦腔剧团，青藏铁路工程局秦剧团的唱、念采用陕西普通话，既保留了陕西语音的特殊韵味，又好听易懂，使秦腔容易为更多的观众所接受。每排一出戏，即使已经有现成曲谱，剧团的作曲都要重新谱曲，反复修改，不是简单地套用秦腔板式，而是在秦腔基本板式的基础上根据剧情有所变化。在乐器的使用上，秦剧团除了使用板胡、二胡、唢呐等传统乐器外，还使用扬琴、大提琴、中胡、小提琴、竹笛、长笛、黑管、小号等其他乐器。能够在伴奏中使用大提琴等西洋乐器，这本身就是一个突破，只有专业音乐家才会有这种见识和造诣，不是一般的县级秦剧团可以办到的。大提琴等乐器的使用使得秦腔音乐在原来高亢激越悠扬细腻的基础上更增加了几分浑厚和柔美，从而更加悦耳动听和富于表现力。当时全国能达到这种水平的大概只有陕西省戏曲研究院、西藏秦剧团等少数秦剧艺术单位。

　　这种秦腔表演风格更加现代，更加优美，代表了秦剧发展的潮流。追本溯源，这种新潮优美的表演风格来自于西北戏曲研究院，正是戏曲研究院的马健翎、张云、李正敏、米希、姚铃、肖丙等一批有才华的秦剧艺术家发展了秦剧，使得秦剧能够与时俱进。

　　西藏秦剧团应邀进行了多场友情演出，一般是在汇演间歇穿插进去演，所以都是演小戏和折子戏，未演大戏。行家评价，秦剧团和戏曲研究院属同一个流派，都比较新潮。小演员们的演技不算完美，但作为新中国自己培养的新一代演员，他们的表演朝气蓬勃，青春气质，散发着新时代活泼清新的气息，没有了当时许多旧演员那种为了迎合某些观众的低级趣味而进行的一些矫情做作的庸俗表演，使他们的表演有着独特的魅力。秦剧团的乐队水平很高，足以和戏曲研究院的乐队相媲美。

　　西安是秦腔之都，秦剧团的老家。当时交通不便，全团人马回一趟西安颇不容易；既然来了，要尽可能多办点事。汇演持续了四五十天，而秦剧团在西安呆了三个多月。秦剧团这次在西安有三大收获。一是开阔了眼界，交了朋友，二是搜集到了不少剧本，并引进、学习和排练了几出新戏，三是组建秦腔二团的计划终于付诸实施。

对于唱秦腔的人，陕西省戏曲研究院即原西北戏曲研究院是一块圣地，是秦腔艺术人才的荟萃之地，有马健翎、李正敏这样的大师，秦剧团演出的许多剧本都是戏曲研究院创作、移植或改编的。来到西安，秦剧团集体走访戏曲研究院，受到热情接待，得到不少帮助。在三个多月的时间里，大家和戏曲研究院的同行们常来常往，有官方的交流、协作，也有私下的探访、聚会。戏曲研究院是卢少琴的出身之地，卢少琴常常成了大家的向导和引荐人。戏曲研究院的剧团若有演出，定会给他们全团发票；秦剧团的乐队有时应邀到台上帮忙伴奏。

卢少琴回戏曲研究院的感受是：亭台依旧，风光不再。马健翎、李正敏、郳少霞等卢少琴所熟悉和尊敬的领导和老师在谈话时都变得小心翼翼，言辞中缺少了卢少琴记忆中的那种机智和锋芒。听说马健翎院长遇到不少阻力，有人想取而代之，手下的"风云雷雨"四大金刚病的病，走的走，留下的也少了实权，马院长本人已经极少过问政事，搬到城南的长宁宫闭门谢客从事著述。以前那么爱打扮的郳少霞教练穿上了列宁服，头发也不烫了，过去是光彩靓丽，现在是人到中年。李正敏老师不问政治，一门心思搞秦腔，依然忙得不可开交。演员班还在办，但老师们已不那么卖力，学员们远不如卢少琴他们当年那么刻苦、自觉。戏曲研究院的秦腔团花一年多时间创作、排演了《中国魂》，眉户团花一年多时间创作、排演了《两颗铃》，都是歌颂工农兵的现代戏。就排演的剧目数量和演出场次而论，戏曲研究院远不如西藏秦剧团。

秦剧团组织大家参观了西安纺织厂、毛纺厂、自行车厂、大雁塔、碑林、法门寺等名胜古迹，以提高演员们的阅历、见闻和文化素质。

秦剧团抵达西安大约一星期之后，农历八月十六，中秋节的第二天，公历9月28日，秦剧团终于顺应民意，容许大家请假回家探亲，最多不超过三天。中秋节没有放假。

卢少琴背了两大包给爸爸妈妈和兄弟姐妹买的东西往家走。从西安到长安县有公共汽车，但从县城到子午镇没定期班车，须等便车。卢少琴回家心切，15里路，她决定步行，希望在半道能碰见个车。但这次她运气不佳，一路之上没有碰到可以搭乘的便车。

路上全是泥土，卢少琴不愿坐到地上休息，太累的时候就找一个田埂或土

　　前排左起：田得昌、卢少波、马振华；后排左起：刘宝平、刘印堂、卢少琴。照片背面有卢少琴本人写的文字，其中最主要的信息是"1958年于西安大芳照"。大芳照相馆在西安南院门，是当时西安一家很有名的照相馆。刘保平等是卢少琴的铁杆朋友，这种朋友关系可能包含这几位男生对剧团第一旦卢少琴的爱慕。马振华和卢少琴关系一般，作为剧团主要领导，和年龄相差悬殊的卢少琴"小集团"合影可谓奇事，之所以如此，完全是因为马对卢少波的喜欢。1958年秋，西北五省秦腔汇演在西安举行，慕生忠特许秦剧团到西安观摩，卢少琴借机回家，返回时11岁的弟弟卢少波非要跟她一起到西安。小少波活泼可爱，会唱秦腔，当时马振华正在奉命组建西藏秦剧二团，决定招收卢少波为二团第一个新学员，于是有了这张合影。此照珍贵之处在于：（1）马振华是西藏秦剧团非常重要的人物，本书搜集到的马振华照片仅此一张；（2）背面文字确切记录了年份，佐证了秦剧团1958年秋回西安的史实；（3）佐证了西藏秦剧二团开始组建的时间地点。

墙，将一只脚蹬到上面，将包搁到腿上歇口气。快到家的时候，忽然有一只"小狗"跟着她跑，她休息的时候，"小狗"挨着她的腿一蹭一蹭地跟她亲热，她想将包搁到"小狗"的身上，"小狗"往前一蹿就跑掉了。眼看再有一二里就到村子了，几个地里干活的人突然喊起来："打狼！打狼！""小狗"一溜烟钻进了玉米地。原来一路跟着她的"小狗"是个小狼！

回到家后，亲人相见，自然有一番亲热。几天过去，卢少琴要走，九岁的二弟卢少波非要跟着姐姐去西安玩，卢少琴只好带上他。卢少琴在剧团过的是半军事化的集体生活，现在带了少波，怎么办？一路之上，卢少琴心里盘算如何向马团长交代。

岂知到西安后，包括马振华、马顺池两位团长在内，大家都非常喜欢少波，整天都有人带少波玩，根本不用卢少琴操心。原来少波年龄虽小，却是一表人才，活泼可爱，且不认生，还敢班门弄斧，给大家唱秦腔。少波的秦腔是自己学的，虽未经师，但小家伙天分不错，嗓子好，很会把握韵味，把大家逗得直乐。一来少波可爱，二来卢少琴在秦剧团人缘好，所以大家对少波特别关照，卢少琴整天难得见他一面。看戏的时候，少波跟着马团长等领导前排就座，而卢少琴却只能和其他演员一起坐在后面。

秦剧团早就有组建秦剧二团的打算，这个计划由于范明出事、秦剧团撤离拉萨等变故一拖再拖。趁着秦剧团在西安，各位领导都在，组建二团的计划终于付诸实施。二团在西安选定了地点，搭起架子，准备招生。恰在这时，来了个卢少波。

马振华对卢少波"一见钟情"，坚持要收他为二团的正式学员，马顺池也极力赞成。少波不愿回家上学，一心想像姐姐一样在外面闯荡，留在西安是他梦寐以求的事。马振华、卢少波，一老一少，一个想要，一个愿来，可谓一拍即合。这么大的事，卢少琴可做不了主，需要征求父母意见。卢少琴的父母经不起马顺池、马振华、石菊霞等几头夹攻，只得同意，他们觉得把少波交给少琴和她的朋友们，他们放心。卢少波成了二团招收的第一个小学员，而当时招收新学员的章程还没有出炉呢！

此后若干年中，卢少琴的好友、负责管理二团小学员生活的石菊霞对少波尤其关照，像亲姐姐一样。

汇演期间和汇演结束之后，秦剧团抓紧时间排练了几出从汇演剧目中选中的新戏，就在西藏驻西安办事处的院子中排练，一边演练，一边向原演出剧团请教，尽量多搞定一些细节。《社长的女儿》《鹰山春雷》《两颗铃》等就是在这段时间学的。《社长的女儿》是西安市秦腔二团的戏，《鹰山春雷》和《两颗铃》都是陕西省戏曲研究院的戏。值得注意的是这三本戏都是革命现代戏。戏曲研究院的另一本革命现代戏《中国魂》他们没有学，该剧讲的是抗日战争时期的故事，作者的本意是歌颂抗日英雄，但演出后有人说它有宣扬"曲线救国"的嫌疑。那年月人们对政治问题比较敏感，对于其中的政治问题宁可信其有，所以演了几场就不敢再演了，该剧从此被打入冷宫。

11月下旬，青藏铁路工程局秦剧团留下了马振华、高林、石菊霞等在西安负责二团筹建事宜，主要是招收小学员、聘请教练、培训演员。其余的人动身返回格尔木。

附：

回　家

卢少琴

1958年秋，西藏秦剧团（当时的名称是"青藏铁路工程局秦腔剧团"）自格尔木来到西安，观摩西北五省秦腔汇演。

秦剧团的人多数是陕西人，许多人的家就在西安。离开格尔木往西安进发时，大家最为激动的不是去观摩汇演，而是回家。是啊，谁不想家呢？

自1956年3月离开西安赴西藏，我们经历了太多的事，有多少话要向亲人诉说！经历了或正在经历着合作化、反右和公社化的变革，家里可好？

到了西安，几乎已到家门口，可领导不容许我们回家。领导有领导的道理：西安观摩学习的机会来之不易，西北五省大汇演已经开始，观摩事大，回家事小，可以往后推。家在西安市区的同志，晚上回家，第二天早晨回来，不耽误工作，所以他们可以回家，而其他人则不能回家。

我家住长安县（现西安市长安区）子午镇，离西安市区只有二三十公里。现在交通便利，这点距离简直算不了什么，完全可以做到下午下班后回家，早上上班前赶回，至少周末可以回家。但那时不行。

不能回家，我们有情绪，口出怨言，一有机会就在领导耳边嘟囔。也许是我们的"抗议"发生了效果，到达西安大约一周之后，中秋节的第二天，领导终于发话：可以请假探亲，最长不超过三天。当天我就请了三天假，回家探亲。

早晨，我拎着装得鼓鼓的两个旅行提袋离开西藏办事处招待所向长途汽车站走去。包里装着从拉萨和格尔木给家中的每个人买的衣料、尼龙袜等，还有从西安买的酒、糖果、蛋糕之类，每个旅行袋足有二十多斤重。天下着雨，部队发的双面防雨披风和高腰雨靴正好派上用场。

长途汽车站设在许氏庙街的一个简易停车场。那时的长途客车不是大轿车，而是从朝鲜战场退役下来的军用卡车，轿车只有市区才可见到。我到车站时，发现南去站牌子下面候车的旅客排起了长长的长蛇阵，一个维持秩序的工作人员把旅客们推推搡搡，维持秩序。我三步并作两步赶到跟前，站到了队伍的末尾。过了一会儿，大门外开进来一辆卡车，一眨眼工夫，卡车就已经挤得满满的。我看了一下表，已经是上午 11 点半。归心似箭的我，心里真焦急。

快到 12 点的时候，我终于上了车。卡车上没有座位，但头顶上方有篷布，可以遮雨，尽管篷布前后敞开，车走动时雨点照样可以随风飘入车内，但人们已经很知足了。能坐带篷布的汽车旅行，当时已是近乎奢侈的待遇，岂能再有更多的奢望？

我将装衣服布料的包当板凳坐，将装糖果糕点的包抱在怀里。半小时后，我乘坐的客车抵达韦曲城南的车站。韦曲是长安县县府所在，是我的终点站。

我下了车。这里离子午镇还有 20 多里路呢。从韦曲到子午镇没有班车，我并未感到意外。那时不通班车的县城可能都很多，何况子午镇。

问题是我该怎么办？等便车，住下来等给家里捎信让大哥、父亲或叔父来接，还是自己扛包步行 20 多里回家？归心似箭的我选择了步行。

天仍然下着雨，泥土路上泥水横流，我左右手各提一个沉甸甸的大包，离开车站，朝子午镇方向走去。

开始是大步流星，后来却不知不觉地慢了下来。我累了，特别是双臂，都麻木了。看看路边的里程碑，已走出 7 里了。把包放到地上休息？不行！尽管包是防水的，但弄得满包都是泥巴，提起来往身上一蹭，身上也弄上泥，回到家里形象不佳，那可不行！

我瞅准了路旁一棵较粗壮的杨树，一只脚撑在地下，另一只脚蹬在树干上，将两个包放到水平撑直的腿上，双手和两条胳膊终于得到休息。我慢慢搓着双手，让勒得发白的十指慢慢恢复知觉。辛亏我练过功，50斤的两个包搁到腿上并不觉得重。一条腿累了就换另一条腿。十分钟后，我自觉精神饱满，继续赶路。

又走了两里路，进了贾里村。这时我看见路旁有个藤条，不到一米长，被雨水浸得软软的，忽然想到将两个包挂在藤条两头搭在肩上岂不更轻松！但我马上否定了：身穿防雨披风，如何用肩？只好依旧拎包前行。

又走一会儿，大道上叉出一条上山的小路，我知道这条路通往一个有名的寺庙——香积寺。唐代大诗人王维有《过香积寺》的名篇，妈妈也给我讲过许多有关香积寺的故事。

出了贾里村，过了一座石桥，往南望去，终南山云雾蒙蒙，山下农田村舍，景色秀美。我的家乡真好！我索性在路旁一棵老槐树下歇脚，欣赏眼前美景。而今回忆当时情景，竟然来了诗兴，想描述一下当时所见美景：

> 终南山叠翠，白云绕山冲。
> 秋禾如墨黛，农舍炊烟中。
> 牧童吹竹笛，耕牛哞哞行。
> 远近林有致，细雨绘丹青。

过西湖村，快到李元村，离家已经不远。我离开大道，抄小路回家。这条小路斜插在玉米地里，足足有三四里。

刚上了小路，玉米地了就窜出一条雪白的"小狗"，连蹦带跳，始终跑在我前面不到一米远，偶尔扬起头来看看我，有时还会用头蹭蹭我的提包，我试图将提包放到它身上，都被它灵巧地躲过了。"小狗"体长不过40公分，竖着两只耳朵，尾巴欢快地摇着，非常可爱。有它陪伴，我很开心，完全忘记了疲劳。

马上就要走完小道上公路了，我突然听见有人喊："打狼！打狼呀！""小狗"嗖地一下钻进玉米地，消失得无影无踪。我急忙奔出玉米地，刚踏上公路就预见了本家的二哥。二哥说："信儿，你回来了！你咋不走大路？刚才这条小路上跑出一只狼，多危险！"我说："我没碰见狼，只见到一条小白狗。""那是只狼！不是狗！"

进了子午镇的东门，我望见了我家门口那棵老槐树。我的心突突地跳。

等到一步踏进敞开着的大门，门道里原来的马车、马槽，连同那匹枣红马，都不见了，想必是公社化的结果。

下地劳作的人尚未收工，学生尚未放学，院子里静悄悄的。我慢步轻声来到妈妈房间的窗下。窗扇开着，妈妈正盘腿坐在炕上做针线，炕席上放着一件黑色的男棉衣。看来，妈妈已经在为家里的人缝制冬衣了。

我凝视片刻，一声"娘"终于喊出了口！

（2012 年 4 月 25 日）

第二十回

烽烟举雄师急驰边
军令下秦腔再入藏

1958年12月初，秦剧团结束了在西安三个多月的观摩、学习，回到格尔木。

到达格尔木的第二天，全团开大会，马团长传达慕将军指示："同志们！慕生忠将军给我们下达了四个字的命令：准备战斗！"

会场里静悄悄的，每个人都神情严肃。

马团长接着说："为什么要准备战斗，因为西藏要打仗了。西藏上层的反动势力要撕毁十七条协议，很可能发动规模较大的反革命叛乱，许多地方已经打起来了。更多的部队要进藏，我们秦剧团也要跟着部队去西藏。我们目前的工作有两个方面：一方面要准备好自身装备和剧目，做到号令一下，打起背包就能出发。另一方面我们要准备迎接部队，不久的将来会有进藏部队经过格尔木，我们要让部队在格尔木吃好、喝好、休息好，并为我们的部队准备干粮。"

停了一下，马团长接着说："大家一定还记得我们刚到格尔木时慕将军说的话，将来西藏会打仗，我们秦剧团还会再回到西藏前线去。现在，这一天就要到来了。慕将军让我转告大家：养兵千日，用兵一时，秦剧团是一支精兵，现在党要使用我们这支队伍。我们要经得起考验，决不能辜负党和人民的期望。从今天开始，我们要立即投入战斗！"

众所周知，西藏的全面叛乱爆发于1959年3月，解放军是被迫还击，不得不打。但冰冻三尺，非一日之寒，叛乱方固然早就在做叛乱准备，而平叛方也没有睡大觉。从慕生忠将军对秦剧团的指示看，解放军至迟在1958年12月就开始准备在西藏打大仗了。

听到要打仗、进西藏的消息，小演员们个个兴奋异常，压根儿没有想到"危险""害怕"这些字眼。对卢少琴和她的同志们来说，只要大家在一起，天塌下来都不怕。再说，最多不过是个死，"为人民利益而死，就比泰山还重"。光荣牺牲，当个英雄，倒也好玩！有什么好怕的！

秦剧团开始全力以赴为进藏参战作准备。每个人都在利用业余时间一遍又一遍地清理东西，试着打背包，看包的大小，掂包的重量，该带的东西一样不能少，不该带的东西一件都不能带。导演、老师们确定了出发时需要带的剧目。一旦到了前线，说演就得演，不可能有时间练习，以前演过的戏需要熟悉，正在排的新戏需要抓紧每一分钟练习、完善。

大家都忙碌起来。领导和导演们忙着计划，哪些戏需要带上，哪些戏需加紧排练，哪些戏需要温习，哪些人需要留守，小演员们的安全如何保证，带什么服装、何种道具、什么乐器，等等，都要反复权衡。后勤、舞美的准备工作最为复杂、繁重。这段时间，老师忙，导演忙，乐队忙，演员忙。大家知道这是战争年代，非常时期，忙是应该的。最轻松的要数这帮小演员了，他们虽然也忙，但任务很明确，只需要准备自己的行装、搞自己的戏，无忧无虑。

在秦剧团离开格尔木的日子里，剧场没有人演戏了，偶尔放放电影。格尔木的人好几个月没有看戏了，戏迷们都憋坏了。秦剧团一方面要准备进藏，另一方面要多多演戏，为格尔木人民服务。一两个星期之后，格尔木人民剧院又恢复了往日的热闹。秦剧团在西安新学的《社长的女儿》《鹰山春雷》《两颗铃》等革命现代戏开始在格尔木公演，另外也演一些观众喜爱的传统戏。

转眼就过元旦了，春节也快到了。节日期间，秦剧团照例应邀到格尔木各大单位去慰问演出。

春节后的一天晚上，一次特大的沙尘风暴袭击了格尔木。由于风沙太大，院子里的电灯根本不管用，四周一片漆黑。团部离女生宿舍只有一百多米，大家走过千百遍，杨宝华等人自团部返回宿舍途中居然迷失了方向！有人说"往左！"另一人说"错了！该往右！"房子里面的人听见了，喊话说："摸着墙走！"这才让他们重新确定方向。

第二天，房子里里外外各个表面都盖上了厚厚一层土，就连盖着的被子上也有一层土。先起床的人告诉后起床的人："躺在床上别动！"然后帮忙将被子慢慢拿起，走到屋外院中将土抖掉。室内室外，所有的地方、器皿、家具等等，所有的东西，只要有表面暴露在空气中的，都需要打扫。此后数日，大家每天都要花一部分时间去清扫尘土。

第三天，秦剧团的墙报上贴出了这么一首诗：

昨夜刮狂风，天地巧相逢，

房屋互拍手，电杆深鞠躬。

谁写的？张耀民副团长，他是剧团的编剧，负责主办秦剧团的墙报，算是墙报总编辑。这场风暴太大，有山摇地动之感，张团长来了诗兴。要是别人的诗，那得经过张耀民总编辑审定同意才能发表在墙报上，张耀民自己的诗是无需他人审定的。

张耀民没有受过完整的教育，自学成才，勤于钻研，勤于写作，文才在秦剧团算得上是一人之下，百人之上。谁人之下？刘更生副团长。刘团长是公认的大儒，张耀民最多只能居第二。刘团长沉稳谦逊，而张耀民则喜欢咬文嚼字，显示文才。

这首诗确确实实是张耀民的原文，未经本书作者的"填补"或"修复"。水平不算高，但内容没有伤害任何人，政治上也不反动。但秦剧团居然有人从这首诗中看出了政治问题。他说："什么'天地巧相逢，房屋互拍手'，这也太夸张了吧！哪有这回事？只有右派才会这么夸张，这是右派言论！"

此论一出，石破天惊。人们议论纷纷，墙报前聚集了一大堆人。张耀民始料未及。

张耀民说："我只是觉得那场风刮得太大，随便写了几句，既然发现了问题，就当我没有写这首诗吧。"说着将墙上的诗撕了下来。

什么是右派言论？谁都道不明讲不清。团里出现右派言论，这可是大事，马团长不敢马虎。马团长是知识分子，岂不知这首诗跟右派言论绝对沾不上边儿。但要他下结论说这不是右派言论，万一有人说他包庇右派，他怎能说得清？他担不了这个责任。马团长将此事向慕将军作了汇报，请将军定夺。

慕将军说："这算什么右派言论！没事找事！你们吃多了！小张是弄笔杆子的，写得夸张了一些，能把社会主义怎么样？这事不要再提了！好好排戏，好好演戏！"

马团长向全团传达了慕将军的指示，一场文字狱消于无形。

1959年2月下旬，秦剧团发生了一件大事：马顺池团长出问题了！

原来，在西安观摩汇演的时候，马团长同剧团里一位18岁的女演员发生了暧昧关系。当时大家都不知道，但纸包里包不住火，组织上最终还是知道了这件事，马顺池得了个党内严重警告处分。

这么一来，马顺池威信扫地，无法再往人前站，就连夫人崔琳也抬不起头来，剧团事务暂由李晓俊副团长主持。好在当时全团在"准备战斗"四字的激励下万众一心，领导好当，大事由慕将军把关，所以马顺池倒台并未影响到全团的工作。

战争年代升官快，秦剧团即将返回西藏，如果秦剧团立功，凭马顺池的资历和才干，他极有可能从范明的阴影中走出来，得到提拔。马团长最近工作积极性很高，大概就是因为想到了这一点。岂知风云突变，他东窗事发，前程就此断送。

马顺池出事是秦剧团的一大损失。马顺池懂艺术，有学问，有才干，会管理，协调能力强，对秦剧团的建立和发展立下过汗马功劳，此后的若干位团长和党支部书记论管理才干和艺术修养皆不如他。他是个善良的人，对这些小演员们很爱护。但他先是因为范明倒台升迁无望而意志消沉，表明他功利心太重，患得患失；这次又做出这样的事来，表明他德行修养未达真君子境界。一步踏错，万古悔恨，落得如此结局，虽有几分咎由自取，却颇令人同情。

1959年5月秦剧团开往西藏前线的时候，马顺池没有去。等大家再回到格尔木，发现马顺池已经消失，不知所终。马顺池走后，他的爱人崔琳仍然留在秦剧团工作，一直到1970年前后才离开西藏。崔琳是秦剧团的服装师，为人低调，任劳任怨，工作很好。

3月8日是国际妇女节，格尔木所有单位在人民剧院召开大会，庆祝这一节日。各个单位负责政工的领导、妇联主任、妇女代表、女职工等到场。当时格尔木是男人的天下，妇女比例最大的单位是秦剧团，其次是两所职工医院，其他单位的公职人员几乎全是男的。因为格尔木妇女少，有文化的国家职工和妇女干部尤其少见，所以格尔木以前对三八妇女节也不怎么重视，这是格尔木诞生以来第一次这么隆重地庆祝三八。

可以容纳1000多人的剧院坐得满满的，但举目一望，男人占多数。当时许多单位的妇联主任由男同志担任。最好笑的是主持会议的人明明介绍的是"现在由某某某单位的妇女代表讲话",但走上台来讲话的人却是男的,而且还"大言不惭"地说"我代表我们单位全体妇女同志向大家表决心",搁到现在,大家肯定会觉得好笑。

秦剧团的人坐在前面几排。大会开到中间,就听见主持人说道:"现在由青藏铁路工程局秦剧团的妇女代表讲话。"谁代表秦剧团上台讲话呢?秦剧团事先没有准备。但人家已经点了名,总得上去个人。张锦航指导员把卢少琴推上了台。

卢少琴唱得比说得好,让她在台上唱一段秦腔很容易,但面对众多观众发表即兴讲话的本事她却还没有学会。上了台,脑子里几乎一片空白。但总得说话呀。虽然只有两三分钟时间,她却多次停顿,望着天花板想词儿。讲完话走下台,她只记得自己说了"我们妇女能顶半边天,我们也要像男同志一样,努力工作,建设祖国,保卫边疆"。最后一句说的是:"我们要把祖国建设得比苏联还要好!"她讲完后大家热烈鼓掌。同事中许多人夸她讲得好。但卢少琴觉得自己受了一次煎熬,她对张指导说:"没有一点准备就让我上台,我以后再也不干了!"

不管卢少琴讲得如何,她至少是个妇女,就凭这一点,她就已经强过了那些男性的妇女代表。

3 月 20 日前后,秦剧团代理团长李晓俊传达慕将军的指示,告诉大家入藏部队马上就要到了,秦剧团的大练功厅和剧场要腾出来让部队住,同时,秦剧团要全体动员起来,全力以赴,为我进藏部队制作干粮。

西藏爆发全面武装叛乱是在 1959 年 3 月 10 日。"山雨欲来风满楼,"早在 1956 年,四川西康藏区叛乱,此后云南迪庆、甘肃甘南和青海省的某些藏区也相继发生局部叛乱,这些叛乱被解放军成都军区、兰州军区平定。残余叛匪逃入西藏,被西藏噶厦政府收容,成为西藏叛乱武装的一部分。1958 年 4 月 20 日,这些由邻省进入西藏的叛乱武装和藏军以及哲蚌、色拉、噶丹三大寺的代表秘密聚会,结成同盟。6 月 24 日,各地叛乱武装的大小首领开会,宣布成立"卫教军"。

卫教军成立后,立即得到美国等国的空投和陆运武器弹药等物资援助,而西藏噶厦更是全力给予支持,又是发放粮食又是提供武器弹药。叛乱武装日益壮大，气焰日益嚣张，他们袭击兵站、伏击车辆、炸毁桥梁、截断公路，围攻党政机关，杀害汉族干部和亲共的藏族同胞，种种祸害不可胜数。

1958 年 12 月，西藏地方政府的噶伦索康·旺清格勒主持召开噶厦政府的"官员代表会议"，公开反对达赖去北京出席将于 1959 年 4 月召开的第二次全国人民代表大会，有人叫嚣："为了宗教和民族，要与中央战斗到底。"藏军代表发誓：要为维护西藏农奴制度而战斗，不惜牺牲生命。

1959 年 2 月，达赖希望观看军区文工团演出，军区和噶厦政府协商，达赖定于藏历二月初一（即 3 月 10 日）到军区礼堂看演出。

3 月 9 日，西藏地方政府某些官员煽动市民说："达赖喇嘛明天到军区赴宴看戏，汉人准备在宴会上毒死达赖。"

3 月 10 日晨，西藏噶厦的武装警察和"卫教军"一起荷枪实弹，穿梭奔驰在市内大街小巷，吆喝驱赶群众去罗步林卡，阻止达赖到军区看戏，并散布谣言说"军区要毒死达赖喇嘛""军区要把达赖喇嘛劫往北京"等等。后来，叛乱分子纠集 1000 余人在市区游行，呼喊"西藏独立""汉人滚出去"等口号，张贴"西藏独立，自主、政教合一的国家""从今天起，我们西藏怎样独立自主，完全由我们自己决定"等标语，并开始杀人、砸店。

当天，叛乱分子召开了"西藏人民代表会议"，宣布"从今天起西藏独立了，西藏人民站起来与中央决裂，为西藏独立而战斗到底"，而指挥叛乱武装的总司令部也于当日成立。拉萨地区集的叛乱武装分子已达 7000 余人，表面上已经控制了全城。

3 月 17 日，达赖喇嘛及其全家人在反叛分子和数百藏兵的护卫下离开拉萨，从此走上了一条不归路。

从 3 月 20 日凌晨 3 时开始，拉萨城区各处的叛乱武装向驻拉萨的党、政、军领导机关、部队以及企事业单位发起全面的进攻，枪炮声震撼着拉萨的每个角落。10 时，解放军开始反击。至 22 日，经过三天两夜的激烈战斗，解放军歼灭了聚集在拉萨市区的绝大部分叛乱武装及其指挥机构，毙敌 545 人，伤、俘 4815 人，拉萨武装叛乱被平息。

在拉萨叛乱的同时，西藏各地的叛乱武装都开始行动。山南地区成为叛乱武装的根据地，昌都地区及黑河大部分地区除党政军工作点及主要交通线外，几乎全部为叛乱武装所控制。由于广大农（牧）奴的人身还依附于农奴主，当农奴主发动叛乱时，常胁迫其所属农（牧）奴跟随他们叛乱。

为了平息西藏叛乱，中央军委于 3 月 20 日命令步兵第一三四师、步兵第十一师立即沿青藏公路入藏，步兵第一三〇师及第一六二团沿川藏公路向昌都开进，步兵第一二六团进至盐井地区，执行平叛任务。

一辆辆军用大卡车满载赴藏平叛的部队，夜以继日地沿青藏公路向西藏进发。格尔木作为一个巨大的兵站，要为赴藏部队供吃供喝，提供住所，准备干粮。

秦剧团的炊事班长马保全和后勤管理员李鸿玉从外面学来了建造烤炉的方法，在院子中选定了地点，盘起了三个大烤炉。烤炉呈长方体，最底下是灰槽，灰槽上面是火膛，火膛上方是两层可以搁置烤盘的铁栅栏，顶部封闭，后设烟囱，前有火门及烤炉门。内膛很大，每层可以搁置两个大烤盘，每盘可放置巴掌大小的馍 20 个。

人工烧火火力难控，上下两层温度不一，增加了烤馍过程的技术含量。怎样才能使火力前后左右分布均匀，何时需要加大火力，何时需要减小火力，什么时候需要将下层的盘移到上层，如何保证熟而不焦、火候恰好，等等，均须摸索。

全团的人分成三个组，每组守一炉。演员、后勤为一组，舞美、团部为一组，乐队单独为一组，24 小时流水作业，人换炉不歇。三组比赛。面粉、烧柴自 203 大站运来，炊事班和面、发面，将发好的面团分发各组。马师傅的炊事班又要给大家准备一日三餐，又要 24 小时不间断地为三个烤馍组提供发面，最为辛苦。

舞美队的人给每个组刻了一个木章，上书"秦剧团"三字，馍擀好后，先盖章，再放到炉中去烤，每个馍烤好后上面都可见"秦剧团"三字。馍出炉、凉冷后，装入印有"青藏铁路工程局秦剧团"字样的崭新的大麻袋。

按每个馍三两、20 分钟出炉一次计，每天每炉可烤 2880 个馍，合 864 斤面粉，三个炉加起来就是 2592 斤面粉，20 天下来，就是 26 吨，够 10000 人吃好几天了。不知格尔木还有没有其他单位为部队烤馍。

小演员们谁都没下过厨房，过去只会吃馍，哪会烤馍！刚开始自然有个学习的过程。烟雾弥漫不见火苗，火焰喷出烧了头发，将馍烤得焦头烂额皮焦瓤生，做出的馍大小不一奇形怪状，凡此种种，不一而足。但没过多久，大家都成了烤馍专家。

小演员们争先恐后，互相帮助，取长补短。烧火的任务又脏又累，男生奋勇向前。擀馍要手快心细大小均匀薄厚适宜，女生当仁不让。有的女生手上沾满面粉，习惯性地用手撩开脸上的头发，结果脸上沾了一道道面粉，出得门来，大家一见，取笑道："你今天的脸画得不错！唱哪出戏啊？"

烤馍的日子里，部分演员仍然要抽时间排练节目。多数人不排节目，只是自己练，压压腿，吊吊嗓子，偶尔也翻几个跟头，有的边干边唱秦腔、眉户。孙忠孝丑角的个性时时表现，嘴里奇奇怪怪的顺口溜层出不穷。例如：

> 胡宗南，去抽签，抽了一个上上签，
> 想发财，要升官，咱先试活打延安……
> 嘎叭呜儿，有情况！赶紧先拿镜镜儿望，
> 见几个弟兄地上躺，血糊满脸见阎王……
> 胡宗南，胡成精，城南修了个长宁宫，
> 玻璃窗子玻璃门，厕所住的有专人，
> 吃饭吃的是十三花，擦屁股用的是药棉花……
> 赤壁鏖兵在铺前，梦见吕布卖稀饭，
> 曹操喝了八大碗，拉住董卓要饭钱……

丑角需要插科打诨逗人笑，舞台上经常说些绕口令、顺口溜，需要练嘴皮子，大约练习说这类顺口溜是丑角的基本功之一。孙忠孝原来的老师叫严震俗，是有一定名气的秦腔艺人，一生编过许多这类顺口溜。孙忠孝的顺口溜逗得大家直乐。

秦剧团开始烤馍后的第三天，部队到了。部队先到兵站吃饭，然后到各自的指定地点住宿。一连两个多星期，每天傍晚，都有部队来到秦剧团大院住宿。秦剧团将烤好的馍用麻袋装好，送给他们，并给他们送开水，一幅军爱民、民拥军的画面。秦剧团不分白天黑夜烤馍，当天烤的馍当天晚上部队就拿走了。

秦剧团和部队有联欢吗？没有。部队从来不走近秦剧团的宿舍和其他任何地方，他们在兵站吃饭，到秦剧团后直接到他们睡觉的地方，即练功大厅和剧

场，两处都设有厕所，丝毫不干扰秦剧团。而秦剧团的人为了让部队休息好，也从来不走近练功大厅和剧场，送馍送开水都是后勤的人去干。第二天一大早部队就出发了。

这期间，慕将军来视察过秦剧团烤馍的情况和部队的住宿情况。他告诉秦剧团："部队一过完，你们马上就走，跟着部队进西藏，上前线。要做好一切准备！"

进藏部队中，有一支雄师劲旅，它就是中国人民解放军步兵第十一师，当时的番号是 7885 部队。在今后数年中，秦剧团将跟随这支部队在西藏转战千里。

这是一支光荣的部队、英雄的部队，几乎是清一色的西北子弟兵，秦腔爱好者。其前身是刘志丹、谢子长领导的陕北红军。解放战争时期为西北野战军第四纵队警备第三旅，1949 年改编为第一野战军第四军第十一师。1952 年4 军撤销，改称中国人民解放军步兵第十一师。1956 年至 1958 年，十一师两下甘南平定叛乱。这支部队不仅战功卓著，而且在剿匪、平叛和藏区作战方面经验丰富。"知己知彼，百战不殆"，中央调这支部队进藏平叛，可谓有知己之明。

吃到秦剧团干粮的部队中肯定有十一师，二者长达 20 年的缘分从此开始。为了便于叙事，这里对十一师此后十年的行踪作大概介绍。

1959 年三四月间，十一师奉命紧急进藏。十一师入藏后，先后组织了纳木湖、3 号地区、阿里地区战役，参加了兄弟部队组织的 1 号地区、2 号地区和麦地卡战役，歼叛匪 1.7 万多名。1960 年 10 月，十一师转隶西藏军区领导，改称陆军第十一师，兼日喀则军分区。1961 年，十一师担任了中尼两国国界勘界警卫任务和中尼公路的勘察、修建。1962 年 11 月，十一师参加了中印边境自卫还击作战，给所谓第二次世界大战中的"王牌部队"印军第四师以歼灭性打击，打出了国威、军威。1963 年后，十一师执行了反击叛匪回窜、加强边防建设和斗争等任务。1965 年，为牵制印军，支持巴基斯坦人民反对印军入侵的斗争，师奉总部命令，举行了两次大规模战略佯动。1967 年，十一师三十一团在亚东边境地区，英勇反击了印军武装入侵。1979 年 4 月，十一师奉命调防新疆。

1959 年 5 月初的一天，秦剧团离开格尔木，开赴西藏前线。

　　那天一大早，八辆卡车已等在剧场前面的大道上。先搬东西、装车，然后吃饭、上车。慕将军前来送行。他只讲了这么几句话："要注意安全。可能要打大仗，生活会很艰苦，要做好思想准备。仗打完后你们还要回到格尔木修整。祝你们一路平安！"说完，将手一挥，说道："出发！"

　　秦剧团的战士们唱起了《中国人民解放军进行曲》：

　　　　向前！向前！向前！我们的队伍向太阳，

　　　　脚踏着祖国的大地，背负着民族的希望，

　　　　我们是一支不可战胜的力量。

　　　　我们是工农的子弟，我们是人民的武装，

　　　　从无畏惧，绝不屈服，英勇战斗，

　　　　直到把反动派消灭干净，毛泽东的旗帜高高飘扬。

　　　　听！风在呼啸军号响，听！革命歌声多嘹亮！

　　　　同志们整齐步伐奔向解放的战场，同志们整齐步伐奔赴祖国的边疆，

　　　　向前！向前！我们的队伍向太阳，

　　　　向最后的胜利，向全国的解放！

　　威武雄壮的歌声中，车队扬起尘土，驶向巍巍昆仑。

第二十一回

平叛乱秦伶出奇效
宿冰山芸香演单衣

1959 年 3 月，西藏上层反动集团悍然发动全面武装叛乱。5 月初，青藏铁路工程局秦剧团奉命离开格尔木，开赴西藏平叛战斗的前线，到我军较为集中的地点进行慰问演出。秦剧团主要随步兵十一师即七八八五部队转战，也到过许多其他平叛部队的驻地。尽管秦剧团组织上仍未脱离青藏铁路工程局，但事实上属西藏军区和西工委领导，大家又开始称他们为"西藏秦剧团"。

离开格尔木，沿青藏公路前行。那段时间是青藏公路自建成通车以来最热闹的，来来往往的卡车很多。轰隆隆的声音时有耳闻，有时是雷是炮难以分清，有时确实可以肯定是炮声。青藏公路是我平叛部队和所有驻藏人员的生命线，成为叛匪的重点袭击目标，也是我军的重点防护目标，沿途多处地方可能都有战事，听到炮声并不奇怪。天空每天都是灰蒙蒙的，也许真是沙尘天气，也许是青藏路上昼夜不停的车队扬起的尘土，也许还夹杂着平叛炮火激起的尘埃。

炮声让大家振奋，全团纪律出奇地好，领导指挥起来出奇地省劲。每个人的动作比平常迅速，干任何事情都比平常认真，没有人调皮捣蛋。

歌能提神。一路上，秦剧团的人经常唱歌。看见运输部队的车，秦剧团更要唱歌，部队也偶尔用歌声回答。大家只是路遇，歌声起，心相通，互相鼓励，没有语言，一切都在歌声中。歌声盖过了卡车的噪音，冲破满天尘埃，在昆仑山顶激荡。

担任运输秦剧团任务的是西藏军区某汽车团。秦剧团没有专门的警卫护送，但每辆卡车上的两位司机战士都是荷枪实弹，秦剧团自己也有几支冲锋枪和手枪。路上来往的部队很多，谁也没有担心他们的车队会遭叛匪攻击。

秦剧团除留下后勤、舞美的少数人员留守格尔木大本营外，其他人全部出动，共60多人，分为两队，每队都是一套可以单独演大戏小戏的班子，演员、乐队、舞美、服装、导演、炊事员俱全。张锦航指导员没有随团出来。

第一队是主队，由李晓俊团长带队，队员有卢少琴、胡新华、杨保华、郎英、张英琴、刘爱云、樊西园、白贵平、王双群、刘印堂、张建国、张建华、张新乾、宋怀安、郭西保等，带的大戏有《梁秋燕》、《软玉屏》选场、《李彦贵卖水》、《两颗铃》等，武戏、小戏有《三岔口》《打店》《白水滩》《杀驿》等，还有歌舞和其他小节目。

第二队是派出支队，由业务室主任张志峰带队，队员有张亚萍、陆桂爱、张樱桃、崔自宁、刘保平、郭善民、田德昌、王崇华等。

军情急如火，秦剧团虽非战斗部队，也是尽量赶路，为的是早日到达前线。中午不休息，在车上吃干粮。每个人都有水壶，每辆车上都有几个暖水瓶。晚饭在兵站吃，每个人自备碗筷，打上饭后蹲在地上吃，那是一天之中唯一一顿热饭。这次他们没有自己带帐篷，晚上宿营就在兵站的饭厅里或帐篷里，打开背包，铺在地上，一二十个人打通铺，和衣而卧。次日起床，第一件事是打背包。

第三天下午，车队来到唐古拉山兵站。这里是秦剧团的第一个目的地，此后二十多天，秦剧团一队将在这里战斗。

唐古拉山兵站距唐古拉山口19公里，海拔4900米，是青藏公路线上海拔最高的兵站。四下眺望，远处山峦起伏，山顶白雪皑皑，但兵站附近却是一个方圆数公里的平川。这一带本来人迹罕至，自叛乱开始，附近有大股叛匪活动，企图卡断青藏公路，这里成为咽喉重地和平叛的主战场之一。作为平叛部队的大本营，唐古拉山兵站成了一座兵城，除了建有规模较大的永久性干打垒的营房，还搭建了许多体积硕大、坚固耐用的帐篷，有一个战争指挥中心和一所战地医院。兵站的饭厅很大，能容纳七八百人，可兼作礼堂，秦剧团演戏时又兼作剧院。

此地忙碌！车来车往，人来人往。人人脚下生风，无人闲庭信步。远处偶尔传来枪声和爆炸声，人们习以为常，谁也不去理它。食堂几乎是流水席，任何时候都可能有部队回来吃饭。集合号响，随时都可能有部队出发走向战场。

这些部队一般以连、排为单位，来去通常都是小跑步。战场似乎就在附近山中，部队来去通常都不坐车。叛匪在山中，山中无公路，我军也只好步行。

秦剧团抵达，车还未停稳，乐队的人便开始指挥这群姑娘小伙儿站在车上唱歌，唱了一首又一首。食堂外等着吃饭的部队也常常唱歌，但秦剧团的歌声更好听，秦剧团一唱，部队不唱了，听他们唱，过往的行人和车辆也放慢了速度，在他们身边尽量多停留。

切莫要以为秦剧团到部队演出就是唱秦腔、眉户，他们几乎什么都演，战士要求他们演什么，他们会尽量满足，秦腔、眉户之外，偶尔也会来上一段豫剧、京剧、黄梅戏的名段，夹杂以舞蹈、杂技、独唱、合唱、独奏、合奏，以及根据部队的真人真事临时创作的快板、歌曲，偶尔演唱苏联歌曲、歌剧《白毛女》选曲，还常常和部队中擅长文艺的同志即兴合伙演出，可谓五花八门，应有尽有，而其中特别值得一提的是秦剧团的歌声。

唱歌无须化妆，无须道具，随时随地都能做。只要秦剧团的人集合到一起，他们就一定会唱歌。在硝烟弥漫的战地，一群十几二十几岁的俊男美女列队一站，本身就是一道风景，而他们唱歌的水平也确实不差。同他们的秦剧一样，他们的歌声在鼓舞部队斗志方面同样发挥着巨大的作用。

小演员们人人识谱，乐队搜集到新歌，把歌页发给大家，这歌就唱出来了，基本上无需教歌和排练，所以他们能唱很多歌，凡是当时中国稍微流行一点的歌曲，他们都唱。有时他们还自己编歌来唱。除了《三大纪律八项注意》《没有共产党就没有新中国》《解放区的天是明朗的天》《中国人民解放军进行曲》《游击队之歌》《保卫黄河》《到敌人后方去》《说打就打》《战斗进行曲》《大刀歌》《南泥湾》《义勇军进行曲》《我为人民扛起枪》等大家熟悉和比较熟悉的歌曲外，有些歌曲现在已很少有人知道。比如有一首《六〇炮》，卢少琴记忆的歌词是：

> 六〇炮，美国造，蒋介石送来不能不要，
> 收了你的礼，还呀还给你，礼尚往来才是礼貌。

另有一首《打得好》，卢少琴记得前面的几句歌词是：

打得好来，打得好来打得好，

四面八方传捷报呀么传捷报，

到处都在打胜仗，捷报如同雪花飘……

正当秦剧团的人站在卡车上唱歌的时候，一队解放军官兵出现在了他们的视野中。他们是刚从阵地上被替换下来回到兵站吃饭、休息、补充干粮和弹药的一支部队，排着队朝兵站的大食堂走来。

兵站其他人对这支部队的到来似乎视而不见，因为他们已经见惯，而秦剧团的人却一个个瞪大了眼睛，惊讶地望着眼前这些解放军战士。只见这些人一个个尘土满面，有的丢了帽子，有的短了袖子，有的撕破了口袋，有的没有了纽扣，有的失去了水壶，有的不见了挎包，有的人露出了膝盖，有的人露出了胳膊，有的人衣上见弹痕，有的人裤上见刀口，有的人头发又长又乱，有的人衣裳血迹斑斑，有的人用草根将撕开成两块的裤腿扎到一起，有的人将杂草塞进了失去了棉花的棉衣破洞中御寒……因为棉衣棉裤破洞通风，棉衣中的棉花丢失太多，竟把许多火气正旺的小伙儿冻得面色发紫。

汉语有个"丢盔卸甲"的成语，专门用来形容吃了败仗的军队的狼狈模样。眼前的部队有几分"丢盔卸甲"，但他们不是败兵，而是胜兵。他们精神抖擞，生龙活虎，情绪高昂，谈笑自若。"盔甲"的缺失只不过记录了战斗的紧张残酷和他们的勇敢顽强。

可以肯定，每个"奇怪症状"的背后都是一个故事。全速奔跑，追击叛匪，难道再去捡回被狂风吹落的帽子？穿越灌木，分秒必争，谁会注意衣服是否被刮破？子弹乱飞，匍匐前进，谁会顾忌尖石磨破衣裤？贴身肉搏，生死一线，谁有本事告诉敌人不要撕破我的衣服……

看见这些战士们，秦剧团每个人的心灵都受到了震撼。有些女孩子流泪了。秦剧团的人一点都不觉得战士们的脏脸、长发、破衣难看。那是毛泽东时代，激情燃烧的岁月，贫苦大众翻身，人们的审美观和现在大不相同，花前月下不为美，倩女帅哥不为美，锦衣玉食不为美；美的是农民粗黑的手，工人油污的脸庞，军人褪色的军装，英雄帽子上的弹洞。秦剧团许多人都读过作家魏巍从朝鲜战场归来后所作的名篇《谁是最可爱的人》，他们觉得眼前这些兵就是世界上最可爱的人。

看见秦剧团，这些战斗归来的小伙子们欢呼起来，有人喊了一声"有戏看啰！"他们开始奔向秦剧团。队伍乱了。这时就听一声口令："立正！"所有的人都像中了孙悟空的定身法，原地立正。队伍重新形成，整齐步伐走进了兵站大食堂。

过了一会儿，西藏军区后勤部杨部长和兵站的一位首长出来迎接秦剧团。秦剧团的多数人都认识杨部长，两年前秦剧团离开拉萨撤往格尔木，杨部长是送行者之一。杨部长说："哎呀，小家伙们，你们可来了！我这几天天天盼你们。好好好！安全到达，辛苦了！这里艰苦，要准备吃苦。附近有叛匪活动，要一切行动听指挥。我是押粮官，你们的吃饭穿衣归我管，缺什么东西找我。你们看，那边那几个帐篷是你们的。大家都盼着看你们的戏呢！最好今天就能演。"

秦剧团的一队留在唐古拉山战斗，二队继续前进，好像是去了山南地区。两队分别，没有什么拉拉扯扯卿卿我我，挥挥手，分道扬镳，如此而已。个别人有道别语，某甲说："小张，要是下次会师见不到我，就说明我已经光荣，请你给我家里捎个信儿！"某乙说："小王，要是我光荣了，请你替我看一下我的那个她"，其实他还没有"她"。

军车往来，兵士疾行，战马嘶鸣，炮声隆隆，大家都明白他们已经到了战争前线，都想到了危险和死亡，但谁都不怕，至少这群姑娘小伙儿谁都不怕。死了不就是光荣了吗？有什么好怕的！

兵站已经为秦剧团搭好了帐篷，是棉的，篷布夹层装有棉花，比单帐篷保暖。每个帐篷约 10 平方米，四至六人住一个。帐篷内没有床，睡觉打地铺，先铺防雨布、狗皮褥子以隔地面潮气，再铺其他。没有桌椅，没有电灯，没有火炉，没有暖气。晚上钻入被窝，头两个小时的体温主要用来提高身子下面的地面温度。暖水袋是奢侈品，兵站并非人人都有，秦剧团倒是每人一个，临睡前灌满开水塞到被窝下面，很管用。比起格尔木家中，这里艰苦。比起阵地上的战士，这里是天堂。阵地上的战士们只能蹲在自己刨的小坑里，风餐露宿，晚上不能点蜡烛，没有热水，还要眼观六路耳听八方。

下车后，大家把背包往各自的帐篷里一扔，就去帮忙卸车、布置舞台，然后吃饭。当晚就开始演出。秦剧团的战地生活开始了。

大食堂里白天黑夜都有部队来用餐、休息。他们有的是在开赴西藏途中路过这里，更多的则是在这一带作战的部队，他们似乎是轮流从阵地回来吃饭、休息，并补充弹药给养，每一批通常有一二百人。

白天只要大食堂有部队，秦剧团的演出就一直不会停息。整个兵站只有一个发电机，所发的电主要供指挥部和医院照明用。到了晚上，食堂光线不足，无法满足演出照明需求，部队也需要休息，所以只演些对灯光无特殊要求的节目，9点以后就停止了。在医院就治的伤员也常常被护理人员用担架抬到大食堂来观看秦剧团的演出。

因为观众常换，所以同一出戏可以多次重复演出。先一日李晓俊等就将第二天需要演出的节目全部排好。谁先上场，下面该谁上，每个人自己操心。不用往台上看，一听音乐，就知离自己上场还有几分钟，无需老师提醒和催促。秦剧团非常注意倾听战士们的呼声，战士们要听什么，他们就演什么。战士们很好，对秦剧团非常爱护，非常尊重，从来没有过分要求。

台上有部分演员和乐队在忙碌；台下，秦剧团所有其他人也在忙碌。台上忙碌可以理解，台下忙什么呢？女生每人一个针线包，男生随身携带理发剪。女生为战士钉纽扣、补衣服，男生为战士理发。没有一个人闲着，一天到晚这么干。

战士们衣服破、头发长，为什么不让他们修整三天？料想平叛初期，叛匪人数众多，适应高原缺氧条件，占据地利，士气较高（或曰气焰嚣张），导致青藏公路线上战斗激烈。我军一向有不怕疲劳和连续作战的优良传统，回到兵站吃饭的部队根本没有充足的时间修整。敌情瞬息万变，有时饭刚吃了一半，命令下来要出发，战士往口袋里装两把米饭，马上就走。所以秦剧团只能利用战士们吃饭看戏的时间为他们理发、补衣服。

战士们冒着枪林弹雨打仗，随时都有可能牺牲他们年轻的生命，衣服破了，就应该给发新的。但是，党提倡艰苦朴素，衣服有几个大洞小洞，只要还能对付着穿，谁都舍不得扔。再说，他们穿衣服也实在太费。卢少琴他们亲眼见到有一支部队，出发前人人都是新衣服，一个星期回来，多数人的衣服就千疮百孔，这是秦剧团的人亲眼所见。不知道当时部队首长没有预料到这一点，在兵站预备下大量军服供战士们随时换新装。

做针线、理发都是技术活，秦剧团的这帮人并不在行。好在战士们只会感激，不会挑剔，谁也没有嫌过纽扣钉得不端，头发理得难看。有时头发理到一半，军号响了，战士起身就走，半个头有头发，半个头没头发，谁也不会去笑话他。

女生常常帮战士洗衣服。那时没有烘干机，洗完衣服，只能搭在外面晾，天气冷，晾出去的衣服有时被冻得硬邦邦的。每件衣服的领章下边有战士的名字，晾干后交给兵站，他们会转交给战士。

女生有时还去医院帮忙。这里有第八医院，是个战地医院，全是帐篷。伤员先在这里处理，伤势较重的伤员再从这里运往条件较好的正规医院接受治疗。医院的帐篷比较大，每个有四五十平方米，总共有十几个帐篷。那段日子帐篷里的伤员总是住得满满的。秦剧团的女生主要帮忙洗纱布。现在人们会把从伤口上拆下来的纱布扔掉，而在那时，纱布从伤口拆下后要洗净，晾干，卷好，消毒，然后再次使用。

除了在兵站食堂不停休地演出外，有时秦剧团还派遣小分队乘坐部队的坦克到前沿阵地去演出，当晚去，当晚回。坦克车中的空间是为两三个人设计的，运送秦剧团的人时里面挤着四五个人。阵地上的战士们各有各的岗位，分散在山头的各处，他们不能离开自己的岗位集中到一起来看戏，观众常常只有七八个人。前沿阵地没有帐篷，只有自然屏障和战士们临时挖的战壕和掩体。晚上不能点蜡烛，怕敌人看见亮光后打冷枪。在这样的条件下，无法正经演戏，只能唱唱战士爱听的段子和歌曲，翻翻跟头。就是这么简单的演出，也能把战士感动得热血沸腾。王双群、郎英、许胜利等一些演武戏和猴戏的人和乐队的某些人去的次数较多。

平叛中让解放军头疼的是敌人常躲在暗处远距离打冷枪，对我军造成一定威胁。秦剧团的人乘坐坦克车去前沿阵地，来去的路上常有敌人打冷枪，所以他们有一个特殊的任务：记录敌人火力点的位置。因为是晚上，敌人一打枪，亮光一闪，他们的火力点就暴露了，秦剧团的姑娘小伙儿眼睛尖，认敌人的火力点方位是一把好手。地图是预先就画好的，发现敌人火力点，当即在地图上标出位置，第二天我军就会将敌人的火力点端掉。

若在平时，秦剧团的人中不乏一些私心重、爱偷懒的人。战争使人高尚，硝烟净化灵魂，兵站的天上地下每个角落都笼罩着一种同仇敌忾、万众一心、争先恐后、奉献牺牲的气氛。沐浴着这样的气氛，亲眼看见战士们的英雄行为，秦剧团所有的人都成了不怕苦、不怕累、不怕死的英雄，就连那些平时有

　　秦剧团在某部队驻地或某边防点巡回演出照。这类演出很多，卢少琴也记不清到底是哪一次了。这次他们为战士们演出的是秦腔传统戏《三滴血》，县令晋信书正在用他所信奉的滴血认亲法检查李晚春、李遇春这对未婚夫妇的血亲关系。卢少琴饰小旦李晚春，刘保平饰小生李遇春，胡新华饰王妈妈，田德昌饰晋信书，刘印堂饰阮自用，孙忠孝饰管家，张新乾、郭西宝饰衙役。

些小毛病的人也一个个都变好了。每个人都非常自觉，为战士们服务都积极主动。从早上6点听见部队的起床号起床，一直到晚上9点多，每天十五六个小时，秦剧团每个人都一刻不停地忙碌，没有任何人发过任何怨言。

战士们的行为感动着秦剧团，秦剧团的行为也感动着战士们。战士从秦剧团受到感动的程度绝不亚于秦剧团从战士身上获得的感动。在战士们看来，上前线打仗甚至流血牺牲，这是他们这些成年男子干的事，是军人的分内事。当在前线看到一群少男少女不畏艰险前来慰问他们，而且每个孩子都这么努力，这么吃苦，这么认真，战士们无不深受感动。

就像是一剂万应灵丹，秦剧团能让疲劳到极点的战士刹那间劲头十足，能让被雪山冷风吹得浑身打战的战士刹那间热血沸腾，能让为饥渴煎熬的战士刹那间恢复体力，能让挂彩负伤的战士刹那间忘记疼痛……秦剧团一到，军心大振，毫无例外，以至于部队一些连、营、团级首长感慨地说："秦剧团的一场戏，抵得过我们做半年政治思想工作！"

在唐古拉山作战的部队都是西北人，所有戏中，眉户剧《梁秋燕》无疑是他们最爱看的一部戏。梁秋燕的扮演者卢少琴到台下为战士们补衣服，战士们非常高兴，对她说："乡党，你这眉户唱得好！"那时卢少琴年届十七，青春年华，艺业渐入佳境，她的《梁秋燕》后来曾是西藏人民广播电台播送频率最高的文艺节目之一，她的演唱水平恐怕和当时红遍全西北的梁秋燕扮演者李瑞芳不相上下。在唐古拉山能够看到这样高水平的《梁秋燕》，实属难得。有道是：

> 一曲秋燕方唱罢，俏移莲步至台下。
>
> 针线舞动鱼水情，玉手轻拢战士甲。

当此之时，战士怎能不受感动！

秦剧团抵达前线，对鼓舞士气、振奋军心发生了奇效。

在唐古拉山兵站和此后若干年所有战地、边防点进行慰问演出的过程中，秦剧团经常主动跟部队的干部和战士交谈，为的是了解真实的战斗故事，作为他们的创作素材。他们创作过许多小节目，往往今日听到故事，连夜创作，明日就有了节目。这些节目虽然粗糙，但内容生动感人，形式灵活多变，很适应战地需要。

5月底，秦剧团一队离开唐古拉山兵站，到其他战场去演出，所到之地方多是营级、团级阵地，演一两场就离开，卢少琴也没有记住这许多地方。在一个叫作"四所"的地方，秦剧团的一队和二队会合，然后继续到各平叛部队阵地巡回演出。

让卢少琴最难忘怀的是到三营阵地演出。

6月初的一天，地点可能是在那曲地区的比如县境内或附近地带，怒江、那曲河或其支流河谷，秦剧团随某军分区唐副司令徒步40余里，到三营阵地去演出。

秦剧团沿着前面的部队追击敌人时修的便道前进，小路沿着一条江溯江而上，江的两岸全是原始森林。大江在高山峡谷之中流淌，宽的地方一百多米，窄的地方只有二三十米。江水深不可测，看不见较浅的山间河流那种由河水冲击河底礁石而激起的浪花，这里的河水虽然湍急，因水深，河面反而平静。

有些河段，此岸比较平坦，彼岸则是悬崖峭壁，另一些河段，此岸是悬崖峭壁，彼岸则比较平坦，这就需要经常穿越大江。如何穿越？逢山开路遇河搭桥是部队的本事，部队找到江面比较窄的峡谷地带，砍倒一棵大树，让树倒向对岸，横跨在江面上的树干就是桥。要是树比较大，一棵树就是一座桥。要是树小点，就从此岸砍到一棵树让它倒向彼岸，再从彼岸砍到一棵树让它倒向此岸，把两棵树用藤条捆到一起就成了桥。

走到"桥"上，"桥"摇来晃去，"桥"下就是水流湍急、深不可测的大江。秦剧团的人多不会游泳，尤其是这群姑娘，从来没有下过水。要是从"桥"上掉下去……前进！没工夫多想，没有犹豫的余地。唐副司令能过，战士们能过，秦剧团的人也能过，必须过。

卢少琴练过功，算是有点轻功，平衡掌握得好，但还是非常害怕。有一次卢少琴上了"桥"，刚走到江中间，另外一位同志也上了"桥"，她突然感到"桥"身晃动起来，吓得大叫。唐副司令员已到对岸，赶快让那位同志下桥，告诉大家每次只能过一个人，又鼓励卢少琴说："小卢，别怕！不要往下看！"卢少琴稳住了神，提了一口气，然后咚咚咚，一口气跑到了对岸。

这一天，这样的桥他们就过了14次！

山路崎岖，障碍丛生。最后一段路是爬山，一直要爬到冰雪覆盖的山顶。

队伍前进速度很快。秦剧团的人很少走这么长的路，脚上很快起了泡，钻心疼痛。但谁也不愿说，谁也不掉队。每个人都想做勇敢者，都不愿让别人说自己是胆小鬼、娇气包。

那天晚上，卢少琴一闭上眼睛，就梦见过桥时掉进了江里，惊醒了好几次。第二天和同伴们一说，原来那天晚上大家都做了同样的噩梦。

三营守在一座冰山上。部队驻守之处冰天雪地，帐篷就搭在冰上。给秦剧团安排住处时，战士们在冰上铲平一块地方，先铺上一层树枝，再铺上防雨布、狗皮褥子等。睡到后半夜，就听见床下有淙淙的流水声，原来是他们的体温融化了"床"下的冰，所以出现了涓涓流水，幸亏"床"的最下边是一层树枝，水可以从树枝缝隙中流去而不会漫到他们的被窝里，看来战士们给他们用树枝铺床大有道理。

为战士们演戏，哪怕条件多简陋，他们都是非常认真，服装、化妆一丝不苟，因为他们知道，对他们来说，这些戏他们已经演了无数遍，但对于这些在前方浴血奋战的战士们来说，他们是第一次、也许是唯一一次看秦剧团的演出。

秦剧团为三营战士演出了《李彦贵卖水》中的《花园赠金》一折戏，卢少琴演丫鬟芸香。天气很冷，为了达到最佳演出效果，他们就像在大戏院演出一样，只穿戏装，下面不套棉衣，因为套上棉衣显得臃肿，没有了美感，演不出那个效果。上台没过多久，卢少琴的手就冻僵了，扇子都打不开，但她坚持演好每一个动作。其他演员也一样，都穿单衣演，非常认真。部队很受感动。

第二十二回

拉萨登殿金山等闲
北京入宫秦戏风光

  话说 1959 年 5 月初，秦剧团再度入藏，到前线为平叛部队作巡回演出。6月初，他们来到一座冰山之上，为"三营"的官兵进行了演出。下得山来，在冰山下面的一个山谷里，秦剧团的人看到了一个临时烈士陵园，里面有许多新坟，每个坟前插着一块小木牌，上书烈士姓名、连队、籍贯，死者多是陕西人。看到这些，卢少琴和她的战友们心中都很难过。

  6 月中旬，秦剧团到达拉萨。

  1959 年 6 月中旬，阔别近两年之后，秦剧团又回到拉萨，住在大昭寺附近小巷的一个藏式院子里。

  拉萨没有忘记秦剧团，大家对秦剧团的归来表示热情欢迎。拉萨城小，秦剧团的人走到街上，到处碰到熟人。朋友之间要真有时间聊天，恐怕有三天三夜都说不完的话，因为他们分别虽只两年，却彼此都经历了许多大事。

  谈话中，豫剧团、黄梅剧团等单位的人自然要谈到拉萨叛乱期间他们的一些见闻。根据他们的说法，解放军平叛非常容易，造反喇嘛不经打，解放军两个小时解决问题。其中最为传神的说法是解放军用装了黄土的假炮弹瞄准布达拉宫的一个院子开了一炮，炮弹准确地从一个窗孔飞入，在寺内开花，因为里面是黄土，所以对院内文物毫无损伤，而那些叛乱的喇嘛们却吓得屁滚尿流，全部缴了枪，拉萨叛乱就这样被平息了。

  平叛期间，除参战的解放军和民兵外，其他人都遵守上级指示，待在自己的房中不出来。豫剧团、黄梅剧团等单位的人整天待在各自房中，对平叛过程其实也不甚明了，但他们说得有板有眼，宛若亲见。当时没有互联网，连收音机都极罕见，嘴巴和耳朵是传播新闻的主要工具。秦剧团的人对解放军早就佩服得五体投地，在他们心中，解放军比天兵天将还神勇，所以大家对"解放军一炮黄土定拉萨"的说法深信不疑。

传说归传说，事实是：拉萨平叛，解放军1000人对付7000人的叛乱武装，激战三天两夜，以牺牲63条宝贵生命、负伤210人的代价，才换取了毙敌545人、伤敌俘敌4800余人的成果，取得了平叛的胜利。

秦剧团抵达拉萨后，上级给秦剧团选派了一位党总支书记，叫周信源。周书记本是随军记者，有较高的文化理论水平，但没有文艺方面的专业背景，对秦腔了解甚少，所以团长仍由李晓俊担任。

拉萨的道路、房舍还是两年前的老样子。战争使拉萨平添了几分肃杀、萧条之气。外国人的店铺已经全部关门，中国人开的店铺本来就寥寥无几，现在更是难以见到。人们轻易不出门。

歌里唱"解放区的天是明朗的天"，拉萨虽然已经是"解放区"，但天空并没有完全明朗。农奴制原封未动，农奴主依然锦衣玉食，对农奴有生杀予夺大权。拉萨的奴隶、郎生等下层藏人对共产党、解放军已经有较多了解，他们中的绝大多数在心里已经完全倒向共产党，明里暗里帮助共产党，见了汉人常示友好，有些并主动向我方通风报信。上层人士中，有些真心拥护共产党。但就西藏全局而言，叛乱武装和解放军之间的胜负尚未决出，所以拉萨的上层人士中观望者居多。还有不少上层人士死心塌地仇视共产党，千方百计跟解放军作对。所以，在当时的拉萨，叛乱虽已平定，敌人依然存在，依然拥有武器，一有机会，就要打冷枪，搞叛乱。来到拉萨，秦剧团又恢复了一级备战状态。

但解放区毕竟是解放区，旧政府已被解散，天空已经开始转晴，变化还是有的。其中最显著的变化是普通百姓可以进布达拉宫参观了。

当今之世，去西藏必去布达拉宫。但在1956至1957年，秦剧团曾经在拉萨待了两年之久，居然从未进过布达拉宫！嘎厦政府当政的年代，一般人是不能进布达拉宫参观的，秦剧团也不例外。

到达拉萨几天以后，秦剧团集体排队，堂堂正正地参观了布达拉宫。

首先参观的是布达拉宫的"雪列空蝎子窟"。它是一个巨大的人造蝎子洞，位于布达拉宫前面的广场上，距布达拉宫的上山台阶只有二三十米。布达拉宫建在山坡上，跨上第一个上山的台阶就等于进了布达拉宫的大门，所以蝎子洞事实上就在布达拉宫门口。蝎子洞宽约两米，长五六米，深两米多，上面用长方形的大石条盖得严严实实，里面养着无数只七八寸长的大蝎子。

养这些蝎子干什么用呢？吃人！

蝎子洞是布达拉宫的统治者们建造的专门用来惩罚犯错误农奴的刑具和屠刀。如果奴隶"罪大恶极"，就被扔进蝎子洞，让蝎子活活吃掉！

世界上还有比这更为惨无人道的刑法吗?！

布达拉宫的一位喇嘛给他们当解说员，藏语解说，汉语翻译。洞里的蝎子密密层层，又肥又大。一想到它们都是人肉喂肥的，这些姑娘小伙们浑身都起鸡皮疙瘩，有的人回去后做噩梦，几天都没有食欲。看到眼前的蝎子洞，大家没有一个不痛恨农奴制。蝎子洞给大家的印象太深刻了，以至于50多年后的今天，卢少琴对当时发生的许多事情都已忘记，但对蝎子洞却依然记忆犹新。

参观完蝎子洞，然后上山，登上布达拉宫参观。大殿、小殿、红宫、白宫、佛像、灵塔、金顶、铜瓦、浮雕、壁画、木雕、唐卡、银罗汉、金菩萨……这一切似乎对卢少琴都没有留下什么印象，她所记得的只是每座建筑中都散发着一股让她难以承受的酥油味，又觉得那些画将人体各部位画得比例失调，体会不出其中的文化艺术魅力。这姑娘就这毛病，有点小资产阶级情调，灵魂深处大概也有那么一点瞧不起藏族文化的意识。

当参观至红宫大殿前的宽大走廊时，李团长突然发出口令，要大家列队整齐，然后点了卢少琴、刘保平、刘印堂、陆桂爱、孙升仁、许胜利、郎英等十余位共青团员和先进青年的名字，命令他们出列，其余的人由张耘带队继续参观，被点了名的人留下，接受新的任务。

什么任务？替部队执勤，看守堆积陈列在大殿之上供人们参观的金银财宝。

原来，拉萨叛乱平息，达赖和部分叛乱武装逃走，带走了大量金银财宝，但还是有大量金银财宝为解放军所缴获。如果按照一般的战争惯例，取得胜利的军队所缴获的所有东西都是战利品，应该归这些胜兵所有，由他们瓜分。只有解放军不这么做，他们真正想要赢得的是民心，而不是金银财宝。这些缴获的金银财宝属于西藏人民，解放军不能要。这么多宝贝，放在哪里呢？布达拉宫。于是，布达拉宫的大殿之上就堆起了金山银山和奇珍异宝。

这么多金银财宝，为什么不深藏库内，而要放在这么显眼的地方？为的是供广大人民参观。站岗值勤者的任务就是看守这些金山银山，不让参观者和任何其他人越过警戒线走近宝贝。

站岗值勤，守卫金银财宝，责任何等重大，应该是解放军的任务，为什么要让这些胎毛未退干净的演员来做？因为解放军兵力短缺。

这个时候，西藏许多地方正在打仗，入藏部队所有的机动兵力都调到了前线最需要的地方。同时，拉萨的保卫任务比过去更加繁重。过去，部队只需要保卫军区机关、西工委、自治区筹委会等单位，现在除了要保护上述单位外，还得保护布达拉宫、大昭寺、小召寺、哲蚌寺、色拉寺、发电厂、学校等重要目标。当时真是有多少兵就能用多少兵。兵力不够用，战士更辛苦，一个人担几个人的责任，以至于这些守卫金银财宝的战士连中午吃饭都没人替换。

领导层中有人灵机一动，决定从秦剧团里挑选一些政治上、品德上都靠得住的人员，每天中午替解放军执勤两个小时，好让这些执勤的战士稍微喘口气。

替解放军执勤，何等的荣耀！

他们上岗了。看吧！这些青年一个个腰板挺直，神情严肃，目不斜视，雷打不动。他们身后一米开外就是货真价实的金山银山。有他们在，看谁敢越雷池一步！

军区首长见了，说："你看我们这些孩子，多好啊！"

首长说："我特准你们把这些金砖金条银碗玉器放在手里玩一玩！"

他们说："谢谢首长！我们不玩！"

首长说："孩子们，你们看，这是某某活佛的手枪，枪上镶嵌了这么多金子和宝石，我特准你们把这支枪带回去玩一个晚上！"

他们说："谢谢首长！我们不玩！"

首长更加高兴了。

他们中有没有人想到过：趁此机会，要是我能设法弄一小块金子该多好！没有，绝对没有！

金山银山等闲看，赤胆忠心可对天，这就是当时的他们。

既来拉萨，就得演出。秦剧团这两年在格尔木排了许多新戏，尽管这次没有全部带出来，也有好几本大戏拉萨人没有看过。前线战士生活太艰苦、太单调，见了秦剧团像旱苗得雨，如获至宝，而拉萨观众比较挑剔。拉萨有一大堆文工团，文化生活相对丰富，少一个秦剧团不觉少，多一个秦剧团不觉多，你演戏我就看，你不演我也不大在乎，演得不好我还要批评、挑剔，而且我只想看新戏，请不要热剩饭。

秦剧团在拉萨大礼堂总共演了五六场，其他时间主要用来体验生活，创作剧本。

秦剧团即将创作的剧本不是一般的剧本，而是必须反映西藏现实，有助于那些从未到过西藏的人了解西藏，特别是了解西藏农奴制度的残忍。这是自治区和军区交给秦剧团的一项政治任务。1959 年是新中国成立十周年，北京将有大庆，各省都有精心准备的节目送往北京表演。不巧的是，西藏叛乱恰在这一年爆发。以美国为代表的西方国家和以印度为代表的某些亚洲国家对解放军在西藏平叛颇多指责，中国内地的人民对西藏农奴制度的残忍性也缺乏足够的了解，所以中央要西藏拿出一部反映西藏现实的戏剧。

自治区、西工委和西藏军区将这一光荣而艰巨的任务交给了秦剧团，因为在当时西藏的十来个文艺团体中，依然以秦剧团的整体实力最强。

此时已是 6 月下旬，10 月就要在北京演出。即使有现成剧本，三个月要排出一部大戏来也十分困难，而现在连剧本都要自己创作，三个月时间连搜集素材编写剧本都困难，何况其余。难！难！难！但任务必须完成，秦剧团决心向平叛部队学习，不辜负党和人民的期望，攻下这个山头。

创作剧本是第一仗。首战必须告捷，否则一切都无从谈起。时间太紧，单靠一两个人搞剧本创作肯定不行，秦剧团决定打人民战争，让所有的人都去搜寻素材，写反映西藏现实的故事，然后再由李晓俊、张耀民等从大家的故事中汲取精华，形成剧本故事。这一招果然灵验，没过多久，剧本故事梗概就搞定了，题目就叫作《血的控诉》。故事写好后，上报西工委，获得批准。于是，秦剧团开始着手将故事改写成秦腔剧本。边排练边修改，作曲、选演员、准备服装道具也几乎同时进行，的确是"大跃进"的速度。

搜集素材、通过审查等工作必须在拉萨搞，但要编剧、排戏，格尔木的条件比拉萨好多了。那里是后方，无须天天备战，政治干扰少，剧院就在秦剧团院内。所以 7 月中旬，秦剧团离开拉萨，动身返回格尔木。

途经唐古拉山兵站，秦剧团停留数日，演出数场。这时，恰值十一师组织的纳木湖战役已基本结束，一位亲自参加了战役的营教导员专程赶来向秦剧团作报告。纳木湖战役中他们营涌现出来的一位战斗英雄，这位英雄叫田都来。秦剧团根据这一故事，连夜创作了四人群口快板《战斗英雄田都来》，第二天就在兵站进行了演出，面对不同的观众接连演了好几场。

纳木湖即纳木错湖，位于西藏念青唐古拉山北侧，青藏公路西侧，当雄县与班戈县交界处，海拔4718米，是世界海拔最高的咸水湖泊。由于跟青藏公路距离很近，纳木错湖一带大股叛匪的存在直接威胁到青藏公路的安全。1959年7月2日，十一师发动了纳木湖战役，10天内就将成股叛乱武装全部歼灭，随即展开清剿，以篦梳型战术干净彻底地消灭了这一带的叛匪。纳木湖战役的胜利为保障青藏公路的畅通起了关键作用。

战斗英雄田都来，陕西兴坪县人，营助理员。纳木湖战役中，根据多股敌人分散各地与我军周旋的特点，我军派出小分队四处出击。由于纳木错湖一带地形复杂，田都来所在的小分队在追击一股敌人骑兵时迷失了方向，与大部队失去了联系。他们寻找部队，寻找归路，遇上敌人就打。有一次他们同十余名叛乱分子遭遇，战斗中班长牺牲，田都来自任班长，带领几位同志一边寻找部队，一边继续战斗。没有水，喝马尿，没有吃的，吃马肉，有两三天连马肉都找不到，经历了饥渴、寒冷和种种生死磨难。在一次战斗中，子弹、手榴弹打光后，田都来用枪托与持刀之敌搏斗。他负伤13处，一个人歼敌11名。七八天后我军的飞机发现了他们，田都来等终于回到部队。田都来荣立二等功，被誉为"孤胆英雄"。

7月底，秦剧团回到了格尔木。整个8月和9月上中旬，秦剧团抓紧分分秒秒排练《血的控诉》，不在话下。

8月某日，包括秦剧团在内的格尔木许多单位到203大站礼堂开会。开始大家都不知道开什么会。大会开始，秦剧团的周信源书记站了起来，举起拳头带头呼口号："把反革命分子赵茂原揪出来！"

赵茂原是赵义朋的父亲。赵义朋是秦剧团舞美队的电工，20岁左右，1956年同卢少琴他们一同来西藏，长得一表人才，工作好，性格好，共青团员，人缘很好。1958年，父亲赵茂原到格尔木来看他，此后便留在了秦剧团，平时帮秦剧团干点活。

周书记平时文质彬彬，没想到喊起口号来声音大得惊人，令大家刮目相看。

周书记一声吼，把个赵茂原震得呆若木鸡，怅然不知所措，两手微微发抖，看来他毫无精神准备。青藏铁路工程局保卫处的两位干事将赵茂原揪到了群众面前。接着，周书记向大家宣布了赵茂原的罪行。根据赵茂原的原籍河南省某县某乡某村的揭发材料，解放前赵茂原曾杀死了一位在他们村养伤的共产党交通员。

赵茂原从大家的视野中消失了。赵义朋从此埋头苦干，此后好几个月总是躲着别人，很少跟别人讲话。还好，秦剧团并未因他父亲的问题株连到他，甚至也没有歧视他，年终继续给他评先进。

9月初，中共中央统战部副部长、国家民族事务委员会副主任汪锋和一位姓彭的首长在去西藏途中在格尔木作短暂停留，住将军楼。拉萨各单位在秦剧团的练功大厅举办舞会，为汪、彭二首长接风。从医院、大修厂、203大站等单位来了许多漂亮女性陪同男士跳舞，卢少琴等几位小姑娘端茶送水，充当了招待员。汪锋是陕西人，对秦剧团很亲热。慕将军到场，但没有下场跳舞，仍然穿着薛阿姨做的布鞋，一身土八路的打扮，但没有任何人敢笑话慕将军土气。在拉萨，这样的舞会司空见惯；在格尔木，这是唯一的一次，至少在卢少琴记忆中是唯一的一次。

9月下旬，《血的控诉》在格尔木剧场彩排了几次，尚未来得及公演，秦剧团就匆匆忙忙收拾好行装，离开格尔木前往北京。

这次去北京，除了带《血的控诉》外，还带了其他几部戏。北京大家都想去，但并不是人人都能去。领导点兵点将，共选了五六十人，有一部分人未能选上。

1959年10月1日，是中华人民共和国成立十周年。十周年自然要有大庆。为了迎接十周年，北京建成了人民大会堂、中国革命历史博物馆、中国人民革命军事博物馆、全国农业展览馆、北京火车站、工人体育场、民族文化宫、民族饭店、迎宾馆（钓鱼台国宾馆）、华侨大厦等十大建筑。10月1日当日，北京举行了盛大庆典和阅兵式。世界社会主义阵营各国都派出了高规格的观礼团和最优秀的文艺团体。1953年斯大林逝世，中苏关系开始恶化，但双方还未撕破脸，苏共总书记赫鲁晓夫亲自到北京参加了国庆观礼，十年庆典盛况可见一斑。

10月10日前后，秦剧团抵达北京。为什么没有安排让秦剧团在国庆节前抵达北京？可能因为国庆节前后来到北京的国内外贵宾太多了，北京太拥挤了。

国庆期间，北京来人很多，有很多外国人，各单位的住房都很紧张，当时旅馆不多，所有的招待所都住得满满的。秦剧团这次去北京是国务院安排的。因为秦剧团仍归青藏铁路工程局管辖，所以由铁道部负责接待。铁道部先安排秦剧团住在位于大栅栏的乘务员公寓，后又让秦剧团搬到一个外人不能随便出入的地方。

北京市市长彭真的机要科陈科长亲自给秦剧团做向导，每天都来陪秦剧团。看来上级对秦剧团挺重视。

抵达北京的第三天，秦剧团在铁道部礼堂演了《血的控诉》。这是《血的控诉》第一次公开同世人见面，导演、演员、乐队都非常尽心尽力，所有的人都超水平发挥，演出效果很不错。

次日，秦剧团接到通知，要他们准备进中南海怀仁堂为中央首长演出。

进中南海怀仁堂！事先大家谁也没有想到。当时来北京的国内外文艺团体上百个，哪一家都非等闲之辈，但获此殊荣的虽非就此一家，也寥寥无几。

秦腔《血的控诉》在北京受到格外重视，与当时的国内外政治形势有密切关系。当时，国际上的反华势力明里暗里支持叛乱武装，指责中国平叛。达赖喇嘛逃到印度后，印度总理尼赫鲁接见了他，对解放军在西藏平叛横加指责。在美国的操纵下，1959 年联合国首次通过有关西藏问题的决议，谴责中国在西藏平叛是侵犯人权，所谓的"西藏人权问题"从此走上国际舞台。在中国国内，广大干部和群众对西藏的真实情况也缺乏了解。

秦腔《血的控诉》讲述了 20 世纪 50 年代一个非常典型的藏族农奴家庭故事。这是一个五口之家，父亲老多吉（李晓俊饰）和母亲拉姆（张英琴饰）都是干粗话的农奴，心地善良，胆小怕事，他们有三个儿女，大女儿玉珍（卢少琴饰）、大儿子彭错（王崇华饰）、小儿子平错（陆根才饰）。解放军进藏，彭错跟随头人去给解放军修路，解放军给藏族民工的钱几乎全为头人所得，头人还要彭错搞破坏活动。但彭错心向解放军，经常和解放军在一起，帮助解放军。头人迁怒于彭错家人，恐吓咒骂他的父母，并强迫他的父母和姐姐玉珍额外当差，当苦差。玉珍在活佛（田德昌饰）家中当差时被活佛强奸，玉珍反抗，又被活佛刺瞎双眼。活佛、头人并将老多吉全家赶出家里的破帐篷，全家自此流浪街头。即使讨饭度日，奴隶主也不放过他们，他们必须定期去交税。在饥寒交迫中，姐姐玉珍和母亲拉姆先后死亡。头人、活佛变本加厉搜刮民财，欺压贫民，迫害农奴，军代表（张志峰饰）前去劝阻，他们明里敷衍，暗中准备叛乱。拉萨叛乱爆发后，他们欣喜若狂，参与叛乱，随即被解放军抓获。平叛部队解救了已经被饥饿和疾病折磨得奄奄一息的老多吉和小平错，给他们衣食，又给他们治病。公路通车，彭错回家，全家人团圆，只是彭错的母亲和姐姐未能等到这一天，给观众留下一声叹息。

这个故事是虚构的，却又非常真实。剧本并没有夸张，戏中的故事片段在当时西藏许多农奴之家都曾发生过。故事生动地反映了西藏全面叛乱前后西藏的社会状况，揭示了解放军平叛的正义性。这部戏在政治上很健康，对国内外人民了解西藏现实很有帮助，艺术上也很不错。难怪这部戏能够获得中央首长的肯定，演遍半个中国。

《血的控诉》正确的署名，应该是"西藏秦剧团集体创作，张耀民执笔"。

要进中南海，每个人先得把简历送进去，有关方面给每个人发中南海的特别出入证。此证无照片，上有钢印，同中南海高干子女的证件一样。

舞美队的人要先装点怀仁堂舞台才能演戏。舞美队的人指挥，大家一齐动手，搞了三四天。舞台搞好以后，连演三场。秦剧团前后有七八天时间天天去中南海。早上大轿车把他们拉进中南海，中午在中南海吃饭，晚上大轿车再把他们送回住处。

中午吃饭，中南海对秦剧团招待得很好，十个人一桌，十道菜，外加一盆汤。茶水桌上有泡好的龙井茶水和开水。中国名酒"庐州老窖"敞开供应，但秦剧团有纪律，中南海内谁也不许喝酒，所以每次吃饭，酒瓶总是原封不动摆在桌上。陪同他们的中南海工作人员介绍说，盘中的鱼是中央首长养殖的，某些蔬菜也是首长亲手种的。

这正是：

　　　　大典煌煌庆十年，京都艺星聚十万。
　　　　谁得品茶中南海？秦剧风光正灿烂。

第二十三回

怀仁堂憨少呼朱德
十二省万众观秦剧

1959 年 10 月，新中国成立十年大庆，国务院有关部门安排西藏秦剧团到北京演出，因为秦剧团新近创作出了一部反映西藏社会现实的六场秦腔剧《血的控诉》。

秦剧团尚无梅兰芳、常香玉式的大师，艺术水平未臻国际一流，但反映西藏社会现实的大型剧目，全世界还就这一部！

秦剧团在铁道部礼堂进行了首场演出，随后又被邀请到中南海怀仁堂为中央首长、工作人员和警卫战士演出。在怀仁堂共演出三场，加上准备舞台的几天，他们共有七八天时间在中南海度过。

怀仁堂始建于 1888 年（清光绪十四年），称仪銮殿。戊戌变法失败，光绪皇帝遭禁，这里成了慈禧太后议政之处，紫禁城的政治中心。1901 年八国联军占领北京，高贵的仪銮殿亦遭强盗践踏，成为联军指挥部。强盗视中国宫殿如草芥，漫不经心，用火不当引发火灾，整个建筑被焚毁。慈禧返京后，在内忧外患、民不聊生之际，不惜重金重建，更名佛照楼。1913 年，中华民国大总统袁世凯更名佛照楼为怀仁堂，沿用至今。1949 年 9 月，怀仁堂成为中国人民政治协商会议第一届全体会议的主会场。此后这里经常举行舞会、晚会和重要会议，成了毛泽东和其他中央领导经常出入之地。1951 年和平解放西藏的十七条协议的签字仪式就是在怀仁堂举行的。

对于任何一个剧团来说，能进怀仁堂演出，那是至高无上的荣誉。

中南海工作人员中一位负责首长饮食起居的女处长负责接待秦剧团。女处长 40 岁左右，剪着短发，戴着眼镜，品貌端庄，举止娴雅，卢少琴忘了她姓什么叫什么。每到一处，她都主动向秦剧团的人介绍这些地方的历史文化，就中穿插一些中央首长的逸闻趣事。生活上，她对秦剧团的关照无微不至。

怀仁堂内有舞台、观众厅、会议厅、休息厅等。观众厅即通常所谓的礼堂，有901个座席。观众厅北侧为会议厅，曾经召开过很多历史性会议。观众厅两侧是休息厅。此外还有接待厅、保健厅、餐厅等。女处长特意带领秦剧团参观了礼堂两侧的休息厅。左侧是常委休息厅，右侧是主席休息厅，两个厅都是古朴典雅，一尘不染。常委休息厅有沙发、茶几、衣架、卫生间等设施。

大家最感兴趣的是主席休息厅，它的结构、陈设就像一个家，似乎主席常常住在这里。主席休息厅的外间是一个大客厅，内有20个单人沙发，另几间分别是书房、卧室和卫生间。

毛主席的床是普通的木板床，床边有衣架，上面挂着一件棉布睡衣，白色，上有浅蓝色条纹。让大家格外吃惊的是睡衣的袖口、肘部、衣角都打了补丁。

"主席还穿打补丁的衣服？"

"穿，经常穿。主席经常趴在桌子上写字，衣服的肘部最容易磨破。袖口和衣角的破洞多是主席抽烟时烟灰掉到衣服上烧的。衣服破了，主席舍不得扔掉，补一补再穿。"

"主席的衣服是江青同志给补的吗？"

"不是，这都是主席的警卫员们给补的。"

看到大家又吃惊又感动的样子，女处长解释道："你们可能想主席吃的穿的都比其他人好，其实主席的生活很简朴，周总理、朱委员长等其他中央领导同志的生活也都很简朴。我们的政府是人民的政府，跟过去的封建王朝和国民党政府不同，我们党和国家的领导人是为人民服务的，不是骑在人民头上作威作福的。"

女处长一边说，一边顺手从床底下拿出一双皮鞋来说道："这是主席的皮鞋，主席穿了好多年了，你看，鞋底都磨歪了，可主席还是舍不得扔掉，警卫员只好给鞋底钉了掌。主席吃饭也很简单，和我们大家一样，经常吃粗粮。主席每顿饭餐桌上都有一小盘辣椒，这是主席唯一的特殊化。"

毛主席都吃粗粮，而秦剧团这次来北京一直吃着白米细面大鱼大肉！一直伴随秦剧团的陈科长解释说："上面的领导说了，你们在边疆吃了许多苦，一定要把你们照顾好，这次你们到北京来不让你们吃粗粮。"

　　1959 年 10 月，西藏秦剧团晋京演出《血的控诉》后，在中南海怀仁堂留念。照片中的部分人员名单：

　　最前排中间蹲着的三人，左起：宋怀安、陆根才、崔自宁；

　　第二排左起：张樱桃（手扒台上）、袁思友、武耀星、郭西保、田德昌、张小培（武功老师）、许胜利（前面坐着，应算是第一排）、刘爱云（让许胜利挡住了半个脸）、张建国、张志峰、雷会计；

　　第三排左起：陈科长（戴眼镜者，彭真市长的机要科长，负责接待秦剧团）、卢少琴、王双群、姚中峰、白贵平、莫师傅（木工）、丁治顺、张亚萍、孙升仁、胡新华、？、刘印堂、胡宾环、张锦航、？（女）、陆桂爱、赵维俊、冯树茂；

　　第四排：张新安、杨振海（在张新安、张耀民背后）、张耀民、贾湘云……

看到毛主席的生活这么简单，秦剧团的这帮年轻人都大受感动，回去后纷纷向领导请求："主席都吃粗粮，我们不需要特殊照顾，我们也要吃粗粮。"后来回到西藏，想到毛主席都那么艰苦朴素，大家更是铁了心要扎根西藏，再苦再累都不怕。

怀仁堂主席休息厅的书房很大，书架上放满了书，这并不奇怪，奇怪的是洗手间里也有许多书。洗手间不大，有三四平方米，书籍就占据了近乎一半的空间。马桶前面有个三四层的架子，按照常理推断应该是放置洗漱用品的，而现在上面却放了三样东西：书籍、香烟和火柴。香烟有两种牌子，一种是中华牌的，另一种是辉煌牌的，后者是新中国成立十周年出的新产品，两种香烟都带过滤嘴。马桶是现代化的抽水马桶，非常干净。整个洗手间非常干净，没有一点气味。马桶旁边高高地堆着三摞书，放在警卫员们用细铁丝编的篮子里，篮子直接搁在地上。

不用问就知道，主席上厕所一是要看书，二是要抽烟。

17岁的卢少琴童心忽起，她突然坐到了盖着盖子的马桶上，然后从书堆里取了一本书拿在手里，装出看书的样子，又顺手取过眼前的火柴，做了个点火抽烟的样子。卢少琴毕竟是演员，霎时间创作了一个哑剧小品，把大家都逗笑了。秦剧团几个年龄较大的同志笑骂道："调皮鬼！"

此后，卢少琴和她的几个朋友向毛主席学习，养成了上厕所看书的习惯。

在怀仁堂演戏，大家当然劲头十足。李晓俊、周书记、张指导、张耀民等领导周密计划，舞美队的人将自己的艺术创造力发挥到了极致，按照怀仁堂舞台的大小和形状布置舞台、道具和灯光，力求万无一失。演员们都对自己的"功课"抓紧分分秒秒反复演练。

演第一场，就来了朱德、董必武、李维汉、陈叔通等领导。秦剧团上下一心，人人奋勇，演出非常成功。演出结束，朱德等领导同志走上台来，同全体演员一一握手，并同演员合影。合影时的位置是事先安排好的，卢少琴被安排站在朱德委员长身旁。

这张历史性的照片后来被放大，悬挂在秦剧团图书室的正中，成为秦剧团最耀眼的广告招牌。

毛主席没有来。听陈科长说，国庆大典结束后，主席去山东视察工作了。报纸上和收音机里都有毛主席在山东视察工作的消息。

朱德委员长德高望重，能跟朱委员长握手，大家当然激动。多数人虽然激动，尚能自控，不致失态，委员长走到跟前，一般都是先敬礼，再握手，问"委员长好！"委员长很和蔼，除了和每个人握手问候外，偶然也会停下来说："多大啦？你演得很好！"

陈科长向委员长介绍，秦剧团演员们的平均年龄才 19 岁，委员长听了非常高兴，说："这么小的年龄就去边疆工作，不简单！"

小演员郭西宝年方 14 岁，是剧团年龄最小的演员之一。当朱委员长向他走来时，小西宝的小脑瓜不知被什么东西干扰了一下，正走神，朱委员长突然到了跟前，他措手不及，握住朱委员长的手大声说道："哦！朱德您好！"

他直接叫了朱德的名字！周围的人听见，想笑又不敢笑。

照完相，中央领导离去，大家都放松了。李团长笑着拍了拍郭西宝的头说："怎么？吓懵啦！"周书记也笑了，说："这小家伙，注意力不集中！"演员队指导员张锦航和少先队辅导员张耘只是微笑，什么话也没说。

郭西宝直呼了委员长的名字，多数人只是觉得好笑，并不认为他犯了什么错误。只有张耀民副团长觉得郭西宝犯了严重错误。当晚回到住所，照例要开总结会。会上，张团长对郭西宝直呼委员长名字的行为进行了严厉的批评。

"郭西宝，你竟敢叫委员长的名字！这么没有礼貌！你还是少先队员呢！你就不配戴红领巾！你要写检查！检查不深刻就把你从少先队开除！"

郭西宝吓得快要哭了。像其他人一样，他热爱朱委员长，自己对委员长这么没有礼貌，真是不可饶恕！他从内心觉得自己犯了重大错误，张团长批评得对。但是不让他戴红领巾，那可比杀头还可怕！

张团长又对卢少琴说："你这个少先队中队长也有责任！你要帮助郭西宝写检查！"

卢少琴说："电影中大家都管革命导师列宁叫'列宁同志'。小郭叫了委员长的名字，好像也不是什么大错误，批评一下，就不要写检查了吧。"

张团长声色俱厉地说："你说什么？不是大错误！你还是中队长、共青团员，思想觉悟怎么这么低！懂礼貌是少先队员最起码的要求，连这一点都做不到，怎么能当少先队员？不行！郭西宝一定要写检查！你要监督他写，不然你也得写检查！"

第二天郭西保果然写了一个检查交给了卢少琴。这天秦剧团在怀仁堂仍有演出，卢少琴是主要演员，很忙，她把小郭写的检查看都没看就给张团长送去了。大概小郭的检查写得不错，张团长后来没有再追究这件事。

秦剧团总共在怀仁堂演了三场，每次演出都很成功，好评如潮，领导很满意。

在怀仁堂的演出结束后，有关方面特意安排秦剧团到北京各处游览，并观看国内外名团名角的演出。有彭真市长的手下爱将陈科长开路，秦剧团在北京畅通无阻，每到一处都受到了非常周全的接待。

与此同时，国务院各部委和中央许多机关都纷纷邀请秦剧团前去演《血的控诉》。政协、民族文化宫、公安部、国家民委、人大、共青团中央、中央军委、中央党校、铁道部、交通部等许多单位都邀请秦剧团去演了。每到一处，都要先准备舞台，有时还要出席招待会等其他活动，加上观光游览，秦剧团在北京一待就是两个月。

在人民大会堂，秦剧团观看了苏联著名舞蹈家乌兰诺娃的芭蕾舞《天鹅湖》，观看了匈牙利、保加利亚、捷克斯洛伐克等国的民族舞蹈，并观看了京剧艺术大师梅兰芳的《击鼓抗金兵》《宇宙锋》《天女散花》，等等。人民大会堂的戏不是随便买张票就能进去看，秦剧团受特殊照顾才得以进入。秦剧团在天桥剧场观看了郭兰英主演的歌剧《小二黑结婚》、马连良的京剧《寇准背靴》、新凤霞的评剧《杨乃武与小白菜》，等等。秦剧团在民族文化宫观看了著名舞蹈家陈爱莲的芭蕾舞《虞美人》、昆明京剧团的关肃霜的京剧《铁弓缘》，等等。在大栅栏剧场观看了京剧大家钱浩良的《挑滑车》《伐紫督》。若干年后，钱浩良由江青赐名为浩亮，在革命样板戏《红灯记》中演李玉和，卢少琴说此人武功很好。

观看这些名家的演出，使秦剧团大开眼界，受益匪浅。其中戴爱莲主演的大型芭蕾舞剧《虞美人》，光演员就有100多人，聘请了好几位苏联芭蕾舞大师做导演，从排练、彩排到最后演出，整个过程秦剧团全看了，他们学到了很多东西。外国导演的严厉和严格几乎到了不近人情的程度。有一次，一位演员上台前突然肚子疼，无法上台。幕启后，100多名演员跳起了欢快的舞蹈，一两分钟后，苏联导演叫停，问道："为什么少了一个演员？"100多人中少了一人，导演都能发现且不放过！这位演员没请假，受到导演的严厉批评。苏联导演的严格、严厉使秦剧团的这帮青年演员们很受教育。

　　1959年10月，北京中南海怀仁堂，西藏秦剧团第三次演出秦腔《血的控诉》结束之后摄于舞台之上。照得比较随意，没有事先安排座次。照片中面部全露者右起：李晓俊（西藏秦剧团团长，导演，饰父亲老多吉，已卸妆）、魏新民（后排，秦剧团第二把板胡）、卢少琴（饰大女儿玉珍，已卸妆。身旁有个花篮要倒，卢少琴将它扶正，眼睛仍盯着下面的花篮）、陈叔通（时任全国人大常委会副委员长）、李维汉（时任中共中央统战部部长、国家民委主任）、张英琴（饰母亲拉姆，尚未卸妆）、张庚（时任中国戏曲学院院长）、王崇华（饰彭错，尚未卸妆）、张新乾（秦剧团演员，饰藏族群众，尚未卸妆）、张耀民（在后）、?（中宣部某领导）、郭西宝（秦剧团演员，饰某翻身农奴之子，藏族少先队员，尚未卸妆）、?（国家民委某领导）。

秦剧团这伙人平时上山爬洼，走惯了土路，来到首都北京，有时也闹些笑话。卢少琴记得最清楚的是她和郎英走路滑倒的经历。

这一天，秦剧团被特意安排去人民大会堂，观看苏联著名舞蹈家乌兰诺娃的芭蕾舞《天鹅湖》。人民大会堂是新中国成立十周年北京十大建筑之一，1959 年 10 月开始启用。在这一伟大建筑开始使用的第一个月，正当全国人民像听神话一样听收音机里讲述人民大会堂的富丽堂皇时，西藏秦剧团就能够进入人民大会堂观看世界最高水平的芭蕾舞演出，真够幸运的。

走进人民大会堂的广场正门，就到了典雅大气的中央大厅。中央大厅只是门厅，不设座位，两侧陈列着各种艺术品，走过中央大厅的过程，也就是在艺术殿堂里漫步享受的过程。大理石地面光滑如镜，可以映出人的倒影，大厅中间铺着四五米宽的红色地毯，从正门直通万人大礼堂的入口。人们走在红色地毯上，边走边欣赏两侧陈列的艺术品，所以大家都走得较慢。

16 岁的郎英嫌人们走得太慢，想从地毯旁边的大理石地面上赶到前面去。不料这大理石地面非常光滑，郎英还没明白是怎么回事，就被摔了个仰面朝天。一位外国朋友见一位少女摔倒，赶忙去扶，岂知郎英早已一个鲤鱼打挺站起来跑掉了。郎英是卢少琴在西北戏曲研究院演员班的同学，走武戏路子，武功在女生中算得上首屈一指。

无独有偶，卢少琴也曾摔过一跤，那是在共青团中央礼堂。那时的她走路一阵风，要么蹦蹦跳跳，要么就是小跑步。这个礼堂也是新建的，礼堂内是硬木地板铺的地面，上面打了蜡，油光铮亮，卢少琴穿着新买的皮靴，鞋底很硬，她还没有完全适应，一不留神就摔倒了。大家都笑了，说："这一跤是你来北京最好的纪念，你以后肯定会记住！"

在北京还有另外两个小插曲值得一提。

一个小插曲是在秦剧团到民族文化宫去演出时发生的。演出是在下午，接待单位安排他们在楼上的餐厅吃午饭。大餐厅被屏风隔成两大间。大家刚入席不久，从隔壁餐厅走过来一位男同志，个头不高，40 来岁，白衬衣，外套灰色马夹，端着酒杯，哇啦哇啦说了一堆话，接着举起酒杯喝了一口酒。大家知道他肯定是来敬酒，但说了些什么，秦剧团没有一个人能够听得懂。正在大家不知所措的时候，从隔壁餐厅又走过来一位女士，有的人一下就认出来了，是江青同志！

江青同志说："他是陈伯达同志，他说话是需要翻译的。他刚才说：'听说你们从边疆来，特意过来给你们敬酒。你们在西藏生活艰苦，经受了考验，为革命做出了贡献，希望你们在北京玩得开心！'"

江青停了一下，又说："来！我也向你们敬个酒，为我们伟大的祖国、为伟大领袖毛主席，干杯！"江青说完，和陈伯达一起回到了隔壁餐厅。

江青走后，陈科长告诉大家："刚才说话的是江青同志。"得知江青在隔壁吃饭，秦剧团所有的人都不敢高声说话，餐桌上静悄悄的。

陈伯达是福建人，讲闽南话，所以大家听不懂。当时陈伯达任中央政治局候补委员、《红旗》杂志主编、毛主席的首席秘书，职位在江青之上。江青时任毛主席的生活秘书，连中央委员都不是。秦剧团这次演出，江青、陈伯达都观看了。

经历过"文化大革命"的人都知道，陈伯达"文化大革命"期间曾任"中央文化革命小组"组长、中共中央政治局常委，叱咤风云，是当时中国政坛炙手可热的权势人物。但在 1959 年，尽管陈伯达的官已经不小，秦剧团的人都不知道其为何许人。

另一个小插曲是在秦剧团到公安部去演出时发生的。当时舞美队的人和一些大演员正在准备舞台，陆根才、郭西宝等小家伙们在舞台上玩。这时来了一个 50 岁左右、秃顶的男同志。他来到舞台之上，左看看，右看看，然后盘腿往舞台地毯上一坐，说道："谁会下'狼吃娃'？跟我来一盘！"好几个男生都应声道："我会！我会！我跟你来！"最后郭西宝上场。"狼吃娃"是一种在中原农村流行的儿童游戏，其实是一种棋，用树枝信手在地上划出横竖各五条的网状方格为棋盘，从地上随便捡些石子儿、土块儿、树枝之类做棋子儿，两人对抗，是乡下孩子的玩意儿。这一老一少找一张纸画了棋盘，用纸揉成团做棋子，开始对局。

陆根才只有十一二岁，爬到这位同志的背上给他当参谋，又是揪耳朵又是扳脖子又是摸头，又问："你的头上怎么这么光，一根头发也没有？"这位同志说："老啦，头发不长啦，你说我有啥办法！"他问陆根才："你叫什么名字？"陆根才说了，这位同志说："啊！原来是大路上的一根儿柴（他读作 cái）！"陆根才说："你说错了，我是陆地的陆，不是大路的路。"这位同志说："哦！原来是陆地上的一根栋梁之材！了不起！了不起！"这时就听见郭西宝说："哈哈！你输了！"这位同志说："我怎么会输！不对！我这地方的一只狼什么时候

首都天安门留影 1959.11. 北京大北摄

　　卢少琴、胡宾环合影，珍贵之处有二：一是地点、年份、月份照片上有确切记载，是秦剧团赴京演出具体时间的记录，二是卢少琴穿着秦剧团在格尔木时青藏铁路工程局发的服装。

被你抓掉的？你肯定赖皮！重来重来！"

过了一会儿，这位同志走了。公安部的一位同志说："你知道刚才跟你们玩'狼吃娃'的人是谁？"大家都不知道。这位同志说："他就是我们的谢部长！"原来此人是大名鼎鼎的谢富治将军！大家都肃然起敬。

谢富治（1909—1972），湖北省黄安人，解放战争时期战功卓著的"陈谢大军"中的陈是陈赓大将，"谢"即谢富治，1955年授上将军衔。1966年"文化大革命"开始后投靠林彪、江青，迫害老一辈革命家，利用手中公安部长的权力制造了许多冤假错案。1980年被中共中央开除党籍，撤销悼词，1981年又被最高人民法院特别法庭认定为林彪、江青反革命集团的主犯。

西藏秦剧团在北京一直风光到1960年元旦，尔后国务院有关部门又安排他们到全国其他省市去演《血的控诉》。1960年1—6月，秦剧团共到达12个省市巡回演出，分别是湖北、河南、山西、山东、江苏、四川、云南、甘肃、陕西、青海、河北、天津。

铁道部派两个卧铺车厢供秦剧团专用，秦剧团去任何地方，把这两节车厢往任何列车上一挂，马上就可以出发，无须办理买票进站等手续，行装也不必每次都全部卸下来。此外，铁道部给秦剧团每个人的工作证上都印上了"特供"二字，在任何列车上都可以免费乘卧铺、免费用餐。

秦剧团每到一地，都受到最为热情的接待。他们不仅演《血的控诉》，也演其他戏，《梁秋燕》就是他们除《血的控诉》外演得最多的一部戏，河南、山西、四川、湖北、甘肃等地的人都要看《梁秋燕》。

他们不仅演戏，他们也看戏，当地最著名艺术家的最有名的戏都要请他们看。走一路，看一路。碰到好戏他们就学。比如在山东济南，他们就看了当地著名艺术家郎咸芬演的山东吕剧《武则天》和《李二嫂改嫁》，同时他们还学了一个吕剧小段。在云南昆明，他们学会了云南花灯调《春游》，这部戏情节简单，新鲜活泼，风趣热闹，轻松愉快。他们现学现卖，在其他省多次演出《春游》，回到西藏后也经常演。

旅游观光是必不可少的项目，美其名曰："增加阅历和文化修养。"所到达城市都对他们的行程作了精心安排，要让他们把当地最美好的景点看个遍。

湖北的武汉长江大桥于1957年10月建成通车，当时是轰动全国的工程，被视为新中国的伟大建设成就之一，当时尚未向游人开放，湖北省就安排秦剧

　　1960年春，秦剧团在山东巡演期间游览济南大明湖所照。

　　前面坐者左起：候宽初、山东陪同人员、冯树茂、莫师傅（露半个脸者）、赵维俊（舞美）、王崇华、陆根才（袁思友前面的孩子）、袁思友、卢少琴、胡宾环、刘爱云、张樱桃、山东接待人员（后面）、山东接待人员（前面），郎英、孙忠孝（后），王双群（在孙忠孝前）、铁道部陪同人员、刘保平、雷会计、山东陪同人员；

　　后面站者左起：王家辉、李晓俊、李仁友、张建华、常立成、刘印堂、？（露半个脸者）、张英琴、？、郭西宝（前面）、孙升仁（郭西宝后）、？（孙升仁之后）、陈秉贤、宋怀安（前）、张志峰（后）、杨保华、山东接待人员（后面）、丁治顺、崔志宁（前面戴围巾者）、？（脸被崔志宁遮住）、樊西园、赵天民、雒祥杰、郭民权、姚中峰、李月来（后面没有戴帽者）、陆桂爱、张茂林、张建国（大翻领）、许胜利（前）、高峰（许胜利后）、王根孝、田德昌、武耀星、山东陪同人员。

团参观了，还特意容许他们乘坐大桥两端的电梯，据工作人员介绍，那是紧急情况下只有工作人员才能使用的设施。同一座大桥既有公路，又有铁路，大家都是头一次见。桥头堡上三面红旗迎风摆，对岸山崖上镶嵌着毛主席亲笔书写的词句："一桥飞架南北，天堑变通途"，酣畅淋漓的书法，鲜艳夺目的红色大字。体验着这一切，体味着主席的词句，秦剧团每个人都感到无比振奋，为伟大祖国的建设成就感到无比自豪。

在武汉游览黄鹤楼时，白贵平等情不自禁地唱起了秦腔《回荆州》选段："狂风吹动了长江浪，黄鹤楼上有埋藏。我命子敬过江往，要哄刘备过长江……"

河南郑州的"二七纪念塔"刚刚落成，秦剧团也参观了。其他如四川成都的杜甫草堂、山东济南的大明湖、江苏南京的中山陵等名胜古迹，都留下了秦剧团的足迹。

秦剧团在西安演出《血的控诉》时出了个不大不小的事故。戏中有一处演活佛和头人不听军代表劝阻，执意发动叛乱，开枪示威。前台演员做开枪动作，后台需要有人制造枪声效果，所用的方法现在看来有点笨：是用锤子击打一小块火药，火药的爆炸声加锤子的击打声即枪声效果。演出在人民剧院进行，这个剧院比较老旧。为了看清前台演员的动作而又不让观众发现自己，制造放枪效果的同志爬到顶棚上工作，结果击打火药时发出的火星引燃了落在顶棚表面的绒毛之类，接着又点燃了隔灯纸。舞台上开始冒出浓烟，演出被迫暂停。还好，火被扑灭，演出继续进行。

观众中有一些被陕西省委统战部请来看戏的民主人士。绝大多数民主人士都能够理智看待舞台着火事故，但其中有个别人士却说："这个剧院演了那么多戏都不失火，为什么偏偏演这部戏失火？是不是因为这部戏里说活佛的坏话，激怒了神佛，上天惩罚共产党？"

统战部有些工农干部听到这句话非常生气，认为说这句话的人极端仇视共产党，有意散布谣言，是革命的敌人，主张追究查办此事。

主管这些民主人士的是省政协秘书长、统战部常委雷荣。他为人平和中正，认为说话者只是封建迷信意识太浓厚，并非仇视共产党和有意散布谣言。他没有追查此事，从而保护了这些人士。

卢少琴当时并不知道，她未来的丈夫雷根善也来看戏，而雷荣就是雷根善的父亲。

　　卢少琴个人照。本照的可贵之处有三：一是它是彩照，展现了青藏铁路工程局给秦剧团发的"工作服"的美观，卢少琴在北京照相穿这套服装，足见对它的喜爱，二是它有确切的时间、地点记录，三是卢少琴除佩戴共青团团徽外，还佩戴有青藏铁路工程局的徽章，徽章是慕生忠将军专门为秦剧团定制的，上有"青藏铁路工程局"和"秦腔剧团"字样。青藏铁路2006年通车，但是，有多少人知道早在1957年慕生忠将军就组建并领导了"青藏铁路工程局"？又有谁知道"青藏铁路工程局"和西藏秦剧团曾有过这么密切的关联？这枚徽章很珍贵。1954年3月西北戏曲研究院马健翎院长录取卢少琴时，曾说"这娃长得漂亮，就是前面的牙太挤了，将来修一下就好了"，照片显示卢少琴的牙仍未修好。1964年在西安排练《江姐》时，为了使江姐形象更加完美，秦剧团听从马振华团长的建议，为卢少琴修好了牙。

第二十四回

格尔木秦剧团受宠
拉萨城卢少琴思遁

　　1959 年 9 月下旬离开格尔木赴北京时，秦剧团里谁也没有料到他们的北京之行会这么荣耀，进中南海，见朱德，看梅兰芳演戏，到各部委做客，在北京达两个月零 20 天之久，之后又走遍了大半个中国。无论到哪里，人家都是亲接远送、好吃好喝，让秦剧团的人尽享高规格的礼遇。

　　有了这次的荣耀，这几年在青藏高原上所经受的种种艰难困苦都值了。

　　千里搭长棚，没有不散的宴席。1960 年 6 月底，秦剧团又回到了青藏高原。他们没有直接到拉萨，而是先回到了格尔木，因为那里依然是秦剧团的家，他们的大本营。

　　在秦剧团去北京和 12 省的这 8 个月中，格尔木的政局发生了变化：慕生忠遭贬，被解除党政军职务，成了格尔木附近八一农场的第五副场长。遭贬原因：1959 年 7 月庐山会议，彭德怀给毛泽东写信，指出"大跃进"以来工作中发生的一些严重问题及其原因，结果与黄克诚、张闻天、周小舟一起被打成"彭黄张周反党集团"。慕生忠是彭德怀的老部下，彭德怀倒了，于是慕生忠这位为革命出生入死的有功之臣，也被某些人整倒了。

　　慕生忠虽已下台，但这时的他仍住将军楼，警卫班仍在，仍然常在园中劳动，仍然常有人来咨询工作，仍然常到秦剧团院中走动，见到不合理的事仍然要管上一管。上层拿掉了他手中的权，但格尔木没有人敢借机整他，因为他在格尔木的威望实在太高。

　　下台后慕将军表情如常，该说就说该笑就笑，看不出消沉迹象，以至于秦剧团绝大多数人都不知他已下台。只是偶尔见他背着手站在秦剧团篮球场中，长时间仰望天空沉思，知道内情者才会隐约察觉到他心中埋藏的不平和郁闷。

在内地，人们把秦剧团看作是从西藏前线归来的英雄，照顾得格外好。而今，秦剧团回到格尔木，格尔木的人也把他们看作是英雄，因为他们进过中南海，受到过朱德委员长接见，并在全国各地巡回演出。格尔木人早已把秦剧团看作是自己人。这正如村里出了有出息的人，京师闻名，全国闻名，而今英雄归来，衣锦还乡，村里人哪能不高兴！

格尔木有许多互不隶属的部队和企事业单位，过去有一个慕生忠，身兼许多头衔，是格尔木"总督"，谁都管得，大家都服他管。现在慕生忠下台了，各单位各自为政，格尔木似乎有点群龙无首。尽管如此，秦剧团到达的时候，还是有人在秦剧团的院子里贴出了这样的巨幅标语："热烈祝贺秦剧团赴北京演出获得圆满成功！""热烈欢迎秦剧团载誉归来！"

街道上人们奔走相告："秦剧团回来了！秦剧团回来了！"

有些人跟随秦剧团的车队进了院子。秦剧团的人刚从车上下来，人们就迫不及待地问："什么时候唱戏？""今晚演吗？""明天唱戏吗？"

秦剧团是中午到达的。当晚，格尔木各大单位在格尔木人民剧场联合举办联欢晚会，欢迎秦剧团的归来。

联欢会上，各单位的领导或负责文宣工作的同志一个个登台，发表了热情洋溢的讲话。周书记和李团长少不了也要讲话。一位领导在讲话中透露："我们大家都希望秦剧团能够永远在格尔木安家落户，但据可靠情报，上级已经决定把秦剧团调回西藏，秦剧团只能在格尔木作短时间的停留和演出，然后就要去西藏了！"

台下的人喊叫起来："不行！秦剧团不能走！向上级反映，我们不让秦剧团走！"

"秦剧团不走不行啊！西藏前线有我们的战士，他们在和敌人浴血奋战，他们比我们更需要秦剧团，我们不能不让秦剧团走！"

联欢晚会最重要的不是领导讲话，而是文艺节目。谁来演？当然是秦剧团为主！

秦剧团去北京，一部分同志留在格尔木看家。这些同志们早已将剧场内外打扫得干干净净。格尔木剧场是秦剧团自己的剧场，舞台上的一切都得心应手，无须花时间准备，说演就能演。

青藏公路依然是沙石路，尘土飞扬，颠簸不堪。长途乘车，当然疲劳。但格尔木人的热情让秦剧团的每个人忘记了疲劳。解放军不怕疲劳连续作战，秦剧团向解放军学习，不怕疲劳连续演出。这大半年秦剧团在外面学了好几个热闹欢快的地方戏小段子，到达格尔木的头一天就派上了用场。

联欢会上慕生忠也在，前排就座，脸上挂着憨厚的笑容，但没有上台讲话。

剧团成立舞美队是为了搞布景道具，但搞一下照片又有何妨！秦剧团的北京和 12 省之行留下了许多珍贵的历史性照片，舞美队从这些照片中优中选优，分门别类，标出时间地点，一一放大，并量体裁衣，为每张照片做好玻璃镜框，将它们装箱，同道具、服装一起运输。秦剧团抵达格尔木的次日，剧场内外的显眼之处都挂满了这些记录秦剧团辉煌的照片。其中和朱德等中央领导同志摄于中南海怀仁堂的照片无疑是最显赫的，它被悬挂在剧场正对着正门的前厅的上方。

这些日子，秦剧团的领导高兴，演员高兴，几乎所有的人高兴，士气达到巅峰，大家为秦剧团自豪，为自己能够成为秦剧团的一员而感到万分荣幸。

秦剧团即将重返西藏落户，工作关系在格尔木的演员队指导员张锦航无法随剧团去西藏，离开了秦剧团，党总支成员钟慕泉接替张锦航担任了演员队的指导员。钟指导 30 岁出头，比较英俊，精明能干，文化水平高，办事有热情，有朝气，在青少年演员中颇有人缘。这个时候，1956 年和卢少琴同时进藏的一批少女们已长大成人，可以自己料理生活，演员队指导员一职无需再由女士担任。

此后的一个多月，秦剧团在格尔木天天演出《血的控诉》，有时甚至连星期天都要演出。主要是在剧场演，有开放售票演出，也有不同单位的包场。有时也应邀到距离格尔木人民剧场较远的盐场、硼砂厂等处演出。格尔木各个单位的住房状况比 1957 年秦剧团刚到时又有了巨大变化，各个单位都有了像模像样的礼堂。除了《血的控诉》，也应观众和各单位的要求演出其他戏目。

这一年，卢少琴 18 岁。对于一个剧团最主要的女演员，18 岁可能意味着很多，其中之一是：在男性眼中，她已经不是孩子，而是一个大姑娘，"巧笑倩兮，美目盼兮"，品貌出众，盈盈待聘，正所谓"窈窕淑女，君子好逑"。她有了男性追求者。

其实，她的追求者早就有了，在秦剧团内部，少说也有三四个，只是卢少琴太单纯，她把所有男性对他的特殊关心都统统看成是革命友谊，别人屡次"火力侦察"，卢少琴没有反应。别人以为她对他无意，对她的感情进攻不敢过于激烈，以免欲速不达。其实呢，她根本就没有往那方面去想。

直到有人向她公开求婚。

七月中旬的一个晚上，格尔木天朗气清，惠风和畅。卢少琴正准备睡觉，李晓俊团长来找她，要她到他的房间来一下。卢少琴是主演，李晓俊是导演，他找她谈话，她去他家，那是最平常不过的事，其他人没有在意，卢少琴也没有在意。

来到李团长家，团长夫人李玉兰正在做针线，看见卢少琴进来，看着她直笑，那笑容有点神秘。卢少琴有点奇怪。李团长对妻子说："你到里屋去吧！"李玉兰笑了笑，走进了套间。

卢少琴更纳闷儿了。李团长家她常来常往，平常李团长跟她说演戏的事，李玉兰从来都不回避。既然需要李玉兰回避，为什么不去办公室谈而要约她到家里谈？李团长平时很随和。这次是怎么啦！什么事情让李团长这般严肃？难道自己犯了错误？

李团长不是那种口若悬河的人，有着知识分子的矜持。只见他欲言又止，当他终于开口的时候，从他口里冒出来的是这么几句话：

"钟指导说他很爱你，要向你求婚，让我来问你，看你同意不同意。"

钟指导！爱！求婚！……卢少琴的惊愕无与伦比。

她做梦也没想到钟指导会对她有意，做梦也没想到李团长谈的会是这件事。那个夜晚是一生中最让她吃惊、最让她手足无措的一个夜晚。

"可是……可是……可可可是钟指导他……他……他有……他有家啊……"

"钟指导说了，他和小龚之间没有感情基础，他要和小龚离婚，再和你结婚。他让我告诉你，他对你是真心的，他一定会妥善处理好一切事情，他一定会让你幸福。他说你不一定要马上答复他，但希望你认真考虑考虑。"

这时，卢少琴已经略为平静。她说："年龄……不！不行！钟指导人很好，他是个好领导，我很尊敬他，他对我们年轻人都很关心，但我从来没有那么想过。真的没有！这不可能！绝对不可能！"

这时，李玉兰出来了。她对李团长说："我说这件事不合适，你看怎么样！

钟指导也真是的，共产党员，对小卢动这种念头！你就该好好劝劝钟指导。"

李团长说："我劝了，可他不听，非要让我来问。现在婚姻自由，我又不能干涉钟指导的恋爱自由。再说，我也不知道小卢自己到底怎么想。归根结底，这事还得小卢自己拿主意。"

从李团长家出来，小卢双腿发软，脚下像是踩着棉花，感觉自己不是在走路，倒像是在腾云驾雾。回到宿舍，发生了自来青藏高原后从未发生过的事：鼻子流血。

第二天，李老师见到卢少琴，忍不住笑道："傻丫头！啥都不知道！"李玉兰找到卢少琴说："妹子，有什么事就来跟我说，大姐我帮你！"卢少琴远远看见钟指导，她有点发怵，悄悄躲开。

钟指导满不在乎，更加明显地找机会接近卢少琴。卢少琴只好装作自己什么事都不知道。钟指导叫她站住，她就站住；叫她进来，她就进去；吩咐做事，她就说：好吧！只是在不知不觉之中，每当同钟指导一起，她站的位置距离钟指导比以前远了一两尺。

她开始联想到这几个月在她和钟指导之间发生的一些事情。

在乘坐卧铺去北京的路上，当时尚未担任演员队指导员的钟慕泉老师恰巧和卢少琴住上下铺，他是下铺，卢少琴是中铺。早上卢少琴跳下床去刷牙，听见钟老师给住在他对面的人说："小卢这孩子，一个晚上连个身都不翻！"住在钟老师对面的是团里的一位领导，卢少琴听他答道："练过功的人都那样。"卢少琴想："钟老师观察我够仔细的，连我晚上睡觉翻身不翻身他都知道！"这一次火车旅途她在这个床铺坚持到了最后，后来再乘火车旅行，安排铺位时她就要求和别的女生住一起。

有一次在北京共青团中央礼堂演出，舞美队装点舞台，其他人在台下坐着等待，钟老师坐到卢少琴跟前。不知是有意还是无意，钟老师居然让卢少琴给他掏耳屎。掏就掏呗，卢少琴没有多想。钟老师把头伸到她眼前，她一只手轻轻拨弄着钟老师的耳朵，眼睛凑近钟老师的脸往耳内看，另一只手拿着一根小火柴棍尽可能轻地在钟老师的耳洞里探索。掏完了一只耳朵，钟老师又把另一只耳朵伸了过来让卢少琴掏，这时有位男生有意无意地唱道："……若能与佳人相偎傍，胜似我金榜把名扬。"这是《西厢记》里的两句唱词。卢少琴听见，心有所感，借口要去化妆从钟老师身边走开了，没有再给他掏另一只耳朵。

在北京演出以及到 12 省巡演，秦剧团生活不规律，无法进行有组织、有规律的日常训练。秦剧团回到格尔木后，演员又恢复了早起晨练。那段时间，钟老师经常来察看演员们练功，而且喜欢看卢少琴练功，有时甚至自己也练，他不在别人身边练，而在卢少琴身边练，卢少琴压腿他也压腿，卢少琴倒立他也倒立。当时觉得钟老师这么做是以身作则，鼓励演员练功，现在看来恐怕不尽然，也许钟老师对练功发生兴趣是假，找机会和卢少琴接近是真。

有一次格尔木开大会，钟老师推荐卢少琴代表秦剧团发言。卢少琴说：我害怕，不想上台。钟老师说：没关系，我会给你写好讲稿。接着，钟书记似乎不假思索，刷刷刷，一篇讲稿出来了，果然语句华美，文辞流畅。钟老师说："中间这个地方还得再加点东西，你拿去把稿子抄一下，这个地方先空下。"卢少琴把稿子抄完交给钟老师，中间空出了几十个字。钟老师从空格的最后一个字写起，倒着往前写，空格全部填满了，一读，嗨！真通顺！这使得卢少琴对钟老师的文才又多了几分佩服。仔细想来，钟老师有在卢少琴跟前故意卖弄文才之嫌。

还有许多其他事情。仔细回味，这些事情的发生可能都不是偶然，秦剧团许多人都已经看出了一点端倪。只有卢少琴天真无邪，浑然不觉。难怪李团长笑她是"傻丫头！"

是的，卢少琴有点傻，"书呆子"便是她的三个外号之一。卢少琴一天到晚口袋里老是装着一本书，一有空就读书，别人背后搞了她许多小动作，她常常一点都不知觉。不是她故作清高不屑一顾，而是她对这些事情实在缺乏敏感性。其实，除钟指导外，秦剧团的许多男子都向她示过好，她把他们的行为统统理解为纯粹的战友之间和朋友之间的友谊，从来没有往爱情方向去想。

卢少琴的另外两个外号分别是"线条"和"威（音'歪'）女子"。叫她"线条"是说她身形苗条，有线条美，起初是舞美队有个老大哥这般叫她，后来许多人都这么叫她。反右时期有人写大字报批判卢少琴爱打扮，此人语文程度差，画画技巧又不行，她把卢少琴画成了一个身体比例失调的胖女人。马顺池团长见了训此人道："人家小卢是有名的'线条'，你看你画的那个样子！你说的有哪一条是有事实根据？你呀，总改不掉无事生非的毛病！赶快撕下来！别丢人现眼了！"此人只好乖乖撕下了大字报。

"威女子"在陕西方言中指很厉害、惹不起的姑娘。敢当面叫她威女子的，其实是和卢少琴关系很好的人，炊事班的马班长就是其中之一。马班长比卢少琴大很多，像父亲一样爱护卢少琴，他这样叫，卢少琴一点都不生气。卢少琴待人很好，你对她好一分，她会对你好十分，她心肠软，富于同情心，助人为乐，经不住别人三句好话，吃软不吃硬，但一旦把她惹生气，她会不顾一切反击，给你两个耳光算是轻的。她有武功，打起架来一般的小伙子不是对手，一般人轻易不敢明目张胆地惹她。在秦剧团，卢少琴已经让好几个人尝过她的耳光，包括个别男生。像她这样厉害的闺女确实少见，叫她"威女子"也算是恰如其分。

卢少琴自己没有意识到，正是"威女子"的称号对她起到了一定的保护作用，令某些想伤害她的人有所顾忌，也使得那些对她心存爱慕的男子在他面前不敢过分放肆，怕把她惹急了。卢少琴是一朵带刺儿的玫瑰，虽美丽动人，但是只可远观而不可近亵，秦剧团的男生们不敢对她轻举妄动。

在卢少琴心目中，钟指导能力强，是个好领导，也是个好人。钟指导已经结婚，孩子已经两岁，因此，卢少琴对钟指导没有任何防范之心。因为钟指导平时对她很好，她就把他看作是值得尊敬的领导和大哥哥，没有往别的方面去想，把钟指导对她的关心纯粹看作是老师对学生、大哥哥对小妹妹的关心。钟指导很有人情味，不仅对卢少琴好，对卢少琴"小集团"的人也都很好。他对卢少琴有单相思，但没有越轨行为。几十年后的今天，卢少琴仍然认为钟指导是个好人。

当时几乎所有的男人都抽烟，那些做领导的尤其爱抽烟。钟指导那么文雅的一个人，居然也抽烟，可能是他当记者熬夜写文章时染上的毛病。以前卢少琴从来没有觉得抽烟有什么不好。现在她觉得抽烟是那么令她恶心。每次从钟指导身旁走过，她似乎都感觉到钟指导身上散发着一股烟臭味。她以前从未有过这种感觉。

她又想到钟指导的家庭。钟指导的爱人龚大姐原来对她很好，现在对她似乎充满了戒备和防范，且有几分害怕。龚大姐有好几个妹妹，其中的两个和卢少琴年龄相仿，对卢少琴特别好，卢少琴对她们也特别有好感。自己如果和钟指导好，就意味着要伤害龚大姐，自己也无颜面对龚大姐的妹妹。

想到这一切，卢少琴更坚定了主意：和钟指导？不可能！

李团长跟卢少琴之间的这次谈话，应该是神不知鬼不觉，但卢少琴觉得似乎大家都已有所察觉。几天之后，卢少琴看见慕将军来到秦剧团院子，见到钟指导，慕将军停住脚，钟指导也停住了脚。慕将军盯着钟指导看了几秒钟，满脸怒容，说道："哼！你小子！"说完，又瞪了钟指导两眼，然后，通通通，脚步踩得重重的，走了。

卢少琴隐约觉得，慕将军生气可能是因为知道了这件事。

钟指导一如既往，卢少琴每次路过他的房间他总爱找个理由叫卢少琴进去谈话。以前卢少琴"肚子里没冷病，不怕吃西瓜"，说去就去。现在卢少琴有了心事，进钟指导的房间觉得不自然、不情愿、甚至有点莫名其妙的害怕。

然后她有了一个发现：每次她去钟指导房间，身后不远总有一个人在跟着她，钟指导在房间中和她谈话，那个人就在离钟指导房间不远的地方漫步、观天、读什么东西，或者只是漫不经心地踢着路上的小石子。这个人就是工会干事朱竹心，不久前提拔成了剧团的秘书兼保卫干事。

卢少琴突然明白了：小朱在为她当"保镖"。

单小朱个人，他也许没有胆量去跟钟指导作对。那么他当卢少琴的保镖是受了谁的指示呢？也许是保卫部门，也许是党支部。不知这与慕将军有没有关系。

1960年8月初，秦剧团离开格尔木向拉萨进发。这次不是短期到西藏巡回演出，而是将要长驻西藏，真正变回西藏秦剧团。

秦剧团走后，一直在西安培训的西藏秦剧二团到达格尔木，占据了秦剧团空出来的营盘。

秦剧团的人仍然穿着青藏铁路工程局的服装，但这时青藏铁路工程局已经不复存在，青藏铁路已经下马。1959年下半年，青藏铁路工程局局长慕生忠将军被免职。

1959、1960两年，中国在天灾和人祸的双重打击下经济陷入极度困难，许多雄心勃勃的建设项目被迫下马。没有了慕生忠这个主心骨的支撑，青藏铁路工程局于1960年6月被撤销，一切勘探、准备工作全面停止。

皮之不存，毛将焉附！青藏铁路工程局不复存在了，青藏铁路工程局秦剧团岂能继续存在！它会被解散吗？

1959年秦剧团在西藏平叛中的出色表现给西藏军区领导留下了很深的印象，中南海怀仁堂的演出、朱德等党和国家领导人的接见以及12省市的巡回演出使得秦剧团的声望如日中天，而步兵十一师的入藏又使得西藏有了众多喜欢秦剧的西北子弟。这几个因素加到一起，在青藏铁路工程局被撤销后，青藏铁路工程局秦剧团并没有被解散，而是回归到西藏军区麾下，重新打起了西藏秦剧团的旗号。

秦剧团在北京宣传了西藏，也为西藏增了光。拉萨也欢迎秦剧团归来，但其热烈程度远不及格尔木。物以稀为贵，秦剧团是格尔木唯一一个专业文艺团体，而在拉萨，秦剧团只不过是十来个专业文艺团体之一。同格尔木相比，拉萨的西北人少，秦腔的观众基础薄弱；上层领导中缺乏范明、慕生忠这样对秦剧情有独钟的人，领导们忙于战事，秦剧团在他们心中的分量不可能太重；《血的控诉》所讲述的事在别处很新鲜，对于拉萨人来说却是不足为奇。尽管如此，怀仁堂演过的戏大家都想一睹。所以，秦剧团抵达拉萨后的首要任务是汇报演出，断断续续演了两三个月。

和格尔木相比，拉萨还有另外一大特点，那就是政治空气浓厚，常常是政治任务第一，排戏演戏第二。抵达拉萨之后，除了演出，秦剧团进行了整顿，而所谓的整顿就是反右。秦剧团有好几个人是从旧社会过来的艺人，身上常常表露旧习气，有人借机批判他们，相互之间明争暗斗的事时有发生。几位领导各有各的心思。秦剧团领导层出现裂痕。好几个领导都想跟卢少琴套近乎，这使卢少琴觉得为难。

可能因为领导中有人告发钟指导利用职权威逼女演员和他谈恋爱，8 月中旬，军区派工作组进驻秦剧团，专门调查钟指导的问题。在此后一年多的时间里，工作组的三位同志几乎成了秦剧团的正式成员，和大家同吃同住，也参与一些其他服务性工作。后来，他们都加入了秦剧团，其中有的一位连家属都调到了秦剧团，工作组另有两位原来的军代表和秦剧团原二团的女演员谈上了恋爱，后来并结了婚。

钟指导认为恋爱自由，自己没有错，所以并没有因工作组的到来而断了和卢少琴相好的念头，反而更加直白地向卢少琴表露爱慕之意。

钟指导仍然天天回家，跟夫人和孩子一起生活。一方面享受着家庭生活，另一方面又许愿说只要卢少琴答应嫁给他，就和现在的夫人离婚，这算盘打得也太如意了吧！他曾向卢少琴表白他不爱他现在的夫人，爱的是卢少琴，但他终究没有离婚，可见他只不过是见卢少琴年轻美貌，就想"吐故纳新"，如果卢少琴立场稍不坚定，他真会抛弃妻子、抛弃儿子，另建新家。爱美固然是人之常情，但放到道德天平上衡量，钟指导不算是真君子。

钟指导对卢少琴的追求公开化了。卢少琴原来的一些好朋友都开始对她敬而远之。卢少琴的烦恼与日俱增。她想暂时躲一躲，躲得远远的，远离秦剧团这个是非之地。

多年来，秦剧团已经成为卢少琴生命的一部分。秦剧团就是她的家。她热爱秦剧团，热爱她的事业。但眼前的烦恼已经到了她无法承受的程度。

她想跳出眼前这个令她烦恼的环境，又不愿永远离开秦剧团，离开她的秦剧演艺事业。卢少琴能够躲到哪里去呢？

　　1961年四五月间摄于布达拉宫旁边的龙王潭公园。秦剧团指导员钟慕泉有家有室，却公开提出要和卢少琴谈恋爱。有人向上级反映了情况，上级派工作组进驻秦剧团调查。这日，工作组副组长老贾约卢少琴外出"散心"，卢少琴顺便叫了另外几个人一起出来。左起：老贾、卢少琴、孙忠孝、胡宾环（孙忠孝爱人）、张建国（前面蹲者）、张樱桃、阎顺章。

第二十五回

达竹渡卡军民抢险
喀喇昆仑生旦驻足

　　1960 年 8 月，西藏秦剧团离开青海格尔木来到西藏拉萨。这时青藏铁路工程局已经被撤销，秦剧团在组织上重新回归到西藏军区和中共西藏工作委员会麾下，恢复了西藏秦剧团的名号。

　　在拉萨，秦剧团和豫剧团、黄梅剧团、京剧团、歌舞团等五个文艺单位合住一个巨大的藏式院子。这个院子在大昭寺东北方向，距大昭寺一两公里。五个剧团在一个大院，为剧团之间的人员交朋友甚至谈恋爱提供了条件。

　　初回西藏，秦剧团有两大任务：一是到拉萨人民大礼堂和军区、西工委、自治区及其他单位进行汇报演出；二是整训，学习党中央对西藏的各项方针政策，了解西藏平叛和民主改革形势，适应新的环境，以便更好地为部队和西藏人民服务。

　　在拉萨的这段时间，秦剧团没有时间排新戏。好在格尔木的两年，秦剧团排了许多传统戏和革命现代戏，再加上在北京和 12 省学的一些地方戏小段子，秦剧团的节目可谓丰富多彩。1956 年入藏的这批小演员现在多是 18—22 岁，正处于最具舞台魅力的年龄。经过多年的磨合，舞美、乐队、演员以及演员相互之间已经融为一个配合默契的整本。经历过艰苦斗争环境的磨炼和充满革命理想和激情的集体和时代气氛的熏陶，秦剧团多数人都有着很好的素质，组织纪律性强，懂得服从命令，互相帮助、吃苦在先、享受在后成为风尚。总之，这时的秦剧团确实是一支召之即来、来之能战、战之能胜的队伍。

　　和一年前相比，拉萨已经发生了巨大的变化。社会秩序已完全恢复正常，外国人的商店重新开张，汉人和藏族人的商店也比以前多了。汉族和藏族相处融洽是社会安定的基础。拉萨的广大中下层藏族同胞拥护解放军，街上所见到的普通的藏族人都和汉族人相处融洽。秦剧团不再每天都处于一级备战状态，上街不必结伴、带枪。

人民币开始在拉萨流通，只是到外国人的商店才用银元，所以发工资时不再像以前那样发一半银元，留一半在个人的银行户头，而是全部发给个人，主要发人民币，只发少量银元，两三年后即改为像内地一样，工资完全发人民币。当时国家正处于三年困难时期，毛主席把自己的工资从三级降到五级。听说毛主席自降工资，秦剧团的青年人坚决要求降他们的工资。过了些日子，西藏的地区补贴从 13 类地区的水平降到了 11 类地区的水平。但几个月后又调回到 13 类地区的水平。

卢少琴不愿和钟指导谈恋爱，但钟指导是自己的领导，必须天天面对，别人也开始在背后议论她。卢少琴告别了无忧无虑的少女时代，有了成年人的忧愁。妈妈不在身旁，自己在秦剧团好友都是钟指导的属下，别的事这些人可帮忙，唯独在这件事上他们无法做她的知音。她觉得孤单，她需要新的朋友。秦剧团回到拉萨后，她真的有了这样的朋友。

在拉萨，卢少琴算得上是一位文艺界的明星，有着不少崇拜者，走在大街上，往往是别人认识她，她不认识别人。常常有不少人找上门来和她交往，其中有拉萨中学的藏族女学生，还有从内地来到西藏工作的有文化的职业女性。其中有两位女性成为她的知己，一位是《西藏日报》藏文版编辑江虹，另一位是拉萨市人民医院医生小袁。

9 月初的一个星期天，风和日丽，江虹和小袁一起到秦剧团来找卢少琴，约她出去野餐，东西她们已经准备好了。江虹是云南人，白族，中央民族学院毕业，汉文、藏文都很流利，二十六七岁，单身。小袁医生二十八九岁，卢少琴跟着大伙儿叫她小袁，竟不知她的名字。小袁已成家，丈夫也是医生。三个美女，外加《西藏日报》摄影记者王宏勋、小袁的爱人王医生，共是五人，来到拉萨河边的小树林内野餐。这位王宏勋好像是江虹的追求者。

他们带了两个锅，一个锅用气炉子烧，另一个锅烧自己在林中捡的柴。一个锅里炖猪肉和鸡蛋，另一个锅里烧菜，并将带来的米饭热一下。为什么将鸡蛋和猪肉一块炖？因为小袁说这样炖出的鸡蛋吃在嘴里柔筋筋的，越嚼越香。锅里煮着东西，他们四人边玩边聊天。王宏勋成了他们的义务摄影师。

江虹和小袁的阅历比卢少琴深多了，她们对男人的认识比卢少琴深刻得多，对那些男性领导对待年轻漂亮女下属的种种手段也比卢少琴知道得清楚。她们不是秦剧团的人，卢少琴在她们跟前完全敞开了心扉。江虹和小袁向卢少琴讲了许多知名女演员在恋爱和婚姻问题上所遭遇的不幸，而某些领导对她们的威逼利诱成为她们感情不幸的重要原因。她们还谈到最近发生在西藏某文艺团体的事：偌大一把年纪的剧团团长，居然跟自己的结发妻子离婚，而跟剧团最为年轻漂亮的演员结婚。这位演员是不是真的爱她的团长呢？恐怕只有她自己知道。江虹和小袁给了卢少琴许多非常有用的信息和建议。卢少琴觉得她有了知音。

此后，江、袁二人常来找她。除了这两个人之外，卢少琴还有另外一个女知音，即黄梅剧团的台柱子、年轻貌美的韩云。韩云人很好，和卢少琴惺惺相惜，经常来看卢少琴的戏，并就演出技巧给卢少琴提出过许多非常中肯的意见。和成熟女性成为好朋友，卢少琴长大了。

江虹和小袁考虑到卢少琴经常外出，常常听不到新闻，她俩合伙买了一台收音机送给卢少琴，卢少琴坚持自己出了钱。巡回演出期间，卢少琴的收音机常常成了秦剧团里唯一一台收音机，有时政治学习，团里会打开她的收音机让大家收听党中央的声音。

1960 年，我平叛部队对 1 号地区（恩达、丁青、嘉黎、扎木之间）、2 号地区（温泉、黑河、巴青之间）、3 号地区（申扎、萨噶、定日之间）和 4 号地区（昌都地区东南部）的大股叛匪武装发起进剿。1959 年西藏的"解放区"只是拉萨、日喀则等大城市和青藏、川藏公路沿线。到了 1960 年下半年，西藏大部分地区都已经成了"解放区"。解放军所到之处秋毫无犯，严格执行民族政策和宗教政策，全心全意帮助贫苦的藏族同胞，尽最大努力发展生产，同时开展以"三反双减"（反叛乱、反乌拉①、反奴役和减租减息）为主要内容的民主改革，很快赢得了民心。旧西藏地方政府征收的差税种类极其繁多，大概是世界之最，而农奴为政府和领主所支的差，一般要占农奴户劳动量的 50% 以上，有的甚至高达 70%—80%，那真正叫残酷剥削，民不聊生。解放军帮助人民反乌拉，贫苦人民怎能不拥护！

---

① 乌拉：西藏民主改革前，农奴为官府或农奴主所服的劳役，主要是耕种和运输，还有种种杂役、杂差。

　　西藏黄梅剧团的头号女演员、卢少琴的好朋友韩云。西藏豫剧团、西藏黄梅剧团等单位的头号女演员都愿意跟卢少琴交往，她们经常去看卢少琴的演出，并在表演技巧方面给卢少琴提过不少中肯的建议。韩云比卢少琴大四五岁，两人1956年就开始交往。1959—1962年，秦剧团和黄梅剧团等文艺团体住同一大院，二人的交往更密切。

在拉萨演出、整训两个多月后，从 1960 年 10 月开始，秦剧团多次派出演出队，到十一师活动的 3 号地区、十一师三十二团和一三四师活动的 1 号、2 号地区以及各边防点为平叛部队和边防军演出。有时是一个演出队，有时两个演出队兵分两路。他们每次下去，除了带上自己的戏和其他文艺节目外，还给部队带去电影和各类政治学习书籍。这些地方多是部队的临时驻地，就连帐篷、饭厅都没有，每次都是露天演出，观看演出的战士们抱着枪席地而坐。秦剧团的人一有工夫就帮忙为战士们洗衣服、补衣服、理发、帮助护理伤员。同时，他们还经常将战士们的英雄故事编成快板、对口词、表演唱等小节目。

中国在西藏境内同印度、不丹、尼泊尔等国有着长达几千公里的边境线。1961 年 4—10 月，秦剧团到后藏各主要部队驻地以及各主要边防站演出。秦剧团的演出队乘坐四辆卡车和一辆轿车从拉萨出发向日喀则进发。女生坐轿车，男生坐卡车。

下午两点左右，大轿车和三辆卡车抵达达竹卡渡口，另外一辆卡车尚未到达，什么原因不知道。半个多小时过去了，这辆卡车还未到达，李团长有点着急。

达竹卡渡口是当时从拉萨到日喀则及后藏地区的必经之路，所有的车辆都在这里横渡雅鲁藏布江。雅鲁藏布江到了这里，河面变窄，河水又深又急。说河面窄是相对而言，其实也有 100 多米宽。车可以直接开上渡船，每次可渡三辆卡车。渡船挂在一根胳膊粗的钢丝绳上，另有钢丝绳将船与一个巨大的绞盘连接，四个壮汉像推磨一般推动绞盘，钢索就会带动渡船往来于两岸之间。渡口常常排起长长的等待过河的车队。

秦剧团的车队来到渡口，轿车和卡车上的绝大部分人下车，司机开着空车排队等候上船；车过去后，船再回来将车上的乘客渡过去。

这个渡口秦剧团已经来往过多次，每次过渡都得花两个小时左右才能通过。秦剧团常常一边等待过河，一边应邀为驻扎在渡口的部队、民工以及旅客演出一些小节目，很受大家爱护。

轮到秦剧团的车上船了。轿车先上，车里除了司机，还有薛得春老师。接着又上了两辆卡车。正当渡船准备离岸时，一辆满载玻璃的嘎斯 69 突然冲上了渡船。这是一位不遵守秩序的夹队者。嘎斯 69 小而灵活，使它得以绕过了排在它前面的其他车辆直接冲上渡船。车虽不大，但满载玻璃，重量不轻，它一上去，船呼啦一下下沉了许多。

站在船头的一名营长正要向对岸打旗语命令开船，突然感觉到船身突然下沉，赶快过来察看。看到嘎斯 69，营长勃然大怒，喊道："谁让你上来的？为什么不听指挥？出了事谁负责？真是乱弹琴！"

嘎斯 69 的司机脸皮倒厚，只装作没听见，一副看你能把我怎么样的神气。看到他那副德行，营长气得喊道："无组织无纪律！我要告诉你们领导！"

渡船缓缓地离开了河岸，向江心移去。大家的目光都投向离岸而去的渡船。这时就听得"通"的一声巨响，紧接着又是噼里啪啦一阵乱响。

大家顺着声音发出的方向望去，原来是秦剧团掉队的卡车到达了。到达就到达，为什么会发出这些声音？因为它出了点事。

原来，快到江边有一段下坡，由于雨水冲刷，路面全是鸡蛋大、拳头大的石头，而临到江边，却又有一段几十米长的细沙"沙漠"，沙很厚，其实就是个硕大的沙坑。有经验的司机不走沙坑，而是走沙坑边上的斜坡，虽然斜坡不是路面，凹凸不平，但当时行走在道上的车越野能力都很强，这点险路算不了什么。秦剧团的卡车因为掉了队，司机在开那段下坡路时可能开得较快，想借下坡的冲力越过沙坑，谁知车轮恰好嵌入了隐藏在细沙下的一对巨石之间，车轮被卡住，车突然停止，"通"的一声，车上的人、道具、行李等等，统统都遵循惯性定律给摔了出去！

过了几秒钟，人们呻吟着、叫骂着，一个个从沙堆里爬了出来，年龄越小起得越快。这儿疼那儿疼是免不了的，嘴里耳朵里钻点沙子也免不了。好在周围全是细沙，大家居然都没有断胳膊、断腿、破相之类的大伤，也算是一个奇迹。

大家都爬起来了，只有冯树茂还躺在沙堆里不动。老冯 40 岁左右，车上坐的人中数他年龄大。

司机吓坏了，跑到老冯跟前叫道："大叔！大叔！你没事吧！"老冯慢慢地爬起来，又站了起来，往前走了两步……原来他也没出大事！司机小伙儿如释重负，急忙把自己的毛巾洗湿拧干，拿来让老冯擦脸。

老冯擦了一把脸，抬起头来。头发被湿毛巾一擦，斜挂在前额。大概因为没了眼镜，又刚刚受了惊吓，老冯的样子有点怪。郭西宝指着老冯喊了一声："希特勒！"大家一看，果然觉得老冯活像电影中的希特勒模样。众人都笑了。

老冯听见有人叫他希特勒，便把样子一摆，故意做了个希特勒式的亮相。大家笑得更厉害了。

老冯高度近视，是有名的"冯瞎子"，眼镜是他的半条命。在西藏，配个眼镜可不是那么容易的，眼镜掉了可得找。他蹲下来在沙子中乱摸。眼镜要真埋到沙里，那可不好找。有人眼尖，看见卡车顶部的篷布架上有个东西在阳光下一闪一闪地摆动，原来那就是老冯的眼镜，一条眼镜腿挂在篷布架上，眼镜正来回荡秋千，居然完好无损。老冯喜出望外，身上的一切疼痛都忘记了。

司机是个 20 来岁的小伙儿，他给李团长连连道歉，说自己没有料到沙中居然埋着石头。李团长是不爱多事的人，反而把小伙儿安慰了几句，表示决不会向他的领导反映。

秦剧团的人一起动手，清理摔到满地的道具、行李。

这时渡船已经快到江心，那是水流最急之处，缆绳绷得越来越紧。突然，就听见对岸"咔嚓嚓"一声巨响，缆绳突然从绞盘处断开了！对岸推绞盘的四个壮小伙儿被甩出丈许。河两岸的数百个人同时发出一声尖叫。

渡船像一匹脱缰的野马，顺流而下，拖动百丈钢索下行。钢索断头和岸边的积成岩相摩擦，火星乱飞，啪啦咔啦直响，有点像放鞭炮。

船上不仅有四辆车，还有八九个人，其中包括秦剧团的武功教练薛得春老师。如果不能立即拖住渡船，后果将不堪设想。

大家看见渡船上的薛得春老师这时还坐在大轿车里面。万一轿车翻到江里，车门打不开，车内的人几乎是死路一条。如果人站在船上，万一沉船，至少还有可能抱一块木板跳到江里保命，生还的希望总比待在轿车里面大一些。秦剧团有不少人高喊："薛老师，快从车里出来！"但河谷之中人喊马嘶，噪声太大，薛老师似乎未能听见，还是待在轿车里坐着。秦剧团的人可真急坏了！

这边岸上的人干着急，使不上劲儿，因为这边没有钢索跟渡船相连。但大家还是尾随渡船往下游跑。

没有人指挥，没有人命令，河对岸所有的人，干部、战士、民工、旅客、男人、女人……不约而同，向正在沿着河岸往下游滑动的钢丝缆绳冲去。

冲在最前面的是几位藏族小伙儿。

战士们从不远的部队营房里冲了出来，为了取最短的距离冲向渡船，他们不去走缓坡，而是一个个从数米高的悬崖上跃下。

　　第一个人抓住了钢索，立即被钢索摔倒，钢索拖着他的身体在凹凸不平尖石满地的河岸上滑行，但他死不松手。第二个人抓住了钢索，他的命运与第一个人完全相同，他也是死不松手。钢索同时拖了两个人。第三个人扑上去了，他遭遇了同样的命运。钢索同时拖了三个人。接着是第四个人、第五个人……许多人扑到钢索上，马上就被摔到一边，爬起来又扑了上去。有的人脱下衣服衬在钢索上，然后和身扑上。还有的人摘下帽子垫在手上或肩膀上。手拽、脚踩、背扛、牙咬……能用的招数全用上了。

　　等钢索拖了三四十个人的时候，它下行的速度终于慢了下来。最后，100多个人同时抓住了钢索，渡船终于被拖住了。

　　渡船被拖住时，它已经下行了二三百米。这100多人充当了纤夫，将渡船拖回了渡口。

　　有的人手掌的皮被揭掉，有的人用牙咬钢索时牙被崩掉，身上脸上头上脚上被划破擦破者不计其数。解放军勇敢不足为奇，让秦剧团的人惊奇的是藏族同胞，他们只是部队雇用的一些临时工，在危险面前竟然自觉行动，奋不顾身。

　　在这里，人们看到的是汉人、藏人亲如兄弟，并肩战斗。叛匪的口号之一是把汉人赶出西藏。然而，凡是和解放军略有接触的藏族同胞中的绝大多数都真心拥护解放军，拥护共产党。这些在渡口打工的藏族人属于对解放军了解得最多那一部分藏族人，他们对解放军也最为拥护。

　　一辆卡车将渡口储备的新缆绳运抵渡口，这些抢救了渡船的人没有休息，一鼓作气，开始更换渡船缆绳。两个小时后渡船被修复，渡船又开始工作了。

　　事发时渡船上的其他人都很镇定，唯有嘎斯69的司机吓得浑身发抖，他尿裤子了。

　　等秦剧团所有的人都过江，已是下午六点左右，到了晚饭时间。渡口没有饭店，守卫渡口的部队也没有为旅客提供晚饭的义务。当地海拔高而纬度低，6点仍有太阳。秦剧团决定趁天亮在江边造饭用餐。秦剧团到前线演出，完全按照部队野战的要求准备行装，野外做饭的用具随身携带。这里靠近大江，取水方便，正好做饭。

　　峡谷之中的雅鲁藏布江水碧蓝晶莹，浪花如雪，舀起一瓢，清澈透明，毫无泥沙，可以直接饮用。像屡次野营一样，做饭并非只是炊事班的事，炊事班唱主角、当指挥，大家一起动手，有的取水，有的捡柴火，有的洗菜，有的人还采集野菜交给炊事班。

吃完饭，继续前进，当晚抵达目的地日喀则，住十一师师部。在日喀则停留、演出，那是题中应有之义。

1959 年 6 月以后，十一师兼了日喀则军分区，师部驻日喀则。1961 年以后，随着平叛接近尾声，1959 年三四月间调入西藏平叛的一三〇师、一三四师等先后离开西藏返回原来到部队建制，而十一师则划归西藏军区，永久留在了西藏。十一师的主要布防区域便是战略地位十分重要的后藏地区。

数日后，秦剧团离开日喀则去后藏其他地方和各边防点。这一次，十一师给秦剧团派了一个警卫班，由师部文化科副科长吴助理员带队。此后的两三年中，每逢秦剧团外出巡回演出，这个警卫班总是跟着秦剧团。

这个班有十几人，他们都是十一师师部八一篮球队的运动员，有的是投球手，有的打前锋，有的是后位……个子都在 1 米 80 以上，跑得快，枪打得准，贴身肉搏一个顶俩，七八斤重的冲锋枪一只手端起来纹丝不动，像玩儿小手枪一样。班长叫范福娃（外号范然然），副班长严学智，战士有冯波、王俊华、高树斌、刘育民等。警卫班装备精良，两挺机关枪，每个人都是一长（冲锋枪或半自动步枪）一短（二十响手枪）。十一师对秦剧团的厚爱由此可见一斑。

后来卢少琴才知道，当时十一师首长对警卫班有严令："秦剧团若有闪失，你们就别活着回来！"并交代要他们特别注意保护卢少琴等主要演员，这些列入重点保护对象的演员名单当时是绝对保密的，为的是避免造成演员之间的不团结。这是几十年后已经转业到陕西的警卫班某人亲口对卢少琴说的。

走在路上，秦剧团的人可以在车上打瞌睡、休息，而警卫班的人必须时刻保持高度警觉。到了宿营地，大家都睡觉，而警卫班必须站岗放哨。平时他们帮秦剧团提包抗箱，吃苦在先，享受在后。秦剧团每个人对警卫班的战士们都充满敬意，非常感激。

警卫班的小伙儿一个个血气方刚，魁梧英俊，打起仗来勇敢机智，篮球场上生龙活虎，其中一位战士居然引起了秦剧团一位女演员的爱慕。正常恋爱本无可厚非，但遗憾的是两人没有忍住，踩了红线，这位战士被迫提前离队。这位战士工作非常出色，篮球场上是最优秀的投球手，竟因一念之差断送前程，令人叹息。

当时西藏不太平，靠近边境的地方常有从境外回窜的叛匪，而离边境远的地区，叛匪也还没有彻底肃清。一路之上，经常遇到敌情。几个月过去，秦剧团的人积累了许多实战经验。把耳朵贴到地面上听一听，就知道数里之内有无马队奔跑；看见远处乌雀惊起，就知道采取一些防范措施；遇到情况，懂得利用地形地物保护自己，一切行动听指挥。

秦剧团沿边境线西行，最远到达新疆境内中印边境喀喇昆仑山上的空喀山口。数月之中，秦剧团到达过许多地方，卢少琴难以一一记清，而空喀山口边防站给卢少琴的印象颇深。

空喀山口是中国通往印属克什米尔地区的重要通道，位于喀喇昆仑山脉东段、新疆与西藏交界处。喀喇昆仑山主峰的山脊之上有一个东北—西南走向、相对低洼的山谷，此即空喀山口，最高处海拔 5170 米，宽约 100 米。这一带喀喇昆仑山主峰山脊两侧皆为石崖陡峭，难以翻越，唯空喀山口的两侧皆为缓坡，形成天然通道。可想而知，如果中印边境西段有战事，此处必为军事要冲。

秦剧团大约是在七八月间抵达空喀山口的，在那里住了两个礼拜左右。他们给部队放电影、演戏、洗衣服，随战士上山采集野菜、蘑菇、地碗儿，和边防战士一块儿打篮球，一块儿包饺子。秦剧团炊事班的人给战士们做陕西饭。几天过去，秦剧团的人对这个边防站营房内外都十分熟悉。秦剧团和战士们亲如一家，临走时都有点难分难舍。

空喀山口我边防军的营房建在一个山包后面，从印度方向无法直接观察到营房。营房门朝西，木头做的，一看就知道是部队就地取材自己动手建造的，非常结实，让人联想到梁山好汉所建的大寨；关上寨门，敌人不容易攻入。门口十几步外靠右手有一口水井，井口是用木头做的，四根巨木镶嵌成一个"井"字；古人创造的这个"井"字实在是大有道理。井水很甘美。里面的房子也基本上是木头房屋，部队自己盖的。营房内外的地面都弄得平平整整，干干净净，就连做饭用的柴火也摆放得整整齐齐。

1959 年 10 月 21 日，我军一支 13 人的巡逻队与一支约 60 人的入侵印军不期而遇。印军看到中方人少，便气势汹汹，不顾中方反复警告，包围我军，逼近我军，首先向我军阵地开枪，企图活捉中国边防战士。副班长武清国迎着敌人的枪口，在岩石顶端枪挺立，正气凛然地挥手喊话，要印军停止挑衅。

印军以密集火力射击，武清国当即中弹牺牲。我军被迫还击，以少胜多，将侵略者赶跑。战斗中击毙印军9人，伤3人，俘虏辛格中尉等7人，我军牺牲1人。

秦剧团访问空喀山口时，这次流血事件已经过去一年多了。当时中国政府对印度的入侵仍保持了极大的克制。那时没有电视，每次演电影前常播一段新闻纪录片，叫作"新闻简报"，是当时中国人获得新闻的重要渠道。1962年中印边境自卫反击战前夕，中国政府为了揭露印度的侵略扩张罪行，在"新闻简报"中报道了1959年10月21日发生在空喀山口的印军枪杀我边防战士的流血事件。电影里出现了秦剧团所熟悉的空喀山口边防站的寨门和水井，我们战士尸体静静地躺在寨门前的水井旁。看到这一幕，包括卢少琴在内，秦剧团许多人都流泪了；回想当初，秦剧团和边防站战士们亲如一家，战士就像亲人，亲人被杀，怎能不悲痛！大家对印度侵略者的行为感到无比愤慨。

第二十六回

扎东地同志化烈士
西安城陌路变多情

　　1961 年秋，秦剧团主要在日喀则地区和山南地区活动。给卢少琴印象较深的是一个叫"四所"的地方，附近另有一个地名叫"长荣"。秦剧团在这一带跟十一师三十二团有过两三个星期的亲密接触。三十二团住在几排藏式房子中，团长田启元是《保卫延安》里民兵队长的原型。杜鹏程（1921—1991）的长篇小说《保卫延安》发表于 1954 年，曾风靡一时，秦剧团的许多人都读过这本书。秦剧团和三十二团打篮球赛，秦剧团有警卫班，警卫班的人原本就是师部篮球队的，而秦剧团也有几个篮球技术不错的人，三十二团不是对手，在场上打球时田团长忽出怪招，抱住秦剧团的队员，掩护自己的队员投球，逗得全场大笑。

　　这一日，秦剧团随三十二团来到仲巴县境内的扎东地区。此地靠近中尼边境，而尼泊尔境内靠近中尼边境的地方是喜马拉雅山南麓，海拔五六千米，山大沟深，人烟稀少，没有像样的道路，尼泊尔政府根本无法进行有效管辖，成了大股西藏叛匪的藏身之地。叛匪要吃要喝，怎么办？到中国境内来抢呗！所以这一带回窜叛匪活动猖獗，对当地人民生活造成威胁。解放军每时每刻都要准备和回窜叛匪战斗。

　　早上，大家正在吃早饭。没有饭桌，大家端着碗蹲在草地上吃。这里有几间藏式房子，另外还搭着一些帐篷。吃完饭，秦剧团要收拾行装，准备出发，到另一地方执行任务。田团长带着十几个人先于大伙儿吃完早饭，可能要去执行化装侦察任务，全都脱下军装，打扮成了普通藏民模样，正在收拾行装，整顿鞋帽。就听田团长对警卫员说："把这两只鹦鹉送给小卢。"

　　警卫员提了鸟笼过来交给卢少琴，说道："这两只鸟是我们前几天逮的。团长叫我送给你。"卢少琴道了谢，接过鸟笼。大家都围过来看鸟。鸟笼是战士们自己制作的，里面有两只活蹦乱跳的虎皮鹦鹉，可爱极了。

　　卢少琴是秦剧团最忙的人之一，除了演戏任务重外，还经常被派出去采访战士，写报道，搞创作，做场记。她无力"抚养"这两只鸟，只好将它们转交给舞美队的人代为保管。因忙，多日不曾探望，后来鸟竟然不知所终。

　　田团长带人准备出发的时候，盛副团长带着几个人也准备出发，他们没有化装，仍穿军装。他们的车是一辆小型卡车，车上放着一大桶汽油，另有他们几个人的背包。卢少琴蹲在地上吃饭的时候，眼睛的余光看见一个藏族男子身着藏族服装跳到盛副团长他们的车上，几秒钟后又从车上跳了下来，离开营地走了。卢少琴没有看见他的面孔，但从背影上看，她觉得这个人很陌生，心头闪过那么一点儿警觉之感。

　　当时，我们的战士常常化装成藏民去执行任务，"也许是我们的人化装的吧！"卢少琴心里这么想，轻易地让她的警觉之感流失。

　　八点半左右，盛副团长等五六个人乘车出发了。秦剧团的人也收拾行装，准备出发。尽管尽量轻装上阵，但剧团搬家，还是有许多东西要收拾。

　　等到秦剧团一切准备就绪正要出发时，突然传来消息：盛副团长的车在牛库附近遭到叛匪伏击，连同盛副团长本人在内，车上的人全部牺牲！其时大约是十点。

　　卢少琴突然想到那个曾经跳到盛副团长他们的车上翻动背包的藏族男子，他会不会是前来侦探盛副团长行踪的叛匪、翻动背包是为了点清一共有几个"共军"？这个问题，卢少琴到现在都不知道答案，但她一直对此事感到内疚；假如说她当时一见到那个陌生人就告诉田团长或别的什么人，说不定盛副团长他们就不会牺牲。

　　盛副团长死得很壮烈。他在车下举枪还击，身中数弹，知道自己将要死去，乃从容镇定地摘下自己的手表，让表停止走动，然后将它藏在车下某处，好让同志们知道他们遭叛匪伏击的具体时间。

　　中午时分，秦剧团的车队经过盛副团长他们出事的地点。战场已被打扫过。车还留在那里，已经被烧得不成形状，周围的草都被烧焦了一大片；看来叛匪首先打燃了车上的那桶汽油。秦剧团的车队碾过烈士鲜血浸染过的路段，继续前进。大家的心情都很沉重。

1961 年 11 月，卢少琴离开秦剧团，只身回西安，任务是进修学习和治疗眼病。她为什么到西安进修？这还得从秦剧团演员队指导员钟慕泉追求她说起。

1960 年 7 月，钟慕泉公开向卢少琴表达爱情。卢少琴不愿接受这份爱情。但钟指导不但没有放弃，反而变本加厉，把对卢少琴的追求公开化，并且更加积极主动。

1961 年二三月间，秦剧团演出队在 2 号地区一个叫下秋卡的地方停留，钟指导托人给卢少琴带来一沓厚厚的信，并嘱咐送信人说："这封信比我的命还重要！你一定要亲手交给小卢！"卢少琴接过信，看都没看，当着捎信人的面就把它丢进了火炉。

党总支委员王根孝从拉萨来到下秋卡。他对卢少琴说："钟指导完全垮了，人不像人，鬼不像鬼，当着我的面落了泪，说是满脑子都是你的影子，自己没法控制。"

听了王根孝的话，卢少琴虽然不为所动，但她内心有点恐惧。钟指导为人不错，又是领导，卢少琴不想采取激烈手段伤害他。但她不采取断然措施，钟指导就有所企冀，纠缠不休，卢少琴在秦剧团的许多同事和朋友都开始对她敬而远之，所以她很烦恼。

怎么办？三十六计，走为上策。于是，她向团里打报告，要求去西安进修半年，兼治眼病。当时她的眼睛长了倒睫毛，经常困扰着她，领导知道这件事。团里其他几位领导表面上对钟、卢恋情保持中立，心底里却同情卢少琴的处境，对钟的行为不以为然。1961 年 10 月，团里终于给她批了三个月假，容许她去西安进修并治疗眼病。

卢少琴觉得三个月时间太短，学不了什么东西，她还想再打报告要求给她半年时间。有知情人说道："别傻了！赶快走吧！就这三个月都来之不易！那还是李团长、刘团长、张团长等领导体谅到你和钟指导的事让你感到为难才给你批的。先走开再说，以免夜长梦多。"

11 月某日，卢少琴来到西安，凭介绍信住进了西藏办事处招待所。

第一件事是回家看看。回家要带东西，卢少琴带的东西有：在拉萨买的进口的尼龙袜、打火机等，在西安给妈妈买的布、给爸爸买的酒以及糖果。从长安县城到子午镇仍然未通公共汽车，如果找不到便车，她就得背着包走十几里路，所以她不能带太多的东西。

1961 是"三年困难时期"的第三年，内地许多地方闹饥荒。西藏粮草供应充足，感觉不到饥荒，秦剧团的吃、穿、用未受影响。

陕西的 11 月，秋收刚过，粮食最困难的季节即春季尚未到来，西安一带饥荒不明显，但处处都可以感受到粮、油、菜、肉供应的紧张。街道上乞丐很多。

同全国绝大多数地方一样，卢少琴的老家长安县子午镇也在 1958 年之后进入了人民公社时期，1959 年生产队开始吃大食堂。卢少琴的妈妈是妇联主任，曾在食堂掌勺分饭。卢少琴回家时，食堂已经停办，村里几乎家家缺粮。卢家家底较好，母亲过日子会计划，父母都是生产队的干部，二人都是诚信之人，不会昧良心占便宜，但亏是不会吃的。叔父和父亲尚未分家，叔父是镇长，带工资，卢少琴也常常给家里给钱。这几个因素加到一起，使卢家成为村里生活水平最高的少数几个家庭之一。虽说经常吃粗粮，虽说很少吃肉，虽说仍得精打细算，虽说丝毫不敢铺张浪费，但她家至少没有挨饿。

女儿回家，妈妈当然要好好招待，午饭吃捞面。吃饭时，他们关上院门，谢绝来访者。吃完饭，妈妈会提醒卢少琴和她的小弟弟："到外面出去不能说我们家吃了白面面条。村里许多人家连苞谷面糊糊都喝不饱呢！"

爸爸提出要给女儿包一顿饺子。妈妈说："包饺子要买肉。你上街买肉，人家看见又要说闲话了。还是别包了吧！"爸爸说："我从她二伯的饭馆里悄悄弄点肉，不妨事！再说，这几天玉娃（卢少琴乳名）在家，他们又不是不知道，买点肉他们又能说啥呢！"就这样，家中又吃了一顿饺子。

女儿大了，妈妈自然要问到终身大事。卢少琴讲了钟指导的事。妈妈说："我们卢家祖祖辈辈都清清白白。你原来小，在外面疯疯癫癫不要紧。现在长大了，要稳重一些，说话做事交朋友不能再像小时候那么随便了。跟那些男人在一起要多长个心眼儿，一定要小心。你将来找的人钱多钱少不要紧，人一定要靠得住。"

探完亲回到西安，首要任务是联系进修的学校。西藏办事处政治处的一位女干事向卢少琴介绍说："西北大学开办有业余进修大学，设在西关附近的冰窖巷，专门接收像你这样不脱产进修的人，我们可以派一位同志带你去看看。"卢少琴说："西安我熟悉，我自己去就可以了。"

有西藏办事处政治处的介绍信开道，业余大学的同志热情地接待了她。经过和老师交谈，卢少琴选定了三门课：中国历史、古汉语和写作。

第二个星期，卢少琴开始上课。从位于李家村的西藏办事处到冰窖巷只有五六站路，五分钱的车票。有时她会步行去上学，顺道买些零食，逛个商店。班上带薪全职上课的就她一个人，其他人都是下班以后匆匆赶来上课。同学们都比她年龄大。

卢少琴生来爱学习，这些年跟着刘更生老师，语文和历史已有相当功底，学起来不算太费劲。她认真听课、认真写笔记、认真完成作业，不在话下。

过了些日子，卢少琴对于上课的日程、作业等已经熟悉，有了比较规律的作息时间。于是，她抽时间到西安第四军医大做了治疗眼睛倒睫毛的手术。医生知道她是演员，在给她制定治疗方案和具体做手术时都非常慎重，既治了病，又未留下疤痕。

和卢少琴住在一起的是家在格尔木的原西藏铁路工程局房建队队长的妻子张秋莲，她是到西安来看病的。卢少琴在格尔木是响当当的人物，张秋莲早知道卢少琴，但卢少琴不知道张秋莲。张是甘肃人，30岁左右，非常温良和善，手里经常做针线，不是纳袜底就是纳鞋底，对卢少琴非常照顾。张秋莲需要煎中药，招待所特许她使用电炉，她经常利用这个电炉煮挂面给卢少琴吃。卢少琴在街上买到什么小吃也常常与张大姐分享。

此后的几个月，正是新中国成立以来中国人民的生活最困难的时期，然而卢少琴却一点儿都没有受穷。西安是8类地区，大学本科毕业后的工资是58元。拉萨是13类地区，卢少琴虽然到了西安，但仍拿拉萨的工资，月薪70多元，而且她在西安算是出差，每天补助两元，加上工资，她的月收入达130多元！此外还有伙食补助。走在西安大街上，谁能想到这个高中生模样的女孩，工资竟与厅局级老干部不相上下！

当时全国闹粮荒，粮票成了宝贝。卢少琴是演员，粮油供应和运动员是一个档次，每月45斤粮，而一般国家干部每月只有28斤。她离开拉萨时，团里给她150斤全国通用粮票，这是她三个月的口粮，团里怕她在外面受困难，给她每月加了5斤粮。每月50斤，卢少琴无论如何都吃不完。她拿粮票到办事处食堂买饭票，照例要搭配粗粮，卢少琴一般只吃细粮，粗粮饭票常常送了人。那年月，只要是吃的，什么都值钱，粗粮也是宝，送粗粮饭票，谁都会双手接过。

　　卢少琴通常上西藏办事处的大灶，偶尔吃一吃张秋莲的挂面，在去学校的路上，兴之所至，她也常常买凉皮、凉粉、劲糕等小吃和一些糕点，日子过得满潇洒洒。

　　有一次，她在大差市的一个小摊跟前停下来买劲糕吃，端上碗刚吃了一口，一位男子就一把抢过了她的饭碗跑了。看来那人真是饿极了。这种事在当时很常见，卢少琴只遇了一次，算是幸运的。

　　1961 年 12 月 31 日，卢少琴正在房间里做作业。西藏办事处教育处幼儿园的胡主任来找她，说道："今晚是元旦除夕，省政府有演出和晚会，是团委组织的，我们办事处有车送我们去。今天好歹是个节日，你一个人闷在房间里做功课有啥意思！跟我们一起去吧！轻松轻松！"

　　卢少琴答应了。吃过晚饭，她和胡主任同另外几位同志一起来到人民大厦，省政府的新年晚会就在这里举行．它是由省委宣传部跟省直属机关团委联合举办的。

　　晚会有舞会，也有电影。电影演的是刚刚拍摄的山西蒲剧戏曲片《三关排宴》。年轻漂亮的卢少琴其实是被西藏办事处专门拉来陪领导跳舞的女同志之一，所以被安排坐在舞会大厅里，未去看电影。

　　20 世纪 40 年代和 50 年代红极一时的电影明星王丹凤当时正在西安拍摄电影《桃花扇》，也前来参加舞会，成了场上最受关注的人物；陕西省委书记处书记、副省长李启明是舞会上最重要的官员；王丹凤和李启明省长跳舞，是舞会的最大亮点。

　　许多男士邀请卢少琴跳舞，卢少琴以不会跳为由一一拒绝。卢少琴是唱戏的，跳舞非其所长，这是事实；但交谊舞对她来说并非难事，说自己不会跳只是托词，更深层的原因是她有"封建意识"，不愿让这些男人揽腰牵手。为了避免更多男士的邀她跳舞，她离开了离舞池较近的座位，躲藏到一个较远的角落，和一群打扑克牌的人坐到了一处。

　　很快，一个牌摊上有人离去，卢少琴替补上去。打了两三圈，手气不错，每次都胜。打着打着，身边突然多了一个青年小伙儿，自告奋勇给她当参谋。卢少琴不认识这个人，不好拒绝，既然他参谋，就听他的，自己反而不拿主意了。结果输了。输了就输了，反正是元儿，图个热闹，胜负无所谓，倒是旁边的其他人说道："你看你这个臭参谋，人家本来赢着呢，你一参谋人家就输了。"那人说："刚才我们的牌不行。下次你看着，保证赢！"结果又输了。

小伙子对卢少琴说："打牌没意思，还是去跳舞吧！我请你！"卢少琴一看，他穿着布鞋，就知道他是"土八路"，可能不会跳舞，于是说道："谢谢！我不会跳舞，你去请别人跳吧！我就是因为不会跳舞才躲到这里来的。"但小伙子没有去请别人跳舞，仍然陪卢少琴打牌。

整个晚上，这个小伙儿都未离卢少琴左右。后来有人找这位小伙儿，叫他"雷秘书""小雷"。

此人就是后来成了卢少琴丈夫的雷根善。卢少琴当时猜想此人大约是秘书、干事一流人物，根本没想到人家已是团委书记。直到两年后她决定嫁给他，她仍不知道他是干什么的。

舞会接近尾声，胡主任来叫卢少琴回去，看见这位小伙，说道："小雷，你不到前面办事，怎么躲到这儿了！"原来胡主任和小雷早就认识。小雷说："胡主任，你先走，让小卢再玩玩，你看她打牌正在兴头上，过一会儿我送她回去。"卢少琴起身要走，雷秘书很会说话，硬把她留下了。

卢少琴以为雷秘书会找个车送她回西藏办事处，结果雷秘书找了个自行车送她，意欲不坐他的自行车，人家盛情难却，再说也别无选择，只好坐了上去。路上有薄薄一层雪，又是晚上，大概雷秘书的骑车技术也不够过硬，走着走着就摔倒了。幸亏卢少琴手脚灵便，才没有摔疼，身上也没沾上多少雪和泥，但手弄脏了。

这下卢少琴可真有点生气了，说道："人家要坐车回，你赖着不让人家走，找来个破自行车，自己又不会骑，还要充好汉捎人。你怎么是这么个人！"说完，一跺脚，自己往前走了。

雷秘书一点也不生气，说道："对不起！对不起！刚才是我不小心，偶然出错。咱的技术绝对没问题！你再坐上来，保证稳稳当当把你送回去！"

卢少琴坚决不肯再坐他的车。于是，1962 年 1 月 1 日零点左右，卢少琴步行，"雷书记"推着自行车，两人踏着薄薄的雪，走到了西藏办事处。

元月中旬，秦剧团炊事班长马保全到西安来治疗他的哮喘病，给卢少琴带来了团部的信，信中要卢少琴暂缓回西藏，和马保全一起替团里采购一些东西，并办理几个艺术人才从陕西调往西藏秦剧团事宜。卢少琴一面继续进修，一面办理这些事。马保全说，他这次来，领导交给他一项特殊任务：照顾卢少琴的生活，因为秦剧团领导怕卢少琴少不更事，吃饭不检点，把嗓子搞坏，或者出现别的什么岔子，那秦剧团的损失就大了。

领导让老马到西安"照顾"卢少琴，其实还有一个不便明说的原因，即担心被钟指导搞烦了的卢少琴在西安被其他文艺单位挖走。卢少琴在秦剧团遇到烦心事，这是众所周知的事；老马向来和卢少琴关系不错，关键时候也许能够开导卢少琴几句，使她不至于"背叛"秦剧团而去另攀高枝。秦剧团领导这么想，未免有点以"小人"之腹度"君子"之心，因为卢少琴热爱西藏秦剧团，从来没有动过调动工作的念头。

老马给卢少琴带来一个消息：钟指导已调离秦剧团。

元月下旬，学校放寒假，一直到春节以后才开学。卢少琴回了长安县子午镇老家，同爸爸妈妈和家中其他亲人欢欢喜喜过了个年。她早就忘了那个小雷。

她忘了，人家可没忘。当她再回到西藏办事处，同室的张秋莲大姐就告诉她说："有个小伙子来找了你很多次。你看，这些书，还有这个笔记本，都是他送给你的。他肯定还会再来的。他是谁呀？"

卢少琴一猜，就知道是此人不会是别人，肯定是那位雷秘书无疑。但雷秘书又是谁呀？卢少琴到现在都不知道他的名字。

果然，没过两天，他就来了，说是到这边来开会，顺便看看卢少琴。

此人叫雷根善，时年 29 岁，由于父亲雷荣投身革命，雷根善 10 岁就在延安当了一名小八路。他年龄不大，革命资历却长，不到 30 岁，已担任陕西省政府直属机关团委书记。一年多以前秦剧团在西安演出《血的控诉》，他就开始留心卢少琴，那时他已经认识卢少琴，只是卢少琴不认识他。这次发现卢少琴来到西安，他喜出望外，千方百计接近卢少琴。

在这段时间里，雷根善经常"到这边开会"或"办事"，"顺便"来看卢少琴，并经常给她送些活页文件，内容大多是英雄人物、政治时事之类。

雷根善高个子，慈眉善目，一团和气，卢少琴对他不反感。她不去找他，但他来看她时她也会沏茶招待，听之任之。像其他女孩子一样，有人追求，心里总还是有点高兴；她在西安朋友少，有雷根善常常来访，减少了不少寂寞。但直到离开西安返回西藏，她都没有认真研究过雷根善。对卢少琴来说，雷根善只不过是又一个对自己好的男生，这样的人她身边没有一个排也有一个班，不足为奇，也并不珍惜。但至少她已经将雷根善当成了朋友，以至于在雷根善当着她的面从她抽屉里拿走一张她的照片时她并没有提抗议。

1962 年 3 月，卢少琴动身返回西藏。

西藏遥远，山高水远，火车汽车，卢少琴路上要走八九天。雷根善算计好了卢少琴的行程，写了情书分别寄往卢少琴即将经过和停留的每一站。寂寞的旅程中，卢少琴每到达一地，都有一份来自雷根善的情书在等待着她。

抵达拉萨的当日，卢少琴又看到了雷根善的情书，其中有一首诗是这样写的：

> 短短几相见，终生不能忘，
> 本是秦中苇，今为昆仑琴。
> 雅鲁江边舞长袖，高高藏原歌浮云。
> 谁能长处深情意？渭水岸边思丽人，
> 万水千山纵相隔，一线相接心与魂。
> 但愿你，情操像珠穆朗玛那样高，心似昆仑白雪那样洁与纯。
> 平日里，但见江空一点云，
> 那便是，一人天边思念君。

小说家可以制造出更为优美的爱情诗，但那是作家替书中人物写的，代表作家的水平，不代表书中人物自己的水平。眼前这首诗，却真正代表雷根善的才和情。

雷根善是陕西富平人。父亲雷荣，1905 年 4 月生，1928 年 8 月加入中国共产党；1927 年毕业于西安第一师范学校，1927 年任富平县流曲镇、庄里镇小学教员；1932 年 7 月任富平流曲镇小学校长；1933 年 5 月任察哈尔抗日盟军和西北军十八路警卫团书记官；1938 年 2 月任华县县政府和地下陕西省委（对外——五师留守处）秘书；1940 年任陕甘宁边区关中地委关中商店副主任；1943 年 1 月任关中分区财经委员会秘书；1946 年 1 月任关中地委驻延安生产办负责人；1947 年任关中地委副秘书长（兼省委委员）；1949 年 5 月任富平县县长；1950 年任西北军政委员会办公厅副主任；1951 年 9 月任西北军政委员会人事部办公室主任（兼一处处长）；1954 年 1 月任西北行政委员会西北交通局副局长；1955 年 1 月任汽车机械学校校长；1959 年 9 月任西安公路学院党委书记；1962 年 8 月以后，历任陕西省第二、三届政协秘书长、常委，陕西省第四届政协常委。1983 年 9 月离休。2005 年 3 月 2 日在西安病逝，享年 101 岁。母亲李佩琴出身于陕西蒲城县的名门望族，雷根善的二外爷李元鼎追随孙中山参加同盟会，曾任陕西省临时参议会议长。抗战时期，由于父亲雷荣离家干革命，雷根善 9 岁就去了延安，后来当了小八路，虽然所受教育不够完整，但他聪明好学，一边干革命，一边接受教育。解放以后，雷根善曾经在北京中央团校和中央党校进修，有大学学历。和卢少琴一样，雷根善也爱读书，晚年更精研书法，有书法作品集传世。雷根善当过小八路，但绝非"土八路"。眼前这首诗，情文并茂，艺术上虽然不算完美，但情真意切，所显露的文化修养高出一般的大学生。

卢少琴自己常读书，有书卷气。情固然重要，才也必不可少。郎才女貌，郎岂能无才！灵魂深处，她择偶其实是非常看重文才的，虽然当时她自己并没有明确地意识到这一点。秦剧团那帮小青年中，能写得出这样的诗的一个也没有，那些与她朝夕相处年龄相仿的青年男士在文化修养方面都不如她，竟没有一个让她动心。

雷根善的这首诗卢少琴至今仍然珍藏，足见它当时曾经触动了她的灵魂。

如果说离开西安之际，雷根善只是对卢少琴示好的若干个小伙中的一个，那么，从这首诗诞生的时候起，雷根善在卢少琴心中的位置已经开始与别人不同了。

女儿 19 岁，事业正巅峰，心高气傲在所难免。雷根善的情书不断飞来，卢少琴只看信，不回信。愿意看信，卢少琴已经算是对雷根善另眼相看了，须知许多来信卢少琴是根本不会拆开看的。

一个在陕西，一个在西藏，两个人要走到一起，得跨越多少高山大川、艰难险阻！那时交通不便，没有互联网，没有手机，通信联系都困难，约会见面那叫休想。一年三百六十日，一次见面的机会也没有，感情怎能发展！

雷根善、卢少琴两人碰撞出来的一丁点儿脆弱的爱情火花最终会有结果吗？让我们拭目以待。

第二十七回

日喀则秦伶穿军装
觉特罗女兵值夜哨

1962 年 3 月底，在西安进修、休假、治病、办事四个月后，卢少琴回到了拉萨。

卢少琴一双又长又粗的辫子，白衬衣，蓝色灯笼裤。李团长见了说道："嗨，一派大学生的味道！"一有空闲，卢少琴便去练功大厅对着镜子中练习她从戏曲研究院学来的新的练功程式，李团长看见，要她带着大家一起练。

秦剧团的领导层有了一些变化，党总支书记周信源也已调离秦剧团，新来了一个书记，叫廖生才，40 岁左右，江苏人，从自治区文教局调来。

廖书记不懂秦腔，但懂政治，是个好领导。他口才不错，举止稳重，管理方面和工作方法很有一套。他善于倾听群众意见，将矛盾消弭于无形。发现问题苗头，他不声张，不在大会上点名批评，使矛盾激化，而只是在私下找有关的人谈话，往往问题已经解决，而局外人毫无知觉。更加可贵的是，廖书记不是那种不懂装懂的政工干部，他非常理解并支持李晓俊团长的业务工作，对于排戏演戏方面的业务工作，他会放手让专家自作主张。大家有时也叫他廖团长，但他其实并未兼任团长，只是李晓俊团长性格恬淡内向，本应由团长负责的许多管理方面的事务也常常是廖书记管。

卢少琴是团里引人注目的人物，每一任领导对卢少琴都特别关照，比对一般人要好上几分，廖书记也不例外。卢少琴不在的这几个月，秦剧团演戏不多，主要下乡到山南地区搞土地改革复查，体验生活。

卢少琴家庭出身好，色艺双全，又红又专，积极向上，踏实肯干，一调到西藏秦剧团就得到重用，不但是舞台上的主角，而且担任了秦剧团少先队组织的最高领导中队长，不到 14 岁就入了团，是秦剧团的第一批团员，记者采访、领导接见等所有的好事都少不了她。按照最初的发展势头，卢少琴似乎可以在秦剧团平步青云，扶摇直上，入党，提干，甚至做一任秦剧团团长都有可能。

她思想很革命，有入党要求，但入党问题却迟迟不能解决，直到 1970 年她离开秦剧团仍不是党员。至于她的职务，则止步在团小组长这一小得不能再小的"官位"上。

究其原因，不外乎内因外因两种。外因方面，皎皎者易污，太出众，就有人嫉妒，流言蜚语层出不穷，此其一；恋爱方面，她拒绝顶头上司钟指导于前，和远在西安的雷根善"勾勾搭搭"于后，不但冷了秦剧团某些青年的心，而且使某些领导对她的忠心产生怀疑，此其二。内因方面，卢少琴性格耿直，宁折不弯，恃才傲物，锋芒外露，不知逢迎，不屑钻营，恼将起来，一副拼命三郎模样。这种个性脾气，小的时候在成年领导眼中显得天真可爱，但长大以后在同事中就不再可爱，在一定程度上成了她入党和高升的绊脚石。

1962 年 4 月的一天，上级有令：秦剧团移师日喀则。不是到日喀则去作客和演出，而是在日喀则安家，从此常驻日喀则。

秦剧团为什么要搬家到日喀则？因为那里是西北子弟兵陆军十一师的驻地。

十一师原属西北野战军和兰州军区，1959 年 3 月入藏平叛，1959 年 6 月，十一师兼日喀则军分区；1960 年 10 月，十一师正式隶属西藏军区领导，成为一支常驻西藏的部队。十一师官兵的绝大多数都是西北人，最爱秦剧。在两年多的平叛中，十一师官兵和秦剧团已经有过无数次接触。秦剧团的姑娘小伙儿不但会演秦剧，而且一不怕苦，二不怕死，一点儿都不娇气，在演戏之余，抓紧分分秒秒为战士服务，遇到紧急情况，和战士并肩战斗。秦剧团就像是一剂兴奋剂，每次到来，都极大地鼓舞了战士们的斗志。所以十一师上上下下都特别喜欢秦剧团。要秦剧团去日喀则安家，八成是十一师主动向西藏军区提出的要求。君不见，在十一师兼任日喀则军分区不久，在紧张的战斗中，它就已经开始在日喀则为秦剧团规划建造剧院、房舍了，可见此事十一师"蓄谋已久"。

那个时候，"追星族"这个名词还没创造出来。在十一师官兵的心目中，秦剧团有好几个他们喜欢的"星"，而最明亮的"星"就是卢少琴。何以见得？掌声为证。每次卢少琴出场，掌声最多。有时卢少琴不演出，只是走到台前报个幕，台下十一师官兵都会赏给她经久不息的掌声。

能够和十一师在一起，秦剧团也非常高兴。对于一个戏班子，最大的幸福莫过于受到观众由衷的喜爱。这些年来，秦剧团走遍了大半个西藏，西藏几乎所有的部队和机关单位都看过秦剧团演出，而只有到十一师去演出，秦剧团才感到最幸福，因为十一师官兵给予他们的掌声最多、关爱最多、激情最多，照顾得也最周到。毕竟，整个西藏最喜欢和最需要秦剧团的还是咱西北子弟兵。

所以，让秦剧团常驻日喀则，十一师高兴，秦剧团高兴，拉萨也没有多大损失，可谓皆大欢喜。

秦剧团搬家到日喀则时，已年近古稀的刘更生老师离开秦剧团去西藏文史馆工作，留在了拉萨，两年之后，刘老师退休，回到了陕西老家。1963 年以后，小演员中的头号小生刘保平因胸膜炎、胸积水等疾病去了西安，基本上是一去未复返，令人惋惜。

当秦剧团的车队抵达日喀则十一师师部时，大院立刻热闹起来。以余致泉师长、张鹤田政委为首，十一师头面人物尽数出动，后面跟着十一师文工队的一群人，敲锣打鼓，迎将出来。大院最醒目之处挂着"热烈欢迎秦剧团来日喀则安家落户"的巨幅标语。许多人走上前来热情地打招呼，听到最多的一句话是："乡党来了，欢迎欢迎！"

当晚，十一师举行盛大宴会为秦剧团接风。宴会上，余师长和其他领导讲话，菜肴丰盛，自不必说，只那"泸州老窖"等中国名酒便敞开供应，这在当时部队的宴会中就不多见。秦剧团和十一师的人互相劝酒，斗智斗勇，计谋百出，平添几多欢笑。

十一师师长余致泉（1916—1977），江西人，老红军，长征干部，1964 年晋升少将。古今良将都爱士卒，余师长也不例外。他虽非秦人，对秦剧难说有如醉如痴的情感，但秦剧能让他的兵精神焕发，所以他对秦剧团倍加珍惜，关爱有加。

三十二团团长田启元，陕北人，于刘志丹手下当过小红军，性格耿直，打起仗来不要命，扔掉帽子甩掉衣服光着膀子往上冲，挣了个外号叫"田二杆子"。他对秦剧团最好，秦剧团安家日喀则他最高兴。见到秦剧团的人，口里嚷道："你们可不知道，我们张政委给我们训话，把你们秦剧团都吹到天上去了，说你们功劳大得很，还要叫我们向你们学习。要是我们对你们稍为有点马

　　1962 年摄于日喀则扎什伦布寺旁的空地上。1962 年春，西藏秦剧团从拉萨搬家到第十一师师部驻地日喀则。抵达不久，十一师就举办了一次军民联欢，十一师师部官兵、日喀则地委以及附近的藏族群众前来参加，文艺节目主要由秦剧团演出。多年来，秦剧团适应西藏观众的需求，不仅演秦剧，而且准备了许多小节目，流行歌曲以及天南海北的民歌、地方戏曲都能来几下，并且常常创作一些反映部队生活和英雄事迹的节目。这是秦剧团女演员表演的女声小合唱，前排四人（左起）：郎英、崔志宁、刘爱云、张樱桃；后排五人（左起）：张英琴，胡新华，张亚萍，卢少琴，陆桂爱。

　　乐队：板胡雒祥杰（坐凳子者），三弦王根孝（坐地者），梆子、手锣高连喜（站者，眼看雒祥杰），笛子常立成，二胡魏新民（在王根孝旁席地而坐）。

　　照片右上角有个桌子，桌子后面站着两个人：暖水瓶后面的军官是第十一师师长余致泉；另一位在照片的最右侧，身穿呢子大衣者是日喀则地委的梁书记。前排中间背对读者的战士的棉衣上似有两个子弹打出的洞。

虎，张政委肯定饶不了我们！"

张鹤田政委正好就在旁边站着，他笑道："我说田二杆子，你这叫猪八戒倒打一耙！'秦剧团一场戏，抵得过咱做半年政治思想工作'，这话不是你说的？我要是对秦剧团不好，恐怕你这个二杆子要替你的陕西老乡打抱不平！"张鹤田（1917—？）乃河北人，作为政工干部，他比谁都关注部队士气，因为只有士气旺才能打胜仗。秦剧团能振奋士气，张政委当然喜欢秦剧团。

此外还有王副师长、秦副师长（后任天水炮校校长）、耿副政委（后任林芝军分区政委）、魏副政委等领导，个个都对秦剧团好。

秦剧团到日喀则，不仅战士和首长高兴，首长夫人们也格外高兴。除了看戏方便这个原因外，大概日喀则人太少，女人更少，无处串门，没人聊天儿，甚感寂寞，来了个秦剧团，周围突然增加了几十个女性，生活比以前热闹了，所以她们高兴。

后勤部长王国旺，曾任中国驻越南大使馆武官，他的妻子吴桂云是十一师卫生营的医生，就特别喜欢卢少琴，非要认小卢作干妹子，三天两头来看小卢，给小卢织毛衣，做小锅饭，恨不得让小卢同她朝夕相伴。

头两个礼拜，秦剧团住部队营房，进行军训，主要内容是队列训练，保密教育，熟悉部队条令等。

一天，文化科副科长吴助理员来找卢少琴，说道："我正在为你们下次外出演出作计划，需要知道你们这次出去带哪些戏，有多少人，需要几辆车。李团长不在，你来给我说一下。"卢少琴跟着吴助理员来到师部文化科。带哪些戏，每部戏有哪些演员，需要哪些乐队、哪些道具之类，卢少琴一清二楚。她帮吴助理员填好了表。

卢少琴正要离开文化科办公室，在另一个桌子上伏案办公的任科长叫住了她，说道："小卢，你知道吗？你现在是中国人民解放军七八八五部队的准尉。"接着，任科长让她看了他正在制作的一份文件。上面列着秦剧团每个人的姓名，第一页第一行便是卢少琴，"军衔"一栏真真切切写着"准尉"二字。准尉是副排级军官。

小卢这时才明白为什么他们一到日喀则就要参加军训，原来秦剧团已经集体入伍，成了解放军，所以才要军训，以便对部队生活有个基本的适应。

当年秦剧团到格尔木，秦剧团的工资和各项开支都从青藏铁路工程局的预算中解决。现在秦剧团到了日喀则，则其工资和行政、业务开支可能都是从十一师的军费预算中解决，因此，让秦剧团集体入伍，以便能够名正言顺地从上级领到秦剧团的粮草，也就顺理成章了。

既然是解放军，就可以领军装，戴领章帽徽。十一师给秦剧团的待遇跟其他部队单位相同，人人都发了军装。新衣服到了，先给秦剧团发。有一次，卢少琴随口说了一句自己的大衣某处有点破，马上就有人给她送来崭新的军用大衣。

但秦剧团毕竟和部队其他单位不同。其他单位的干部战士平时必须穿军装，而秦剧团的人领到军装，可以压在箱子底下。有些男生喜欢穿军装，而女生平时很少穿军装。

秦剧团的工作性质是一声令下，打起背包就得走，衣服多了是累赘，所以发衣服时卢少琴等姑娘家常常不去领；即便这样，到后来每个人的军装也有好几套。

日喀则这两年大兴土木，建造富丽堂皇的班禅行宫，建造大剧院，建造部队营房，建造地区机关办公室和家属院。秦剧团的宿舍和办公室已经建好，只是还未装修，无法住人。半个月的军训结束后，秦剧团被安排住在刚刚落成、尚未正式启用、仍在进行装修的大剧院的二楼。

大家习惯上把日喀则新建的剧院叫大礼堂，但说它是礼堂其实是矮化了它，因为它完全是一座按当时中国大城市较高档标准设计的现代化剧院。当初秦剧团的人觉得格尔木人民剧院不错，那是因为大家的期望值太低。格尔木剧院跟日喀则刚刚建成的这座剧院相比，就有点小巫见大巫。格尔木剧院的墙是土坯砌的，地面是砖铺的，且只有一层，除舞台外别无其他设施。而眼前的剧院，建筑材料是钢架、水泥、石料之类，水磨石地面，阶梯状座席，翻板式固定座椅，二楼也设有阶梯状观众座席，二楼后面有电影放映室，两侧有办公室、储藏室、排练室、演员活动室等数十间。正因为二楼有这许多房舍，所以才能被临时用作秦剧团的宿舍。剧院内所有的设施都是又高级又现代，格尔木剧院怎能相比！

日喀则别无其他专业文艺团体，秦剧团理所当然地成了大剧院的主人。

一个多月后，宿舍和办公室装修完毕，秦剧团搬出了大剧院，住进了宿舍。秦剧团的宿舍和办公室前后两排，共60多间房子，两个单身职工住一间。

这些房子都是砖混结构的新式平房，坚固保暖，干净明亮，窗户有防盗铁栏杆。有家的职工在一里之外另有院落居住。此处距离班禅行宫和十一师师部都只有一二里路。

达赖出逃，班禅取代达赖成了西藏人民的最高领袖，肩上担子很重，非常忙碌。随着对社会和政治的了解越来越深刻，他的使命感也越来越强烈。西藏叛乱，他心头沉重。他反对藏独，支持统一；反对叛乱，支持平叛。现在他见到秦剧团的人，通常只是挥挥手，打个招呼，然后匆匆离去。

当时的日喀则除了十一师师部、地区专署外，还有解放军第八医院、职工医院、建筑工程队等。附近看不到藏族人居住的街区或村落。扎什伦布寺的喇嘛很少到他们这边来。它是座城市吗？似乎不像。这里没有商贾，没有小贩，没有市场，没有内地人想象中的那种城市街道。手里攥着钱，想吃一碗面，走遍日喀则，不见有饭馆。

这里叛匪势力似乎微不足道，从来没有人提醒秦剧团在日喀则要注意安全。这肯定与班禅大师的作用有关：寺庙常常是叛乱发源地，班禅大师爱国，他的扎什伦布寺拥护党中央和解放军，反对藏独，加之十一师坐镇，所以整个日喀则市区非常安全。

初来乍到，秦剧团要按照自己的演出需求装点剧院舞台。然后，所有的戏都要给日喀则人至少演一遍。在日喀则的工作，不外乎排练、演出、学习、下乡。秦剧团把到各县、各部队驻地和各边防点演出统统称为下乡。

秦剧团虽然已被编入十一师，但他们的服务对象不仅限于十一师各部队。秦剧团经常下乡，到前线各参战部队去巡回演出，有时还被召回拉萨去演出。一年之中，大部分时间是在下面跑，而待在日喀则的时间总共加到一块也只有三四个月。在日喀则的时间基本上是他们的整训时间。

5月至9月，秦剧团演出队又一次到日喀则地区、山南地区、阿里地区各部队的连级、营级、团级的驻地进行慰问演出，警卫班随行，十一师的车队担任运输，每辆车配备两位全副武装的司机，带队的是一位连长，姓胡。

这一日，秦剧团的车队路过一地，地名唤作"觉特罗"。这一带人烟稀少，汽车走的道其实不是公路，而是一条人马踩出来的自然路。走在最前面的司机凭感觉驾驶着卡车摸索前进，其他车辆跟在后面。

突然，走在最前面的卡车车身一歪，陷入泥潭，开不动了。整个车队停了下来。

那时，西藏的正规公路很少，许多情况下，部队的车队都是像今天一样摸索前进，发生陷车司空见惯。胡连长察看了情况，觉得要将车拖出泥潭恐怕得耽搁好几个小时。这时日已偏西，看来今天已无法赶到原定的宿营地。胡连长、吴助理员、李团长等领导商量了一下，决定就地宿营。

部队派出人员警戒，一部分人帮忙拖车，其余的人和秦剧团的人一起搭建帐篷，并支起锅灶准备做饭。

那天做的是陕西风味小吃"麻食面"，用的面粉是蛋黄粉，即小麦面粉和干蛋黄粉的混合物，富含蛋白质和矿物质，营养丰富，部队专用。炊事班的人和面，一群女孩子帮忙搓面。面板不够，就用做道具用的草帽代替，搓出的麻食面片上面带着草帽的花纹，反而比普通面板上搓的面好看。野外做饭对这些人来说是轻车熟路，油盐酱醋、辣椒酱、猪肉罐头、腌蒜薹之类样样俱全，经炊事班的大师妙手搭配，麻食面的味道不错。

两三个小时后，饭做好了，陷入泥潭的车也已经被拉出来了。

吃完晚饭，准备过夜。因为是中途宿营，周围地理不熟，敌情不明，警卫班加上车队的战士，战斗人员总共也不过20来人，要保护秦剧团几十个人，部队哪敢马虎大意！几位领导对晚上的警戒任务作了周密部署。部队选择了几个便于观察、隐蔽和防卫的地点安置了固定哨，另从秦剧团抽调了一些精明强干的年轻人值流动哨。

营地选在一个两三丈高的山崖下。山崖东西走向，和大路平行，蜿蜒数里，帐篷就搭在山崖下的缓坡上。缓坡一直延伸到大路。大路对面不远有一个小湖，湖边有树林。

站在营地，背对山崖，前方是北，右边是东，左边是西。营地地势较高，站在此处瞭望，东、北、西三个方向可以看得很远，尤其是大路两旁数里范围内的景物可以尽收眼底。秦剧团车队的行进方向是由东往西，白天陷车之处便是在营地以东距离宿营地一里多路的地方。

天黑了，农历十一二的月亮早已高挂在天空。西藏的天空，若是晴天，往往一尘不染。此夜正是一个大晴天，月亮显得格外明亮，正所谓"江天一色无纤尘，皎皎空中孤月轮"，只是这"江天一色"应该改为"高原碧天"才符合实际。

因为山崖的遮挡，秦剧团的帐篷恰恰是在月光照射不到的地方，帐篷中的人可以看见前方大路的景物，而路上往来的人却不容易发现他们。

这个营地选得好，比较隐蔽，便于瞭望，易守难攻。

游动哨是天黑以后才派出。卢少琴、陆桂爱、张英琴三员女将被安排值第一班流动哨。西藏天黑得晚，她们上岗之时大约是晚上10点。卢少琴在热水袋里灌满了炊事班烧的开水，放到自己的被窝里，然后装束停当，约会了陆、张二人去值班。

三人刚刚离开，没走几步，就听得胡连长轻声呼唤："小卢！小卢！你们先等一下！"卢少琴转身问道："什么事？"胡连长说："我看你们的围巾太显眼，人家容易发现你们，应该遮掩一下。"原来卢少琴等三人的围巾颜色很浅，月光下看上去又白又亮，老远就能看到。卢少琴等连忙将围巾放到了外衣下面，其他二人也做了同样的改进。

流动哨任务是在营地周围一二里的范围内随意走动，尽量隐蔽自己，发现异常情况，立即报告。三位女将没有带枪，连根棍子也没带，在山崖前的缓坡上沿着大路延伸的方向缓慢地、悄悄地往西走。

在离开营地二三百米的地方，她们突然发现前方山脊上的草在动，草上似乎还有一个人脑袋大小的东西也在动；不是乱动，而是在朝一个方向移动。这个地方山崖基本消失，看上去只有一个山脊线。

三人互相对视了一下，决定走上前去，探个究竟。为了不惊动目标，她们尽量躬下腰身，脚步像猫一样轻提轻放，不使发出声响。

在距离目标四五十米处，突然听见目标发出了声音："哎呀！嗯！啊唷！哦！……"

是人声！而且像是正在殊死搏斗的人发出的声音！

三人用手势、口形和眼神商量了一下，决定由陆桂爱回去报告，卢、张二人留下继续监控。陆桂爱开始往回走，而卢、张二人继续向目标接近。当她们距离目标只有二三十米的时候，就听见"妈呀"一声，有人摔倒了。

这一下两个人听了个真切。小卢说："这好像是樊西园的声音！他在这里干什么？"小张说："没错！是他！"小卢大声说："樊西园，是你吗？"就听对方说："是我是我！我的妈呀！原来是你们！你们可把我吓死了！你们弓着腰包抄过来，我还以为是叛匪呢！"

原来，樊西园那天晚上拉肚子，出来方便，看见三个人向他包抄过来，误以为遇上了叛匪，自己要当俘虏，心中害怕，不自觉地发出"哎呀啊唷"的声音。

彼此都虚惊一场。陆桂爱自然也不用回去报告了。樊西园走后，三人继续值勤。

突然，大路对面小湖中有一群黄鸭惊起，在夜空中嘎嘎乱叫。这是为什么？

冷月当空，池水微明，野鸭飞起，或者有人会联想到《红楼梦》中林黛玉、史湘云的诗句："寒塘渡鹤影，冷月葬诗魂。"但卢少琴等三人当时可没有这等浪漫情怀，他们首先想到的是"敌情"二字。三人四下观瞧，不见异常动静。三个人轮流爬到地上，把耳朵贴到路面上听，都说没有听到马蹄声或其他声音。于是她们得出结论：黄鸭惊起乱叫，可能因为黄鼠狼之类的动物袭击了它们，不是敌情，不必向部队报告。

一个小时的值勤时间很快过去了。三人回去交差，报告"没有发现任何可疑情况"。三位年轻女兵遇事不慌，处理得当，避免了将一些偶发性事件误作敌情报告，值得称道。

值勤结束，回帐篷睡觉。卢少琴真困了，头一落到枕头上就睡着了。她觉得只睡了很短的时间，梦中忽然听见一阵急促的哨子声，又听有人喊："起来啦起来啦！"卢少琴一骨碌爬了起来，果然发现大家都在紧张地穿衣、打背包、拆帐篷。

卢少琴是否该问："天还未亮，为什么起得这么早？"不该！这个时候，你什么问题都不要问，执行命令就是了。这一点卢少琴懂得，其他人也都懂得。

大家以最快的速度收拾好了行装，装好了车。不吃早饭，车队马上出发。最前面和最后面的车上各有一挺轻机枪。警卫班的车没有跟随车队出发，而是留在原地，准备阻击敌人。部队和秦剧团几个带枪的同志都做好了战斗准备。

原来真的发现了敌情！

这时是凌晨6点左右，月亮已经下山，周围的世界正在经历着黎明前的黑暗。

车队离宿营地越来越远，大家已经看不见警卫班的车。十来分钟后，大家听到了枪声。枪声不太密集，有单发，也有连发。枪声只持续了两三分钟，然

　　1962年摄于日喀则第十一师师部。秦剧团搬家到日喀则后，十一师后勤部部长王国旺的妻子、卫生营的医生吴桂云特别喜欢卢少琴，认小卢作干妹子，三天两头来看小卢，给小卢织毛衣，做小锅饭。这一日，吴桂云请卢少琴吃饭，卢少琴说："我一人不好意思去？"吴说："那你就叫个朋友一起来！"饭后，大家出来漫步。军营之中，四位青年女性一起走路也是一道引人注目的风景，有人给她们照了这张相。左起：陆桂爱、卢少琴、吴桂云、张樱桃。

后四周的一切又恢复了宁静。

又过了十几分钟，警卫班的车赶了上来。这时天方黎明。

后来才知道，他们确实遇到了叛匪的一股骑兵。这些家伙可能侦察到我方车队陷车，估计我们会在半道野营，想在黎明之前攻我们一个措手不及。后来发现我们并非在熟睡，而是车队已经上路，所以未敢轻举妄动。但敌人还不死心，想试探我方虚实，于是开枪，警卫班开枪还击。敌人见我方有准备，而且发现我方是装备精良的正规部队，所以敌人没有真正进行攻击就离去了。我方无一人伤亡。因为天黑，敌方伤亡情况不详。

我们之所以没有伤亡，是因为我们对敌情觉察较早，有所准备，使敌人无懈可击。假使大家真的在熟睡，敌人猝然发动攻击，秦剧团必有伤亡。

半夜三更，没有现代化的侦察手段，警卫班和汽车连的战士们是如何发现敌情的呢？这是一个谜，更是一个奇迹。我们的部队真了不起！

第二十八回

击边寇雄师扬国威
行军法现场惩败类

　　1962 年 9 月，秦剧团结束了四个多月的"下乡"演出，回到日喀则整训。国庆节前后，他们奉命去拉萨为某些庆祝活动进行演出。这次他们在拉萨只是执行演出任务，前后只待了一两个星期，然后返回日喀则。

　　10 月的一个星期天早上，廖团长叫卢少琴跟他一起去日喀则地区政府机关大院。西藏自治区政府尚未正式成立，自治区筹委会和西工委在地区一级都有相应的机构，它们行使相当于地区行署和地区党委的职权。从秦剧团宿舍到地区机关大院只有一里多路，展脚就到。廖团长带小卢径直走进地委大会议室里面充作小会议室的套间。

　　地委梁书记和地区机关的另外几位领导正在打麻将，见二人进来，说道："小卢来啦！请坐请坐！不要拘束。我们一边玩儿，一边随便聊聊。我们找你来，主要是想了解一下秦剧团演员们的一些想法。"又说："星期天，我们几个打打麻将，轻松一下。你出去不要给别人说，说出去影响不好。"对于这些汉族干部来说，日喀则文化生活贫乏，看来领导也在设法自娱自乐。

　　廖团长和梁书记先是问卢少琴在日喀则是否住得惯，同志们都有些什么反映，生活上和工作上还有什么困难，对团里的工作有什么意见等等。卢少琴尊重领导，难免拘束，于是谨言慎行，领导问，她就尽其所知，老老实实回答。谈话慢慢切入正题。

　　廖团长对卢少琴说："咱们团这八九十号人，有的像你一样是演员，有的是乐队，有的搞舞美，有的搞后勤，有的像我一样搞行政。你说团里哪些人最辛苦？"

"我觉得演员最辛苦。演员要天天练基本功，练功需要吃苦。我们还得排练、演出，还得不断学习，充实自己。要真正把戏演好，演员不吃苦不行。"

"其他人辛苦吗？"

"其他人也辛苦。比如说乐队的人，整天坐在那里练习、伴奏，我听他们说屁股都磨出茧子来了。"

"真的！你说的这个情况我还不知道。应该给乐队的椅子上放个软垫，这样可能会好一些。"后来，团里果然给乐队每个人发了一个海绵垫。

廖团长接着说："实话告诉你吧。你们这一批演员学徒期已满，快毕业了，要给你们定工资级别。咱们现在是社会主义，讲按劳分配，多劳多得。我们知道你们几个主要演员比其他人要忙得多，按照按劳分配的原则，给你们的级别应该定得高一些。但如果你们几个主要演员工资太高，那些演配角的演员，还有舞美队的人，乐队的人，后勤的人可能会有意见。他们如果不好好干，团里的整个工作就会受到影响。小卢，你看这件事情该怎么办？"

卢少琴说："离开配角，我们也演不成戏。乐队、舞美、后勤，都很重要，他们也都很辛苦。党培养了我，我是共青团员，给我定什么级别都行，给我和那些演配角的演员定同一个级别，我个人不会有任何意见。"

廖团长、梁书记和在场的其他领导都夸小卢思想觉悟高。

中午，领导留卢少琴在专署吃饭。领导小灶的饭并不复杂，米饭加几个小菜，卢少琴觉得还不如秦剧团的大灶吃得丰盛。

没过几天，工资评定工作就开始了。评定结果，男生是刘保平、白贵平、田德昌等人最高，女生是卢少琴、胡新华、陆桂爱、张亚萍最高。

令人费解的是刘保平等的工资要比卢少琴等的工资高一级，男女同工同酬的原则在这里打了折扣。为什么？因为男生闹了，男生中有些主要演员躺在领导办公室门口，要求增加工资。要是真正按对剧团的贡献，这几个工资高一级的男生并不比卢少琴强。

卢少琴没有闹；女生中卢少琴是最主要的演员，其他几位都要略逊一筹，卢少琴不闹，女生中也就无人再闹了。在正式宣布评定工资级别之前，廖团长首先做通了卢少琴的工作，事实证明这一招很管用。管用是管用，但却欠公平。

廖团长为什么没有在男生中找一个人事先做工作呢？因为男生中几位主

要演员的水平难分高下，没有任何一个人出类拔萃。卢少琴在女演员中的地位无人可比，男生中则找不出类似于卢少琴的人选。

1962 年 10—11 月，发生了一件震惊世界、影响深远的大事：中印边界武装冲突。

中国和印度同是世界文明古国，两国人民在反对帝国主义和殖民主义的斗争中一直相互同情与支持。新中国成立后，中印两国在国际斗争中积极合作，并共同提出了著名的和平共处五项原则。但是，中印边界问题的存在却一直是两国关系中的一道阴影。

中印边界长约 2000 公里，历史上从未正式划定，只存在一条传统习惯线，分为西、中、东三段。19 世纪下半期，英国殖民统治者在中印边界西段传统习惯线以东中国新疆阿克赛钦地区先后划过几条不同的线。1914 年 3 月，在英国殖民者企图把西藏从中国版图中分割出去而在印度西姆拉召开的会议期间，又抛出了所谓的"麦克马洪线"，这条线试图把中印边界东段传统习惯线以北中国一侧的 9 万平方公里土地划入印度版图。上述几条所谓的边界线都是英印政府单方、片面地在地图上划出的，根本没有任何法律效力，中国历届政府从来没有承认过。

1951 年西藏获得和平解放，在此前后，印度军队开始向"麦克马洪线"推进，至 1953 年侵占了该线以南的大片中国领土。从 1954 年到 1956 年，中印两国总理三次会面。周恩来总理向印度总理尼赫鲁谈到：中印边界全部没有划定，这是首先需要加以肯定的事实；"麦克马洪线"是英国殖民主义者造成的，中国政府决不会承认这条线，但也从来没有越过这条线；中国政府对中印边界采取现实主义的态度，在边界问题全部解决以前维持两国边界久已存在的状况。

与中国政府准备协商解决边界问题立场不同的是，印度政府一直打算把英国殖民统治者所划的对它最有利的线作为边界线强加给中国。

1957 年 10 月，新疆通往西藏的公路开通。次年 10 月，印方向中方提出交涉，声称这条公路通过的一部分领土属于"印度拉达克"地区。中方拒绝了这一指责。这次外交交涉把中印两国之间关于阿克赛钦地区归属问题的争执挑明。鉴于中印边界纠纷给两国关系带来的重大影响，1959 年 1 月和 9 月，周总理两次致信尼赫鲁，阐明中国政府立场，并提出根据五项原则，通过友好协商，全面解决两国边界问题。

然而，印度政府无意通过和平谈判协商解决边界问题，尼赫鲁多次宣称印度所主张的边界是不可变更的。1959 年 3 月西藏上层反动集团发动叛乱后不久，印度政府正式向中国政府提出领土要求，总面积达 12.5 万平方公里，并命令印军在朗久、塔马墩等处越过麦克马洪线侵占中国领土。8 月，印军在侵占朗久时挑起第一次边境流血冲突事件。10 月，印军在空喀山口挑起更严重的流血冲突事件。

为缓解局势，根据毛泽东的提议，中国政府于 11 月 7 日建议两国武装部队立即从实际控制线各自后撤 20 公里。印方拒绝了这一建议。1960 年 4 月，周恩来总理亲赴新德里与尼赫鲁商谈，未能取得任何成果。尼赫鲁将中国政府为了维护中印两国边界的和平所做出的忍让与克制视为软弱可欺。尼赫鲁发昏了，他想和中国打仗了。

1962 年前后，中国的内政和外交都发生极大困难。内政方面，全国人民正在饿肚子；外交方面，苏联老大哥变脸，欺负中国。中国的困难使尼赫鲁觉得有机可乘，于是，印军变本加厉，不断蚕食中国领土，越境设立据点，在麦克马洪线以北扩大侵占范围。从 6 月起，印军先后侵占了扯冬、绒布丢、扯果布、卡龙、章多、克宁乃、日挺布、汤、娘巴等地。印度飞机也加紧侵入中国领空，频繁地进行侦察，并空投成批军事人员和大量军事物资给印方设在中国境内的侵略据点。

1962 年 10 月 5 日，印度国防部宣布在"东方军区"下成立一个专门对付中国的新兵团第四军，任命考尔中将为该军军长。12 日，尼赫鲁下令要把中国军队"清除掉"。14 日，印度国防部长梅农宣称要同中国打到最后一个人、最后一支枪。17 日，印度军队在边界东、西两段同时对中方开始猛烈炮击。

中国已经"退避三舍"，可印度还是得寸进尺。中国除了一战，已无退路。

1962 年 10 月 17 日，毛泽东主席主持中央军委会议，做出了打的决定。当天，中央军委发出《歼灭入侵印军的作战命令》。

西藏边防部队于 10 月 20 日发起克节朗反击作战，十一师是参战部队之一。经过连续十小时激战，迅速地歼灭了印军所谓的"常胜军"第七旅，随后，越过麦克马洪线，乘胜追击，印军望风逃遁。22 日上午，俘获了印军第七旅旅长季·普·达尔维准将。

10 月 24 日，在我方取得节节胜利之际，中国政府发表声明：双方尊重在整个中印边界上存在于双方之间的实际控制线，双方武装部队从这条线各自后撤 20 公里，脱离接触。这样做的目的，当然是希望印度知难而退，就此停止对中国的侵略和挑衅，维持边界的现状和和平。

但是，印度政府一方面再次拒绝中国的和平建议，另一方面进行战争动员，宣布全国处于"紧急状态"，在中印边界增兵，想和中国再决雌雄。中印边界的参战印军从 2.2 万人增至 3 万余人。显然，印度对自己在第一回合中的失败并不服气。

10 月 30 日—11 月 5 日，达旺河南岸的印军以重炮轰击中国边防部队，发射炮弹 600 余发。11 月 6 日，瓦弄地区的印军向中国边防部队发起进攻，被昌都军分区部队击退。在西段边境，印军也炮击中国边防部队。从 11 月 14 日开始，印军在瓦弄、西山口两个方向，分别向中国边防部队发动猛烈的进攻和炮击。16 日、17 日，印军又在炮火掩护下，分多路向驻守江和略克图拉的中国边防部队发动猛烈攻击。

中国边防部队决定实行大纵深的战役迂回，结合印军部署特点，采取"打头、切尾、斩腰、剖腹"，将印军分割数段，各个歼灭的战法。十一师负担向邦迪拉迂回和"切尾"的任务，经五天七夜长途跋涉，堵住了印军的退路，相机占领了邦迪拉并向南追击。我军其他部队也克服高山、密林、峡谷、险隘等困难，从左右两翼向预定地域前进。在中国边防部队的猛烈打击下，印军第四师防御体系迅速瓦解，大部被歼。印军六十二旅旅长豪尔·辛格准将被击毙。

在其他各战场，中国边防部队在对印军的作战中也迅速取得胜利。印军第四军军长考尔中将和十一旅旅长等人侥幸逃得性命。

中国政府发表声明，自 11 月 22 日零时起中国边防部队在中印边界全线停火，并且自 12 月 1 日起从 1959 年 11 月 7 日双方实际控制线单方面后撤 20 公里。我方决定将在自卫反击作战中缴获的印军武器、弹药和其他军用物资交还给印度，对印方的民用设施也一律不破坏、没收、回运，印军被俘人员后来也全部被释放。

在总结这次边界反击战时，周总理谈到：这次我们是在多次忍让没有得到效果以后才进行自卫反击的。不暴露，不打击，不能和缓紧张局势。我们的斗争策略，是有理、有利、有节。退避三舍，后发制人，来而不往非礼也。

11 月，中印边境自卫反击战的硝烟尚未散尽，秦剧团就到了前线。

这次秦剧团轻装上阵，出动了一支小而精的演出队，没有带布景，演员有卢少琴、张建国、王双群、郎英、白贵平、张亚萍、许胜利等，乐队和舞美的人有赵天民、雒详杰、李仁友、赵兰成等，李晓俊团长亲自带队。

具体到过哪些地方，卢少琴无法一一记清，但她肯定无疑地说秦剧团曾经到过刚刚被中国收复的达旺地区，不是停留在达旺镇内，而是在达旺地区的好几个地点都进行过慰问演出。只要是部队较集中和驻扎一段时间的地方，秦剧团都有可能去。

达旺在麦克马洪线之南，面积 2172 平方公里，乃六世达赖仓央嘉措的出生地，自古是中国的领土，属于西藏山南地区的错那县。1951 年 2 月，印度军队侵入达旺，武力将西藏当局派到当地的行政人员赶走，占领了达旺。1962 年中印边境自卫反击战时，中国军队收复达旺。后来我军主动回撤，达旺地区重又被印军占领。

有一次，秦剧团在达旺地区演出，夜间，露天，没有照明设备，部队用七八辆卡车围成一个半圆，打开车灯，将中间的一块平地照得如同白昼，秦剧团就在这块平地上为部队演出。车灯照明演大戏，古今中外并不多见。

"诸葛亮挥泪斩马谡""杨六郎辕门斩子"的故事，书里写，戏里唱，中国人都知道，无非是讲古来名将治军必严，军法无情，亲朋好友犯法照罚不误。解放军是英雄之师，但英雄之师也会有败类。对于军中败类，解放军会"军法从事"吗？答案是肯定的。中印达境自卫反击战解放军打得很好，但军中居然也出现了败类，解放军开了一个军事法庭公审了他们。这一难得一见的事件让秦剧团给碰上了。

时间可能是 1962 年 12 月中旬，地点可能是山南地区某地。军事法庭公审现场会在十一师三十一团驻地举行，由某军政治部高主任主持。这个地方气候温暖，12 月穿单衣不觉冷。主席台设在一个平缓山包的顶部，有大功率的扩音设备，高音喇叭架在旗杆上，电源来自部队的发电机。主席台前的几面山坡和几个山沟密密麻麻坐满了部队，没有 1 万人，也有 5000 人，估计参加对印自卫反击战的几个师都有许多人前来参加现场审判大会。秦剧团被安排坐在主席台正前方。

高主任是河南人，他的讲话中有几句话卢少琴记得特别清楚："人家都说我这个人有个坏毛病，帽子一扬，开口骂娘。我知道共产党不应该骂娘。但今天我忍不住了，我又要骂娘！他妈的！想不到我们的革命队伍中竟然有这样的败类！"

这一天共审判了三个人。第一个罪犯是一位排长。在对印作战中，我军在一个叫作"大沙坪"的地方埋伏了一个排，排长就是此人。前方我军大胜，印军兵败如山倒，大批败兵往印度方向逃窜，其中就有考尔中将。"大沙坪"正是敌人逃跑的必经之地，上级将这个排埋伏在这里，就是为了挡住敌人逃跑的道路。但排长见成百上千的敌人蜂拥而至，吓破了胆，生怕被敌人发现，竟然命令全排不许开枪。战士们纷纷要求开枪阻击敌人，排长用枪指着机枪手的脑袋喊道："谁开枪老子就崩了谁！"眼睁睁地放走了敌人。机枪手气得双目圆睁，为了控制自己的情绪，他用牙咬住自己的右手大拇指，手指头都咬出了血。旁边的其他战士看在眼里，眼睁睁地看见敌人从眼前逃走，都愤愤不平。

其实当时敌人已成惊弓之鸟，这个排如果顽强阻击，定会立下大功。只要把敌人拖住，我军大队人马抵达，再毙敌几百俘敌几千易如反掌，说不定还会活捉考尔中将。

这个排长被五花大绑，由四名战士押了上来。在场的解放军官兵都觉得这个排长丢了解放军的脸，一时全场情绪激动。此人略一挣扎，就被押解的战士一顿拳脚。

第二个罪犯是某营卫生员。在对印作战中，回窜藏族叛匪伏击了我军的一个排。我军虽然将敌人打退，但有多人重伤，急需抢救。营长接到情报，命令卫生员前往救治，为了争取时间，他将自己的战马让给了卫生员，令他以最快的速度赶赴出事地点。这一带山奇水秀，草木繁茂，莺歌燕舞，景色迷人。卫生员欣赏沿途景色，在一个仙境般的地方下马驻足，朗诵诗歌，采花扑蝶。营长带领部队徒步赶到出事地点，这位骑马提前出发的卫生员还没有到达，致使本来可能救活的几位重伤员因流血过多而死亡。

第三个罪犯最令人气愤。他是一个新兵，家里生活很困难。此人好吃懒做，抽烟喝酒。班长是个雷锋式的好人，省吃俭用，背着他以他的名义多次给他家寄钱。此人又经常向班长借钱，总数达200多元，这在当时不是个小数目。班长即将复员离开部队，此人狼心狗肺，他怕班长离开部队前向他讨债要钱，遂起杀人歹意。某次战斗中，他趁和班长一起冲锋的机会，向班长开枪，当场将班长打死，自以为神不知鬼不觉，但此情此景却被一位副排长和几个战士看了个清楚。事发后，他拒不认罪，说班长是为敌人的子弹所伤，但经专家鉴定，子弹射入处班长衣服被烧焦，认定开枪的人距离很近。人们从班长衣袋里发现了班长给此人家里寄钱的收据，此人看见这些收据，突然良心发现，放声大哭，承认是他打死了班长，并咒骂自己不是人。

审判结果，这个恩将仇报打死班长的战士被当场执行死刑，押到山沟里枪毙，在场的人都听到了伸张正义、替班长复仇的枪声。那位贻误战机放走敌人的排长和那位不把战士生命放在心上的卫生员都被判处有期徒刑。

这次军事法庭现场公审大会使秦剧团所有的人都很受教育。卢少琴自己至少有两点感受：一是觉得解放军军令如山，执法公正，更加尊敬解放军；二是觉得必须忠于职守，不怕牺牲去完成上级交给的任何任务。

第二十九回

走险路军营惊噩梦
宿定日雅女爱美景

话说 1962 年 11 月，中印边境自卫反击战刚一结束，秦剧团就赶赴前线慰问部队，在日喀则地区和山南地区各部队驻地巡回演出。

中印两国军队开战，平叛中逃窜到印度、不丹、尼泊尔境内的西藏叛匪趁机回窜。中印边境自卫反击战虽已结束，仍有回窜叛匪留滞境内伺机烧杀掠抢，边境地区很不太平。警卫班随秦剧团出行，一路小心谨慎，时刻准备战斗，不在话下。

打击印度侵略者深得广大藏族同胞的拥护和支持，藏族同胞不分男女老幼，肩扛手提，并动用大批牦牛，为解放军运送物资，支援前线，支前队伍中甚至有七八岁的小孩和六七十岁的老太婆。卢少琴等亲眼见到一位七八岁的藏族小男孩提着一只篮子，里面装着几颗手榴弹，跟着大人给解放军运送弹药。藏族同胞的爱国热情使秦剧团的人都很感动。

然而，对印自卫反击战不是井冈山上打游击，而是世界上两个大国之间的现代化的大兵团作战，粮草和武器弹药的运输主要还得靠现代化的交通工具，当时主要是汽车。参战部队隐蔽、驻扎之处有时距离现成的公路很远，有汽车无公路，奈何？部队常常是边走边修路。战时修路，时间紧迫，修出的路自然只能是临时便道，许多地方行车非常危险。搁到现在，当时的许多路段，即使胆大的司机都未必敢行车。

就在印度军队大军压境之时，西藏平叛中被迫逃到境外的叛匪以为有机可乘，大股叛匪纷纷回窜进行破坏活动，"剿匪"战斗仍在继续。叛匪专往深山老林钻，行路难是西藏平叛的一大特点。

人人都喜欢走平坦大道，但打仗少不了要走险路。制胜常靠出奇，出奇常靠走险路。公元前206年，刘邦大将韩信"明修栈道，暗渡陈仓"，即明里修复栈道，使敌人误以为刘军要从褒斜道出兵，暗中却率主力走险路经陈仓小道入秦，一举平定关中，为统一天下、建立汉朝400年基业奠定了基础。公元263年，魏将邓艾率军滚毡过阴坪，走险路出奇制胜，一举攻占蜀汉首都成都，活捉蜀汉皇帝刘禅，名扬青史。公元1935年，蒋介石以数十倍的兵力对红军围追堵截，而红军则走前人所不能走的险路，以惊天地泣鬼神的英雄气概，渡乌江，过金沙，夺泸定，翻雪山，走草地，越天险腊子口，终于跳出重重包围抵达陕甘宁，在那里开辟了新的天地，为共产党夺取全国政权奠定了基础。小说《林海雪原》中最脍炙人口的故事是：公元1946年，由少剑波率领的解放军东北野战军小分队，穿林海，跨雪原，走险路长途奔袭，出奇兵消灭了以座山雕为首的土匪武装，一举荡平土匪巢穴威虎山，为建立巩固的东北根据地做出了贡献……

同印度打仗也少不了要走险路。走险路常常要付出血的代价，但不敢走险路就休想打胜仗，道理就这么简单。部队不会让秦剧团去敌我双方正在激烈交火的真正的前线，秦剧团所到之处一般都是营级或团级驻地，这些地方战斗已经结束，部队正在修整。当初部队向这些地方推进时，脚下常常没有路。而秦剧团向这些地方行进时，部队已将道路探好修通。这些路径根本没有经过任何勘察设计，许多地段地质结构很差，根本不适合走卡车。行走的车辆一震动，山坡上石头乱滚，还经常发生滑坡，致使道路中断。遇到这种情况没有别的办法，必须把路修通继续前进，战士干部男女老少演员厨师一起动手，铁锹、锅铲、甚至有些演戏用的道具都充当了修路的工具，没有工具就用手刨。

同部队走过的路相比，秦剧团的车队所走的路其实是"阳关大道"。即使如此，秦剧团的车队还是常常走险路。1962年12月某日，秦剧团就遇上了一段险路。

这段路是部队临时修的，盘山而上。山上零星长着一些大树，山坡上的沙土似乎非常松软，汽车开过，地面震动，山坡上的沙土、碎石簌簌往下落，有时还会有几十斤几百斤的大石头往下滚落。这还不算，有的地方"公路"外侧的沙土因为比较松软，车轮一压就往下一陷，随时都有可能翻车。

秦剧团的车队走着走着，坐在司机身旁的副驾驶小张突然发现前方山上的泥土刷刷刷直往下落，再一看，山坡上方二三十米处一棵大树马上就要倒了，而前面的路上站着一个十五六岁的藏族姑娘，树倒下来肯定会砸着她，而她似乎一点都没有察觉。

说时迟，那时快，小张一蹦子从车上跳下，飞速朝那个姑娘跑去。他拉着姑娘就跑，没跑几步，树就倒下来了。小张将小姑娘往前猛推一把。不幸的是，小女孩背上的筐掉了，她舍不得筐，回身去捡，结果一根胳膊粗的树枝正好砸在了姑娘的头上，姑娘当场就倒下了。另一根树枝砸在了小张身上，幸亏小张背上背着冲锋枪，像盔甲一样把树枝抵挡了一下，枪管被砸歪了，小张身体所承受的力道却也因此消减。尽管如此，树枝还是砸上了小张的头，当场将小张砸晕，他的额头也被小树枝划伤。另有一个较大的树枝将汽车车头的前盖打出了一寸多深的一个槽。

车上的人纷纷跳下，有的去救小姑娘，有的去救小张。小张受伤轻，大家把他扶起，呼唤数声，他就苏醒过来，自己站了起来。但小姑娘却无论如何都呼叫不醒。大家把姑娘抬到了车上，姑娘已经是满脸发青，停止呼吸。陈医生给她打强心针，药水都无法注射进去。陈医生说姑娘可能已经死去。即使姑娘已经死去，大家也不能将她的遗体扔下不管。大家决定将姑娘抬到车上带走，交给前方医院处理。

树很大，众人齐心协力，将横倒在路上的大树锯断、推开。但车还是无法前行。为什么？因为前面的路的外侧让刚刚倒下的大树砸塌了，出现了一个缺口，本来很窄的路面现在变得更窄，车已无法通过。

当时西藏开车的司机随时准备修桥补路，车上备有各种工具。秦剧团的人协助，开车的战士们选择大小适中的树伐了几棵，将原木担在路的缺口处，又从车上取下几块厚木板放在原木之上，用铁锹在缺口下方的山坡上挖出落脚的地方，七八个体格健壮的小伙排成一排站在缺口下的山坡上，用肩扛住这些担在缺口之上当作桥梁的木头，防止过车时原木滚动造成翻车。汽车缓缓地从他们肩上压过。

他们无法进行任何工程测试来确定他们的"桥"是否撑得住卡车的重量。万一缺口两边的沙土撑不住卡车重量造成翻车，这些扛着原木的人的命运将会怎样呢？……大家只知道应该这么做，很少有人想到这么做有多危险。

秦剧团的汽车安全通过缺口。后来的车辆怎么办？不知道。也许部队会很快离开此地，这条路再也不会有车通过了。

放置藏族姑娘遗体的卡车正是卢少琴等女生乘坐的卡车。女生们分成两排，一排背靠左边的车厢，一排背靠右边的车厢，中间放着个死人。车在摇摇晃晃地前进。山坡上滚下来的小石子儿不时打得车身叮当响。

到了营地，有关人员向上级汇报了情况，将藏族姑娘的遗体交给了部队。

这里前一日刚刚经历过一场战斗。战斗结束，部队打扫完战场，就在这里搭起帐篷，安营扎寨。第二天秦剧团就到了。秦剧团抵达时，战士们已经给秦剧团支好了帐篷。

虽说山南地区气候温和，但此地海拔较高，当时又是冬季，到了后半夜还是比较寒冷。帐篷分两种，一种是单的，一种是棉的。伤员住比较暖和的棉帐篷，其他人住单帐篷。秦剧团也住单帐篷。部队照顾秦剧团，将秦剧团的帐篷搭在向阳的山坡上，那里比较暖和。秦剧团抵达时，即将充当他们宿舍的每个帐篷前面已经放好一桶温水和一桶烫水供大家洗脸洗脚；两桶水事虽小，却体现了部队对秦剧团的深情厚谊。

因为秦剧团有许多女生，战士们特意为她们建造了厕所。地面上挖个深坑，坑的一侧挖两个人蹲的槽，四周用缴获的尼龙布降落伞围起来，顶部露天，这就是厕所。厕所搭在山坡下的几棵树旁，这几棵树就是固定"围墙"的柱子。

将背包放入帐篷后，卢少琴、张英琴、杨保华、张樱桃等几个女孩子便结伴去上厕所。厕所一次只能进两个人，杨保华、张樱桃先进去，卢少琴和张英琴在厕所外面等候，一边聊天一边漫不经心地观看四周景色。她们听见滴答滴答的滴水声。天空晴朗，没有下雨，哪儿来的滴水声？循声望去，发现附近一棵树下的土湿了一片，树上在往下滴水，水滴将树下的土冲开了几个小坑。

好奇心让她们走近这棵树。仔细一看，滴在地上的"雨点"不是雨水，而是血水！再抬头一看，原来树上架着两个人！卢、张二人同时发出一声尖叫。

杨保华、张樱桃解手解了个半截，听见卢少琴、张英琴的尖叫，以为出现了紧急情况，提着裤子跑了出来，急问"怎么回事"。卢少琴、张英琴的手同时指向树上。杨保华、张樱桃也发出一声尖叫。

营长听见这些女生的尖叫声，以为出现了敌情，立即命令一位排长带人来看，才弄清是树上架了两具叛匪的尸体。因为尸体在树上，打扫战场时没有发现他们。

战士们将尸体弄到一个地方掩埋。他们怕秦剧团的女生晚上不敢再用这个厕所，就又选了另外一个地方建起了女生厕所。

部队已经给秦剧团准备好了丰盛的晚餐。饭厅也是用缴获的印军降落伞搭的，看上去挺别致。饭桌是将大树的一段树干一锯为二，平面朝上作为桌面，圆面朝下，钉上几个木棒当作饭桌的腿，周围放几个木墩当作椅子。现在有些五星级旅馆故意用木墩为椅，树根做桌，以营造田园气氛，这种"高级待遇"秦剧团当年就经常"享受"。

不是将缴获印度军队的一切武器物品都交还印度了么，为什么还有用印军降落伞搭建的帐篷？印军进攻中国，前线补给困难，曾派直升机投递食品和武器弹药，投递这些物品需要用降落伞，印军拿走空投物品，降落伞就留在了原地。这些降落伞其实是印军留下的垃圾。解放军用它来搭建帐篷，很符合现代环境保护和废物再利用的理念。

吃饭的时候，营长专门走过来安慰秦剧团的女生说："对不起，是我们工作疏忽，打扫战场时没有打扫干净，疏漏了两具叛匪尸体。不过你们放心，这里附近全是我们的人，没有敌人，不用怕。"又说："死人没什么可怕的。见得多了就不怕了。"卢少琴说："我们不应该喊叫。当时我们主要是没有任何精神准备。"

营长走后，几位女生商量说："战士们打仗，不怕流血牺牲，在死人堆里滚。我们看见个死人就大喊大叫，战士们会怎么看我们呢？肯定会笑话我们胆子小，太娇气。我们以后可不能这样，免得人家说我们闲话。"

话虽这么说，早上走过的那段险路，那个被树砸死的藏族女孩的样子，滴血的叛匪尸体，这一切画面都像演电影一样在卢少琴的脑海里反复播演。那天晚上，卢少琴尽做噩梦，梦中所见全是巨石从山上滚下砸向他们、大树倒下向她砸来、卡车翻下山坡一类的场面，多次从梦中惊醒。

12 月下旬，秦剧团来到亚东。1963 年的元旦是在亚东度过的。

过完元旦，军区指示：秦剧团最近慰劳对印作战部队很辛苦，应留在亚东整训三个月。在冬季，亚东气候宜人，美丽的枇杷花漫山遍野，是个绝佳去处。在亚东的主要任务是每天看两部电影，国内外的好电影几乎看了个遍，如《王子复仇记》《第十二夜》《李尔王》《葛朗台》《冷酷的心》《玩偶之家》《骄傲的公主》《萨特阔》《在西双版纳密林中》等对提高大家的文化素质有一定帮助。

在亚东只住了大约一个月，秦剧团又接到命令，要他们在春节前回到拉萨，参加军区、自治区和西工委在春节期间的一系列庆祝联欢活动。

秦剧团先回日喀则，打点了一下行装，于春节前夕到拉萨。在拉萨的活动无非是演出、参加联欢之类，每年如此，大同小异，不必细表。一个多月后，再回日喀则。

1962—1963 年，秦剧团在繁忙的演出任务间隙，曾经排过《檀道济》。檀道济（？—436）是南北朝时期南朝之宋代将领，也是古今英勇善战的名将之一，对抵御外侮、保卫国家安全做出了重要贡献。秦剧团排此剧，有配合对印自卫反击战之意。

1963 年 4—9 月，秦剧团再次下乡，沿着中印、中尼边界走，到边疆各县、各边防部队驻地及各边防点慰问演出。

看官可曾记得，卢少琴当初之所以选择来西藏，是因为受了一幅画的诱惑。那幅画中有天真无邪漂亮纯洁的藏族少女，清新碧绿一望无际的草地，自由自在洁白如雪的羊群，一尘不染碧蓝晶莹的天空。那幅画把西藏画得很美，卢少琴到西藏的最初动机就是为了寻找画中的那些美丽。这么多年过去了，她找到了吗？

1956 年初来西藏，正值天寒地冻季节，沿途荒凉，拉萨也荒凉，她没有看到画中的景色多少有些失望。她曾向别人打听过西藏何处有美丽的草原。别人告诉她："美丽的草原？西藏多得很！放心吧，你一定会看得到的！"她相信这些人的话。

后来，西藏如火如荼的战争环境和充满激情的集体生活完全占有了卢少琴，她没有工夫去想别的事情，即便眼前有天下最美好的景色，也往往会视而不见。随着时间的推移，她完全融入了秦剧团，喜欢自己的工作，喜欢这个集体，即使找不到心中的画境，她也不会后悔自己来西藏。但是，在她的灵魂深处，她依然在寻找着那幅画中的美景。

1963 年 5 月 27 日，秦剧团来到定日县。这一次，卢少琴真的见到了如画美景，不是那幅但胜似那幅！

定日县属日喀则地区，南接尼泊尔王国，是个边境县。定日县最奇特之处是境内 8000 米以上的山峰有四座，其中之一便是世界第一高峰珠穆朗玛峰，另外三座高峰分别为洛子峰、卓奥友峰（乔乌雅峰）和马卡鲁峰。欲从北坡登珠峰，必定经过定日县。

高和寒是连在一起的。攀登珠峰那么困难，就是因为高处不胜寒。在一个县的狭小区域内有那么多世界高峰，定日是否就是一块高寒不毛之地呢？不是！定日县平均海拔 4300 米，有大片低谷盆地，那里林木苍翠，草场肥美，农田优良，充满生机。

话说当日秦剧团到了定日，在一个边防点驻足。当时中国为了维护边界和平，宣布距离边界线 20 公里的区域内不驻部队，并规定我方军民在边境线附近不许打枪，连打猎也不容许。这个边防点距边界线的直线距离也许不到 20公里，遵守不打猎打枪的规定。为了减少印度对我方在边境驻军的猜忌和指责，边防点上的部队不叫解放军，而叫武工队，不穿解放军的服装而穿民警服装，上身是草绿色制服，下身是深蓝色裤子。秦剧团一到，也必须换成武工队制服。不独此地如此，到其他边防点也是如此。

武工队住的是藏式民房，可能有一个连在这里驻守。秦剧团一到，武工队领导向他们介绍情况，特意向他们指明远处的雪峰中哪一座是珠穆朗玛峰。这里距离珠穆朗玛峰很近，天气晴朗时，肉眼就可以清楚地看见珠峰。

这天晚上睡到半夜，卢少琴突然听到一阵阵轰隆隆、刷啦啦的巨响，石砌的墙壁都被震得微微发颤。这是什么声音？是打炮？不像。此地连打枪都不容许，何况打炮！部队非常警觉，要是敌人打炮，部队不会没有反应。是打雷？也不像，声音不像，再说，窗户明月光，天空很晴朗，何来雷声！不是炮声，不是打雷，那会是什么声音？

第二天，5 月 28 日。卢少琴心里想着昨晚神秘的轰隆隆巨响，为了探个究竟，她起了个大早，悄悄走出了营房。东方微明，天还没有大亮，她的伙伴们仍在甜美的梦乡中。

出得门来，扑面而来的是清新无比凉爽宜人的空气，她贪婪地张大口，连做几个深呼吸，精神顿时为之一振。

北半球的五月底，无论到哪里都是最好的季节，定日也不例外。微风轻拂，不冷不热，卢少琴从内心到肉体都觉得说不出的舒适。

这是一个大晴天。卢少琴正好赶上观看一段美景：珠穆朗玛峰下的日出奇观。东方雪峰之巅，天空逐渐变红，变白，变亮，最后太阳出现，大小雪峰闪闪发光，无比壮丽。

近处，小草挂着晶莹的露珠，鸟儿在林间欢唱。远处，蓝天雪峰之下，牛羊已经"起床"，零散地分布在碧绿的草原上，尽情享用着大自然给它们准备的丰盛"早餐"。一切都显得那样祥和，那样美好。初升太阳的光辉让天地万物都披上了一层神圣的外衣。卢少琴觉得自己突然进入了一个童话般的世界。

卢少琴陶醉了。她想看得更多、更远。哪里才是最好的观景点呢？欲穷千里目，更上一层楼。卢少琴灵机一动，瞅准了军营的瞭望塔，那里是军营的最高点，离军营约一二百米。于是，她走上草地，踏着露水，绕过气象站，越过小桥，继续向西，进入树林，来到瞭望塔下。

这个瞭望塔可能是世界上最别致的瞭望塔。它建在离军营不远的一个小树林里。林中的灌木和树木已经长出黄嫩的叶子。周围的树都比较矮小，唯有四五棵树长得很高，奇特的是这几棵树围成一簇，一个个笔直挺拔，不知叫作什么树，最高的可能有五十多米，矮的也有近四十米，树间相距一二米。部队就利用这几棵活树建起了一座瞭望塔。

瞭望塔共三层，每层相距约八九米。所谓"层"，就是利用这几棵树做柱子，水平固定一层木板，面积约两三平方米，周围以树干为桩做上围栏，哨兵站在上面就可以瞭望了。其中的两棵树之间用粗绳、铁条之类捆绑成软梯，供人上下。

瞭望塔的最高层有一位武工队战士在站岗。卢少琴问："我可以上来吗？"哨兵说："当然可以！不过你只能站在第二层。"

"噌噌噌"，卢少琴不费吹灰之力就上到了瞭望塔的第二层。在这片盆地中，军营的地势较高，瞭望塔的地势又比军营的地势高。站在瞭望塔第二层四处眺望，隐藏在平缓小山背后的小溪、小池塘都显露了出来，珠穆朗玛峰也似乎更近了。

卢少琴当年天天记日记，遗憾的是她的其他日记已经丢失殆尽，唯独1963年5月28日的日记她刻意保存下来了，因为这一天她太难忘怀了。因为当时她太激动，所以这天的日记是一首长篇叙事诗，题目就叫《珠穆朗玛峰山脚下定日县的风貌》，今将卢少琴日记诗中描写珠穆朗玛峰的一段抄录于兹：

这座山，这么高，它通身没有一棵树，也不长草！

满身的雪、突出的岩石，像灰色的提花图案，

灰蓝相间有深有浅，通身像穿着件景泰蓝的大绣袍。

哦，这就是闻名遐迩的珠穆朗玛峰！

你究竟有多么深奥？让世界登山健儿们拼命把你攀找！

你到底有多厉害？竟敢将贡布的鼻子冻坏了！

……

望着它半山上的皑皑白雪，我直想发笑，

它像一位胖姑娘，系着白色的花围腰。

再看看肩膀以上，那山脊一条条，

好像牧区姑娘们的发辫，那么奇特，那么妖娆！

诗中所说的贡布是一位藏族登山运动员，他于 1960 年 5 月 25 日同队友王富洲、屈银华一起，登上了珠穆朗玛峰，创造了人类历史上首次从北坡登顶珠峰的纪录。

大约得陇望蜀是人的本性。卢少琴既然有幸看到了珠峰，已经够幸运了，她却又觉得珠峰离她太远，无法观察到山上的许多细节，心存遗憾。正在这时，突然听见有人叫："小鬼！你站在我们的瞭望塔上面干什么？"

卢少琴往下一看，原来是武工队的首长。她"啪"地一个立正、敬礼，说道："报告部队长同志，我想利用这半天假期好好观察一下珠穆朗玛峰。""部队长同志"，这个称号别致！

"稍息！我知道了。你是小卢吧！怎么这么早就起来了？你的戏唱得真好！拿上这个！用完后还回部队！"首长给了卢少琴一个高倍望远镜。

"是！"卢少琴接过望远镜，再次立正、敬礼。就像瞌睡的人遇见了枕头，她喜出望外，如获至宝。

卢少琴拿上望远镜观瞧。这下她真看了个清楚。许多景象她搞不清楚是什么东西，瞭望塔最高处的哨兵成了她的义务讲解员。由于军人职业的需要，哨兵对望远镜里可以观察到的一草一木都了然于胸。何处是登山队员的大本营，何处是登山队员的临时住所，何处是牧人的帐篷，哨兵一一指点。

最为奇特的景观莫过于珠穆朗玛峰山腰的那些竖起和倒挂的冰凌，千奇百怪，在晨曦中五光十色，用卢少琴诗中的话："多么像牧人的腰饰：银牌、银

钗、珊瑚、腰刀。"

突然，望远镜中的珠峰某处喷出一团白雾，似乎在急速地翻腾、旋转。啊，原来是暴风卷起的冰雪！好大的风，竟然能将比卡车还要大的冰块雪块卷得老高。几十秒后，暴风又将这些冰块雪块扔下万丈深谷。又过了若干秒，卢少琴听得了一阵阵"轰隆隆哗啦啦"的巨响。

这巨响似曾相识！且慢！这不就是昨天夜里听到的响声么！

谜底揭开了！卢少琴的兴奋绝不亚于当年苏轼发现石钟山命名之谜的兴奋，只是她没有苏轼之才，未能留下像《石钟山记》那样足以传世的散文。

多亏了这架望远镜，让卢少琴把珠穆朗玛峰上风卷冰雪的景象看了个清楚。

揭开了这个谜，卢少琴高兴。人逢喜事精神爽，此刻的卢少琴心情愉快，看周围的一切都觉得美好。她站在瞭望塔上，四下观瞧。晨曦、雪峰、蓝天、白云、草原、牛羊、树林、小溪……眼前这一切不就是一幅美妙和谐的立体画屏么！

这些年来，卢少琴经常有意无意地在寻找 1956 年元月在《民间文学》封面上所见到的那一幅关于西藏的彩画。今天，她终于找到了！不是那幅，胜似那幅。

《民间文学》的画中有一位美丽纯洁的藏族少女。眼前的画屏没有藏族少女，却有着许许多多那幅画上没有的美的元素：近处，刚刚抽出嫩芽的树林，林间欢快歌唱的小鸟，手持钢枪保卫着祖国安全的哨兵……远处，初升的太阳，世界上独一无二的珠穆朗玛峰，在阳光下闪闪发光的一座座雪峰，弯弯曲曲的小河，一望无际绿茵茵的大草原，散布在草原之上悠闲自在尽情地享受着早餐的牛羊……

卢少琴觉得眼前所见比当年诱使她来到西藏的那幅画更美妙。她心中想：要是草地上有一位打着赤脚的藏族模样少女，眼前的景色就更像那幅画了。

卢少琴没有意识到，她自己其实也是这幅立体画屏中的一景。雪峰下，草原上，小林中，哨所旁，奇特别致的瞭望塔上，一位漂亮的汉族姑娘，身穿上绿下蓝的边防军装，陶醉在绝妙画廊，眉间心上，喜气洋洋……

彼画有藏家女，此画有卢少琴；玫瑰牡丹，各自娇艳；红妆武装，各擅胜场！

第三十回

关帝庙红优晤老道
伐木场美酒娱戏娃

话说 1963 年 5 月 28 日，即秦剧团抵达定日的第二天，卢少琴起了个大早，兴之所至，上了部队的瞭望塔。边防点武工队的首长又借给她一个望远镜。在灿烂的晨曦中，她观看珠穆朗玛峰，观看牧场、牛羊、雪峰、蓝天，她完全被眼前的美景所陶醉，欣喜自己找到了多年来寻寻觅觅的图画般的西藏。

她的惊喜并没有到此为止。站在这瞭望塔上，她看到了另外一处奇特的地方：军营北方二里之遥，在一个平缓的山包后面，隐藏着一大片开阔地，水平如镜，像个巨大的人工跑马场；跑马场某处有十几个巨大的石桩，围城一个半圆，半圆的圆心之处有一个五六丈高的杆子；半圆之南约半里开外有一所孤零零的院落。望远镜中看那院中房舍，只见马鞍形屋顶的屋脊尖尖，飞檐翘翘，琉璃瓦，黄粉墙，还有一个旌幡在迎风飘扬。这是典型的汉家堂舍，而非平顶的藏族建筑。

"远处那块平地是不是个打麦场？周围那些石桩和中间那个高杆是用来做什么用的？"卢少琴问站在瞭望塔最高层值勤的哨兵。

"那是清朝赵尔丰将军的军营。中间那个高杆是旗杆，周围那些石桩是扎营用的，营边的平地是练兵场。"

"旁边那个房子是不是赵尔丰军营的厨房？"

"不是！那是一个关帝庙，是当年赵尔丰的军队建造的，现在里面还住着一个 99 岁的老道呢！"

赵尔丰！关帝庙！99 岁的老道！在珠穆朗玛峰下充满藏族风情的边关！

卢少琴不太相信，再次追问："那真的是关帝庙？里面真的有老道？"哨兵说千真万确，他不会骗她。

如果是在西安或内地的任何地方，她绝不会去走访关帝庙和老道；如果是一个藏族喇嘛寺庙，哪怕再大再宏伟，她也不会去走访。但此时此刻，她却产生了一个强烈的欲望：去探关帝庙，去访老道，因为在这个地方出现关帝庙，简直太神奇了！

卢少琴下得瞭望塔，回军营送还了望远镜，只身向关帝庙跑去。

赵尔丰（1845—1911），字季和，生于辽宁铁岭，祖籍山东莱州。1908 年任驻藏大臣，曾率兵入藏，屡败受英国操纵的叛军，阻止了英帝国主义北进的阴谋，对维护中国对西藏的主权有一定贡献。1911 年任四川总督期间，镇压保路运动，屠杀请愿民众，在辛亥革命的社会变革中死于非命。

赵尔丰的时代，军队没有公路、汽车，入藏只能骑马和步行。从张国华、范明所率领的人民解放军入藏的艰难，可以推知赵尔丰当年带兵入藏绝非易事。想不到赵尔丰居然把军营扎在了珠穆朗玛峰下，真正的边关前线。而现在的解放军则选了同一地点在边关屯兵。在维护国家领土完整这一点上，解放军和赵尔丰是一致的。

关于赵尔丰在西藏征战的具体经历，史料中绝少提及。这座关帝庙和这座军营遗址似乎在诉说着一段故事。卢少琴年轻，她只是好奇，并不想考古、怀古，她感兴趣的只是那个 99 岁老道，而非赵尔丰。

千古武将，以关羽和岳飞最负盛名。清朝得国，因岳飞抗金，而金人乃清之祖先，故有清一朝，独尊关羽。这个关帝庙是赵尔丰所建。赵尔丰的清朝官兵没有革命理解主义教育，不懂得为实现共产主义和解放全人类而战，他们的政治思想教育就是向忠君爱国、义薄云天、英勇无敌、不怕牺牲的武圣关羽学习，这也许是赵尔丰之所以要在军营旁建关帝庙的原因所在。

查看现今的定日县政府的互联网页，县政府宣传当地名胜古迹，讲了若干座喇嘛寺，而这座关帝庙居然未被提及。在西藏，喇嘛寺随处可见，试问关帝庙能有几座？何况是珠峰之下中尼边关赵尔丰军营的关帝庙！这么珍贵的文物竟然不被重视，惜哉！

二里路，卢少琴一路小跑。眼看快到关帝庙，突然听见背后隐约有人声喧闹。回头一看，半里之外，十几个人步她的后尘跑来。仔细观瞧，原来是她的伙伴们，其中有苏小红、郭西宝、雒祥杰、冯树茂、白贵平、高连喜、张亚萍、杨保华等人，还有警卫班的领队吴助理员。她笑了，自言自语道："这些懒虫，现在才起来。"

卢少琴藏了起来，准备吓他们一跳。她没有得逞，因为别人早都看见她了。

藏原清静，这个关帝庙一年之中怕是来不了几个香客。现在，这里突然来了一大群活蹦乱跳的年轻人，叽叽喳喳，未入寺门，已先声夺人，早已惊动了庙中老道。此情此景，让人想到唐朝诗人常建的《题破山寺后禅院》，因剥其诗曰：

> 清晨向关庙，初日照低林。
> 世界高远处，珠峰冰谷深。
> 草原旷耗性，雪色空人心。
> 老道坐正寂，忽闻人寰音。

这群人刚入院门，老道就迎了出来。卢少琴举目观瞧，好一个道人，只见：

> 瘦削的身板，个头不高，
> 步履稳健，袍摆飘飘，
> 饱经风霜的方额上，
> 时间这个疯妞儿，
> 给他画了许多道道，
> 许多牙齿也给拔掉，
> 他的整个面部轮廓，
> 就像颗隔年的老核桃！
> 只有那双炯炯有神的目光，
> 把来人一一细瞧。
> "请问道长高寿？"
> 我一遍又一遍地请教。
> 他只是手摸耳廓，表示没有听到。
> 他的听觉衰退了，
> 跟他讲话我不得不用 F 调。

他终于听清，用西康蜀语答道：

"今年九十九岁了。"

上面这些话句，是从卢少琴当日的日记、叙事诗《珠穆朗玛峰山脚下定日县的风貌》中摘录的。

哨兵没有骗卢少琴，老道果然已经 99 岁！

一个 99 岁的老道和一群信仰共产主义的红色青年就这样相聚并开始对话了。

陶渊明笔下的桃花源是一块与世隔绝的净土。桃花源本是虚构。但若论与世隔绝，珠穆朗玛峰下的这块地方可能比陶渊明在中原大地所能够发现的任何地方都要更加与世隔绝。桃源之中，"不知有汉，无论魏晋"。山中方数日，世上已千年。老道知道不知道中国已是共产党的天下？知道不知道《十七条协议》？知道不知道青藏公路已经畅通？知道不知道世上有马克思主义和辩证唯物论？……

1963 年老道 99 岁，1908 年赵尔丰任驻藏大臣时，老道应是 44 岁，正当壮年。他是赵尔丰手下将官还是赵尔丰从内地带来主持寺庙的职业道士？我们无从得知。但老道肯定见过赵尔丰，肚子里肯定装着无数故事。如果能够听他讲讲赵尔丰的故事，该多好啊！

但卢少琴他们不愿去思索那些争城夺地的所谓的国家民族的"大事"。他们只想看个新奇，玩个高兴。此处见到关帝庙和道士，就像是在火星上碰到人类一样觉得亲切。

庙里除老道外，还有两三个年龄较轻的道士。但只有老道过来招呼大家。老道和蔼可亲，善解人意，领着大伙儿参观。

老道的头圆圆的，脸上皱纹很多。卢少琴说："这个老道士的头像个核桃，"同伴们觉得卢少琴的比喻很贴切，都哈哈大笑。老道耳聋，没有听见卢少琴说什么，看见这帮年轻人在笑，想必是大家喜欢自己，他也高兴，脸上挂着微笑。

整个庙宇维护得很好，院子内外打扫得干干净净，门窗无破损。正殿之内，关羽居中，高高在上，丹凤眼，卧蚕眉，面如重枣，战袍飞动，美髯过胸，威风凛凛，不可一世，右手持青龙偃月刀，左手捧《左氏春秋》，书旁燃有一盏明灯。阶下左有关平，眉清目秀而不失雄壮威武；右有周仓，面似锅底，目若铜铃，须若钢针，凶猛异常，手持双股铜。卢少琴一蹦子跳进大殿，眼睛差点撞到了周仓的铜尖上。这些塑像的工艺水平非常高，显然出自高手工匠之手。三尊神像衣甲鲜明，没有尘土，可见维护得很好。

有趣的是，这个关帝庙另有一室是佛堂，供奉某佛或观音菩萨，内中干干净净，香火正燃，亦由道士主持。道士主持佛堂，闻所未闻。

来到佛堂，老道问卢少琴要不要抽签。

抽签是封建迷信，自己是共青团员，当着这么多同事的面去烧香、磕头、抽签，卢少琴略有犹像。但玩心和好奇心立刻占了上风，她告诉老道说自己要抽签。

抽签对卢少琴来说是生平第一次，她还不知道如何操作。老道很和蔼，耐心地为卢少琴做示范。

抽签过程是：先作揖上香，然后退至蒲团，表白自己的诚意并许愿、磕头，然后由主持摇动签筒，摇动过程中会有签片跳落于地，这就是你抽的签，你将签捡起递给主持，主持按照号码从签词薄中查出签的内容。上一炷香可以抽三次签。

卢少琴上完香，许愿时嘻嘻哈哈，全无诚意，逗得老道和同伴们直发笑。然后开始磕头。就听有人说道："共青团员还给菩萨磕头！"卢少琴不管，连磕三个头。警卫班领队、十一师的吴助理员说："我们是玩儿，磕头有什么要紧！"他的话给卢少琴撑了腰。

卢少琴第一个签的签词揭晓，大家都过来观看，只见上面写的是：

帝王将相本无种，愿把勤劳致上天。

老道连说："是好签，上上签。"第二签揭晓，签词是：

春去秋又冬，自小有心胸，有意循善话，无悔终一生。

老道说："又是好签，上上签。"第三签的结果居然和第一签完全一样。老道连夸卢少琴命大福大。卢少琴虽然不信迷信，听了这些话，也是心中窃喜。

有卢少琴开头、吴助理员发话，其他人也都没了顾忌，纷纷上前抽签。高连喜只有十四五岁，他的签是"一见佳人心喜欢"。这个签把所有的人都逗得哈哈大笑，此后好长时间成了大伙儿的笑料。说来也怪，这次抽签居然颇多灵验，各人后来的人生经历似乎大体遵循签语暗示。雒祥杰的签是"家中添丁得贵子"，他的妻子是藏族，名曲妮，当时正怀孕，等秦剧团回到日喀则，儿子出生已经 40 天了。

临走，大家纷纷从口袋里掏出钱来，有给银元的，有给铜板的，也有给人民币的。方圆十几里内大概不会有街市，老道拿了钱后如何花法，就不可得而知了。

数日之后的一天，秦剧团结束了在此地的慰问演出，离开定日。

车队离开武工队营房，沿着似路非路弯弯曲曲的"公路"，大致向西北方向行进，很快便开始上山。"公路"盘山而上，绕来绕去。二十多分钟后，有人喊叫要上厕所，车队只得停下。停车之处的路面是在一个沿山势弯曲延伸的山崖下，山崖足有二三十米高，向山下一望，边防点就在山脚下，直线距离不足千米，武工队营房和周围的树林、草地尽收眼底，就连院子里人员走动也看得一清二楚。

停车之后，男生到一个较远较高之处去方便，女生到一个较近较低之处去方便。卢少琴和绝大多数人都没有去上"厕所"，下车观看山景。

突然，大家看到山下的武工队开始调兵遣将，每个人的动作都异常迅速，走路都是跑步，约有二三十人迅速爬上营地各个房子的房顶，机枪手架起了机枪，其他人也都卧倒准备射击。最令人惊讶的是，他们的枪口竟然对准了秦剧团的车队！与此同时，武工队一支约二十来人的队伍荷枪实弹，成战斗队形向秦剧团的车队飞奔而来。

可惜当时没有手机，秦剧团和武工队近在咫尺，却无法互通信息。看到武工队把枪口对准秦剧团，并派兵向秦剧团冲来，秦剧团的人莫名惊诧。

不管怎样，肯定有敌情。吴助理员大喊一声："警卫班准备战斗！"警卫班散开，各自找到有利地形准备射击，车上的两挺机枪也架起来了。所有的枪口都对准了山下的武工队营房和那些正在向秦剧团车队冲来的武工队战士。警卫班范班长带领战士小刘，挺着冲锋枪，跨着短枪，向山下跑去，朝着正在往山上爬的武工队队伍迎了上去。

李团长喊："秦剧团集合！"秦剧团的人迅速列队待命。

几分钟后，范班长和武工队相遇。然后就见武工队开始返回营地，范班长也回到了车队。

原来，武工队的人听到秦剧团车队方向传来两声枪响，以为秦剧团遭到了回窜叛匪的伏击，立即做好了战斗准备，并向秦剧团派了增援部队。

打枪的是演员队的白贵平和炊事班的郭新发，他俩去上厕所，看见了一只兔子，开枪是为了打兔子。因为山形地势影响了声音传播，山崖之下车队跟前的人没有听到枪声，山下的武工队反而听到了。

秦剧团领导严厉批评了白、郭二人："边境 20 公里以内不许打枪，为什么不遵守？"二人无言以对，枪被缴了，还要写检讨，并得了警告处分。

几天后，秦剧团来到定结县，看到军区通报批评秦剧团违反纪律、在边境 20 公里以内打枪的文件。秦剧团吸取教训，对大家的政策教育更加认真、纪律要求更加严格了。

这一日，秦剧团来到部队经营的一个伐木场。这里是深山老林，远离城市，极少有文艺团体光顾，文化生活极度贫乏。正因为如此，秦剧团受到了最为真诚热烈的欢迎。

伐木场将最好的烟、茶、点心拿出来招待秦剧团。舞美队的李仁友生性腼腆，人家给他敬烟、献茶、奉点心，他有点不知所措，老是对人家说"不咋的！不咋的"！对方莫名其妙，逗得卢少琴等姑娘们直笑。

当晚，伐木场举行了盛大宴会为秦剧团接风。秦剧团的人注意影响，不敢喝得酩酊大醉，但带三分酒、略见狂态之人比比皆是，许胜利就是其中之一。

写日记是提高语文水平的一个途径，秦剧团领导要求演员们写日记。许胜利时年十三四岁，大眼睛，小酒窝，憨态可掬，非常逗人喜爱。卢少琴等已经长大，他们的日记保密，但像许胜利等小不点儿的日记仍有领导检查。许胜利在当晚的日记中写道："今天我们来到代（伐）木厂，他们伐（代、待）我们很好。我们给他们喝（唱）戏，他们给我们唱（喝）酒"。这许多错别字使这篇短短的日记妙趣横生，阅者无不开怀大笑，大家争相传阅。

许胜利在第二天晚上演出时又出了洋相。昨晚睡得晚，白天一大早起来跟伐木场的同志们上山去采木耳、蘑菇，劳累了一天，大家都累了。别人尚能坚持，许胜利年龄小，一坐下来就睡着了。他不是主要演员，老师没有留意。他演兵卒，别人呼他上场，他一骨碌爬起来，仍是迷迷糊糊的，忙乱中把头盔的前后戴翻了。这头盔前面短，用来露脸面，后面长，用来护脖子。这一戴翻，头盔后面用来保护脖子的部分恰好挡住了脸面。许胜利的眼睛给头盔堵住了，看不见，手提一把刀在台上乱转，全无章法。下得台来他还说："台上怎么没有灯光，黑乎乎的，我只看见王双群的脚后跟！"大家一看，乐了，帮他把头盔卸下来，他这才明白怎么回事。

这地方大概很少去客人，秦剧团一去，筷子竟不够用了。木场缺筷子，谁信？但这样的事居然发生了。于是秦剧团的年轻人自己给自己做筷子。有一种小树枝条笔直、光滑、坚硬，许多人都拿它来当筷子，但放到碗里，饭都变苦了。李仁友手巧心细，采了木头给一群女生们做了筷子，他做的筷子美观且无异味儿。孙忠孝见了，要李仁友也帮他做一双。李仁友说："你一个大男人，自己去弄！"孙忠孝只好自己动手。

李仁友的未婚妻名尤月兰，在河南老家工作。有一次尤月兰来信，李仁友有失检点，让孙忠孝看见了。孙忠孝拿了尤月兰的情书给大家念，其中最著名的两句是："祝你的工作像电流！愿你的身体如铁球！"让大伙儿乐了好一阵子。

1963年9月底，秦剧团回到日喀则。

一日，秦剧团演出《拾玉镯》，说的是陕西世袭指挥傅朋，爱慕少女孙玉姣，故遗玉镯于地，玉姣拾去，二人在刘媒婆撮合下成就姻缘。张耀民演傅朋，该上场了他才慌慌张张赶到。上场之后，张耀民把台词"小生傅朋"误说成"小生杜鹏程"。杜鹏程是当时很流行的纪实小说《保卫延安》的作者，鼎鼎大名。而《拾玉镯》的情节多数观众也都很熟悉，所以张耀民这么一错，逗得观众哄堂大笑。

原来，张耀民正躺在自己家的床上读《保卫延安》，突然想起自己有戏，跳起来就跑向剧院，《保卫延安》的故事还在脑子里转，忙中出错，误将傅朋说成杜鹏程。张建国有次演《铡美案》中的陈世美，忘了带胡子。下来后曾被张耀民、刘少云（豫剧团书记、高指导爱人）骂作"戏痞"。此次张耀民出错，张建国"请君入瓮"，张耀民只得认错，张建国得报"一箭之仇"。

李团长经常教育秦剧团的演员：一定要敬业，认真对待每一场演出。哪怕你的爹妈死了，上了舞台，该笑的时候必须笑。误场、不认真准备等都是演出之大忌，肯定是要受到严厉批评的。

　　也就是在 1963 年 10 月，卢少琴在秦剧团又觉得心烦，打报告要求到西安去复查眼睛并进修古汉语。李团长说："你一走，好多戏不能演，等完成元旦演出任务再说吧。"卢少琴说："你们要待我不好，我回去就不回来了！"廖团长说："共青团员怎么说这话！不过，去复查眼睛，这是正经事，我们一定会考虑你的要求。先安心工作吧！"

附：

珠穆朗玛峰山脚下定日县的风貌

——1963 年 5 月 28 日行军日志

卢少琴

一

听说宿营地快到，
我站在卡车上四下远眺，
欣赏珠穆朗玛峰下
定日县的风貌。

夕阳的斜晖中，
背水人释重处
炊烟袅袅。

雾霭中只听到清脆的"叭叭"声，
那是放牧人用"乌朵"①，
矫正头羊回家的途径。

远处传来"哞哞"的牛叫，

---

　　①　乌朵：西藏牧民的投石器，放牧工具，也可当作防身武器。基本构造是一根绳子，中间有一片包石布，将石子放在布上，将绳子对折，握住对折在一起的绳子两端抡石子，然后松开绳子的一端，石子就会飞出。

此起彼伏，
牛群在夕阳下，
匆匆地回家了。

忽然耳畔传来"嘭嘭咚咚"的响动，
那是羊群在奔跑，
仿佛密集的鼓点，
在无规律地乱敲。

突然一阵使大地震颤的奔腾声，
似惊涛轰鸣！
急忙撩起车上的防雨布，
哇，西北角飞扬起半天尘雾，
万马奔腾……
犹如滚滚长江，
一浪紧追一浪。
牧马人的呼哨，
尖锐响亮，
划破晴空。
马群在奔跑、嘶叫！
汇成了一曲壮美的交响！

在夕阳洒下的最后一道金光里，
看哪！
好一幅暮归的喧嚣！

　　　二
营地到了，
我扛起汽车上卸下的背包，
又走进一所边防哨。

藏式楼房，
全石砌的四壁，
坚固得像城堡。

夜幕降临了，
四野一片寂静。
行军床多舒坦，
解除了一天的疲劳。

轰隆隆隆哗啦啦啦……
什么声音这么响，
震得屋内壁土落下，
将睡梦中的我惊扰？
它不像是炮火的鸣叫，
却像雷霆万钧砸向大地！
它是什么？
明天应该探个分晓。

三

翌日清晨，
我起了个大早。
呵！
世界屋脊的早晨，
竟是这般美妙！
空气清新，
我伸展双臂贪婪地呼吸，
顿时神清气爽。
鸟儿们往来穿梭，
清脆的鸟语欢快地鸣叫，
相互传递着信息。

牛群羊群像撒下的黑白珍珠，
洒满了这牧场，
它们起得这样早，
得天独厚地享受着
这带露的肥草。

抬头望着这湛蓝的晴空，
没有一丝儿雾绕，
这时风儿也温和多了，
像丝绸般的轻柔，
将我的面额吻绕。
哦，看那东边的天际，
鱼肚白渐渐地变成了橘红色，
接着托出个硕大的圆盘，
橘红橘红的，
哦，这就是世界屋脊的日出！
多么壮观，
多么奇妙！

红霞已映红了半边天际，
啊，我好像步入了童话里。
回头望着那寂静的山峰，
都已摘去了灰色的晨幕，
显露出的是蔚蓝色的天袄。

当我转身再向东望时，
那橘红色的圆盘
已变得像颗红灯笼，
转瞬间
把自己挂得老高！

我激动地向它招呼，

万物之父，

您早上好！

多么美好的晴朗夏日，

风和日丽，

树木、湖泊、群山、小草，

羊群、骏马、奶牛、小鸟，

这么清晰地被我尽收眼底，

数百米内的山水、鸟兽、人物，

都休想从我视线里溜掉！

我四处留神细瞧，

把那个"轰隆隆哗啦啦"的声音寻找。

答案却一时难以找到。

继续坚持往前走，

寻找那个"目标"！

四

绕过气象站，

漫步走下一座小桥，

我看到由黄返绿的小草，

轻轻地将身儿摇摇，

晨曦中的露珠儿，

在小草的头上频频闪耀，

发出晶莹的亮光，

像一顶水晶般的冠冕，

习习地闪耀着，

多么漂亮，多么美好！

呵，大地母亲，

您是多么地偏爱小草，
您不仅给了小草永恒的生命，
又给小草戴上这美丽的冠帽，
你看小草，
她那样得意，
那样的神气！
是的，"野火烧不尽"呵，
值得你自豪！

我怀着妒忌的心情，
离开了小草，
再往前走，
把那个"目标"继续寻找。

五

我向西走去，
攀上那驻地部队的瞭望塔，
这里视野更宽阔，
东望望，西瞧瞧，
目光落在了群峰中的最高：
这座山，这么高，
它通身没有一棵树，
也不长草！
满身的雪、突出的岩石，
像灰色的提花图案，
灰蓝相间有深有浅，
通身像穿着件景泰蓝的大绣袍。
哦，这就是闻名遐迩的珠穆朗玛峰！
你究竟有多么深奥？
让世界登山健儿们拼命把你攀找！

你到底有多厉害？
竟敢将贡布的鼻子冻坏了！①
瞧呀瞧，眼睛酸困了，
细微地方很难看到。
唉！我已经来到你的脚下了，
你离我却还是这么遥遥！
望着它半山上的皑皑白雪，
我直想发笑，
它像一位胖姑娘，
系着白色的花围腰。
再看看肩膀以上，
那山脊一条条，
好像牧区姑娘们的发辫，
那么奇特，那么妖娆！

这么美的景色，
可惜呵！可惜！
更高更远更细微的美景我看不到。

"小鬼！"
一个突如其来的声音，
把我吓了一大跳！
回头一看，
原来是驻地的部队长！
我连忙双脚跟并拢，
"啪"的一个立正，
右手五指并拢，
早已举上眉梢：

---

① 贡布，藏族，国家登山运动员，于1960年5月25日同队友王富洲、屈银华一起，登上了珠穆朗玛峰，创造了人类历史上首次从北坡登顶珠峰的纪录。

"报告部队长，

我想利用这半天假日，

把珠峰全貌仔细瞧瞧。"

"稍息，我知道了。

拿上这个！"

看着他伸出的左手，

我眼睛一亮，

哇！高倍数的望远镜！

他怎么知道我此时正需要？！

哦！不愧是老侦察的眼力，

神了！神了！

"是！谢谢首长！"

我接过望远镜，

如获至宝，

唯恐跌落，

双手抓得牢牢。

部队长边走边叮嘱：

"用完后还回部队去！"

"是！"

今天我如愿以偿，

高兴得口里哼着"囊玛调"，

脚下却是"锅庄"的舞步，

连蹦带跳！

我迫不及待，

将望远镜对准珠峰观瞧。

正前方两千六百米处，

是登山队的大本营。

再往上看……

约六七百米高处是珠峰的山腰，

在阳光下一闪一闪，
发出亮晶晶的亮光，
哦！那是挂在岩石上的冰凌，
多么像牧人的腰饰、银链、珊瑚、腰刀。

突然，我看到山顶有一团白雾，
似在翻腾旋转，
恰似一顶漂亮的雪白风帽。
哦，我看清了，
那不是雪白风帽，
那是……
是暴风卷起的雪柱，
竟然能旋得数丈高！
呀！好大的风力，
足有十二级！
比卡车还要大一倍的冰块，
竟然像秋风卷落叶，
被高高举起，轻轻下抛。
霎时间谷里发出了雷鸣般的轰响声！
轰隆隆隆哗啦啦啦……
巨大的冰块被甩下空谷，
把大地震得晃晃摇摇。
哦！我恍然大悟！
这正是我要找的那个"目标"！
嗨！答案竟然在这里找到！

六

答案已找到，
该回营房了，
却不忍抛下这景色无限好，

我把望远镜对准其他方位观瞧。

抬头望见东南方，
绿茵茵一片宽阔的坪坝子上，
竖着一根数丈的高杆，
却没有藏人的经幡在飘。
它的东边数十米处，
是一座内地的古式建筑，
屋顶撒的是琉璃大瓦，
四个屋角都向上翘。
石桩子围了一个很大的半圆，
"有这么大的碾麦场吗？"
值勤的哨兵答道：
"那不是碾麦场，
那是清朝赵尔丰元帅的练兵场。"
"唔，原来是这样！"
"那么，那高杆便是军营的旗杆了？"
"是的。"
"那座古式建筑想必是军营餐厅？"
"那是军营建造的'关帝庙'。
最高处是佛堂，
看，上边还有经幡在飘。"
我再次举起望远镜，
仔细地瞧……
可不是嘛，
完全是一座汉族建筑的格调。

听战士讲，
庙内还住着一位九十九岁的老道。
稀奇，真稀奇！

何不前去观瞧！
我飞也似的离开了瞭望哨，
到军营交还了望远镜，
然后直奔关帝庙。

七

跑呀跑，
眼看快到关帝庙。
呀！背后什么人在嚷嚷闹闹？
回头望，糟了！
十多个人尾追着我，
难道要阻止我进庙？
这又不是"三级禁地"，
多此一举，莫名其妙！

他们越跑越近，
多数人带着军帽，
虽然看不清眉和眼，
但肯定是我的一些战友，
气喘吁吁，又喊又笑。
我顿时明白了，
他们也想利用这半天假日，
来参观关帝庙。

我赶快跳下石坎隐蔽，
想玩个捉迷藏，
吓他们一跳。

他们像几十只黄羊，
跑得那样轻巧。

有吴助理员，

有小苏、小郭、小白、小杨、小高，

还有小张、老罗、老冯、小马、小赵，

小杨太胖了，

圆乎乎的，

最后一个到，

口里还上气不接下气地嚷：

"哎…呀！累…死了！"

她像是滚过来的，

我终于忍不住高声发笑，

接着转身跳起，

第一个跃进关帝庙。

呀！好危险！

周仓瞪着铜铃般的双眼，

手里的钢鞭差点儿碰上我的眉梢！

抬头向正殿望去，

呵！好一个威严的塑像，

关羽一手托书，

一手提着青龙偃月刀，

眼前一座高脚的长明灯，

借着把塑像反复细瞧，

大红的战袍，

花团锦簇，

别致的风貌，

满头乌发笼罩，

三缕长髯，

丝丝如飘。

几座塑像巧夺天工，

不知是哪个巧匠的创造。

经堂上的木鱼声中断了，
走下来一位老道。
瘦削的身板，个头不高，
步履稳健，袍摆飘飘，
饱经风霜的方额上，
时间这个疯妞儿，
给他画了许多道道，
许多牙齿也给拔掉，
他的整个面部轮廓，
就像颗隔年的老核桃！
只有那双炯炯有神的目光，
把来人一一细瞧。
"请问道长高寿？"
我一遍又一遍地请教。
他只是手摸耳廓，
表示没有听到。
他的听觉衰退了，
跟他讲话我不得不用 F 调。
他终于听清，
用西康蜀语答道：
"今年九十九岁了。"

可怜虔诚的老道，
历经九十九个冬春，
生命之树还未枯凋，
九岁置身在世界屋脊，
至今把家乡的蜀语记得牢牢，
敬佩怜悯之心油然而生，

却也不知如何是好，
倾囊付足香火钱，
略将心意聊表。
陆续而来的伙伴们，
个个都怀着慨叹的心情，
伸进衣袋里的手，
捧出的是满把钱钞。

好一座玲珑的关帝庙，
木鱼声声，
香烟缭绕，
经历百年风雨，
至今仍是这般完好。
它是中华民族文化的结晶，
记载着祖国的统一，
民族的亲善……
它是边疆安乐的征兆。

第三十一回

助远客戏曲院慷慨
恋部队卢少琴抉择

　　1963 年下半年某日，秦剧团下乡途中路过昂仁县城，卢少琴要求暂停，想顺道去看一下杨保华。卢少琴一提议，好几个人都想去，李晓俊团长也去，于是十几个人一辆车去找杨保华。杨保华比卢少琴大三岁，已和樊西园结婚。她觉得唱戏难有发展前途，想趁年轻另谋出路，要求去搞行政，结果转业到昂仁县当了一名普通干部。

　　杨保华乳名锁莲，祖籍东北，父母早亡，抗战时期兄妹俩逃难到西安，幼年受过不少饥寒。卢少琴四五岁、杨保华七八岁时，两家同住一巷。当时卢少琴父亲在西安做煤炭生意，锁莲常在巷口捡煤渣，食不果腹。卢少琴母亲见保华可怜，常将孩子领回家中，给些吃的，补一下衣服，有时也给些半旧的衣服、鞋子。后来卢家离开西安搬到乡下，两个孩子分别，原以为再无相逢机会，岂知造化巧做安排，1956 年 2 月卢少琴入西藏秦剧团，意外发现杨保华也在剧团。两个孩子久别重逢，都非常兴奋。有儿时友谊的基础，两人关系自然亲密。

　　也许因为保华出身贫寒，心地善良的李晓俊老师对她特别关照，一心想把她培养成材，保华自己也很吃苦，曾演过《白蛇传》中的白蛇、《游西湖》中的李慧娘等重要角色，取得相当成就，为观众所喜爱。无奈先天不足，基本功较差，艺业始终未臻上乘。年龄稍大，演戏更觉力不从心，遂生退志。李老师这次去看她，足见情分。昂仁县的生活条件毕竟不如秦剧团，杨宝华到那里才一两个月，已有点灰头土脸。

　　1964 年 1 月中旬，秦剧团的新年演出任务告一段落，卢少琴以复查眼睛为由请了三个月假，动身去西安。

卢少琴的眼睛曾经长倒睫毛，1961 年在西安第四军医大学医院做过手术。医生告诉她一年半后再来复查。现在已经过去了两年，虽未复发，为了放心，复查还是必要的。培养一个好演员不容易，剧团领导都知道爱护演员尤其是骨干演员身体的重要性。领导给卢少琴批了三个月假，除让她复查眼睛外，还要她为秦剧团采购一些东西，如有机会，也可继续进修文学、历史、古汉语之类的课程。

但在卢少琴的内心深处，这次请假去西安最主要的原因不是复查倒睫毛，而是秦剧团又有人惹她烦恼，她又想离开秦剧团到西安散散心。

她之所以会烦恼，主要因为她长大了，恋爱和婚姻成了她必须面对的问题。1956 年同卢少琴一块进藏的那批小演员已经有不少人结婚成家，其中有好几对夫妻双方都是秦剧团的演员：白贵平和张亚萍，樊西园和杨保华，孙忠孝和胡宾环，常立成和张英琴。还有一些人找的是其他单位的人甚至藏族人。而卢少琴这时还没有自己的意中人。

省级剧团的主要女演员，舞台之上风情万种，21 岁，鲜花初开，仍然单身，要想没有烦恼，其可得乎？难！难！难！

你自己行得正走得直，想简简单单清清静静过日子，办不到！你不找人家，人家要找你，怎么办！刚打发走一个，又来三个，你有什么法子！碰到君子还好办，事情不成，仍然是朋友；遇上小人，先是千方百计想把你弄到手，看着没希望了，又想损害你。有的女人把你看作是情场和事业的竞争对手，背地里搞小动作，整天给你制造一些流言蜚语，让你应接不暇。

全团八九十号人，唯有卢少琴的信最多，每次下乡回来都有一大箩筐信件在等着她。这些信多数是戏迷的来信，偶尔也有求爱信，此外还有西安雷根善源源不断的信。在个别对她有希冀之心的男生眼中，这所有的信件全成了竞争对手给卢少琴的情书，于是，偷阅卢少琴私人信件者有之，销毁雷根善来信者有之。个别心胸狭窄嫉妒心强的女生把卢少琴收到的信多说成是卢少琴行为不端的证据，往往借题发挥，说些闲话。

卢少琴正是被这些事情搞烦的。这种事不怪天，不怪地，不怪卢少琴自己，甚至也不能怪那些给卢少琴制造麻烦的人，乃是女大当婚的规律使然。这么好的女孩子，到了婚嫁年龄，自然会有许多人投石问路，否则反而是怪事。

　　西藏秦剧团旦角演员杨保华。她比卢少琴大三岁。二人幼年在西安相识，西安解放前夕卢少琴随父母回乡下老家，二人分散，1956年却意外相逢在西藏秦剧团。先天条件不怎么好，但很刻苦，曾出演《白蛇传》中的白蛇、《游西湖》中的李慧娘，1963年离开秦剧团。因丈夫是秦剧团主要演员之一的樊西园，所以家一直在西藏秦剧团。此照大约摄于1967年前后，地点是拉萨龙王潭公园。当时闹"文革"，大家无事可干，所以常逛公园。杨保华仍旧穿着1958年在格尔木青藏铁路工程局给秦剧团发的服装。卢少琴记得摄影者是第十一师后勤部的刘志忠，他常为秦剧团的人照相，冲洗出来后有时会请卢少琴分发给大家。

李团长、廖团长都很关照她，但遇上这种事，也是爱莫能助。为这类事把官司打到李团长那里，次数多了，李团长也心烦，以至于有一次李团长指着卢少琴的鼻子半开玩笑半认真地说："真是女大不中留啊！"

话休烦絮。却说卢少琴到了西安，住进西藏办事处招待所。去医院复查眼睛，一切正常，倒睫毛没有复发。回家过春节，两年没见父母兄弟了，见面自然亲热。在家待了二十多天，回到西安，找过去戏曲研究院演员班的同学温喜爱、刘玉贤、郑碧兰等耍子，又到西北大学的业余进修大学听课，附带给团里办点事。

一晃过了两个月，再有一月就该返回西藏了。让卢少琴意想不到的是，秦剧团大队人马倾巢而出，全伙来到西安。不但有西藏秦剧团的原班人马，而且有不少西藏秦剧二团的人。这是怎么回事呢？

原来，卢少琴走后，秦剧团演出的数量和质量都受到一定影响。卢少琴请假回西安，别人也想照此办理。领导若同意，戏更难演；若不同意，又招抱怨：为什么卢少琴请假就同意，我请假就不同意？因此，秦剧团请求集体到西安"充电"，学排新戏，得到了上级批准。

秦剧团这几年南征北战，没有时间排新戏，主要靠吃当年在格尔木排练的老本，这些老本基本吃光，全西藏几乎都已看过这些戏。此外，1957年以来文艺界政治空气渐浓，表现工农兵的革命现代戏越来越多，而秦剧团过去演的多是古装戏，明显落伍，也确实需要"充电"了。

西藏秦剧二团于1958年开始组建，先是在西安培训，后在格尔木排练，一晃已是五年，国家的钱花了不少，该到出成果的时候了。1963年年底，上级让二团到拉萨进行汇报演出。几场下来，各位领导看得直摇头。二团的水平实在太差，跟一团即西藏秦剧团没法比。

西藏自治区筹委会文化厅厅长陈伟看了二团的戏后，断然决定撤消二团，将二团的部分人员编入一团，少数人转业到其他单位，其余的人精简。

卢少琴的弟弟卢少波也是二团的，嗓子好，不怯场，条件不错，有望成为一个较好的演员。或者因为卢少琴的名气，或者因为小伙子长得喜气，陈伟厅长点名要卢少波给他担任通讯员。他对少波说："跟我走！这里没前途。"于是卢少波离开秦剧团跟了陈厅长。陈厅长待少波很好。三年后卢少波自己提出想要参军，离开了陈厅长。

二团是马振华当团长。马振华本人艺术天赋不错，嗓子好，扮相俊美，为人也很正派，一心想把西藏秦剧团搞好。他和李晓俊一样，最初都是唱旦的，解放前二人齐名，马振华甚至比李晓俊名气还大一些。但若论综合艺术素质和导演、管理才能，马振华比李晓俊差很多。李晓俊博览群书，勤于钻研、思考，每天都工作到深夜，艺术造诣与日俱增，不但是个演员、导演，而且是个学者、导师。马振华读书不多，身上基本上就是解放前跟师傅学的那点本事，艺术造诣上未能更上一层楼，1956 年以后的成就不大，身居领导岗位而管理上没有章法，有点随心所欲，讲话缺乏艺术性和理论水平，爱用市井语言骂人，不能服众。

二团有许多好人，也有一些先天条件不错的人才，但由于马振华是将才而非帅才，不擅长管理，二团缺乏好的导演、教练培养他们，对孩子们有些耽误。和一团相比，二团的整体素质比较差，没有经过艰苦的战斗生活的磨炼，有些演员爱享乐，怕吃苦，不具备一团多数演员所具有的那种革命理想主义和献身精神，不仅基本功多数较差，而且纪律和思想品质也都较差。"文化大革命"中秦剧团的打砸抢分子多来自原二团人马，马振华本人也命丧这些人之手。

二团曾经演出过《三岔口》《柜中缘》《三世仇》《铡美案》等。二团的失败，不能完全归咎于马振华管理无方。二团失败最主要的原因是西藏的形势已经发生了巨大变化，在高层领导心目中，一个秦剧团已经足够，二团已无存在价值。

一团、二团合并后，西藏秦剧团的整体实力有所加强。但新加入的二团人马良莠不齐，原一团和二团的人员之间也有隔阂，剧团内部的是非有所增加。

西藏秦剧团来自二团的人女演员有：聂小平（花旦、小旦，嗓子不错，演得好）、董凤环（花旦，嗓子不错，演得好）、杨粉贤、聂东平、温君、刘万英、楚小琴、韩惠芳、张玲玲等，男演员有王杰民（后来成了西安知名的书法家）、左新运（小生，嗓子不错且心灵手巧，后来成为缝纫师和企业家）、薛卫民、姜德合、绍天育、何嘉义（善画）、苟兴无、陈科民（胡子生，嗓子不错）、赵坤、张德胜、赵康纪、唐中祥（胡子生）、张兴国、何志平、马吉武、魏德生（后为西藏日报社摄影记者）、熊云峰（丑角）等。乐队有刘长龙（合并前为二团的头把板胡）、赵水泉、赵拴虎、谢西京、胡小维、何永鹏、杨玉铃、贾兴旺、武狭义、陈秉贤、王振杰等。舞美有张振学、宋新科等。

吸收了许多二团的人，秦剧团人多势众，也许因为西藏办事处招待所住不下，所以这次他们住进了陕西省文化局招待所，卢少琴也搬了过去。

西藏秦剧团3月来西安，9月返拉萨，在西安主要排了两部革命现代戏，一是《八一风暴》，二是《江姐》。

《八一风暴》讲述八一南昌起义。1927年4月和7月，蒋介石和汪精卫先后政变，屠杀共产党人，第一次国共合作破裂。共产党决定自己搞军队，进行武装斗争，于8月1日在江西南昌发动了武装起义，这一天被定为中国人民解放军的建军节。《八一风暴》原作是话剧，剧本发表于《收获》1959年第四期。西藏秦剧团看中《八一风暴》，是考虑到该剧讲述解放军军史重大事件，估计应该受到驻藏部队官兵的欢迎。

《八一风暴》没有现成的秦腔剧本，西藏秦剧团打算靠自己的力量将话剧《八一风暴》移植为秦腔。移植等于再创作，工作量非常庞大。

《八一风暴》基本上是一部男人戏，卢少琴没有角色。但秦剧团没有让她闲着。卢少琴平时喜欢读书学习，文学修养在演员中出类拔萃，所以领导让她和张耀民、郭西宝、张茂林一起组成创作组，完成将话剧剧本改编为秦腔剧本的任务，张耀民牵头，卢少琴负责其中三个场次的文字创作，其余场次的文字创作由张耀民负责，张茂林主要负责音乐创作，郭西宝主要是跑腿、打杂、校对。

剧本搞不定，其他人就没法排练，所以张耀民、张茂林、卢少琴三人的担子很重，时间很紧。剧本移植的主要工作是将话剧中的许多对话改编为适合秦腔板式的唱段。

卢少琴起早贪黑地干，连星期天都不得休想。初稿拿出，大家提出意见，一边排练一边修改。直到9月秦剧团回西藏，这个戏还是无法与观众见面，到拉萨后又继续排练。

花了这么大气力排出的《八一风暴》，后来并没有火爆起来，在西藏演了几场，观众反应一般，就连部队观众的反应也不很热烈。演这个戏有一个难点，就是需要化妆朱德、周恩来、贺龙等特型演员，而要将这些全国人民都非常熟悉的将帅演好却非常困难，要承担一定的政治风险。这个戏后来演出场次总共可能不超过10场。

与《八一风暴》的命运相反，秦剧团在西安排练的另一部革命现代戏《江

照片背面写着："欢送十年学友奔赴新的工作岗位。一九六四年三月一号于西安合影。九点卅分。"欢送的是袁思友，他被调到农场。几位男生欢送战友，邀请的唯一女性是卢少琴。前排左起：张建华、候宽初、刘振国、袁思友；后排左起：孙升仁、卢少琴、刘印堂、宋怀安。

姐》却取得了巨大的成功，回到西藏后演出场次无数，场场爆满，成为西藏秦剧团的登峰造极之作。《江姐》之后，"文化大革命"开始，西藏秦剧团便再也没有如此辉煌过。

《江姐》的故事家喻户晓，取材于罗广斌、杨益言的长篇小说《红岩》。该书发表于 1960 年，描写重庆解放前夕残酷的地下斗争和监狱生活，是 20 世纪中国小说的经典之一。江姐即江雪琴，是书中塑造的共产党英雄之一，人物原型是革命烈士江竹筠，其故事梗概大体真实。江姐的儿子彭云如今在美国马里兰大学巴尔的摩县分校（UMBC）担任教授。

秦剧团将要学习排练的《江姐》不是秦腔，不是眉户，而是秦剧的另外一个剧种碗碗腔。碗碗腔主要在陕西流行，甘肃、河南、山西一些地区也有流行，其流行区域之广虽不及秦腔、眉户，在中国地方戏中可能会排进前十。陕西省戏曲研究院有"眉碗团"，眉即眉户，碗即碗碗腔团。碗碗腔《江姐》是戏曲研究院从歌剧《江姐》移植而来。

歌剧《江姐》由解放军空军政治部文工团创作，1964 年 9 月 4 日在北京儿童剧场首次公演。既然碗碗腔《江姐》由歌剧《江姐》移植而来，则碗碗腔《江姐》的出现应该在 1964 年 9 月以后。但西藏秦剧团于 1964 年 4 月便开始向陕西省戏曲研究院学习碗碗腔《江姐》，在此之前秦剧团已经观摩过戏曲研究院的碗碗腔《江姐》，所以至迟在 1964 年 4 月以前碗碗腔《江姐》就已经在西安公演，比歌剧《江姐》的公演时间至少早了半年。

卢少琴会不会记错排练《江姐》的时间？不会。卢少琴于 1964 年 8 月在西安结婚，这个时间她是不会记错的，而婚礼前的三个多个月她一直在排演《江姐》；她之所以能够结婚，与秦剧团留驻西安排练《江姐》有直接关系，她怎能记错！

唯一的解释是：陕西省戏曲研究院在 1963 年就拿到了歌剧《江姐》的剧本，并开始移植、排练，于 1964 年初排出了碗碗腔《江姐》并开始在西安公演。有资料表明，空政文工团的阎肃先生在 1962 年就拿出了歌剧《江姐》剧本的初稿。为了要出精品，歌剧《江姐》的排练时间较长，公演时间反而滞后于由歌剧《江姐》移植的碗碗腔《江姐》。

陕西省戏曲研究院实力雄厚，人才济济，是整理、革新西北地方戏的旗舰。秦腔、眉户、碗碗腔经过戏曲研究院艺术家们之手，变得更加高雅、优美、动听。他们曾经创作、移植过许多戏曲精品，在 50 年代创作的眉户剧《梁秋燕》至今仍被传唱。

在移植《江姐》的过程中，戏曲研究院的艺术家们按照戏曲规律和碗碗腔的特点进行了大胆的创作。碗碗腔《江姐》的作曲非常优美，既保持了传统碗碗腔的精髓，又对传统碗碗腔进行了许多改进，将碗碗腔音乐提高了一个层次，使其不仅能够为碗碗腔流行地区的观众所接受，而且能够为其他观众群体所欣赏和接受。

西藏秦剧团抵达西安时，恰值戏曲研究院的碗碗腔《江姐》刚刚开始公演。江姐的扮演者是温喜爱，一位综合素质很好、非常优秀的演员，演过一些深得观众喜爱的好戏。温喜爱出演的《江姐》同观众见面，在西安引起轰动，也吸引了西藏秦剧团李晓俊等导演的眼球。秦剧团观摩之后，立刻相中了这部戏，决定向戏曲研究院学习这部戏。

向其他剧团学戏，一般是向人家要来剧本、乐谱，自己排练，疑难之处再去请教。作为戏曲研究院，能够毫无保留地将《江姐》剧本和乐谱提供给西藏秦剧团，在西藏秦剧团登门请教时能够诲人不倦，也就算尽到了责任。然而这一次西藏秦剧团排练《江姐》，戏曲研究院不但做到了西藏秦剧团要什么就给什么，而且主动派出《江姐》剧组的原班教练人马，每天到西藏秦剧团去指导《江姐》排练的整个过程，可谓慷慨之极。

戏曲研究院这次为什么会这么慷慨？因为西藏秦剧团出演江姐的不是别人，而是卢少琴。西藏秦剧团不但让卢少琴演主角，而且让她出面跟戏曲研究院联系。戏曲研究院是卢少琴的出身之地，好比是她的娘家。女儿虽然已嫁出去，但娘家对女儿依然亲近，这至少是戏曲研究院如此慷慨的原因之一。

卢少琴并没有花多少力气到戏曲研究院搞"公关"。卢少琴奉命跟戏曲研究院联系，她便找了两位朋友帮忙，一位是出演《江姐》主角的温喜爱，另一位是《江姐》的副导演寇治德，二位都是卢少琴当年在西北戏曲研究院演员班的同学，尤其是温喜爱，和卢少琴私交甚笃。同学情谊，人所珍重，卢少琴一召唤，温、寇二人便前来帮忙。

寇治德、温喜爱都有自己的本职工作，他们跑到西藏秦剧团来教戏，单位领导需要知道他们上哪儿去了。二人到领导跟前请假，自然要向领导说明原委。

放下自己的本职工作不做，天天去给另一个剧团帮忙，戏曲研究院的领导会同意吗？

俗话说："同行是冤家。"有那么一种领导，他会认为像寇治德、温喜爱这样帮助西藏秦剧团是吃里爬外，不但耽误了自己的本职工作，而且帮助了自己的竞争对手。你要请假做这种本单位不能获得任何利益的事，我不批准！

但戏曲研究院的领导不是这种心胸狭窄的领导，而是宽宏大量的领导，当他们得知这件事情后，决定无私、无偿、主动、积极地帮助西藏秦剧团排好《江姐》。料想他们是这样商量的："小卢是咱们这里出去的人，小卢演江姐，咱们应该全力支持。这部戏是咱们戏曲研究院移植成碗碗腔的，演不好也影响咱的声誉。再说，西藏秦剧团是远客，来自边疆，来自前线，咱们理应帮忙！"

戏曲研究院决定派出《江姐》原班人马到西藏秦剧团帮助排练《江姐》。除寇治德和温喜爱外，又增派了该剧的总导演门学周和副导演、该剧的作曲黄育英。这几个人像上班一样，天天到西藏秦剧团指导《江姐》的排练。

碗碗腔是陕西省地方戏曲剧种之一。碗是老百姓盛饭器皿，敲击之声清脆悦耳。碗碗腔将碗碗作为伴奏乐器，凸显其草根本色。饭碗多是陶瓷，而作为碗碗腔乐器的碗碗则多为铜制。在碗碗腔中，碗碗地位显赫，可比之于秦腔之板鼓，碗碗腔通过敲击碗碗来确定乐曲的轻重缓急。将该剧种称之为碗碗腔颇为传神。碗碗腔发源于华山之麓，与华阴老腔颇有渊源。据说当年进京演出，周恩来总理觉得碗碗腔很好听，曾根据其起源地建议将其定名为华剧，这个名称并未得到流行，人们仍把这个剧种称之为碗碗腔。碗碗腔主要流行于陕西关中以及甘肃天水、平凉、庆阳一带。

碗碗腔《江姐》之所以能够获得巨大成功，音乐优美是主要原因之一，而音乐的美主要是作曲的功劳。该剧的作曲亲临现场指导，对西藏秦剧团《江姐》的质量起了重要作用。像京剧中的京胡一样，碗碗腔有一样主要乐器叫"二股弦"，大小与京胡类似，但琴杆比京胡粗。中国的音乐家多，但精通二股弦这个乐器的屈指可数，而黄育英正是拉二股弦的，他亲临指导，整个乐队受益匪浅。西藏秦剧团的二股弦操琴手是王忠谦。

经过两个月的奋战，7月中旬，《江姐》排成。首场演出在戏曲研究院进行。这是一次正式演出，但不是真正意义上的公演，观众有戏曲研究院的领导、导演、老师、演员等，还有西藏秦剧团全体成员。

演出获得巨大成功，各方面评价很高，反响很大。戏曲研究院的有些行家评价，卢少琴扮演的江姐甚至超过了温喜爱扮演的江姐。

卢少琴在西藏尤其是在十一师早已很出名，但在西安，她却一点名气都没有，因为在此之前她在西安没有正经演过戏。一场《江姐》，令戏曲研究院的领导和艺术家们大吃一惊，他们没想到卢少琴这么出色。

戏曲研究院的领导打起了卢少琴的注意，想把她调到戏曲研究院。

演出刚一结束，卢少琴尚未卸完妆，戏曲研究院的张云秘书长就走到后台，把卢少琴单独叫到一边，悄悄对她说："线君（卢少琴在西北戏曲研究院演员班时曾用名），你演得太好啦！你本来是咱们戏曲研究院的人，我们想把你调回戏曲研究院。你知道，戏曲研究院条件很好，在这里你会更有发展前途。你可以去告诉你们领导，就说你父母需要照顾，必须留在西安。其余的手续我们给你办！线君哪，你也知道，进戏曲研究院不容易，多少人千方百计想进都进不来。这可是千载难逢的好机会，千万不要错过！"

张云在戏曲研究院的地位非同小可，握有实权。他这样说，那么只要卢少琴愿意，进戏曲研究院的事就算是办成了。

戏曲研究院的某些领导还直接找了西藏秦剧团团长李晓俊，他们的说辞是："卢少琴本来是我们的人，当年你们秦剧团刚刚成立，力量单薄，让卢少琴跟你们去是应该的。你们现在人多势众，卢少琴应该还给我们。你总不至于刘备借荆州，一借不还吧！"他们把卢少琴当年自愿去西藏秦剧团说成是戏曲研究院将卢少琴"借"给西藏秦剧团，倒也有趣。

是返回西藏还是进陕西省戏曲研究院？卢少琴面临一个重大抉择。

卢少琴深知，对于一个秦剧演员，戏曲研究院是最好的工作单位，进戏曲研究院是无数秦剧演员梦寐以求的事，多少人为达此目的而拉关系、走后门。卢少琴也知道，西藏秦剧团确实有许多事情和个别人让她心烦。但当真正面临抉择的时候，她想到了西藏前线的那些解放军官兵，想到了十一师，想到了警卫班的战士们，想到了战士们给予她的热情、掌声和爱护，想到部队为了保护秦剧团的安全舍生忘死……

卢少琴突然发现：她是那么喜欢驻藏部队，那么感激驻藏部队；她舍不得驻藏部队，舍不得十一师的官兵。她觉得部队对她的爱护和恩惠她一辈子都报答不了；她觉得驻藏部队需要她，她也需要部队。

对自己的演艺事业，卢少琴也有自己的思考。一个名角要成功，需要有真正了解自己的导演和许多为自己配戏的演员。在西藏秦剧团，廖书记、李团长都重视她，给她配戏的人比比皆是；作为她的导演，李晓俊非常了解她；她、导演、配戏演员都已经磨合得非常默契。戏曲研究院名角很多，演员之间互相嫉妒、明争暗斗的事比西藏秦剧团有过之而无不及，对此卢少琴已有风闻。自己一旦到了戏曲研究院，何年何月自己周围才能形成真正了解自己的导演和许多甘愿为自己配戏的演员呢？

她很愿意留在西安、留在戏曲研究院，但是，她更愿意回到西藏秦剧团。

戏曲研究院是她的娘家，那里有她的老师和同学，她爱戏曲研究院。特别是这次排练《江姐》，戏曲研究院真诚帮助了她，她非常感激。她不愿意把自己的决定直截了当地告诉双方领导。

她没有遵循张云秘书长的策略。她把张云秘书长的话原原本本告诉了李晓俊。

李晓俊大吃一惊。西藏秦剧团不能没有卢少琴。怎么办？李晓俊眉头一皱，计上心来。他决定请封至模教授去说服戏曲研究院的领导。封教授是秦腔艺术界的泰山北斗，戏曲研究院的领导不能不买封至模先生的帐。

李晓俊没有直接去找封先生，而是请他的老师惠济民先生出面去请封先生。惠济民（1903—1976），秦腔著名导演，秦腔艺术界的大人物，李晓俊、马振华、苏育民等秦腔名家的老师。惠先生是封先生的好朋友。

封至模果然出来说话了。他对戏曲研究院的领导说："咱们戏曲研究院是秦腔艺术的最高学府，咱们就是培养艺术人才的。卢少琴虽然是我们这里培养的人，但人家西藏秦剧团对卢少琴的栽培之功也不小。看见人家在基层锻炼成材了，就想要，那怎么行！卢少琴在西藏秦剧团演得好，咱们戏曲研究院也光彩，何必一定要把卢少琴调来呢！戏曲研究院多一个卢少琴算不了什么，但西藏秦剧团要少了卢少琴，那影响可就大了。还是让小卢留在西藏秦剧团吧！"

封至模的话果然管用，戏曲研究院终于打消了调卢少琴的念头。柳枫秘书长叹道："覆水难收！"

过了几天，戏曲研究院和西藏秦剧团座谈，总结西藏秦剧团《江姐》的演出得失。作为主演，卢少琴应该出席，但她没有去，她觉得自己愧对戏曲研究院的领导和老师，有点怕见他们；她还担心他们会再次动员她调工作，那会使她更加为难。

秦剧团好几个人参加完座谈会后对卢少琴说："戏曲研究院的领导们把你夸得了不得！"

1980 年，中国的文艺事业正在从"文革"浩劫的废墟中复苏，样板戏降温，地方戏复活。为振兴秦腔，陕西省戏曲研究院院长黄俊耀曾派遣卢少琴在戏曲研究院演员班的同学许天成千方百计打听到卢少琴的去处，登门造访，试图将 38 岁的卢少琴调到戏曲研究院，让她重返秦剧舞台。卢少琴确曾动心，终因诸多原因，她最后还是回绝了。

第三十二回

情堕卑小人遭耳光
爱贵痴精诚换芳心

1964 年 8 月，卢少琴结婚了，新郎就是雷根善。

雷根善 1932 年生于陕西富平。父亲雷荣，知识分子，1928 年初入党。由于父亲干革命，雷根善 9 岁就去了陕甘宁边区，10 岁就穿上军装成了一名小八路，进入抗日剧团"七月剧团"成为一名小演员，16 岁入党，曾先后进入延安保育小学、延安中学、延安大学、中央团校、中央党校学习，学历应该相当于大学本科。雷根善聪明好学，对唯物辩证法和辩证唯物论颇有心得，高高的个子，慈眉善目，一团和气，待人厚道而不失机敏，处事老练而不显圆滑。和卢少琴一样，雷根善也是一位对党的事业忠心耿耿的人。陕西作家黄河浪有《大地之子》一书，专门介绍雷根善的事迹。遗憾的是《大地之子》第一稿刚刚完成，正当年华的黄河浪就因车祸逝世，功亏一篑，该书迄今未能正式出版。雷家拿到了黄河浪的手稿，自费印刷成书在亲友中流传，作者手头就有一册。

卢少琴是 1962 年元旦认识雷根善的，那时她正在西安进修。此后雷根善常来找她，两人成了朋友。雷根善对卢少琴一见钟情。两个多月后卢少琴返回西藏，雷根善经常来信。卢少琴对雷根善颇有好感，他的来信她喜欢读，但从不回信，因为她对雷根善有好感，但尚未动真情。

有时雷根善会从西安打长途电话给她。那时的长途电话很不好打，要从北京转，费用很高。通过打电话，雷根善不但能够听到卢少琴的声音，了解卢少琴的最新动向，而且能够确定他的信卢少琴已收到。由于卢少琴不回信，对雷根善来说，打电话的费用再高，也必须做。

那时候，普通人很少用过电话。"西安长途电话找卢少琴!"办公室一喊叫，卢少琴走向办公室去接电话，秦剧团院子里已是满城风雨。再加上雷根善的来信源源不断，秦剧团人人都知道西安这位姓雷的在拼命追逐卢少琴。当此之时也，秦剧团某些男女青年心中都有点酸溜溜，男人怕雷根善得手，女人妒卢少琴风光。

冯鼎就是秦剧团内部怕雷根善得手的男人之一。此人是舞美队的，文文静静，雅善丹青，业余爱拉小提琴。他给卢少琴送东西，打开水，教小提琴，百般示好。其他人早都看出苗头来了，卢少琴还认为冯鼎是大哥哥关心她这个小妹妹。卢少琴对冯鼎心理上没有防范是因为他已经结婚。

已婚的冯鼎是没有资格追卢少琴的。但是他事实上在追。许多人看不惯冯鼎向卢少琴献殷勤，经常在冯鼎和卢少琴之间制造点障碍，卢少琴知道了也不以为意，因为她从来就没有把冯鼎放在心上。

后来冯鼎升任秘书，管信件收发。有一段时间卢少琴居然看不到雷根善的信。难道雷根善放弃了？非也，是冯鼎扣住并销毁了雷根善给卢少琴的一些信件，说不定还偷看了呢。雷根善将此事反映给了李团长，李团长私下找冯鼎谈了话，并在全团大会上强调："我们团有人藏匿、损毁私人信件，这是犯法的事，绝不容许！再要发生，一定追究！"

最为离谱的是，冯鼎还曾经以卢少琴的名义向雷根善发了一封电报，内容是："我的个人问题已解决，请你不要再考虑！"雷根善并不知道电报是别人冒名发的，卢少琴也不知道别人曾以她的名义给雷根善发过电报。

有一次，冯鼎潜入卢少琴卧室，打开箱子，翻出了卢少琴的日记本，在上面写下了几段爱情文字。当时卢少琴非常匆忙，扫了一眼就锁进了箱子。卢少琴去西安前惊奇地发现，她的箱子被人撬开过，东西一件不少，只是日记本上冯鼎写的那几页已被撕去。

她知道撬开她箱子的人就是冯鼎。他在她的日记本里上写了那些话，后来又怕留下把柄，所以撕去。卢少琴一向认为冯鼎是关心她、照顾她的大哥哥之一，不想伤害他。现在她可真有点生气了。但她这人有点大大咧咧，过了几天，也就忘记了。

1964年元月，卢少琴只身到了西安。多好的谈恋爱机会啊！雷根善已追了她整整两年，而卢少琴对雷根善也颇有好感。但可惜雷根善不知道小卢已到西安，卢少琴居然没有告诉过他！到西安后也没有跟他联系！

　　这个卢少琴，真是不可饶恕！不要说是恋人，就是朋友，两年没见，现在来了，总该告诉一下吧！换别的男人，可能会伤心，也会伤自尊，从而就此放弃卢少琴。

　　3月中旬，西藏秦剧团全体到了西安。

　　在西安，秦剧团的党组织和团组织归省级机关直属党委和团委领导，雷根善是省级机关直属团委书记兼直属党委宣传部副部长，在第一时间知道了秦剧团来西安的事，从而得知卢少琴已到西安。雷根善请李团长转告小卢，他邀请她到他的单位来玩。

　　李团长找到卢少琴，对她说："人家老雷给你经常写信、打电话，你不给人家回信也就罢了，到西安都不告诉人家，有点说不过去！不管你是不是同意跟他谈恋爱，礼貌还是要有的，趁现在还没有工作任务，去看看老雷吧！过几天我们就要开始忙了。"

　　李团长这么一说，卢少琴觉得自己是有点礼貌欠周。她对雷根善本有好感，也深知雷根善对她情深义重，虽然自己尚未拿主意，但作为朋友，这么远来到西安，去看看还是应当的。于是她约了石菊霞一块儿到雷根善的工作单位去玩。

　　雷根善的工作单位在新城区省政府大院。走到半道石菊霞又不去了，卢少琴只好一个人去了。这一次算是卢少琴稍微显示了一点主动。

　　交往了两年多，雷根善对卢少琴的家庭、工作、学习、生活情况了如指掌，而卢少琴对雷根善所知甚少。一般的女孩子交男朋友，总要费尽心思去调查对方。卢少琴从来就没有作过了解雷根善个人和家庭情况的任何努力，甚至连雷根善年龄多大都不知道。雷根善最初曾告诉她他是个秘书，她信以为真，直到最近才知道了雷根善的真正职务。雷根善告诉她他比她大7岁，后来又说是大8岁，直到结婚若干年后她才知道他比她大10岁。

　　这是卢少琴第一次主动上门来看雷根善。雷根善当然非常高兴，热情接待。办公室许多人都围上来看小卢。雷根善的工作搭档、直属党委宣传部长赵伯森笑着对卢少琴说："把我们小雷害得哭了两个星期的人原来就是你呀！"雷根善笑道："你这人搞宣传工作养成了坏习惯，就会夸大事实！"但周围的其他同事都说："赵部长没有夸大事实，雷书记就是让你搞得泪流满面，无精打采。"在卢少琴跟前，雷根善不承认自己哭过。

雷根善说："我们两个出去走走！"卢少琴欣然同意。临走时，雷根善从抽屉中拿出一页纸塞进了衣服口袋里。两人一边散步，一边向秦剧团住的西大街省文化厅招待所走去，那地方离此约两公里。情侣散步，这点距离其实太短。

路上，雷根善从口袋里掏出了刚才从抽屉里取出的那张纸给卢少琴看。原来这正是那份让雷根善肝肠寸断的以卢少琴名义发给雷根善的电报。

看见电报，卢少琴大吃一惊，她做梦也没有想到秦剧团会有人胆敢干这种事！

雷根善接到了这样的电报，他居然仍然给自己来信、打电话，卢少琴有些感动。卢少琴隐约觉察到了雷根善的同事们说他曾为自己哭泣的原因。

雷根善终于得知这封电报不是卢少琴发的，他非常高兴，也有点气愤。高兴的是电报是假的，自己的心上人对自己没有如电文所示的那种断然拒绝的意思；气愤的是这个发电报的人太缺德，把自己害得好苦。总的来说，高兴还是大于气愤。眼前，心中的姑娘正在陪自己散步，夫复何求！

这一天，应该是雷、卢关系的重大转折点。电报事件真相大白，拉近了两人心灵上的距离。尽管卢少琴还没有决定要嫁给雷根善，但她已经把他看作是自己的恋人。

此后，雷根善成了秦剧团的常客，每周至少两三次。他每次来，秦剧团第一个见到他的人都要说"你又——来啦"！这个加重拉长了的"又"字不够礼貌，但雷根善毫不在乎，每次都说"我顺路来看看"，不是说他到这边来开会，就是说他到这边来搞调查。

很快，秦剧团人人都认识他，大家都叫他"老雷"，他和秦剧团的领导以及和卢少琴关系比较好的几个男生都混熟了。叫"老雷"是为了尊重，并不是雷根善长相显老。

卢、雷二人见面后没过几天，卢少琴制造了一个轰动半个西安城的新闻：她打人了！

那天下午，陕西省各文艺团体1000多人在陕西省民主剧院开大会，大概是学习党的文艺方针和马克思列宁主义的文艺理论。卢少琴走上前去，揪住一个年轻女人，"啪啪啪"几个清脆的耳光，声震礼堂，并对此人喊道："走！有本事就跟我出去！"然后愤然离开了会场。那个女人不傻，没有跟她出去继续挨揍。

卢少琴打人不是第一次，要不怎么挣了个"威（读'歪'）女子"的绰号。但只有这一次最为轰动。

挨揍的人是冯鼎同志的夫人杨氏，甘肃某杂牌剧团一位唱秦腔的三流演员，趁秦剧团来西安前来和冯鼎团聚。

卢少琴常演主角，是秦剧团的报幕员，经常接受媒体采访，受到诸多男士呵护，引起秦剧团女演员陶小莉妒忌。小陶经常编造有关卢少琴的谣言，挑唆别人去整卢少琴。这一次，她给杨氏编造了许多有关卢少琴勾引冯鼎的故事。杨氏是个无风还要起三尺浪的女人，决心要将卢少琴的"丑行"公之于世，搞臭卢少琴。

杨氏写了一封信给卢少琴，装入信封，也不封口，故意扔在秦剧团众人的交通要道。信被马振华副团长捡到。马团长读了信，见里面讲的全是子虚乌有的事，骂的话又特别难听，他是个直性子，立刻火冒三丈，狠狠地批评了冯鼎和杨氏，又说："再要胡闹，你们马上从这里搬出去，自己掏钱到外面去住！"杨氏供出挑唆她的人是陶小莉，马振华团长将陶小莉叫来臭骂一顿。马振华又找卢少琴谈话，温言安慰了一番。

卢少琴本来很生气，但她不是不可理喻之人，见领导处理得当，气也就消了。

这一天，卢少琴去民主剧院听报告，走进剧院，其他人已经坐好，许多领导都在台上，文化局局长鱼讯、副局长罗明等领导同志都在台上，会议由罗局长主持，鱼局长已经开始作报告。当年西北戏曲研究院演员班的同学本来分散在全省各地，这次有机会相见，大家坐到了一处，见卢少琴走进，有人喊道："线君来了！快过来，坐在这里！我们都在这儿。"卢少琴兴冲冲走了过去，坐下后，同学们拉着卢少琴的手问长问短，亲热异常。忽然间温喜爱说："你们看杨氏在干什么？"大家一看，隔着三四排座位，杨氏正在那里连比带画，用手指点着卢少琴，向一些人大讲特讲卢少琴如何如何勾引她男人，周围的人都转过来看卢少琴。

卢少琴心头燃起一股无名大火："何物杨氏！你写脏信诬蔑我，我已放过了你！马团长已批评过你，你已经知道是陶小莉编造了谎言，还要到大庭广众之中继续败坏我的名誉。是可忍，孰不可忍！"于是卢少琴打了杨氏。

卢少琴一不做二不休，又找上门去打了冯鼎和陶小莉。打冯鼎是在会议室，秦剧团全体都在，正准备讨论局长报告，卢少琴一言不发，上去就是两个响亮的耳光，又指着冯鼎的鼻子警告道："把你的老婆管住点！"打陶小莉是找到她的住处，当着她男人的面一顿拳脚。

就这样，三位小人都挨了卢少琴的耳光。

下午团里开会，讨论鱼汛局长的报告，卢少琴做好了挨批斗的精神准备。岂知领导们在会上只字未提卢少琴打人的事。私下里见到卢少琴，李晓俊团长绝口不提此事，而马振华团长则说："卢少琴你太厉害！你这是杨七郎杀四门嘛！"是批评？是赞许？难说。

卢少琴知道打人不对，但这口气她咽不下，挨处分、坐监狱，她在所不惜。她等候领导处分她。岂知领导连一句重话都没有说她。倒有不少人前来安慰她，又有许多人见她都翘大拇指，好几个人对她说："大快人心！皆大欢喜！"

动不动就出手打人的女人，男人敢要吗？这件事对雷根善有何影响？

雷根善来看她了，一见面就道："哈！我的咣当！你打人了！"卢少琴说："打了！把我惹急了我啥都敢干！"

雷根善并没有居高临下批评卢少琴，如果那样，他肯定要遭到卢少琴反击。显然，雷根善已经了解到卢少琴所打之人真有该打之处。谈话之中，虽然作为团委书记，他也曾轻描淡写地说："打人总是不对的。"他只是安慰、开导卢少琴，帮她消气，卢少琴感到温暖，觉得雷根善真正关心她。

《八一风暴》和《江姐》两部大戏先后开排，卢少琴承担重要任务，分秒必争，比谁都忙。雷根善来的次数太多，必然影响卢少琴工作，但雷根善从某种意义上讲是秦剧团的上级，不能得罪。李团长他们想出了一招：把卢少琴反锁在一间比较隐蔽的房里，让她专心搞《八一风暴》剧本的移植工作，除非万不得已不得露面，就连饮水和瓜果也由石菊霞从窗户悄悄递进去。团里只有少数人知道卢少琴去处。雷根善来访，主要由石菊霞接待，告诉他卢少琴不在，然后随便编造一个理由，比如说她到戏曲研究院学习角色去了。

雷根善再聪明，也不会料到人家会有领导有组织地合伙骗他。找不到卢少琴，雷根善也不会马上就走，总是要找一些人聊聊。他性格随和，和谁都能说得来，能帮的忙他会尽量帮，最大限度地化解了秦剧团对他的"敌意"，交到了越来越多的朋友。

领导把自己锁起来，明知自己的恋人就在院中说话，却不能出来见他，卢少琴有怨言吗？没有！她是一个把工作看得高于一切、服从命令、坚决完成任务的人，她觉得这样做是完全应该的，而且还有点刺激、好玩儿，因为她觉得自己有点像电影中的地下工作者。

雷根善性急，这次在西安见到卢少琴后没过几天，就提出要跟卢少琴订婚。卢少琴说："我父母亲还没有见过你，怎么能订婚呢？不行！"

4月初的清明节，秦剧团放假三天让大家回家探亲，卢少琴也准备回家。雷根善得知，说道："这几天正好我也放假，我想到你家里去玩玩。"卢少琴没说行，也没说不行。

卢少琴到子午镇老家的第二天，雷根善就带着礼品找上门来。他把自己收拾得干干净净，精神焕发，走在农村的土路上，出类拔萃。

卢少琴心里纳闷："他怎么知道我家住在哪里？"后来"审问"，才知道是长安县民政局的人将雷根善直接带到了门口！

卢少琴后来才知道，雷根善还通过县公安局和民政局的人，把卢少琴祖宗几代都调查得清清楚楚。

雷根善不请自到，卢家自然要热情款待。

卢少琴对妈妈说："他的年龄比我大七岁呢！"妈妈说："老人有言：'宁叫男大十，不可女大一'。大七岁不是大问题。"

爸爸说："人看着还老实。但人家是大干部，西安城里那么多的女娃娃，条件比咱好的多得是，他为什么快30岁了还没结婚？人家为啥看上咱？"

奶奶说："只要不是油滑浪子就行！"

卢少琴心直口快，听了父亲的话，就去问雷根善："西安城那么多的好姑娘，你为什么要从西藏找对象？你为快什么30岁了还没结婚？你是不是有啥问题？"雷根善不慌不忙，将自己的恋爱历史向卢少琴老老实实作了交代，还拿出了过去恋人的照片给卢少琴看。卢少琴是个厚道人，她完全相信雷根善的话。

公婆是否也需要检验一下未来的儿媳妇呢？这一关早就通过了。1962年初，卢少琴在西安进修，住西藏办事处。有一天她正在做作业，对门的王一云领着雷根善的爸爸妈妈来看她，说道："雷老师来看我们，听说我们这里住着一个西藏来的人，顺便来看看。"雷根善的爸爸询问了卢少琴的工作、学习情况和西藏秦剧团的一些情况。雷根善妈妈拉着卢少琴的手，仔细打量，夸奖小卢长得好。王一云的丈夫是西藏昌都地区组织部长肖生，他是雷荣的学生。卢少琴当时傻乎乎的，手里握着笔，茫然不知所措，人家问一句，就老老实实地答一句。她做梦也没想到这是未来的公婆对她进行"面试"。

雷荣是老革命，副省级，战友、部下遍布西北五省和西藏。雷根善本人认识的政坛要人也不少，他的延安保小、延安中学、中央团校、中央党校的校友中有许多高干和烈士子弟。

5月份，雷根善对卢少琴的总攻开始了。他动员了许多有职位、有水平、能说会道的女同志，轮番对卢少琴进行"开导"。卢少琴单纯、老实，有名的书呆子，哪里能经得住这么多老师、阿姨、大妈、大嫂、大姐、主任、书记引经据典苦口婆心地谆谆教诲。她对雷根善的印象越来越好了，心中的防线已经被人家彻底攻破。

当然，这些人都没有骗她，雷根善是不错，这门亲事是不错。

戏曲研究院的几个同学也经常来找卢少琴，谈话之中，一有机会她们就要动员卢少琴回陕西。她们也极力赞成卢少琴嫁给雷根善。

1964年夏，戏曲研究院的大明星、以演《梁秋燕》名满全国的李瑞芳因种种原因，想换个工作单位。消息灵通的雷根善立即跟戏曲研究院狄宾秘书长商量，要将李瑞芳跟卢少琴对调。戏曲研究院同意这件事，但西藏秦剧团不接受。李团长说："哪怕李瑞芳的个人条件再好，她来之后卢少琴的所有的戏都要给她重新排过，我们没有这么多时间排戏。"卢少琴本人也不愿换，她怕去戏曲研究院后没人给她配戏。

秦剧团反对卢少琴跟雷根善结婚的人有的是。有人告诉卢少琴："我看见老雷跟一位漂亮姑娘一起走在街上，又牵手又搂腰的。你可要小心，不要上当受骗！"这当然是捏造的。

马振华副团长坚决反对卢少琴嫁给雷根善，公然而公开。他是怕卢少琴嫁给雷根善后会离开西藏，离开秦剧团，使秦剧团的工作受到影响。结果，他被西藏驻西安办事处的领导请去谈了一次话，回来后就像秧苗遭了霜打——蔫了，一脸的不高兴，但不敢公开反对了。干涉婚姻自由违反宪法，西藏驻西安办事处主任是李子淦，厅级干部，雷荣的学生，正好能管西藏秦剧团，想必是马团长在彼让人家给上了一堂婚姻法政治课。

　　李团长保持中立。但他的夫人李玉兰却对卢少琴说:"人家老雷对你是真心的,你应该答应他。"

　　党总支委员张耘的爱人杨生荣,大学毕业,中学老师,她推心置腹地对卢少琴说:"你是演员,长得又漂亮,很多男人都想得到你,但真心爱你的人能有几个?老雷很难得,你应该选择他。"杨生荣的话对卢少琴下决心起了较大作用。

　　张茂林、雒祥杰、李仁友、马保全、张耘等老成持重的人都对卢少琴说:"你该拿主意了。你看姓雷的那架势,不把你弄到手他绝不会罢休。老雷这人不错,你可以答应。如果你不答应,就应该坚决跟他断绝来往,不能再拖了。"

　　卢少琴果然开始认真考虑了。她想到了钟指导,想到了冯鼎,想到了秦剧团其他对她有意的男生。如不答应雷根善,回到西藏后仍然会有许多麻烦。她把秦剧团所有的未婚男子都想了一遍,没有一个是她所爱。她又想到西藏军区部队上的那些军官,许多单身军官对她不错,但有的年龄比她大许多,有的文化层次太低,有的脾气太暴躁,将来一块儿生活,着急起来说不定会把她当手榴弹扔出去!……

　　7月的一天,卢少琴终于同意了和雷根善的婚事,条件是"结婚后我必须能够继续留在西藏秦剧团,我还要像现在这样工作,你不能影响我的工作"。雷根善答应了,并说:"为了支持你的工作,我以后可以到西藏去探亲!"

　　雷根善追卢少琴,难度很大。但精诚所至,金石为开。他终于成功了。

　　这一天,双方约好去领结婚证,卢少琴来到省政府大院,却不见雷根善的踪影,原来他临时去出席一个紧急会议,委托赵伯森替他去领结婚证。办理结婚登记手续的同志一听是他人代领结婚证,惊诧莫名,生怕卢少琴上当受骗或被威逼利诱。尽管赵同志持有省直属党委的介绍信,人家还是盘问得格外仔细,单独找卢少琴谈话。卢少琴介绍了西藏秦剧团以及她和雷根善的罗曼史,说明她确实是自愿嫁给雷根善,人家才给办了手续。整个恋爱过程,卢少琴一直被动,而今她已积极主动,这桩婚姻是真正的两情相悦。

　　1964年8月,卢少琴在西安和雷根善结婚。婚礼在省直属党委机关举行。直属党委罗书记主婚。秦剧团是娘家人,基本上全体到场。孙忠孝等人为有机会坐上了小汽车而非常高兴。卢少琴真正的娘家只有弟弟卢少波和本家一个堂哥赶到西安来出席婚礼。

　　上图：卢少琴、雷根善结婚照。少了点浪漫，多了点朴素，带有那个时代的烙印。摄于1964年。

　　下图：卢少琴的丈夫、当年的延安小八路雷根善。雷根善1932年生于陕西富平，10岁参加革命，16岁入党，历任县委书记、省级机关直属团委书记、省轻工厅副厅长等职。此为雷根善1969年在南泥湾"五七"干校时再回延安所照。

婚礼很简单。没有穿婚纱，也没有摆宴席，茶水糖果，如此而已。新郎新娘甚至都没有穿崭新的衣服，而是从自己平常穿的衣服挑了一套比较新、自己比较喜欢的衣服。罗书记讲话，李团长讲话，演员队队长孙忠孝也讲了话。轮到新娘讲话时，卢少琴说："结婚以后我还要像结婚前一样好好工作。"大家报以热烈的掌声。

礼品不少，有茶具、床单、被面等，也有好几套《毛泽东选集》和《毛主席诗词》，都是精装的。

婚后小两口住直属党委雷根善的宿舍，吃在公婆家。公婆的房子在同一个院子，约60平方米，有套间，此即政府大院的高干公寓。吃饭时步行到公婆家。饭是婆婆做的，卢少琴自小唱戏，做饭手艺不行，她要下厨房帮忙，婆婆不让。公公雷荣知道卢少琴练习书法，特意在家中为她准备了许多上好的笔墨纸砚。公婆待卢少琴很好。

三天后，夫妻回子午镇。雷家给卢家准备了许多礼物。卢家亦有宴庆，不在话下。

尘埃落定，名花有主。雷根善、卢少琴二人果然幸福美满，白头到老，育有一子一女。

8月底，秦剧团返回西藏。领导特许卢少琴一个月假，让她留在西安度蜜月。

　　1964 年 8 月，卢少琴和雷根善在西安结婚后，雷根善将全家福照上卢少琴头像单独冲洗放大成这张照片。

第三十三回

造经典江姐红藏原
守正义乌珠遭酷刑

1964 年 3 月至 8 月，西藏秦剧团在西安"充电"，着手将话剧《八一风暴》移植为秦腔，并向陕西省戏曲研究院学习碗碗腔《江姐》。8 月中旬，卢少琴在西安结婚。8 月下旬，秦剧团返西藏，特许卢少琴继续留在西安度蜜月。9 月下旬，卢少琴回到拉萨。

秦剧团回到西藏时，十一师不再兼日喀则军分区，十一师总部由日喀则迁到拉萨近郊的白定村。十一师移驻拉萨时，崭新的营房、会议室、礼堂等都已经建好，可见这次搬家早在计划之中。

既然十一师到了拉萨，秦剧团也把家从日喀则搬回拉萨。卢少琴抵达拉萨时，秦剧团已在拉萨安家，住在大昭寺后面的索康大院。

大昭寺始建于唐贞观二十一年（647 年），一说是藏王松赞干布为大唐文成公主入藏而建，另一说是藏王松赞干布为尼泊尔尺尊公主入藏而建。从其主殿具有唐代建筑风格、大殿正中供奉文成公主从长安带来的释迦牟尼 12 岁时等身镀金铜像、两侧配殿供奉松赞干布、文成公主、尼泊尔尺尊公主等塑像、寺内有长近千米的文成公主进藏图壁画等事实来看，修建大昭寺与文成公主进藏有关，应该是肯定无疑的。环绕大昭寺的街道曰八廓街，又叫八角街，集宗教、政治、观光、民俗、文化、商业诸多功能于一身，因大昭寺而存在，和大昭寺密不可分。大昭寺和布达拉宫同为西藏最为神圣、显赫的地方。

藏区有一文化景观，即随处可见佛教信徒一边低头走路，一边手拿经轮不停地转动，口中还常常念念有词，此即转经；转经轮中装藏经文或咒语，是佛教法器；许多藏族人不识字，诵读真经有困难，轮转经轮能代替诵经，获得功果；转经人所走的路即转经道。所谓"八廓"，是藏语"中转经道"的音译，汉人不知，将"八廓街"误作"八角街"，而"八角街"的名字居然更为流行。

索康大院有资格建在大昭寺旁，自然非同寻常。索康家族是西藏望族，西藏解放前后，索康家族的代表人物索康·旺钦格勒曾经在西藏政治中扮演过重要角色，曾任噶伦，1954 年曾作为西藏地方政府的代表随达赖进北京，受到毛泽东主席的会见，毛主席曾和索康单独谈话。1959 年西藏叛乱，索康·旺钦格勒是叛乱势力的主要领袖之一。索康家族非常富有，庄园有若干处。正因为家族显赫，所以才能在拉萨的"中南海"拥有一座规模宏大的府第。而今，上级居然把这么一个高级府第赐给了西藏秦剧团。

秦剧团所在的索康大院正门朝西，院子在大昭寺东南，与大昭寺仅一墙之隔，院门朝东。院子南北宽七八十米，东西长有百米，占地在十亩以上。院子中央空地有两三亩地大小，中央有一眼水井，秦剧团将水井一侧的空地辟为篮球场。院子四面皆有房舍，东、南、北三面为两层楼房，西面即靠近大昭寺的一面为四层楼房。整个院子总共有近百间房子，全归秦剧团使用，住房堪称宽余，除满足住宿、办公、炊事、用餐等需求外，还有供练功、储藏、娱乐的房子。

秦剧团搬回拉萨后，廖生才书记调离了秦剧团，由马振华副书记代理书记。

秦剧团在西安"充电"半年有什么成就，回到西藏后得有所展示。这一次，秦剧团给西藏人民带来了一部政治内容和艺术形式得到了完美统一的大戏：碗碗腔《江姐》。从 1964 年国庆节开始，一直到 1966 年夏天"文化大革命"开始以前，这部戏在青藏高原演出近百场，"文化大革命"期间还在演，是秦剧团所排的所有戏目演出场次最多的。

开头一两个月，人们奔走相告，竞相观看，一票难求，场场爆满，好评如潮，盛况空前。多数情况下连走道和任何可以站人的地方都站满了热情的观众。演出邀请纷至沓来，令秦剧团应接不暇。每到一地，必定要连续演出好几场。有的人接连看了好多遍还不过瘾。不但汉族人看，许多藏族同胞也来看。《江姐》的走红使得秦剧团又风光起来，那段时间，军区、自治区、西工委的领导常到秦剧团大院来探望秦剧团。西藏广播电台多次实况转播。那年月，走进拉萨百货商店，收音机里会时常传来碗碗腔《江姐》的唱段，主要是卢少琴所演唱的江姐的唱腔。

纵向比，秦剧团成立以来演出过的所有戏都没有达到《江姐》的盛况；横向比，当时西藏所有文艺团体的大本戏从来没有《江姐》这般火爆。

碗碗腔《江姐》由歌剧《江姐》移植而来。歌剧《江姐》的故事取材于长篇小说《红岩》，但与书中故事不完全相同。《江姐》的剧情是：1948年，人称江姐的共产党员江雪琴，奉命去四川北部地区从事革命斗争，途中惊悉自己的丈夫、共产党人彭松涛被敌人杀害，并亲眼看到丈夫的头被悬挂城门示众，江姐悲痛万分，而革命意志弥坚，抵达川北后领导游击队与敌人英勇奋战。由于叛徒甫志高的出卖，江姐被敌人抓住，解往重庆，被国民党政府军统局关押在重庆渣滓洞监狱，受尽百般酷刑，英勇不屈，和难友们一起在狱中与敌人展开了公开的和地下的斗争。1949年，解放军节节胜利，重庆解放已指日可待，敌人密谋将渣滓洞监狱的共产党政治犯集体处决。江姐等领导监狱里的政治犯们秘密准备越狱。游击队长双枪老太婆的丈夫华子良被关押多年，他用装疯卖傻的战术迷惑了敌人，充当了监狱内外党组织的联络人。秘密越狱的准备工作即将完成，敌人却提前杀害了江姐。其余的难友终于等到了越狱时刻，在双枪老太婆所率领的游击队的接应下，虽然有一部分难友牺牲，但许多政治犯终于重见天日。

西藏秦剧团的碗碗腔《江姐》中的江姐由卢少琴扮演，双枪老太婆由陆桂爱扮演，叛徒甫志高由刘保平扮演，特务头子沈养斋由田德昌扮演，华子良由白贵平扮演。刘保平因身体原因，1963年回西安治病，在西安参加《江姐》排演，随团回西藏，后终因身体不支，再回西安，甫志高改由张建国扮演。

《红岩》是经典，歌剧《江姐》是经典，碗碗腔《江姐》也是经典。碗碗腔《江姐》是碗碗腔的经典，是西藏秦剧团的经典，也是卢少琴演艺生涯的经典。《江姐》在西藏受到空前欢迎，主要原因有四：

一是得力于长篇小说《红岩》的成功。《红岩》是以描写重庆解放前夕残酷的地下斗争和狱中斗争的长篇小说，作者罗广斌、杨益言都曾是地下党，都曾被捕入狱，书中许多场景为他们所亲历，许多人物的原型是他们的战友。江姐是书中所塑造的英雄之一。《红岩》于1960年出版，轰动一时，那几年大家都在读《红岩》。喜欢《红岩》者必定想看《江姐》。

　　二是歌剧《江姐》的剧本好。现在的人们只知有歌剧《江姐》，不知有碗碗腔《江姐》。而在那个时候，歌剧《江姐》刚刚在北京公演，电视不普及，也没有互联网，全国人民都还不知道歌剧《江姐》为何物。歌剧《江姐》再好，西藏观众也是无缘得见。但歌剧《江姐》剧本的质量却直接影响着碗碗腔《江姐》的质量。歌剧《江姐》的剧本是经过反复修改的精品。剧本好是《江姐》成功的基础。

　　三是陕西省戏曲研究院移植得好。戏曲研究院创作《江姐》时，歌剧《江姐》尚未公演，那时也没有录像，除剧本外，其他方面全部需要创作。碗碗腔《江姐》的作曲，非常优美。拉萨的多数观众都不是西北人，但却很喜欢碗碗腔《江姐》的唱腔。天南海北的人居然都能欣赏碗碗腔这一黄土高原上的地方戏，令人赞叹。服装、动作、道具等其他戏曲艺术也处理得非常好。

　　四是江姐的表演者卢少琴的唱功、演技、形象等综合艺术素质不但在西藏秦剧团无人可比，在全国秦剧界也堪称一流。有些剧目会有好几个主要角色，而《江姐》只有一个主要角色，即江姐，其他角色都是陪衬，江姐这个角色的成败关乎整部戏的成败。江姐的唱腔很多，而卢少琴恰恰以唱功见长。碗碗腔《江姐》受欢迎，主要因为卢少琴演得好。

　　戏曲是综合艺术，剧本、演员、道具、导演、乐队、服装等，哪一项差了都不行。西藏秦剧团的乐队水平高，舞美的布景和化装搞得非常好，李晓俊老师的导演、指挥、协调功力非凡，配角演员也都非常卖力等都是碗碗腔《江姐》成功的因素。

　　第一场是在自治区大院的小礼堂演的。许多领导都来看。走道里都坐满了人。台上的卢少琴看到曾经的演员队指导员、向她求婚、三年前调离秦剧团的钟慕泉偕夫人龚淑贞坐在走道的人丛里，看来他和原配夫人生活得蛮好。《江姐》在自治区大院连续演了好几场。

　　自治区大院的第一炮打响之后，《江姐》又在军区礼堂、拉萨大礼堂、各汽车团、当雄的空军指挥部、白定的十一师总部等有较大礼堂或剧院的单位连续演出许多场。后来又去日喀则、江孜、亚东等地演出《江姐》。

　　格尔木地处交通要道，消息灵通。从拉萨来的人夸赞《江姐》，格尔木人坐不住了，他们也要看《江姐》。格尔木是秦剧团的一块风水宝地，格尔木人怀念秦剧团，秦剧团也怀念格尔木。虽然格尔木不在西藏，虽然路途遥远，秦剧团还是答应了格尔木的邀请，去那里演了整整一个礼拜。格尔木人对《江姐》的热情比拉萨人更高，每场演出，不但座无虚席，走道坐满，就连窗户上也趴满了人。

随着碗碗腔《江姐》的成功，卢少琴在青藏高原的声望如日中天。走在街上，常常有人指指点点，略为认识的人都要走上前来和她说话，陌生人也常常同她打招呼。奖金是分文没有，观众的掌声就是唯一的奖励。

在演出《江姐》的同时，秦剧团还抓紧时间排练《八一风暴》。《八一风暴》中有朱德、周恩来、贺龙等人物出现，需要特型演员。现在挑选特型演员是从全国人民中挑选，当年的秦剧团只能从本团的男演员中挑选，要选出长相类似于朱德、周恩来、贺龙等的演员其实不可能，连大体相似都做不到。

演员长得不像领袖本人，秦剧团想用化妆手段加以弥补。早在西安《八一风暴》刚刚开始排练的时候，秦剧团就派张樱桃去上海学习特型演员的化妆。几个月过去，张樱桃已学成归来。张樱桃是由演员转到舞美的。切莫说小张搞化妆非科班出身，就是把全国最好的化妆师请来也解决不了问题，因为演员本来就长得不够像。

特型演员不够像，影响了《八一风暴》的演出效果。尽管如此，1965 年元旦、春节期间，秦腔《八一风暴》在拉萨和十一师驻地白定多次演出。观众反映尚佳。当时《江姐》仍在热演，《八一风暴》被《江姐》的成功所掩盖。作为秦剧团独立完成移植的一部大戏，《八一风暴》在西藏秦剧团的历史上应有一席之地。

1964 年 11 月的一天，卢少琴和许多秦剧团的其他同志目睹了一幕旧西藏社会制度下最惨无人道的活剧：一位藏族同胞被活活挖去双眼的整个过程！

这天上午十点半左右，秦剧团有关人员正在排练《八一风暴》，其他人正在练功和干其他日常事务。外面突然传来低沉、肃穆、威严的"呜……呜……"声。有经验的人听出来了，这是西藏长号特有的声音。

长号是藏传佛教特有的乐器，体形硕大，有两三米长，据说是世界上铜管乐器中音量和体形最大的乐器，需要两三个人抬着吹奏，只有三个音节，无法演奏乐曲。一般只有在重要的宗教仪式和重大典礼中才会吹长号。

长号的声音平常很难听到。今天为什么会吹长号？大昭寺发生了什么事情？秦剧团搬到大昭寺后面不久，对周围的一切仍然比较好奇，大家纷纷跑到楼顶观看。

大昭寺的后门朝东，靠近秦剧团大院。后门外面有一个两三亩地的广场，广场中心竖着一个高约两米、宽约 40 公分、厚约 30 公分的方形石柱，上面铁环、铁链、铁钩等刑具一应俱全，专门用来处置犯人。

藏式房子都是平顶，房顶的四周有 30 公分以上的边墙。秦剧团大院的房子是贵族住宅，坚固耐用，屋顶的边墙高达一米左右，像围栏一样。这里距离大昭寺东面围墙只有二三十米远近。站在这栋楼顶的北头，大昭寺后门广场所发生的一切就尽收眼底。

在这幢四层楼的楼顶搭盖有两间活动板房，非常便于观察大昭寺周围的一切，有西工委社会部的人常年值班，注视着大昭寺周围的动静，因为大昭寺、八廓街一带常常是西藏上层敌对分子和外国特务的出没之地。

言归正传。话说当日秦剧团的许多人听见大昭寺周围长号声阵阵，都跑到四层楼的楼顶观看。只见藏民们从大昭寺及其附近的街巷中向大昭寺后门的广场云集，有差巴、郎生和其他贫苦藏民，也有头人和其他办事人员。

十多分钟后，广场上已聚集了三四百人。这时，一位藏族男子被押到了广场。看样子吹长号是为了召集群众前来观看处罚这位犯人，杀鸡给猴看。这光景，倒有几分像公审大会。

这个犯人看上去有 30 多岁，相貌堂堂，昂首挺胸，不像是一个被人欺负惯了的农奴。大家暗暗称奇，疑问多多：他是谁？为什么被抓？他们要怎样惩罚他？

犯人被押到了广场中心的石柱跟前，几个行刑之人七手八脚，将他的颈部、两条胳膊、腰部、两条腿用铁环、铁链、牛皮绳牢牢固定在刑架上。犯人现在是一动都不能动了。旁边有人燃起了火，开始架起一个大锅烧酥油。

早就听说西藏农奴主对农奴有割舌、挖眼、剥皮、抽筋等种种酷刑。难道他们要将此人破腹剜心？或者剥皮抽筋？或者下油锅？那可太残忍了！秦剧团的人欲看不忍，欲罢不能。

接下去，大家看到了一幕终生难忘的惨剧。

只见行刑者将一个几十斤重的石头帽子戴在了犯人头上。两个人扶住石帽，另有一人手握一块便于抓拿、四五斤重的石头，开始敲打石帽。每敲打一下石帽，犯人的头就会强烈地震动一下。因为隔着石帽，所以人不会被打死。

敲打到后来，犯人的两个眼球受震动慢慢暴出眼眶。这时，只见行刑者用铁钩将犯人的眼球钩出来，用一个匕首割断了眼球和人头的连接部分，鲜血淋淋。犯人的双眼被挖掉了！

行刑者又给被挖空了的眼窟中浇进烧开了的滚烫的酥油！

犯人被解下来扔到了地上。他没有死。他还活着。他在地上乱翻乱滚，让人想到杀鸡时把鸡的头砍掉扔到地上后鸡临死前在地上扑腾的情景。

世界上所有的酷刑，以此为最。它比杀头更残酷。

过了一会儿，犯人渐渐安定了，几个人过来将犯人架起来带走了。

秦剧团的人震惊了，愤怒了。有个男生跑下楼去取来了冲锋枪，端起枪来就要打。有几个老成持重的人赶快把他抱住了。卢少琴手中没有枪，否则她可能也会开枪的。

噶厦政府都解散了，怎么还能听任他们随便挖人眼睛！秦剧团的人又着急又气愤，大家都不知道该怎么办才好。过了几天，有人打听到了这位被挖去双眼的犯人的身世。

他叫乌珠①，是一个农奴的儿子，母亲仍在农奴主家里当奴隶。乌珠长大成人后不愿做奴隶，离家出走，流浪到昌都地区，饥寒交迫，又得重病，倒在路边等死。一队解放军路过，将他救起，给他吃喝，给他衣穿，给他治病。病好后，乌珠对解放军和共产党万分感激，跟定了解放军。

几年过去了，他向解放军的医生和卫生员学到了一些医疗知识，掌握了一些急救知识和常见病的治疗方法。由于他是藏族，懂得藏语和藏族文化习惯，容易和藏族同胞接触，解放军给了他一个药箱，给他配备了听诊器、抗生素和其他常用药物，让他走乡串户，为贫苦藏族同胞服务。乌珠全心全意为贫苦藏民服务，同时宣传共产党和解放军的好处。

当时，像乌珠这样会使用听诊器、会用中成药和西药治病的藏族医生很少，所以非常引人注目。他经常出入于大街小巷，许多人都认识他。一些喇嘛和奴隶主早就对乌珠恨之入骨，只是乌珠有解放军撑腰，他们不敢轻举妄动。

不知为什么，这一次农奴主居然抓住了乌珠。农奴主对乌珠施加种种刑法，要乌珠说共产党和解放军的坏话，停止行医，停止和解放军来往。乌珠坚

---

① 惨遭挖眼者的真名待考，这里用秦剧团以这一事件为题材而创作的剧本中角色的名字"乌珠"来称呼他。

决不从，坚持说解放军好、共产党好。

农奴主威胁说："如果你继续跟共产党、解放军走，跟我们藏族人作对，就挖掉你的双眼！"乌珠仍然不肯屈服，坚持说解放军好、共产党好。于是就有了上面的惨剧。

乌珠惨遭挖眼之后，自治区筹委会和西藏军区知道了这件事，派人同有关的喇嘛和农奴主交涉，正告他们：挖掉乌珠双眼是非法行为，乌珠没有犯罪，必须立即释放。农奴主只得释放了乌珠。在解放军医生的精心治疗和护理下，乌珠又捡回了一条命。他双眼虽瞎，心里却更加明亮，更加热爱解放军。

1959 年拉萨叛乱被平定之后，中央决定解散噶厦政府，又进行了以反乌拉差役、反奴役、减租减息等为内容的民主改革。虽然噶厦政府已被解散，但旧西藏政教合一的观念根深蒂固，正所谓"百足之虫，死而不僵"，有些活佛和农奴主仍然认为自己的意志就是法律，以至于在西藏自治区成立前夕，拉萨还上演了这么一出人间丑剧。①

听了乌珠的故事，秦剧团所有的人无不更加痛恨万恶的西藏农奴制。许多人认为，乌珠就像江姐一样，也是英雄。当时就有人说应该把乌珠的故事编成戏。张耀民等还写出了小品。

几个月后，为了迎接西藏自治区成立，秦剧团要排演新戏，李晓俊、张耀民等决定以乌珠的故事为题材创作一部新戏，戏名就叫作《英雄乌珠》。为排好这部戏，张耀民、李仁友等专门走访了乌珠。

1962 年，为了防止中国像苏联那样演变为"修正主义"，毛泽东提出了一句影响了中国历史的名言，"千万不要忘记阶级斗争"，并提出要进行社会主义教育运动，即社教运动。1964 至 1965 年，全国范围内的社教运动进入高潮，内容包括城市的三反（反贪污、反浪费、反官僚主义）五反（反行贿、反偷税漏税、反偷工减料、反盗骗国家财产、反盗窃国家经济情报）运动和农村的四清（开始为小四清：清账目、清仓库、清工分、清财物；后来发展为大四清：清政治、清经济、清组织、清思想）运动。

---

① 卢少琴清楚地记得，乌珠惨遭挖眼这件事与她结婚发生在同一年。1964 年秦剧团在西安排演《江姐》，其间卢少琴结婚；8 月秦剧团返回拉萨，领导批准卢少琴留在西安度蜜月。9 月下旬，她回到拉萨，演出若干场《江姐》之后就发生了此事件。秦剧团的人是站在大昭寺后的索康大院房顶上观看乌珠挖眼的。秦剧团从日喀则第十一师总部搬到此处的时间也是在 1964 年。

社教运动的副产品之一，就是领导干部下乡与农民群众搞"三同"蔚然成风。"三同"即同吃、同住、同劳动。后来又有人别出心裁，在"三同"之外增加了同娱乐，是为"四同"。也有人说"四同"中的第四个同应为同学习。

西藏自治区尚未成立，人民公社在西藏尚不存在，如果在西藏开展社会主义教育运动，有点牛头不对马嘴。但"三同"在西藏也很时髦。对于秦剧团而言，与人民群众同娱乐这一条必不可少，所以必须是"四同"，而不能只是"三同"。

秦剧团响应自治区的号召，要求下乡，跟群众搞"四同"，以便深入生活，体验生活，为创作出更加契合西藏社会现实、为西藏人民所喜闻乐见的戏曲作品积累生活阅历和创作素材。于是，秦剧团的绝大多数人都被送到拉萨附近的一些县份搞"四同"，一面体验生活，一面协助地方搞土改复查。

1965 年 4 月的一天，卢少琴等十几个男女演员离开拉萨向堆龙德庆县进发。卡车将他们送到堆龙河的一个渡口。下车以后，有藏族同胞用羊皮筏子将他们渡过河去。到了彼岸，两位解放军战士牵着十几匹战马在等候他们。剩下的路他们必须骑马。

卢少琴说："我不会骑马。"战士说："给你这匹，它很乖！"又告诉她说："你要想让它走快一点，就把缰绳拉紧一点；你要想让它走慢一点，就把缰绳放松一点。"

看来非骑马不可了。大家都上了马。卢少琴的马不但很乖，而且很灵，看见大石头、小坑、小水沟等，它都会绕过去，走路总是挑选最佳途径，根本不需要指挥，走得很稳当。慢慢地，卢少琴悬着的心放了下来。

郎英也没有骑过马。她一上马，身子还没来得及坐正，马就开始往前走了。大家见她坐歪了，骑得太费劲，就喊："郎英，你怎么不坐正啊？那样坐着多费劲！"郎英说："我不敢动！"

又过了一会儿，突然听见郎英喊："救救我！"大家回头一看，乐了！只见马已走到前面去了，而郎英双手像握单杠一样握着一个树枝，身子悬在半空，在一棵树上挂着。原来郎英骑马经过这棵大树，树枝太低挡住去路，郎英不知弯腰，眼看额头就要撞着树杈，危机之中双手抓住了树枝，将自己悬了起来，而马继续往前走了。

卢少琴说："树不高，你跳下来！"郎英说："我不敢！"其实郎英的脚离地面不到二尺高。郎英是武旦，武功在女生中数第一，在舞台上，一米多高的桌子她一个悬跟头就翻了下来。今日骑马，平时练的武功竟全忘了。郎英最终还是跳下了树。大家帮郎英上了马。郎英对卢少琴说："我要走在你后面。"

过了一座小桥之后，卢少琴控制有误，马居然驮着她径直走进了路边一所小商店，郎英的马自动跟了进来。两匹马走到柜台边停了下来，把头伸到柜台上张望，女售货员正低头算账，突然觉得光线被什么东西挡住了，抬头一看，吓了一大跳，说道："你们怎么骑马进店？"等到卢少琴说明情况，大家哈哈大笑。这个商店是解放军开的，叫作"军人服务社"，里面的几位战士帮助卢少琴和郎英骑马走出商店上了正途。

又走了一段路，走在前面的宋怀安返回来拦住了卢少琴和郎英，说道："别走了，前面有情况！""有敌人？""不，是个大狗熊！"卢少琴和郎英下了马，果然看见一只棕色大狗熊，离他们有100多米，在一片青稞地里走着。后来狗熊大概发现了他们，跑进了右边的树林。

宋怀安说："你相信吗？这里有块石头还会呼吸！"卢少琴和郎英自然不信。小宋指给他们看，果然看见一个二尺见方的大石头的表面在有节奏地动。小宋拿起一个石头扔了过去。"哗啦"一声响，石头表面变出了许多只一尺多长的大蜥蜴，飞快地跑走了。

第三十四回

抢火圈阿妈拉情深
坠战马卢少琴侥幸

　　1965 年 4 月，秦剧团在拉萨附近几个县下乡，深入乡村，与藏族群众同吃、同住、同劳动、同学习，体验生活。卢少琴、董凤环、董秀君、郎英四名女演员为一组，被分配到堆龙德庆县的桑果乡。

　　堆龙德庆县成立于 1959 年，属拉萨市管辖，东接拉萨市，西接当雄县。走青藏公路去拉萨，所穿越的最后一个县即是堆龙德庆县。县府东嘎镇离拉萨市中心只有十公里左右。拉萨河的支流堆龙河（即堆龙曲，藏语的"曲"即河）横贯全县。堆龙河发源于念青唐古拉山，河虽不长，但有诸多冰川雪山滋养，水量稳定且不算小。堆龙河谷土肥水美，可以种植小麦等多种作物。青藏公路和青藏铁路都是沿堆龙河谷走的。

　　该县现今的行政区划中无桑果乡。有个地名叫色果日阿，不知是否是当日的桑果乡。卢少琴下乡之时确有个桑果乡。

　　桑果乡是县委妇联主任珠玛的点。珠玛安排四个女孩子住到了一户翻身农民的家，三口人，一对夫妇和他们的女儿。贫苦农民，房子破旧，也没有多余的房子。珠玛叫人在这家的房子旁边专门为这几个女孩子用旧帆布、氆氇、牛毛毡和茅草搭建了一个窝棚，里面用石头支起了一些木板就是床，四个女孩合用一个通铺。且莫要认为卢少琴她们的住宿条件太差，当地绝大多数农牧民住的房子也都类似窝棚，非常简陋。

　　晚饭是她们自己做。她们从房东那里借了一口"汉洋锅"，洗刷干净，从附近捡了些干柴火，烧了开水，喝开水，吃炒面，就点从秦剧团食堂带来的咸菜，用了晚餐。"汉洋锅"这个名称叫得十分有趣。汉洋锅其实就是普通的铝锅，大概是从汉人居住的内地"进口"而来，而汉人的铝锅大概又是从洋人那里引进的，所以叫它"汉洋锅"。

下乡前有人告诉她们乡下农牧民的床上有跳蚤，细心的董凤环带了一包当时最特效的杀虫剂"六六粉"，拿出来撒在了床板上、四周墙壁、地面等处，给窝棚的周围也撒了。六六粉又叫六六六，化学名称叫六氯环己烷，又叫六氯苯，群众叫它臭药，杀虫固然极为有效，对人畜也有毒，而且极不容易分解，使用后会残留在蔬菜和粮食中，六六粉和另一种杀虫剂"滴滴涕"是曾经给全球环境造成破坏的两种农药，如今世界各国都已明令禁止使用。但当时使用六六粉却是农业新技术。

第二天早上，房东老大爷满脸怒容，手提两只死了的小鸡娃儿，找到姑娘们跟前哇啦哇啦吵了起来。姑娘们虽然不懂藏语，也猜出来了：八成是她们撒的六六粉毒死了人家的小鸡！

如果老大爷知道是农药毒死了小鸡倒还好办，就怕他不懂科学相信迷信，说汉人姑娘带来了邪气或瘟疫，那就麻烦了。

语言不通，沟通困难。错在自家，须怪不得房东。老大爷这一吵，弄得几个姑娘手足无措。一时间，房东房客的关系变得非常尴尬。

珠玛当然不知道第一天晚上就出了这档子事。不过她不放心这几个"金枝玉叶"，第二天过来看她们，正好碰上了这件事。珠玛向房东作了解释。姑娘们同意赔偿老大爷的损失。两只小鸡，姑娘们赔了老大爷1.5元。老大爷还想多要，珠玛生气了，说道："一只小鸡最多卖四毛钱，两只赔你一块五你还嫌少！你不要太贪心了！"老大爷只得作罢。

一开始便弄死了人家的鸡，房东和房客之间起了嫌隙。姑娘们不愿意继续住在这里，房东大概也不愿意继续留她们。

桑果乡是个土改试点，珠玛既需要助手，又觉得照管这几个秦剧团姑娘有点费劲。于是，她只留了卢少琴一人，把其他三个姑娘送走，让县里另作安排。

当天晚上，秦剧团在桑果乡搞"四同"的人只剩下了卢少琴一人。珠玛让卢少琴住到了喜洛乡长家里。

喜洛乡长是个20多岁的姑娘，翻身农奴，家中有三口人，另外两人是母亲和弟弟。喜洛的父亲1959年以前被农奴主折磨死了，喜洛一家也算是苦大仇深。她家其实没有属于自己的住房，他们为寺庙打扫房间、做零活、种地，而寺庙则容许他们住在寺庙楼顶的四间平房，母亲住一间，弟弟住一间，喜洛住一间，还有一间是喜洛的办公室。房子外面另搭了个小棚做饭。卢少琴来后，就住在喜洛的办公室里，里面有一个桌子、一把椅子、一部电话。卢少琴的床是石头支木板，约一尺多高，木板上铺里面装了草的袋子作垫，草垫上面铺破旧的氆氇布，上面才是卢少琴自己的铺盖。

喜洛既漂亮又能干，干起活儿来手底下很利索，见人总是笑嘻嘻的，只是她几乎不会说汉语，和卢少琴极少交流。喜洛母亲50来岁，卢少琴不知道她的名字，称她为"阿妈拉"，也就是"大娘"或"大妈"。喜洛弟弟是民兵队长，从未跟卢少琴说过话，卢少琴不知道他的名字，看来"男女授受不亲"这一条汉藏都遵守。民兵有老式步枪。每天晚上都有三四个民兵持枪守卫在楼下的墙角，八成是为了保护卢少琴。

卢少琴的工作任务是到各个自然村挨家挨户登记户口。卢少琴有两个领导，一位就是珠玛，她是桑果乡土改工作组的组长，另一位是区长赵庆宇，转业军人，他好像是桑果乡土改工作组的副组长。区是介于县、乡之间的行政单位，区长大于乡长。卢少琴有两个同事。一个是琼达，年龄和她差不多，咸阳公学毕业，会说汉语，必要时充当卢少琴的翻译。咸阳公学即西藏公学，1958年在党中央和西藏工作委员会的直接关怀下成立，西藏军区司令员张国华任第一任校长，1965年更名为西藏民族学院，主要任务是为西藏培养藏族干部。卢少琴的另一位同事叫次杰罗布，是县上的通讯员，主要跑桑果乡，为卢少琴送报纸、文件、信件、给养。另有一位副区长叫巴登，也是咸阳公学毕业，汉语讲得很好。喜洛乡长和巴登副区长和卢少琴没有多少工作上的联系。

县上发给卢少琴一支手枪和二十发子弹，枪带皮套，枪把上还有红绸一方，是加拿大造二十响，俗称"半斤铁"。

第三天，次杰罗布给卢少琴送来了她一个月的给养：两三斤白砂糖，八九斤青稞炒面，一瓶清油，一斤酥油，两罐头猪油。

此后20多天，珠玛没有来，次杰罗布来时放下文件就走，卢少琴常常见不上面。好长时间没人送给养。秦剧团的人渺无音讯。整个世界似乎忘记了卢少琴。

卢少琴很寂寞，很孤独，也有点伤心。自己虽然结婚，但丈夫远在陕西。

过去，秦剧团许多男生都争着给她当大哥哥，事事处处记挂、爱护着她这个小妹妹。她在西安结婚，再回到西藏后，"大哥哥"明显少了，她受到的挂念和关爱也明显减少。她知道其中的原因，只有叹世态炎凉，叹自己过去太幼稚。

卢少琴是一个接受了任务就要坚决完成的人。她想："我要有革命的乐观主义。珠玛把我一个人留下，也许是看中我比别人能吃苦，我怎么能让珠玛失望呢？下乡就是要搞四同，搞四同就是要吃苦。我要比别人强，我一定要完成任务！"

在这段寂寞时光，有一个人像母亲一样在时时记挂她、关心她。这个人就是她的房东阿妈拉。她总是悄悄地、默默地为卢少琴提供方便，做着母亲对女儿该做的一切。

每天早上，阿妈拉都要背来一桶经过发酵的牛奶。她将牛奶倒进大锅中烧开，把上面的油撇出，这油大概就是酥油；下面是绿绿的水；沉到锅底的白白的东西大概就是酸奶。阿妈拉将酸奶烧开后，每次都要给卢少琴盛一大碗这种绿水。绿水味道似酸奶，本身味道就不错，再加进一点糖，风味绝佳。

卢少琴早上喝这么一大碗"绿酸奶水"，吃点炒面，一天都不觉饿，真是奇了！这不是早饭，它是卢少琴一天之中唯一一顿正餐。

10点左右吃完饭，卢少琴拿上本子和笔，带上枪，背上挎包出了门。她要走村串户去登记户口。藏族人口稀少，居住分散。翻山越岭，过小河，越大沟，穿树林，走草滩，中午不休息，渴了喝口路边的溪水，走十几里甚至几十里路，有时脚下都起了泡。下午四五点钟回家。每天如此。

怎么跟藏民交谈？卢少琴学会了几句藏语：你家里几口人、几个男人、几个女人、几个小孩、几头牛、几只羊、我吃过了之类。这也就够了。

下午回去，吃点糌粑，晚上再到另一个寺庙去开会。每天晚上都要给乡民们开会学习文件。桑果乡有两个较大的寺庙，一个是卢少琴的住处，另一个在山下，有两三里远近，开会就在另外这个寺庙里。会议由卢少琴和琼达两个主持，先由卢少琴念文件的中文，再由琼达念文件的藏文。卢少琴念完文件后立即回家，她晚上还要整理白天收集到的资料，因为第二天次杰罗布就得带回县里。

两个寺庙之间没有正经的路，走的是草地、树林、石滩的平坦好走之处。开完会，四野漆黑，卢少琴孤身一人往回走。她右手握枪，枪里压上几颗子弹，左手拿一根四五尺长、一把粗的树棍，边走边舞动树棍。为了给自己壮胆，她常常边走边唱。

第一次夜间走路回家，卢少琴真怕。白天那个婀娜多姿的树林夜间变成了黑色恐怖区。卢少琴走着走着，突然看见前面站着一个人。卢少琴大喊一声："谁！"对方不吱声。卢少琴说："快回答！不回答我开枪了！"对方还是不回答。她心软，怕开枪误伤人命，一个箭步冲上去夹头就是一棍。棍被弹开，那"人"还站着，原来是个枯树桩！

过了树林，她仍然一边走一边舞动棍棒四下敲打，同时唱着歌儿。上了小山坡，远远看见有人在抢着一点火光，火光被抢成了一个火圈。黑暗之中乍见光明，卢少琴全身一下放松了，不再害怕。

这时就听见火光之处有人喊道："泼姆拉，嘎里嘎里！"（姑娘，慢慢走！）

"是阿妈拉！她在为我抢火圈，她在对我喊话！"卢少琴心中涌起一股暖流。

是的，这个人正是卢少琴的房东阿妈拉。她听见卢少琴的歌声，知道孩子害怕，就点燃了一个粗草绳，在黑暗之中对着卢少琴抢了起来。

此后，每逢卢少琴晚上去开会，阿妈拉总会为她抢火圈，从来没有误过一次。白天，卢少琴常看见阿妈拉在一个篮子里收集了一些破布、软草、不能捻线的羊毛、旧棉花之类，抽时间将这些东西拧成比大拇指稍粗的绳子。阿妈拉晚上为卢少琴抢火圈时点燃的就是这种绳子。

天天为卢少琴准备绿酸奶水，次次为黑暗中的卢少琴抢起火圈。多好的藏族妈妈啊！在卢少琴最孤单的时候，是阿妈拉让卢少琴感到了家庭的温暖。

回到家里，卢少琴要把白天收集的户口资料工工整整地抄到县上发的表上，第二天再由次杰罗布带回县上。一连几十日，天天如此。

喜洛家的房子建在寺庙一栋三层楼的平顶之上。与这栋房子相邻有另一栋房子，两栋房子之间只隔着一个三四米宽的巷道，两栋房子高度相等。有一次，卢少琴发现另一栋房子的平顶上站了一个人，是个中年男子，生得满脸横肉，腰圆膀阔，手提一把钢刀，恶狠狠地盯着她。这还不算，他还将一个磨刀石弄到屋顶之上，面对着卢少琴"仓啷仓啷"磨起刀来，一面磨刀，一面用眼睛瞪着卢少琴。他虽在另一个屋顶，但距离卢少琴只有十来米远近，对着卢少琴磨刀，显然有恫吓挑衅之意。

卢少琴一打听，原来此人是农奴主的一个代理人，旧社会在乡里专横跋扈，谁也惹不起他。但现在贫苦农民和牧民已经组织起来，他已不能再像从前那样作威作福了。想不到他竟然向卢少琴示威。卢少琴将此事告诉了珠玛，珠玛说："你不用怕他！他不敢把你怎么样。"

过了几天，此人又一次面对着卢少琴磨刀。卢少琴灵机一动，进屋去从窗户上取下防雨布，拿出来铺到平顶上，面对着此人，取出自己的枪擦了起来。她把枪拆开，擦干净每个零件，又组装好，当着此人的面往枪膛里压了几粒子弹，端起枪来向对面做了几个瞄准的动作。

那边屋顶，一个满脸横肉的藏族农奴主帮手在磨刀；这边屋顶，一位眉清目秀的汉族女共青团员在擦枪。此景别致！

卢少琴还常常当着此人的面在屋顶做一些高难度的武术击打动作，目的是告诉他：别看你人高马大，打起架来你未必是我的对手！

卢少琴和这个农奴主狗腿子之间的这种"你磨刀我就擦枪"的游戏玩过好几次。

6月的一天，琼达来叫卢少琴，说道："跟我走，有好戏看！"琼达带卢少琴走进了一片树林。树林里有许多人。卢少琴一看，那个常常向她磨刀示威的男人被民兵捆到了一棵大树上，垂头丧气。

原来村里有个姑娘要出嫁，这家伙居然强奸了这位姑娘。此人1959年以前经常强奸妇女，村民们敢怒不敢言。现在世道变了，他再干坏事，有民兵收拾他。

卢少琴来到树林后，民兵开始用柳树条拧成的鞭子揍这个坏蛋。过去农奴主和他的狗腿子打农奴就是用这种鞭子。现在，穷人拿了同样的鞭子抽打农奴主的代理人。

这家伙根本不经打，一鞭子下去就"爹呀妈呀"地乱叫。民兵一边打，一边问："你还干不干这种坏事了？你还干不干那种坏事了？"此人口里喊着"咕叽叽咕叽叽"，千遍万遍地讨饶。卢少琴看到这个坏蛋的狼狈样，心中痛快，故意在此人面前拍手大笑。

从此，卢少琴再也没有看见这家伙磨刀。偶尔碰到卢少琴，他会赶快低头躲开。

没有蔬菜，没用水果，没有肉，吃不到面条，吃不到米饭，吃不到馒头，吃不到炒的菜、烩的菜，吃不到自己最喜欢吃的油泼辣椒……一个月七八斤青稞炒面，卢少琴不愿意张口向次杰罗布要给养，次杰罗布带来什么，她就吃什么。

卢少琴自小没有受过穷、挨过饿。进藏以来，工作和生活有时候很艰苦，但秦剧团的伙食从来都是要什么有什么，尽饱吃。这一次，卢少琴在吃的方面却受到了困难，她有时会挨饿！

人肚子饿的时候，容易留心环境中能吃的东西。卢少琴住处附近有一条小河，河里有鱼。这一天，卢少琴居然想抓几条鱼来吃，她并不知道在西藏抓鱼吃违反部队的纪律和民族政策。

她拿了脸盆来到河边。什么工具都没有，怎么抓鱼呢？大概因为这里的藏民从不抓鱼，水中鱼儿很多，也不怕人。卢少琴把一只手做成漏斗形状，伸到水中的两个石头之间，另一只手一赶，鱼就往前游去，有的鱼就正好钻入卢少琴用手做成的漏斗中，卢少琴把手一捏，鱼就捉住了。用这种方法，卢少琴捉到了四五条比指头粗一点的小鱼。

卢少琴正在聚精会神地捉鱼，突然听见一个男人的声音："小卢，你竟敢违反政策捉鱼！"小卢吓了一跳，这地方极少见到行人，怎么突然冒出一个人来，会说汉话，还知道她叫"小卢"。

卢少琴抬头一看，原来是堆龙德庆县的杜副县长，手里牵着一匹马。卢少琴大名鼎鼎，拉萨附近的汉族干部都认识她。

卢少琴站了起来，将脸盆中的几条鱼一股脑儿倒回河里，说道："抓鱼违反民族政策吗？我可不知道！既然你说了，我也不抓鱼了，咱知错就改。杜副县长，你今天怎么到这边来了？"

杜副县长道："我到这里来处理一件公务。藏族人往水里扔死人，你也敢吃这水里的鱼！"说完，骑上马走了。

杜副县长的最后这句话使卢少琴吃鱼的欲望消失得无影无踪。现在她就是饿死也不会去吃这河里的鱼了。她提着脸盆回到了住处。

卢少琴住得高，站在她的房子门口，居高临下，寺庙四周的一切看得清清楚楚。她看见杜副县长的马拴在寺庙大门外三四十米处的柴火房门口。卢少琴心里纳闷："柴火房里平时没有一个人，这个房子里会有什么公务呢？"

正在这时，她看见杜副县长从柴火房里走了出来，边走还边系衣服纽扣。

他骑上马离开了寺庙。过了两三分钟，柴火房里出来了一个年轻女人。卢少琴一看，这个女人是农奴主的小老婆，名叫白珍，不到 30 岁，长得很漂亮。白珍并没有意识到附近有人在看她，她正在从容地系着裙带！

卢少琴什么都明白了，她感到恶心。好一个杜副县长！原来这就是你的"公务"！亏你还是共产党的干部，你把我们汉人和共产党的脸都丢尽了！

卢少琴没有去告发杜副县长，也没有向任何人说过这件事，但从此拒绝和杜副县长说话。

卢少琴虽然不能捉鱼吃，却另外发现了一样好吃的东西：野生当归苗。卢少琴曾跟部队的同志上山采药，认识好多中草药。她发现附近树林旁边的石滩上长了许许多多的野生当归苗，可以说取之不尽，用之不竭。于是，每天下午登记户口回来，路过此地时她总要采一把当归苗，连根带叶拔起来，在小河中冲洗干净，带回去后用刀切成一寸长的小段，当归苗的根和叶都很嫩，用喜洛家的铜瓢搁点酥油一炒，清香四溢，风味绝佳。

发现当归苗子后，她在桑果乡的生活水平大有提高，一切似乎都走上了正轨：早上吃绿酸奶水加炒面，晚上吃当归苗子加糌粑。

在桑果乡的三个月，卢少琴只吃过两次肉，一次是琼达他们煮好的牛肝，给卢少琴分了一些，另一次是秦剧团托次杰罗布带来的一些卤猪肉。

三个月后秦剧团的人相聚，孙忠孝等见到卢少琴，说道："你肯定违反民族政策偷吃了什么东西，不然脸色怎么这么好！"的确，卢少琴自己也有察觉，这些日子她脸上的皮肤变得更白更嫩，头发也变厚了。但头发的颜色却由原来的黑色变成略带棕色。料想她每天一大碗绿酸奶水和一大盘新鲜的当归根叶发生了奇特的养生功效。

5 月的一天，次杰罗布用结结巴巴的汉语通知卢少琴："晚上，12 点，有任务，秘密的，走远路，准备好！"卢少琴晚上开完会回家，悄悄地收拾好东西。然后躺下睡觉。到了 12 点，卢少琴出了门。楼下的三四个民兵已经起来。不远的小路上，赵庆宇区长、琼达、次杰罗布三人牵着马在等她。

原来，赵区长接到情报，有个农奴主为了逃避土改，不愿登记财产，带着一些随从，赶着大批牲畜进了山，他可能要转移财产，把牲口赶到黑河那边。如果这些牛羊到了黑河地区，就有可能被用来资助叛乱者。要拦住他们，就得连夜出发，在他们翻越念青唐古拉山前赶上他们。

四个人四匹马出发了。四周漆黑一团。先是慢上坡。眼睛适应后，卢少琴看到右面是陡坡，下面黑黑的，不知有多深，只听见下面有哗哗的流水声。

一个多小时后，开始爬很陡的坡。马背也变得和坡一样陡，卢少琴不得不将身子前倾，保持平衡。上了一段路，卢少琴觉得马鞍直往下滑。最后，卢少琴居然连人带马鞍从马背上滑下，坠落马下。原来，她的马鞍只是搭在马背上，肚带根本就没有系到马身上。

说来也巧，卢少琴的身体不偏不倚，正好落入一个一米多深的坑里。坑口有人的腰那么粗。卢少琴的屁股先落入坑口，身体被打了个对折插入坑中。卢少琴练过功，身体比较软，当她明白过来，发现自己的大腿紧贴着腹部，膝盖抵着脖子，双脚触了额头。还好，胳膊架在坑口止住了身体继续往坑里掉，两手依然可以活动，呼吸也无妨碍。

天这么黑，如果没有这个深坑，在这么陡的坡上落马，人可能会滚到山崖之下，轻则受伤，重则有性命之忧。深坑阻止了卢少琴从陡坡上滚下山去。因为屁股没有触到地面，自然没有摔疼，身体各部分没有受到任何损伤，没有任何地方感觉到疼痛。真是绝了！高山陡坡，深夜坠马而安然无恙，可谓侥幸！

这匹马是训练有素的军马，主人落马，它也不走了，就守在卢少琴身边。卢少琴双手撑地试图从坑中跃起，但周围的沙子太松软，吃不住劲，而坑口把她的身体卡得又很紧，所以她第一次未能跃出坑来。

她正准备再想办法，就听见赵区长在前面喊："小卢呢？小卢怎么不见了！小卢！小卢！"小卢的马听见赵区长的声音，就走到赵区长跟前，又把赵区长领到卢少琴跟前。卢少琴抓住赵区长的手一借力，跃出了深坑。

赵区长问明了情况，斥责次杰罗布道："你是怎么备的马？为什么不把马鞍扎好？"

东方开始发亮时。他们来到一个高山之巅。这里地势平坦，视野开阔，四处零星分布着一些永久性帐篷，像蒙古包一样。因为海拔高，许多地方仍有积雪。这个牧场至少有几百亩。翻过此山，就到了那曲，即黑河。

在这里，他们找到了这个农奴主。农奴主不住在村庄里舒适的房子中，而上到高山上来住帐篷，别人自然要怀疑他要转移财产了。赵区长他们到达时，一部分民兵已先期赶到。一条凶猛异常的狗扑上来，奴隶主赶快过来抱住了狗。

　　天亮以后，他们开始登记财产，多少匹马，多少头牛，多少只羊，一一登记。财产入账，就不怕他再转移。登记大牲畜时要登记每头牲口的年龄，马看牙定年龄，牛看角定年龄，牛、马、羊总共上千头，这次拦截成果丰盛。卢少琴成了登记财产的执笔人。原来赵区长看中了卢少琴的文才才带她到这里。山上天气冷，卢少琴双手都冻僵了。

　　山上的人准备了酥油茶、糌粑，别人吃得津津有味，卢少琴觉得这里的水有一股牛粪味，不想吃也不想喝。

　　11 点多，财产登记完毕。离开山顶时，也许因为卢少琴身上的气味跟周围常吃酥油的人不同，那条凶猛的藏獒突然咆哮着向卢少琴的马扑过来，赵区长一枪就结果了它的狗命。可惜了这条藏獒，搁到现在，它可能要值好几百万呢。

卢少琴所作情景画：（从左至右）次杰罗布、喜洛、琼达（戴军帽骑马者，马未画出）。

卢少琴所作情景画：手执"二十响"手枪、英姿飒爽的卢少琴（左上）、对着磨刀坏蛋擦枪的卢少琴（左中）、在另一房顶上瞪着卢少琴磨刀示威的农奴主代理人（右上）、正在搓火绳的阿妈拉（右下）、正在为卢少琴准备奶茶的阿妈拉（左下）。

第三十五回

逢盛事藏胞欢大街
闻秦声吴晗入小巷

话说 1965 年 4 月至 7 月，卢少琴住在堆龙德庆县的桑果乡搞"四同"。

5 月的一个晚上，通讯员次杰罗布从县里来，除了给卢少琴带来一些文件外，他还带来了一个消息："你的弟弟，他要来看你，过河，游泳，淹死了！"次杰罗布的汉语有限，一边说一边还用手比画。

卢少琴的脑子"嗡"地一响，浑身打了一个哆嗦，"什么？我弟弟淹死了！？"次杰罗布说："淹死了！他们说的，你的弟弟，他叫你姐姐。秦剧团的。过河，游泳。"说完就走了。

卢少琴弟弟卢少波也在拉萨，原来是二团演员，后来二团整编，与一团合并，弟弟被文化厅厅长陈伟带去做了通讯员。时间久了，少波想来看她，有这个可能。弟弟小她四岁，年方十八，在姐姐眼中，仍是少不更事，父母远在陕西，当姐姐的有责任照顾弟弟。弟弟渡河来找自己，溺水淹死，这还了得！

但是，稍一冷静，卢少琴开始怀疑这个消息的真实性："弟弟不会游泳，从来不去河里，就是想来看她，也不可能游泳渡河。这里的河水冰凉冰凉的，夏天都极少有人下河游泳。少波怎么会那么傻，游泳渡河来看我？莫不是次杰罗布搞错了！"

第二天，她用喜洛乡长的电话给秦剧团打电话。这部电话通常只是聋子的耳朵，摆摆样子而已。现在要用它了，才发现它经常连拨号音都没有，好像断了线一样，但有时又有拨号音，打通电话得碰运气。卢少琴费了好大的劲才拨通了一位藏族接线员，这位接线员用结结巴巴的汉语说："秦剧团，没有人，静悄悄的，都下乡了。"

这一天，卢少琴干什么事都心不在焉，浑身直冒冷汗。那天正巧雾气腾腾，空气湿度很大，回到家里，阿妈拉惊奇地发现卢少琴的衣服全湿透了，都能拧出水来，不知是水汽还是吓出来的冷汗。第三天早上一梳头，卢少琴的头发掉落了很多，平时梳头也掉几根头发，但从来不会掉这么多。

第三天晚上，次杰罗布又来了。这一次，他让别人在一张纸条上写下了死者的姓名。他把纸条拿给卢少琴看。原来淹死的人叫马吉武，秦剧团的小演员，来自二团，跟少波最好，因此也跟卢少琴亲近，叫她姐姐。这孩子自小有爹没妈，身世可怜，性格活泼，长得喜气，讨人喜欢，卢少琴把他当弟弟。

出事的不是少波，"谢天谢地"四个字在卢少琴脑子里一闪而过，但她马上自责，因为马吉武的确也是她的弟弟，小马的死还是让她非常难过。

6 月中旬的一天，突然有孙忠孝、张茂林、白贵平等来到桑果乡。他们是来看这里是否有适合作为秦剧团排练的地方。

晚上，卢少琴照例去开会，孙忠孝等跟着去。开会之前有人提议唱个歌，孙忠孝自告奋勇说："我来指挥。"这些日子下乡，每个人的藏语都大有进步。只见孙忠孝站起来，一本正经地对藏族村民们喊道："乡亲们，你们邪气可犯拉！"旁边笑倒了秦剧团的另外几个人。藏语"唱个歌吧"应为"邪基格当达"，孙忠孝明明知道如何说，却故意讲成"邪气可犯拉"！藏族同胞忠厚，还以为是孙忠孝的藏语不够标准，也不介意。大家唱了《北京的金山上》和《毛主席的光辉》等歌曲。

西藏自治区将于 9 月正式成立，拉萨各个文艺团体都在积极准备新节目。1965 年 6 月下旬，秦剧团下乡搞"四同"体验生活的活动告一段落。为了向自治区成立献礼，秦剧团决定将乌珠的故事排成一部戏，题目就叫作《英雄乌珠》。这几个月，张耀民等已将剧本的初稿写好。为了贯彻执行毛主席文艺为工农兵服务、文艺工作者要向工农兵学习的思想，让剧中人物的动作、表情以及道具、服装等更贴近西藏社会的现实，剧团决定驻扎在一个藏族村庄排戏，以便随时观察各种生活细节，必要时向藏族人请教。他们选中了堆龙德庆县桑果乡卢少琴居住的寺庙作为排练《英雄乌珠》的临时排练场地。

卢少琴仍住她的房间。寺庙腾出的一些房间供秦剧团其他人住。剧团的炊事班也来了，卢少琴又吃到了炸酱面、炒菜、馒头、红烧肉、油泼辣椒、大米饭之类，她可真想这些汉族美食了。

秦剧团创作新戏从来都是打人民战争，演员、乐队和其他任何人都可以对唱词、对话、动作等提出修改意见。《英雄乌珠》也是一样，边排练，边修改。按照艺术作品源于生活、高于生活的原则，剧情对乌珠的故事进行了艺术加工。

算上尾声，《英雄乌珠》共六场，两个多小时。定稿后的情节是：年轻的乌珠为农奴主干活，过着牛马不如的生活，他不堪忍受，愤而逃跑，至昌都某地，冻饿交加，昏倒在路旁，为解放军所救，后在解放军的医院当护工，学会了医疗技术，开始行医。农奴主及其代理人千方百计想捉拿他，未能得逞，后来他们设下圈套，将他抓住，严刑拷打，要他反对共产党和解放军。乌珠坚决不干。为了逼乌珠反共，他们又去折磨乌珠的妈妈，乌珠还是不屈服。农奴主及其代理人使出了最残忍的一招：将乌珠的双眼挖去！乌珠失去了双眼，不但没有屈服，反而更加痛恨农奴主和头人。正当农奴主和头人准备进一步加害乌珠时，解放军把他救了出去。剧的结尾是农奴翻身，自治区成立，万众欢腾，乌珠就在这欢腾的人群中，他说："我虽然看不见，但听见欢声笑语，我就知道世道变好了！"最后这句话是乌珠说过的原话。

白贵平演乌珠，卢少琴演乌珠的母亲，田德昌演农奴主，孙忠孝演头人。《英雄乌珠》是眉户，但许多地方又采用了秦腔音乐的拖腔。其中乌珠母亲的两大段唱腔催人泪下，最为凄苦。

《英雄乌珠》的最大特点是真实地反映了西藏的社会现实，布景有真实感，服饰有真实感，情节有真实感，演员的表演有真实感。真实感强是包括藏族同胞在内的所有观众对《英雄乌珠》的一致评价。例如幕启前农奴群众合唱：

> 如果还有一口气，就要支差出乌拉，
> 就是天上落糌粑，也没有工夫去接它……

又如：

> 寒夜拉来支差两年整，带刑具与活佛修新宫，
> 新宫修成人消瘦，一人欢笑万人愁。

这些生活化口语化的唱词其实是由藏族劳苦人民所说的原话稍加改编而成，"就是天上落糌粑，也没有工夫去接它"甚至就是藏族同胞的原话。唱词里所描述的完全是西藏社会的现实，毫无夸张。乌珠的母亲有几句唱词是：

> 带病放羊满山转，累得人腰痛腿也酸，
> 羊儿吃得肥又壮，牧羊人忍饥受冻苦难言……

唱词依然浅显易懂，依然非常口语化，所描述的事依然是旧西藏司空见惯的事。正因为真实，所以有感染力，《英雄乌珠》成为自治区成立期间很受欢迎的文艺演出之一。

卢少琴常演小旦、花旦，这次她出演正旦。从形象上讲，秦剧团可以找到其他演乌珠母亲的人，但两大段唱腔是难关，其他人唱不出卢少琴的水平。为了演好这个角色，卢少琴细心揣摩，房东阿妈拉成了卢少琴的活模特儿，她刻意观察和模仿着阿妈拉的一举一动。

包括群众演员在内，所有的演员都在模仿村里的藏族人，比如他们背水的姿势，放羊甩乌朵的姿势，走路的样子，等等。《英雄乌珠》的真实感来自于秦剧团深入生活的努力，是下乡搞"四同"所结出的硕果。

胡新华是群众演员之一。寺庙的楼梯很陡，又没有栏杆，胡新华有一次下楼摔得很重，但她仍然坚持排练。多年后 X 光透视，发现她的尾巴骨陈旧性骨折，料想她当初为演好这部戏忍受了不少痛苦。

7 月底，秦剧团回到拉萨，继续排练《英雄乌珠》。

1965 年 9 月 1 日，西藏自治区成立，阿沛·阿旺晋美当选为自治区主席，9 月 2 日，中共西藏工作委员会改为西藏自治区党委，张国华任第一书记。以中共中央委员、国务院副总理谢富治为团长的中央代表团于 8 月 29 日抵达拉萨，祝贺自治区成立。代表团包括中央各部门、各省市区、少数民族的代表和六个文艺团体，共 360 多人。

1956 年 4 月自治区筹委会成立时，陈毅副总理曾率中央代表团到西藏。那一次，秦剧团急匆匆从西安赶赴拉萨准备欢迎中央代表团，上级给秦剧团专门制作了礼服，秦剧团的小演员们是西藏唯一的红领巾，是他们代表西藏向中央代表团献花，又是他们作为欢迎队伍中最受宠的部分紧跟在中央代表团后面向自治区大院前进。

这一次不同了。中央代表团抵达拉萨时，秦剧团待在自家院子忙着排戏，没有去参加欢迎仪式。秦剧团中的许多人甚至根本不知道中央代表团要来这档子事。

秦剧团未去迎接中央代表团，但拉萨的欢迎仪式却非常盛大。中央代表团抵达时，高音喇叭里播放着《毛主席呀派人来》的乐曲，锣鼓喧天，彩旗飘扬，欢迎队伍长达数公里，欢迎仪式的盛大丝毫不亚于1956年自治区筹委会成立时欢迎陈毅副总理率领的中央代表团，而欢迎队伍的人数还有过之。

秦剧团在前后两次欢迎仪式中作用的变化，折射出从1956至1965这九年时光中西藏社会所发生的巨大变化。当年的嘎厦政府对中央代表团不一定真心欢迎，而今日的西藏政府则是真心欢迎；当年，农奴没有资格去欢迎，而今，翻身农奴是欢迎人群的主体；当年的欢迎人群以进藏汉人为主，而今的欢迎人群以当地藏人为主；当年，所有共产党领导的单位都必须去欢迎，而今，只是有关部门才去欢迎；当年藏族儿童中没有红领巾，而今拉萨戴红领巾的少年儿童已经很多……

9月9日，三万多人在拉萨体育场集会，庆祝自治区成立，秦剧团也参加了。这是秦剧团参加的唯一一次与自治区成立有关的大型集会。群众大会很隆重。坐在地上开会的除了像秦剧团这样的自治区各单位的人外，还有解放军和由翻身农奴组成的民兵队伍。光是中外记者就有六七十人；那个时候，人们很少见到有这么多的记者聚到一起报道同一件事。开完会后还举行了庆祝游行。

有一首歌叫《逛新城》，夸赞的正是那个时候拉萨城市面貌所发生的巨大变化。

1956年秦剧团进藏时，拉萨的肮脏、萧条、贫穷、简陋使初次进藏的卢少琴等感到震惊。那时的拉萨简直不像是一座他们心目中的城市，不要说街上没有电灯，就连最为现代化的拉萨人民大礼堂也是供电不足。1959年以来，拉萨在秦剧团的眼皮底下每年都在发生着巨大变化，尤其是1964年、1965两年，变化最大。

为了庆祝西藏自治区成立，中央拨款建设西藏，建设拉萨。1965年的拉萨，电力供应充足，电灯照亮了大街小巷，劳动人民文化宫、西藏革命展览馆、百货商店、人民路饭店等现代化建筑拔地而起，第一条柏油马路人民路也

1965 年 9 月 1 日，西藏自治区第一届人民代表大会第一次会议在拉萨劳动人民文化宫隆重召开。

诞生了。拉萨真的像座城市了!

1965年底秦剧团再去亚东,印度的商务参赞说:"拉萨变化太大,才过了几年多,就高楼林立,我们远远赶不上了!"

当然,最大的变化还在人们的精神面貌。翻身农奴把歌唱,西藏自治区的成立,广大藏族人民可高兴了。这种高兴是发自内心的高兴,他们把自治区的成立当成了最盛大的节日来庆祝。

1956年4月自治区筹委会成立时,所有的庆祝活动都是西工委和噶厦政府组织的,大街上碰见的藏族人多数都是低头弯腰,衣服破旧,尘土满面,愁眉苦脸,难得见到有人向你微笑或挺起胸脯打招呼。而今,藏族群众喜气洋洋,许许多多庆祝活动都是他们自发组织的。所有藏族同胞就像过年一样,自发地穿上最漂亮的衣裳,脸上挂着发自内心的笑容。

如果说1956年庆祝活动的最大特点是庄严肃穆,则这次庆祝活动的最大特点就是热情奔放。藏族群众显得非常张扬,非常主动,他们自发地组织了许多庆祝活动。街道上许多藏人喝醉,甚至有些老太太也喝醉,他们唱欢乐歌,跳欢乐舞。人们生活富了,有新衣服穿了,几乎所有的人都穿着新衣服。他们拿出最值钱的首饰和服饰来打扮自己,妇女们头上戴着珊瑚架子,把头发拢住,饰以珊瑚珠、银牌、宝石等,男子们将银牌银链挂满全身。姑娘们也敢抬头了,她们结伴出来看热闹,为拉萨街头增添了光彩。

拉萨干净整洁,随地大小便的现象基本绝迹。筹委会成立时解放军栽的树,现在已经成荫。

眼前拉萨人民的精神风貌,让人联想到1949年10月中华人民共和国成立时北京人民的精神风貌。

在这喜庆的日子里,秦剧团的主要任务是演出。

为了向自治区成立献礼,拉萨所有的文艺团体,如秦剧团、豫剧团、杂技团、黄梅剧团、军区文工团、藏语话剧团、西藏歌舞团、京剧团、藏戏团等,都花了很长时间排练精彩节目。养兵千日,用兵一时,展示他们艺术才华的时候到了。

那段时间,所有的礼堂接连好多天都有节目。中央代表团本身就带了六个文艺团体,每个团体都带来了精彩的文艺节目,目的是慰问西藏人民和驻藏官兵。它们除了在拉萨演,还分赴西藏其他地方去演出。

各文艺团体都拿出了看家本领，八仙过海，各显神通。然而，所有演出中最能反映西藏社会现实和切合自治区成立这个主题的大型节目，还要数西藏秦剧团的《英雄乌珠》。难能可贵的是，这部戏是秦剧团自己创作的。西藏秦剧团又立新功。

《英雄乌珠》最主要的一场演出是在新建的劳动人民文化宫。这是一座高规格、现代化的建筑，专门为迎接自治区成立而建，可以和当时内地许多大城市的同类建筑相媲美，是足以让所有拉萨人引以为荣的建筑。演出日期应该是在 9 月 10 日前后，中央代表团和新上任的自治区领导都来看。

演出结束时，中央代表团团长谢富治副总理等领导同志走上台去，亲切会见了秦剧团全体演员。1959 年 10 月秦剧团在北京，到公安部演出时曾和公安部长谢富治有过亲密接触，谢富治跟秦剧团的几个孩子玩"狼吃娃"，陆根才还爬到谢富治的头上揪过他的耳朵。这一次，谢富治跟秦剧团是第二次握手。他一上台就说："老朋友们，咱们又见面了！我记得你们，你们还记得我吗？"

谢富治跟演员一一握手。当来到陆根才身边时，陆根才说："首长您好！"谢富治说："别一本正经装大人了！什么首长您好？怎么？忘了咱们的交情啦？"

秦剧团的《英雄乌珠》除了在劳动人民文化宫演出外，还到自治区、自治区党委、拉萨大礼堂、西藏军区等处演出。十一师总部自定是一定要去演的。各汽车团也去演了。后来又到日喀则、江孜、林芝、亚东等地演出。总共演出不下二三十场。

9 月中旬的一个下午，秦剧团大院来了一位身穿灰制服、戴眼镜、大背头、灰白头发、满脸书卷气的高瘦老人，脚一踏进门就用陕西话嚷道："哎呀呀！乡党，乡党！我来找乡党！秦腔，眉户，太亲切了！这声音我太熟悉了！当年在延安，我经常听到秦腔。唉！多年没听到了！西藏秦剧团，咱们可是在北京认识的，老朋友了！咱们在拉萨又见面啦！不容易！"

李团长闻声，赶快迎了出来。他握住客人的手，客人也握住了他的手，两个人很亲热，只是李团长左看右看，觉得不认识这个人，正待询问，对方已抢先说道："我姓吴，我是吴晗。你们去北京演出，我看过你们的戏，所以咱们是第二次见面。我认识你们，你们不认识我。"说完爽朗地笑了。

吴晗是北京市副市长，著名历史学家和文学家，中国科学院哲学社会科学部学部委员，这次是随中央代表团来到拉萨。这天，他在八角街转悠，领略西藏文化风情，突然听见丝竹之声，奏的竟是又亲切又熟悉的秦腔！吴晗又惊又喜，便寻声而至，跨进了秦剧团大院。

吴晗的陕西话比较地道，他是陕西人吗？非也。吴晗（1909—1969），字伯辰，浙江义乌人，1934 年毕业于清华大学，后执教于云南大学、西南联大等。1949 年任清华大学文学院院长、历史系主任，同年开始担任北京市副市长直至 1966 年。1957 年，吴晗加入中国共产党。此后几年，他写了《海瑞骂皇帝》《论海瑞》和历史剧《海瑞罢官》，与邓拓、廖沫沙一起写了《三家村札记》。

客人热情，主人自然也不敢怠慢，也是热情接待。吴晗非常随和，对谁都像见了老熟人一样，一点都没有名人架子。他同大家聊天，观看排练，参观住处、灶房、排练室等，逗留了一个多小时才离去。

这个时候，吴晗虽说在史学界和北京有点名气，但全国的普通人中知道吴晗的人并不多。然而两个月后，吴晗却大大地出了名，家喻户晓，连小学生都知道。

1966 年 5 月 16 日，中共中央政治局扩大会议通过《中国共产党中央委员会通知》，史称"五一六通知"，在中国点燃了史无前例的无产阶级"文化大革命"的熊熊烈火。"五一六通知"中有这么一句话："所谓'五人小组'的汇报提纲……是对毛泽东同志在 1965 年 9 月至 10 月间中央工作会议上（即在一次有各中央局负责同志参加的中央政治局常委会议上）关于批判吴晗的指示，阳奉阴违，竭力抗拒。"也就是说，就在吴晗高高兴兴地在拉萨游览大昭寺和秦剧团大院的时候，毛泽东已经在中央工作会议上点名批判他了。

1965 年 11 月，在江青的授意下，上海的姚文元发表《评新编历史剧〈海瑞罢官〉》，指责吴晗的《海瑞罢官》是毒草，是在攻击毛主席，为彭德怀翻案。接着，《三家村札记》也遭到批判。于是，全国展开了对"三家村"的批判，吴晗因此大大出名。而批判《海瑞罢官》和"三家村"，则成为"无产阶级文化大革命"的前奏。

吴晗 1968 年被捕入狱，1969 年 10 月在狱中自杀，妻子和养女也受牵连先后受害致死。1979 年，北京市委为"三家村反党集团"冤案平反，为吴晗恢复党籍、名誉。吴晗一家死得冤，很令人同情。

在西藏工作，如果家在内地，每三年可以回内地探亲一次，假期三个月。当时进藏干部中有个顺口溜："西藏西藏，三年一趟，一个尼姑，一个和尚。"秦剧团下乡搞社教，没有演出任务。1965 年 11 月，秦剧团要下乡搞社教，卢少琴请假三月回西安探亲。

1966 年 1 月，卢少琴发现自己怀孕了。秦剧团同意让卢少琴留在西安参加社会主义教育运动，具体工作由西藏驻西安办事处安排。卢少琴被临时安排在西藏办事处幼儿和小学教育教材资料室工作，主要是从报纸杂志上摘录革命儿歌、革命趣闻、革命笑话、革命故事，作为幼儿教育的补充教材。当时许多进藏人员都把孩子留在内地，西藏办事处幼儿园有 100 多个孩子。卢少琴工作之余，又到西北大学进修写作和古汉语。

9 月，卢少琴即将临产。无产阶级"文化大革命"正如火如荼。卢少琴的公公雷荣被红卫兵抓住关了起来，雷家连关到什么地方都不知道。丈夫雷根善也挨批斗，连卢少琴都不知他的去向，据说是下乡了。家中只剩下婆媳俩相依为命。

这天晚饭后，婆婆和省政协谭主席的夫人谭妈陪卢少琴外出散步。街上的公共车全停了。钟鼓楼广场聚集了许多人，东大街一侧停了一辆吉普车，旁边一位青年正在慷慨激昂地发表演说："……我们要同章泽老贼战斗到底！……"章泽是当时的陕西省委书记。一位男子走过来对卢少琴说："大姐，我认识你，你家就住在我们食堂对面的楼上，我是民警，要执行任务，麻烦您把我的民警制服拿一下，过一会儿我来取。"卢少琴帮了他。他执行什么任务？不知道，也许与保护章泽书记有关。此人一走就是两三个小时，等到卢少琴"完成任务"回家，已交子时。恰在此时，卢少琴羊水破了，需要马上送医院。

家中没有男人，街上无公共车，也找不到其他车。卢少琴仗着体质强健，说道："咱步行去医院！"婆婆知道步行会使羊水流得更厉害，如果羊水流完，大人小孩均有生命危险。但别无选择，婆婆只好搀卢少琴冒险出门，希望能够堵到一辆车。出门不久，居然碰到一位蹬三轮车的，他说白天街上太乱，不敢出来，为了养家糊口，半夜冒着被红卫兵抓住批斗的风险出来挣钱。三轮车将卢少琴送到医院。婆婆连声说："我娃命大！"

凌晨 3 点，卢少琴产下一男婴。早晨，护士来登记孩子姓名。当日毛主席在北京天安门城楼接见红卫兵，医院的高音喇叭里正在转播实况，"东方红"

的音乐夹杂着万众欢呼的声音，在医院上空震荡，年轻护士们都非常激动。雷家没有给孩子事先起好名字，护士说："今天是毛主席接见红卫兵的大喜日子，我们都是毛主席的红卫兵，孩子就是毛主席的红小兵，他爸爸姓雷，就叫作'雷红小兵'吧！"卢少琴欣然同意，后来雷家其他人也欣然接受了这个名字，只是为了简洁，常常省略了前面的"红"字，直接叫"小兵"。后来"小兵"变成了"晓冰"，即卢少琴儿子现在的名字。

第三十六回

出短讯报社起风波
闹"文革"秦伶结帮派

1966年8月8日，中共八届十一中全会通过《中国共产党中央委员会关于无产阶级文化大革命的决定》（简称"十六条"），这是继"五一六通知"之后，关于"文化大革命"的又一个充满"左"倾错误的纲领性文件。这里摘录"十六条"中几段话：

> 当前开展的无产阶级文化大革命，是一场触及人们灵魂的大革命，是我国社会主义革命发展的一个更深入、更广阔的新阶段。
>
> 在当前，我们的目的是斗垮走资本主义道路的当权派，批判资产阶级的反动学术"权威"，批判资产阶级和一切剥削阶级的意识形态，改革教育，改革文艺，改革一切不适应社会主义经济基础的上层建筑，以利于巩固和发展社会主义制度。
>
> 广大的工农兵、革命的知识分子和革命的干部，是这场文化大革命的主力军。一大批本来不出名的革命青少年成了勇敢的闯将。他们有魄力、有智慧。他们用大字报、大辩论的形式，大鸣大放，大揭露，大批判，坚决地向那些公开的、隐蔽的资产阶级代表人物进行了进攻。在这样大的革命运动中，他们难免有这样那样的缺点，但是，他们的革命大方向始终是正确的。
>
> 要信任群众，依靠群众，尊重群众的首创精神。要去掉"怕"字。不要怕出乱子。
>
> 要充分运用大字报、大辩论这些形式，进行大鸣大放，以便群众阐明

正确的观点，批判错误的意见，揭露一切牛鬼蛇神。

这次运动的重点，是整党内那些走资本主义道路的当权派。

警惕有人把革命群众打成"反革命"。

在运动中，除了确有证据的杀人、放火、放毒、破坏、盗窃国家机密等现行反革命分子，应当依法处理外，大学、专科学校、中学和小学学生中的问题，一律不整。为了防止转移斗争的主要目标，不许用任何借口，去挑动群众斗争群众，挑动学生斗争学生，即使是真正的右派分子，也要放到运动的后期酌情处理。

话说 1965 年 11 月，卢少琴请假三个月回西安探亲，后来秦剧团又同意有孕在身的卢少琴在西藏驻西安办事处搞社教一年，这其实是组织上照顾她，让她在西安把孩子生下。1967 年 2 月，卢少琴按时返回西藏。

西藏远在天边，这一去三年之后才能再回来探亲。卢少琴将只有五个月的儿子留在长安县子午镇老家，由母亲照看。卢少琴平时大大咧咧，有穆桂英的豪气，无林黛玉的缠绵。但这一次不同。母子情深，离开子午镇时，看着襁褓之中的儿子，她第一次真正尝到了别离之苦。挥手出门去，一步三回头。

西藏拉萨无产阶级"文化大革命"正逐渐进入高潮。群众组织分成两大派，一派叫作"西藏自治区无产阶级革命派大联合造反总指挥部"（简称"大联指"），另一派叫作"拉萨革命造反总部"（简称"造总"）。大联指是"保皇派"，不主张造军区领导机关和自治区党委、政府的反，暗中受到西藏军区的肯定和支持。造总是"造反派"，要夺权，和军区关系不好。

西藏军区在解放西藏、建设边疆、保卫祖国的过程中功勋卓著，而西藏自治区政府成立还不到两年，正忙着搞土改、搞民主改革、搞建设、搞社会主义试点。军区是革命的，自治区政府也是革命的，领导层中的许多人都是为新中国的诞生和西藏的解放出生入死，是最坚定的革命者。西藏地处边陲，要巩固国防，必须安定，军区决不能乱，自治区决不能垮，所以大联指保"皇"有理。当然，"皇"握大权，"保皇"实惠，大联指中的许多人之所以加入该组织，是算计到个人利益得失，这也毋庸讳言。

"文革"时期非常流行的一段毛主席语录是："马克思主义的道理千条万绪，归根结底，就是一句话：'造反有理'。根据这个道理，于是就反抗，就斗争，就干社会主义。"造反有理，揪走资派是对的，夺权是对的，这些都是毛主席和"十六条"赞许的革命行动。西藏军区功劳再大、再革命，也比不过刘少奇、邓小平、贺龙这些人，这些人都可以被打倒，那么冲击西藏军区、夺自治区的权也未尝不可，所以"造总"也是革命的。造总中有一大批真心诚意听毛主席话干革命的热血青年。

大联指、造总表面上水火不相容，但说到谁更革命，其实是半斤八两，差不多。两派都有许多好人、能人、高尚的人，都干过些好事，但两派都与"打砸抢"三个字脱不了干系，两派的好人好事和坏人坏事恐怕都难分高下。

卢少琴不在西藏的这一年零三个月当中，秦剧团主要是搞社教和闹革命，学习文件，学习毛主席著作，大鸣、大放、大字报、大辩论，再也没有正经演过戏、排过戏。工资是每月照发不误，但领导指挥失灵。

李晓俊团长兼着党总支副书记，他为人谦和，人缘好，没有挨批斗，但已靠边站。丝毫不敢乱说乱动，更不敢去管任何人。

马振华是副团长，生活作风不够严谨，批评起人来言辞欠当，被他骂过的人多是一些业务水平差的人，而现在正是这些人当道的时候，于是他被打倒，成了牛鬼蛇神，被造反派关押、批斗着，身上常常要挨些拳脚。

党总支的代理书记成了王根孝，他的实衔是副书记。王根孝，陕西华县人，弹三弦是祖传。他为人谦和，善解人意，人缘很好，脸上总带微笑，从不和人争执。但他也不是滥充好人，而是有正义感。工作上，他非常敬业，该干的事不等人说他都干了。谨言慎行是王根孝的一贯作风，在这个非常时期，他也不敢真正管事，只是尽可能干些好事而已。

"文革"来了，秦剧团不是世外桃源，也分成了两大派。大联指、造总都讲保卫毛主席，都要革命，两派的革命与否并非那么黑白分明，最聪明的人都难以分清，所以到了秦剧团这一级，大家都只是凭感觉站队，到底站哪一边，往往只是与某派头目的个人魅力、自己的切身利益以及朋友关系有关。

卢少琴到达时，一派的组织已经成立，叫作"农奴戟造反团"，属于大联指；大联指在拉萨许多单位的群众组织都以"农奴戟"命名。秦剧团的另一派尚未正式成立组织。

就拉萨全局而言，大联指是"保皇"的，但在秦剧团内部，大联指麾下的"农奴戟"却属于造反派，要造秦剧团领导、老师、导演的反。"农奴戟"中有许多真诚的人和较好的演员，但也有一些文武都不行、派不上角色、因表现不好常受批评的人，他们批斗领导只是泄私愤，个别人甚至有偷窃、贪污和打砸抢行为，加入大联指是为了寻求保护伞。

剩下的人是另一派，包括秦剧团的几位领导、老师、导演、乐队骨干、主要演员和许多不关心政治的人。这些人不愿意跟"农奴戟造反团"的人为伍。他们中的许多人本来对大联指和造总都没有什么成见，但厌恶和尚，恨及袈裟，他们看不惯"农奴戟"中许多人的打砸抢行为，因此也不愿意倒向大联指。他们没有正式的组织，遇到事情由孙忠孝、王根孝、刘长龙、王杰民、王双群等出面张罗。

卢少琴到达拉萨后，两派都想争取卢少琴入伙，各自为卢少琴打扫了一间条件较好的房子请她住。卢少琴两方面都不想惹，她说："我刚到，不了解情况，我要等一等，看看再说。"所以两个房子她都没去住，自己挑了一间小平房住了进去。

一两个礼拜后，西藏日报社发生了一件事，把卢少琴推向了"革命斗争"的前线。

"文化大革命"开始后，西藏日报社也分成了分别属于造总和大联指的两派，不能正常出报了。有一天，大街上出现了一个海报，说西藏日报社属于造总一派的群众组织准备出版"西藏日报红色电讯"，刊登毛主席最新指示、中央文革小组的文件、国内外重大新闻，等等，第一期将于某月某日出版。

当时没有互联网，报纸的作用十分重要。这么长时间不看报，听不到党中央、毛主席的声音，大家都犯了报纸阅读饥渴症。因为当时不能正常上班，秦剧团每天都像星期天一样，只开两顿饭。送报体系已经瘫痪。到了"红色电讯"首发的日子，早上十点吃完饭后，卢少琴和秦剧团的许多人结伴去西藏日报社去阅读"红色电讯"。从秦剧团到西藏日报社，步行只要十几分钟。

卢少琴等到达西藏日报社大院时，发现在那里阅读"红色电讯"的人很多，有好几百人，造总的人较多，也有大联指的人，还有许多没有参加任何派别的群众。

一个多小时后，大联指的人互相递眼色，打手势，全部悄悄撤走。造总的人不以为意，以为大联指的人可能有什么会议，不值得大惊小怪。

就在所有大联指的人全部撤离后，西藏日报社大院的大门被人从外面反锁

　　左图：戴眼镜、留短发、已做了妈妈的卢少琴，摄于1967年夏。当时，正是"文革"高潮时期，上级通知要换工作证，请来摄影师给大家照标准相。换工作证是筹备成立革委会的一个环节。新工作证后来发下来，照片上没有钢印，只盖了红色印泥公章。这个工作证很短命，后来又被收回，卢少琴在上缴工作证时撕下了这张照片。卢少琴清楚地记得照这张照片时，正是军区派王参谋来劝她离开"革命烈火造反团"，卢少琴未听从，但内心深处承受了较大压力。1964年，为了出演江姐这个角色，卢少琴剪掉辫子，留起短发。卢少琴有一只眼睛近视，但因为演出时戴眼镜多有不便，所以她几乎不戴眼镜。1966年后，卢少琴没有了上台唱戏的机会，才戴上眼镜。

　　右图：1967年4月欢送卢少琴之弟、原西藏秦剧二团须生演员卢少波入伍。大家站在拉萨秦剧团住处的房顶。藏式房子都是平顶，四周有矮墙充作护栏。前排左起：王杰民、卢少波、卢少琴；后排左起：张耘、谢西京（和卢少波一块参军）。

上了，里面的人出不去了。

很快，西藏日报社大院外的大街上出现了宣传车，宣传车的高音喇叭里广播说："拉萨的革命群众请注意，西藏日报社大院内现在聚集了一小撮坏人，他们蒙蔽了一些不明真相的群众，与国内外阶级敌人互相勾结，阴谋策划反对伟大领袖毛主席、反对林副主席、反对党中央、反对社会主义的活动。我们革命人民要团结起来，和这一小撮坏人作最坚决的斗争，不获全胜，决不收兵！大院内受蒙蔽的群众，希望你们赶快觉醒，同一小撮坏人划清界限，赶快离开大院，回到自己的单位去。如果执迷不悟，死不悔改，绝对没有好下场！"

原来，造总出的"红色电讯"受到群众欢迎，在这件事上占了先机。"敌"方之得就是我方之失。为了打击造总，大联指的某些人想出了这么一招。

大院内的人肺都气炸了！无论被说成是"坏人"还是被说成是"受蒙蔽群众"，都是对每个人人格的侮辱。

大家来自不同单位，其中有造总的人，但也有许多没有参加任何群众组织的人。外面这么一闹，倒把这几百号人拧成了一股绳，大家同仇敌忾，决心奋战到底，讨回公道。大家开始唱歌，呼口号，写标语，同大门外大联指的人对抗，谁也不愿意戴着"受蒙蔽群众"的标签俯首帖耳走出大院。

大院中的人一个也没出去，而外面的人开始翻墙翻门进入大院。原来，各单位造总的人得到消息，赶来增援。有粮食局的，农牧厅的，医院的，汽车大修厂的，等等。有藏族，也有汉族，有知识分子和学生，也有工人。到了后来，大院中竟聚集了4000多人！

到了下午两三点，大联指的高音喇叭突然消失，换上了西藏军区八一电台的高音喇叭，一个男人粗声粗气地说："造反总部的群众，你们必须立即撤离西藏日报社！你们都是受蒙蔽、上当受骗的人。""大院内受蒙蔽的群众，请你们不要继续上当受骗了！赶快回到毛主席的无产阶级革命路线一边来！""大院内有从外地来的学生，他们煽风点火，矛头直指西藏军区，这是别有用心的。请你们不要上当受骗！""报社大院内受蒙蔽的群众，你们必须在今天下午×时×分以前离开报社，否则矛盾的性质就变了！军区就要采取必要的行动，一切后果自负！"

军区喇叭充满威胁的言论更加激发了院内人们的反抗情绪。他们打出了巨幅标语：

　　1967年夏摄于拉萨罗布林卡。当时闹"文革"，没有多少正经事干，拉萨人民医院的小袁医生、《西藏日报》藏文版编辑江虹及摄影记者王宏勋约卢少琴出来玩。此照为王宏勋所摄。

民不畏死，奈何以死惧之！

你敢把老子怎么样？

雪里梅花开不败，老子敢上断头台！

头可断，血可流，革命理想不可丢！

诸如此类。大家还唱革命歌曲，什么"抬头望见北斗星，心中想念毛泽东"啦，什么"下定决心，不怕牺牲，排除万难，去争取胜利"啦，什么"敌军围困万千重，我自岿然不动"啦，等等。院内的群众还组织起来，排成四列纵队，互相挽着胳膊，开始在院子中游行，高呼"镇压革命群众绝没有好下场！""革命不怕死，怕死不革命"等口号，同院外的人对抗。

外面大联指的人还贴出了一张大字报，大意是说大院内外来学生中有个叫李岩的，她是特务，她的大头鞋中藏了发报机。军区正对她正在进行严密侦察。

大院内有几个从北京大学和哈尔滨工业大学来串联的学生，李岩是其中之一，她把鞋脱下来给大家看。大联指的大字报居然说她是特务，院内的人真是又好笑又气愤。

吃晚饭的时候快到了。各单位都派人越墙而出，去叫人做饭、送饭。秦剧团派的是卢少琴。她回到秦剧团大院，秦剧团内"农奴戟"的几个人站在高处指手画脚笑话她。她告诉炊事班马班长，需要向西藏日报社送饭。马班长说："我们听说了你们的事，正要准备给你们送饭呢！馒头已经蒸上了。饭做好后马上就送。"饭做好后，卢少琴、刘长龙、雒祥杰等人跟炊事班一起，将饭送到了西藏日报社。外面大联指和军区的人也没有干预大家送饭。吃完饭，卢少琴又留在了报社大院继续战斗。

这件事与其说是大院中的群众受了造总的蒙蔽，倒不如说是军区某些人受了大联指的蒙蔽。大联指挑起了事端，反诬造总集合了许多群众准备对军区不利，军区听信了一面之词，前来制止动乱，没想到反而激化了矛盾。

第二天，外面的喇叭没有再响。中午，人们突然发现大院外大联指和军区的人都撤走了，无影无踪。院内的人丈二和尚摸不着头脑。

这时，他们完全可以打开大门走出去，回自己的单位，但大家都不愿意这么做。"怎么？把我们这样侮辱了一顿，军区没个交代，难道我们就这么走出大院？不行！我们必须留在大院继续抗议！"

下午三四点钟，大院门外出现了大批解放军。锁着的院门被打开了。解放军没有携带武器，在大门外的街道两旁站了好几层。

大家纷纷猜测，莫衷一是。这时，外面的喇叭又响起来了，仍然是军区的高音喇叭，但却是不同的声音，不是充满火药味，而是充满亲切和温馨："大院内的革命群众，同志们，你们辛苦了！我们奉命来接你们回家！"大院内秦剧团的同志们首先欢呼起来："十一师来啦！咱们自己人！"十一师在西藏人民心中很有威望，其他人也欢呼起来。

原来，造总已经把事件的原委报告了北京，北京来了指示，军区派十一师来善后。

高音喇叭中的声音继续说到："党中央、毛主席很关心你们，党信任你们，了解你们。你们是革命的群众，是我们伟大社会主义祖国的主人。昨天，有群众组织对你们发表了一些不妥当的言论，他们不代表党，也不代表军区。希望你们以革命者大无畏的胸怀化解矛盾，响应毛主席的号召，回本单位抓革命，促生产。"

听了这一番话，院内的人都说："这才是人民的子弟兵！"有人带头呼口号："向解放军学习！""向解放军致敬！""军民团结如一人，试看天下谁能敌！""毛主席万岁！"

大家商量说："咱们听十一师的，先回家，以后再找大联指算这笔账！"

十一师的人都认识卢少琴。卢少琴一走出去，站在外面的战士们都笑了，鼓起掌来来，弄得卢少琴有点不好意思。

三十二团团长田启元走过来问："小卢，你怎么也在里面？"

"我跟大伙儿一块儿来看'红色电讯'，还没看完，大门就被人家锁了。你说气人不气人！"

"先回去休息吧，别的咱们以后再说。"

从报社回来，卢少琴很生气，生大联指的气，生军区的气。自己去看红色电讯，招谁惹谁了？为什么锁门？今天的事，毛主席知道了也不会给对方评理。她坐到了大会议室去，写了一条标语贴在了二楼的木板围栏外：

"让暴风雨来得更猛烈些吧！"

"农奴戟造反团"团长薛为民又一次来找卢少琴，说道："师姐，到我们这边来吧！你看，造总今天都差点让军区收拾了，跟他们在一起有啥前途！"薛为民人品不错，对卢少琴从来都很尊重。卢少琴是吃软不吃硬的人，今日无端受了大联指的欺负，心已经倒向造总，自然没有答应。

另一派的孙忠孝、王杰民、王双群等把大家召集起来，说道："我们没有参加造总，却让大联指把我们当造总的人整了一顿，我们干脆就参加造总。让我们组织起来吧！"于是这些人成立了"革命烈火造反团"。孙忠孝等提议卢少琴当团长，获得众人一致同意。卢少琴不愿意当。孙忠孝、王根孝等说："现在斗争越来越复杂，你出身贫农，读书多，毛主席著作领会得深，能明辨是非，又讲义气，在秦剧团内外都很有影响力，你当团长，大家都服气，咱们的'革命烈火造反团'肯定兴旺。"

卢少琴还要推辞，大家都说："你看上次你从报社大院出来，那么多的解放军战士都冲你笑，给你鼓掌。你的威望那么高，正好当咱们的团长。你就不要再推辞了！"

这样，秦剧团有了"革命烈火造反团"，隶属于造总，卢少琴当了团长。

"农奴戟造反团"听说另一派的组织叫作什么"革命烈火造反团"，便将自己的组织名称改为"江海革命造反团"，取"江海"能灭"烈火"之意。

闹革命也得吃饱了才行。真得感谢炊事班的同志，其他人都闹革命，不干正事了，炊事班的人仍然尽职尽责，为大家供饭，"烈火"和"江海"仍然共处一灶，在吃饭问题上，两派并非水火不相容。炊事班属于"烈火"，为"江海"做饭，也算是高姿态。炊事班长马保全特别看不惯那些外出搞打砸抢的人，有时忍不住要骂几句："年纪轻轻，怎么不学好？再搞打砸抢，当心我不给你饭吃！"话虽这么说，谁的饭也没少给一顿。

总务长冯益民，50多岁，河南人，非常能干，即使在"文化大革命"那样乱的情况下，他仍然想方设法，给秦剧团弄肉弄菜，把伙食搞得好好的。秦剧团的伙食在拉萨是有名的，又好又便宜，这是冯管理员的功劳。

卢少琴当了"烈火"团长后不久，秦剧团大院来了一个王参谋找卢少琴，一连几天，每天都来，说是军区政治部派来专门做小卢思想工作的，他希望小卢退出造总，可以参加大联指，也可以不参加任何组织，自己学习毛主席著作，抓革命，促生产。要是小卢觉得住在秦剧团不方便，可以住军区招待所。

　　西藏三位优秀女性卢少琴（戴眼镜蹲者）、《西藏日报》藏文版编辑江虹（右侧蹲者）、拉萨市人民医院医生小袁（站立者）在一起。卢少琴是拉萨人人皆知的人物，经常有一些外面的人来拜访她，其中包括许多拉萨中学的藏族女生。这些人中，相知相交十多年、真正成为卢少琴知音、真诚帮助过卢少琴的是江虹和小袁。1967年摄于西藏日报社附近的山坡上，摄影师是《西藏日报》摄影记者王宏勋。

　　卢少琴对王参谋说："我眼睛里面看到的都是他们那一边的人干坏事，有人抢了商店的东西回来分，有的人不遵守纪律，有的人作风不正，男女之间乱搞，有的人请假逾期不归，还有的人贪污、偷盗。我们这边的人总的来说比较干净。我的朋友都在秦剧团，让我一个人出去住军区招待所，我会着急的。毛主席号召年轻人积极参加无产阶级'文化大革命'，'烈火'也是革命群众组织，我为什么不能参加？"

　　1967 年 3 月 19 日，中央军委根据毛主席的指示作出了《关于集中力量执行支左、支农、支工、军管、军训任务的决定》（即"三支两军"）。"支左"即支持左派。现在想来，军区当时可能打算将"大联指"作为左派来支持，筹划成立西藏自治区革命委员会，而图谋打倒张国华搞夺权的"造总"则有可能被定性为反革命组织，这一点从当时军区某些领导在公共场合讲话中对"造总"的指责言辞可以得到印证。军区让卢少琴等脱离"造总"麾下的"烈火"，是为了保护她，完全是一片好意。

　　不久，十一师派一个排进驻秦剧团，对秦剧团实行军管，正、副排长都是陕西人，战士们也多是西北人。军管正是"三支两军"的内容之一。让十一师派军管部队进驻秦剧团，军区领导此招高明，因为秦剧团和十一师本来就是水乳交融的关系。

　　军管部队规定秦剧团的两派只能文斗，不能武斗，要抓革命、促生产，不能参与外面的打砸抢，任何人外出都要向本组织的领导请假。

　　有一个排的解放军在，秦剧团内部安定了许多，而社会上的打砸抢分子也无法进入秦剧团。战士们从不议论两派的观点，经常为秦剧团扫院子，挑水，做好事。

第三十七回

卢少琴"烈火"受拥戴
马振华"江海"蒙冤屈

    1967 年 3 月，拉萨的"文化大革命"运动逐渐进入高潮，秦剧团分成了"革命烈火造反团"跟"江海革命造反团"两派，卢少琴被"烈火"拥戴为团长。

    卢少琴说："既然你们非要我当这个团长，那就得听我的。'革命烈火造反团'所有的人都不得参加武斗。我们要积极参加无产阶级'文化大革命'，多写大字报，多参加辩论。我们要抓革命、促生产，学习中央文件，学习毛主席语录和毛主席著作，写学习心得，开展革命大批判，定期出墙报。我们还要排戏。"大家一致赞同，商议决定要坚决执行毛主席"要文斗，不要武斗"的指示，上街要请假，每个人每天都得向团长报到。"江海"团也有类似规定。

    每天早上，"烈火"的每个人都要来向卢少琴报到："团长，今天我在。有啥事吗？"如果有毛主席最新指示、中央文件或别的重要文件、两报一刊（《人民日报》、《红旗》杂志和《解放军报》）社论等，大家会在一起学习，国内外、自治区内外有什么重大事件发生，大家会聚到一起讨论、辩论。偶尔会集体出去参加劳动、游行、集会等，多数情况下是大家自己学习，生活过得安逸、自在。

    "江海""烈火"两派都在约束自己的人马，以免让对方抓住把柄，同时暗中较劲，都要尽力表现自己一派对毛主席最忠，对毛主席的指示执行得最好。批斗秦剧团内部的"阶级敌人"，"江海"比"烈火"积极，隔三岔五就来一次。"烈火"为了不至于被对方指控为"不革命"，有时也难免把某些人物"请来过堂"，但火药味明显不及"江海"。而在批判刘少奇的资产阶级反动路线方面，"烈火"则比"江海"明显占上风，因为写大字报是"烈火"的强项。每当毛主席发表"最新最高指示"，哪怕是半夜，也要敲锣打鼓上街庆祝宣传游行，在这方面两派旗鼓相当，难分高下。

那个时候，行政机构和党、团组织都已经基本瘫痪，人就得参加一个群众组织，否则就成了无人照看的孤儿。组织内部，彼此之间，一人受欺，大家出头，群体利益得到某种程度的维护，而意气相投的人聚到一起，也觉得惬意、热闹。

一个文艺单位有各种各样的人才，那是经过多年磨合才形成的团队，大家携手，各发挥各的作用，才能排出节目。现在分为两派，人才分散了，想排节目，每一派都觉得有点缺胳膊少腿。各文艺单位都存在同样的问题。于是，拉萨几个文艺团体中隶属于造总的群众组织联合起来，成立了"红色艺术造反司令部"，简称"红艺司"，目的是联合起来排戏排节目。若论实力，各文艺团体中仍以秦剧团最强。其他剧团中有人说了，如果秦剧团的"烈火"想排革命样板戏，他们愿意跑龙套。想法是好的，但彼此所学不同，从未在一起练过，无法达到默契，想凑到一起排戏技术上有难度。加上"私"字作怪，名利作祟，小人捣乱，"红艺司"在演出方面没有取得什么实质性的成就，唯一的功能是在各文艺单位的造总团体之间加强了沟通和联络。

比起"江海"，"烈火"拥有演员和乐队的大部分艺术骨干，文艺实力更加雄厚。1967年下半年，"烈火"单独排出了秦腔版的革命样板戏《沙家浜》中的几场，卢少琴演阿庆嫂，王崇华演郭建光，张英琴演沙奶奶，张建国、郭西宝演刁参谋长，孙忠孝演胡司令。1968年上半年，"烈火"又排出了秦腔版的革命样板戏《智取威虎山》的全本，王崇华演杨子荣，张建国演参谋长，卢少琴演卫生员，董凤环、崔自宁演小常宝，孙忠孝演座山雕，郭西宝、宋怀安演滦平，樊西园演李勇奇，白贵平演猎户老常。白贵平的爱人是"江海"的，白贵平组织上是"江海"，但他常跟"烈火"的人在一起，有点"身在曹营心在汉"。

排戏要有导演，但"烈火"排样板戏却没有正式的导演，他们没有请李晓俊出山。样板戏他们都看过许多遍，对剧中人物的特点、动作、表情都非常熟悉，将京剧移植为秦腔的工作陕西省戏曲研究院已做好，他们拿过来用就是了，台前幕后的一套大家都很熟悉，几个主要演员其实都有资格充当半个导演，所以没有导演，样板戏照样排出来了。

山中无老虎，猴子称大王，"烈火"的《沙家浜》和《智取威虎山》在拉萨应该算是水平最高的。1967 年的"八一"建军节，"十一"国庆节，以及 1968 年的元旦、春节、国庆节等，他们在拉萨大礼堂、劳动人民文化宫、军区礼堂、十一师总部白定等地都有上乘表现。观众常常既有"造总"的人，也有"大联指"的人，两派的观众都会给他们报以热烈的掌声。

卢少琴当了"烈火"团长，许多麻烦事都找上门来。"造总"要选代表去北京，"烈火"应该选谁去？谁应该代表"烈火"参加"红艺司"的会议？和"造总"总部的关系怎么处？什么时候该出大字报，写什么，谁来写，往何处贴，谁去贴？什么时候该开批判会，谁来发言？等等，都得她这个团长管。"烈火"内部，人与人之间也常有利益矛盾，也有背后搞小动作之人。卢少琴脾气直，爱憎分明，擅长的是真刀真枪正大光明地干，缺乏的是涵养的功夫、稀泥抹光墙的功夫、识破阴谋诡计的功夫和躲闪暗箭的功夫。过了几个月，卢少琴就厌烦了，她想卸掉这个团长。但那些想当团长的人大家都不愿意选，而大家愿意选的人又都不愿意当这个团长。大家都要她继续干，她只好先干着，但开始混日子，得过且过，能不管的事尽量不管。

1968 年 4 月的一天，不知是有意还是无意，也许是某人为了进舞美队而钻研电工技术，也许是别有用心，"江海"有人捣鼓秦剧团大院的电闸开关，结果引起电闸着火，浓烟乍起，火苗都起来了。还好，火被扑灭。但电闸被烧坏了。这几个人答应修理。夜幕降临时，全院仍然没电，漆黑一片，大家只好点起蜡烛。

这天晚上，烛光之下，卢少琴、高林、杨玉玲（高林爱人）等七八个人聚在高林的房间，有的打扑克，有的观阵。突然听见有人喊："快来人呀！跌死人啦！"大家都跑出去看。因为没有电，院子里黑乎乎的。其时可能是晚上 9 点多。

是马振华！他躺在天桥下的地面上，死活不知，看样子是从天桥上面摔下来的。

秦剧团大院的大门有二层楼的门楼，从门楼楼顶可以通过一个小天桥直接走到院子南面的二层楼楼顶。这个小天桥有两三米长，一米多宽，天桥两侧有几根直径十来公分、高五六十公分的小木桩，木桩之间用 8 号钢丝（直径 4 毫

　　左起：卢少琴、小袁、聂小平合影。照片背面注有"中央四·一指示下达一周年，1968"。卢、聂二人红袖章上写着"红艺司"三字，"红艺司"即"红色艺术造反司令部"，是由拉萨十余个文艺团体中隶属于"造反总部"的群众组织联合组成的。小袁是拉萨人民医院的医生，比卢少琴大几岁，但卢少琴一直叫她小袁而不知其名。小袁是卢少琴的"追星族"，经常来找卢少琴。聂小平是来自原西藏秦剧二团的女演员中的佼佼者，与卢少琴十分要好，常常是卢少琴走到哪里她就跟到哪里。

米，是所有钢丝中最粗的）连接，做成天桥的栏杆。天桥到地面有两层楼那么高。马振华家和"江海"的许多人住在南楼，经常走这个天桥。天桥附近有两个很明亮的路灯，晚上把天桥照得亮堂堂的。但今日秦剧团停电，走天桥就得在黑暗中摸索。马振华就是从这个天桥上摔下去的。

马振华是"江海"的俘虏，归"江海"管辖。马振华从天桥跌落，"江海"有人赶快打电话，叫救护车。人民医院离此不远，救护车十来分钟就到了。谢天谢地！医院和救护车并没有因为"文革"而瘫痪。

"江海"的人在出事地点来来往往，大家几乎都不出声。卢少琴不愿掺和"江海"的事，没有到最跟前去，只站在不远的地方观看。黑暗之中，只见人影晃动，只听得脚步声响，"江海"的人似乎都很严肃，很少有人大声说话。听得有人说道："脑子都流出来了！怕是不行了！"

救护车来后，"江海"的人七手八脚，将马振华抬上救护车。可怜马振华，临死之前胳膊上还戴着一个白袖章，上面写着四个黑色大字："牛鬼蛇神"。马振华妻子李秀霞想把这个袖章去掉，马振华居然伸过手来将袖章护住，示意不让去掉。这是马振华最后一个有意识的举动。到医院不久马振华就死了，他是戴着"牛鬼蛇神"袖章走的，终年43岁。

马振华平时受"江海"管制的，打扫厕所、院子，隔三岔五挨一顿批斗。揭发、批斗"牛鬼蛇神"，那是革命行动、革命成果。马振华是"江海"的猎物，"江海"颇觉自家在革命行动上占了先机。"烈火"从未批斗过马振华，但也没有去保护马振华，怕让"江海"抓住把柄，说他们包庇"牛鬼蛇神"。

马振华虽是"牛鬼蛇神"，但即使用"文革"的标准量刑，也罪不至死。现在马振华死了，"烈火"的人愤愤不平，要求"江海"说清楚，公安局也曾来调查。"江海"忙于招架，气焰大减。"江海"内部的许多人也觉得马振华死得可怜。

大家都不认为马振华是自杀。他若自杀，为什么不选择四层楼的楼顶？天桥只有二层楼高，跳下去不一定摔死。马振华临死护住"牛鬼蛇神"袖章的举动说明他想活着，因为一个想死的人连生命都不要了，还在乎袖章被去掉会招"江海"加倍批斗？再说，马振华也没有任何自杀的征兆。

失足落下天桥，这种可能性也很小。天桥是熟路，又有栏杆，马振华正当壮年，脚轻手快，怎会失足？

自杀和失足的可能性都小，那么最大的可能性就是马振华遭了暗算。有人可能趁院中停电，黑暗中出其不意将马振华推下天桥。出事之后发现，天桥栏杆某处的 8 号钢索被人剪断，并在栏杆的木头上发现五指抓过的痕迹。这是马振华遭人暗算的最大佐证。

1974 年六七月间，已调到陕西省子洲县担任文化馆馆长的卢少琴收到了西藏秦剧团党总支书记王根孝发来的一份电报，电文是："马振华命案事发，江海团有打砸抢事，某某某、某某某已被隔离审查，大快人心！"足见多年来，包括王根孝在内，秦剧团许多人对马振华之死是耿耿于怀的，想为马振华申冤报仇的想法从来没有熄灭过。不过，公安局虽曾将某些人拘留过一年半载，终因证据不足无法定案而释放。

"牛鬼蛇神"死了，丧事自然从简。代理书记王根孝和"江海"团长薛为民出面协调，将马振华的遗体火化，草草安葬。没有追悼会，陕西老家没有来任何亲人。直到 1983 年，分散在西安各单位的原西藏秦剧团的战友们聚到一起，为马振华举行了比较隆重的追悼会。这个追悼会虽然晚开了 16 年，但它说明这么多年，秦剧团的人依然没有忘记马振华的冤屈，马振华九泉之下也可安息了。

马振华有一子一女，事件发生时都在陕西老家；另有一个养女，也不在跟前。妻子李秀霞，早年随马振华进藏，在秦剧团舞美队服装组工作，她为人低调，勤劳本分，与所有的人都相安无事。马振华死后，大家都很同情她。

时间到了 1968 年 6 月 6 日。吃过晚饭，"烈火"的五六个人正在张建国家玩，孙忠孝、张建国、胡宾环等在打扑克，卢少琴在和白贵平瞎聊。突然进来了"江海"团的甲、乙二人，都是 20 岁左右的壮小伙，头戴柳条盔帽，似乎已经预备好要参加战斗。"烈火"小聚，"江海"闯入，自然是无事不登三宝殿，来者不善，善者不来。某甲伸手拉孙忠孝，气势汹汹地说道：

"'四司'的人在高音喇叭上骂我们'江海'，说我们开枪打了他们的高音喇叭，你们出去给'四司'解释一下，告诉他们不是我们'江海'开的枪，叫他们不要再骂我们了。"

"四司"即"拉萨革命造反第四司令部"，是大昭寺、八廓街一带的藏族人成立的群众组织，属于造总麾下。"四司"有好几千人，势力强大。俗话说"秀才造反，十年不成"，这话用在秦剧团的"烈火造反团"的身上可谓恰如

　　1968 年，在"文化大革命"的狂风恶浪中，秦剧团副团长、代理书记马振华被迫害致死，在秦剧团许多人心目中留下了挥之不去的阴影。1983 年前后，"文革"中的冤假错案纷纷得到平反昭雪，在西安的原西藏秦剧团部分人员自发组织起来，为马振华举行追悼会。这是追悼会后的合影。

　　前排左起：张建国、原西藏豫剧团化妆师、赵志信、聂东平、杨惠琴（张志峰夫人）、李双成（马振华遗像左侧）、聂小平（马振华遗像右侧）、？、韩玉兰、黄师傅、杨玉玲、李秀霞（戴黑纱，马振华夫人）、张樱桃、陆根才、张新乾；

　　二排左起：唐忠详、阎顺章、赵昆、熊云峰、武狭义、胡宾环、刘更生（马振华遗像后），胡新华、陆桂爱、韩惠芳（王杰民夫人）、杨生荣（张耘夫人）、王慎荣、温军、白贵平、侯宽初、樊西园；

　　三排、四排左起：王忠谦、田广斌、王家辉（花圈右）、程志新（花圈中）、？（戴前进帽者，小名四牛，大名卢少琴记不起来了）、？、孙升仁、张菊梅、刘万英、石菊霞、张志峰（后）、卢少琴、张茂林、？、孙忠孝（后，戴眼镜）、刘印堂、赵康纪（后，戴眼镜）、谢西京、卢少波、王杰民（后）、雒祥杰、魏新民（后）、赵水泉、刘长龙（后）、高林、？、陈秉贤、？。

其分。但"四司"可不是秀才，成员中有许多是翻身农奴，又都是藏族，受民族政策的保护，所以敢作敢为，颇有战斗力。"四司"成员良莠不齐，其反对军区的行为难保没有敌特分子、极端反共分子和死硬藏独分子暗中操作，但绝大多数群众，尤其是青年学生肯定是善良纯朴的。不管怎么说，"四司"的造反行为是毛主席和"十六条"许可的革命行动。"四司"对大联指和军区造成较大威胁。

大昭寺地处拉萨心脏地区，"四司"下面有一些拉萨中学的学生，藏文中文都来得，高音喇叭一响，周围许多重要单位都能听到，很具杀伤力。

大概"大联指"的有些人特别恨这个高音喇叭，6月6日这天早上，有人开枪，将"四司"的高音喇叭打了两个洞，子弹是从秦剧团大院方向飞来的，因此"四司"断定此事是秦剧团的"江海"所为，此刻正在对"江海"进行口诛笔伐。

大概"江海"的人想"烈火"跟"四司"同属造总麾下，"烈火"的人说话"四司"肯听，所以来请"烈火"出面替他们向"四司"解释。他们有求于"烈火"，低声下气人家可能还不答应呢，岂知来了两个缺脑子的愣头青，竟试图胁迫"烈火"的人为他们办事。

孙忠孝推开了某甲的手说道："你这是干什么？我不去！我为什么要去？"

某乙说话有些口吃，走上前来，一把抓住张建国的领口说道："孙—孙—孙忠孝不去，你去！"

卢少琴来气了，喝道："慢着！你们想干啥？一进来就动手动脚！'四司'骂的是你们，打没打人家的喇叭，你们心里最清楚，你们不去解释，反而要我们去解释，哪有这样的道理！放开张建国！"

某乙一面继续拉张建国，一面说道："师姐，没—没—没你的事，我们找—找—找的是他们！"

卢少琴说："放开张建国！'四司'要你们去给人家解释，你们凭啥硬要拉我们的人去解释？你们毫无道理！你们还讲不讲理？"

某甲说道："有啥理可讲！咱们让拳头讲理！"

卢少琴道："好哇！原来你们是来打架的！我好歹是'烈火'团的团长，他们的事就是我的事。放开他们！没有他们的事，一切由我顶着！想打架？走，这里地方太小，咱们去外面打去！"说完，一把推开了某乙抓着张建国领口的手，向门外走去。

6 月是一年中昼最长夜最短的月份，这时是下午七八点，太阳尚未下山。

秦剧团的房子，有家的人都住单间，像卢少琴这样资格老、级别高的人也住单间，其次是两个人一间，再次是多人合住大宿舍。张建国有家，他的房子在南面楼二楼靠院子东南角拐角处，那里有一个楼梯。

卢少琴一出房门，看见门口楼梯附近另有四个"江海"的小伙，且分别称他们张三、李四、王五、赵六。楼上站着一个，楼梯口守着一个，两个在楼梯下面等候，这四个人自然是被事先安排在这里接应早先进去某甲、某乙两人。"江海"今日还真是有备而来。卢少琴已处于六个男人的包围之中。看来今日之事已不能善罢甘休。

卢少琴没有下楼梯，她背靠到楼梯口拐角处的栏杆上，全神贯注，静观待变。

楼上的张三这时位于卢少琴的侧后方，他跨前一步，右脚向卢少琴踢来。卢少琴手扶栏杆，略一借力，下半身已经离地飞起，某甲的这一脚已经踢空；卢少琴的双腿在空中一转向，水平扫向后方，"啪"的一声，一脚重重地踢到了某甲的左脸颊上。张三身不由己，"咚咚咚"，身子向右后方连退数步，"噔"的一声撞倒了墙上。

卢少琴身子刚刚落地，李四的拳头已到。卢少琴眼疾手快，"啪"的一下，右手已抓住来拳的手腕，就势往上一架，李四的拳头已经打空，身子不由自主倒向卢少琴。卢少琴提起右膝，膝盖重重地击到了李四的小腹，同时双手往外一推，李四的身体已完全失去平衡，从楼梯上翻了过去，他伸手去抓楼栏杆，但为时已晚，整个身体遵循自由落体运动原理，从二楼摔向地面。

二楼到地面，少说也有两米多高。"啪"的一声，李四落地，这家伙命大，没有摔断胳膊摔断腿，但已经一蹶不振，躺在那里呻吟。

某甲见状，顿生怯意，失声惊呼："我的妈呀！"撒腿就向楼下跑去，意图逃跑。刚下了一个台阶，卢少琴一脚踹到了他的屁股之上，他本人前冲之力，地球引力，加上卢少琴一脚之力，某甲向前向下摔倒在楼梯之上，扑棱棱骨碌碌滚下楼梯。身上有无疼痛只有他自己知道。

这么一来，"江海"的六个小伙已完全失去战斗力，楼下的王五、赵六一见情况不妙，早已逃得无影无踪，某乙和张三也赶快逃跑了。卢少琴大获全胜。

卢少琴一人战败"江海"六个小伙的事儿很快就传遍了整个秦剧团大院。吃饭的时候，炊事班长马保全又将这几个小伙骂了一顿："不学好！打人！六个小伙打人家一个姑娘家！要脸不要脸？"

这几个人都是二团的，他们曾听说过卢少琴功夫不错，但将信将疑，这一次算是领教了。不打不相识，这几位后来居然对卢少琴态度转好，"师姐"叫得更加恭敬。

当天晚上，秦剧团的人正常作息，到了睡觉的时候大家都去睡了。过了子夜，夜深人静，正是日出而作、日落而息的人们睡得最深沉的时候。

突然，大昭寺方向传来一声巨大的爆炸声，惊醒了秦剧团大院沉睡的人们，院子的窗户被震得啪啦啦直响，大地都在震动。登高一望，只见大昭寺南门已经笼罩在浓烟之中。大昭寺正门朝西，南门是侧门，但其高大坚固跟正门一般。难道"大联指"要占领造总麾下"四司"所控制的大昭寺？

其时应该是 6 月 7 日凌晨一两点钟。

卢少琴依然睡在床上，迷迷糊糊。过了一会儿，也许有半个多小时吧，大昭寺又传来一阵枪声，时间很短，只持续了三四分钟，枪声就停了。接着传来哭喊声和叫骂声。一两个小时之后，一切都归于平静。

东方微明的时候，秦剧团有几个男生手拿钢钎、棍棒去大昭寺察看究竟，回来后讲，大昭寺的南门被炸开了一个大洞。

当时秦剧团每天开两顿饭，早上吃完饭已是 10 点，卢少琴走出秦剧团大院，绕过大昭寺南侧，上了人民路旁的人行道，匆匆向西走去。她要去百货公司买一瓶牙膏。

路过劳动人民医院门口时，卢少琴看见十一师的七八个战士进进出出，好像很忙碌。他们都认识卢少琴，要在平时一定会走上前来热情地打招呼，但这时每个人的表情却非常严肃。

卢少琴一眼看见医院大门内的平地上整整齐齐摆放着一些尸体。她一时好奇，走了进去。领头的可能是位排长，他对卢少琴说："小卢，你来得正好，前面好像要发生武斗，我得带几个人出去制止一下，你帮我们看一下这些尸体。怕不怕？"卢少琴说："不怕！"旁边一位战士说："小卢跟我们一样上过前线，还能怕见死人？"排长带着几个战士排队跑步出了医院大门，留下一个战士和卢少琴一起照看尸体。

尸体一共有 11 具，其中个别人她似曾见过，只是不知道姓名，没有说过话。不用问，他们应该与凌晨大昭寺的枪声有关。[①] 看着眼前这些尸体，卢少琴很难过。

约莫过了半个小时，排长和战士们回来了。卢少琴交了差，走出医院，继续向百货公司走去。

---

① 据中共西藏自治区委员会党史研究室编著《中国共产党西藏历史大事记（1949—2004）》（中共党史出版社 2005 年版）第 252 页记载，1968 年 6 月 7 日，拉萨警备区部队在进驻群众组织控制的大昭寺时，受到阻挠，发生冲突，造成伤亡。

第三十八回

躲飞石卢少琴逾墙
渡时艰常美惠行义

却说卢少琴跟排长交了差，出了医院大门，径直向百货公司走去。

此时人民路上的行人似乎突然多了起来，人人行色匆匆，好像什么事情要发生。卢少琴加快了脚步。

到了百货公司，售货员们正在关窗户，上门板。他们告诉卢少琴："看样子今天又要有武斗，我们商店关门了，不卖了。赶快回去吧！街上危险！"

卢少琴说："我就要一瓶牙膏。我这些日子很少出门，牙膏用完了，不得已才跑出来买。你就给我拿一瓶吧！"

售货员认识卢少琴，她接过卢少琴递给她的钱，走进去给卢少琴拿了一瓶牙膏，又给她找了零钱。

卢少琴接过牙膏塞进口袋，转身刚要往回走，突然看见两个大卡车停到了附近路口，车上装了满满两车解放军战士，他们没有携带任何武器，上身绿军装，下身蓝裤子。卢少琴一看，就知道他们是从当雄空军指挥部调来的空军部队。

有了部队，卢少琴胆壮了许多，谁还敢在部队眼皮底下搞武斗！

战士们下了车，迅速散开，每人间隔两米多，在自治区政府大院门口100多米处站成了两列横队，在自治区大院前筑起了一道人墙。每人将一本红宝书即《毛主席语录》贴在胸前，双眼平视，旁若无人，纹丝不动。

正在这个时候，就听到头顶上方有"嗖—嗖—"的破空之声。不知从什么地方飞来了若干个小石块儿，向自治区大院前面站的解放军打去。卢少琴一听，就知道这是藏族牧人用"乌朵"打的石头。"乌朵"讲得通俗一点就是中间连接着一小块布的一根绳子，将石块、土块放在布上，将绳子对折，同时握住绳子的两个端点抡动对折的绳子，布中包的石块被抡得越来越快，最后牧人松开绳子的一端，布中包的石头就被甩了出去，而绳子的另一头仍握在牧人手中。乌朵的绳子通常是用牦牛毛搓织成的，而中间的"布"也是牦牛毛织成，且绳子端点做成套环，抡动乌朵时可以套在手指上。有经验的牧人用乌朵将石块甩二三百米不成问题，而且想打哪只羊就打哪只羊。

有个别石块击中了解放军战士。只要是轻伤，战士就岿然不动。有的解放军被石块打中了头部，倒在了地上，马上就会有另外的战士替补上去，队形不乱，而倒下的战士被抬到卡车上。

卢少琴站在那里观看，她心疼解放军受伤，又钦佩解放军勇敢，在飞石面前队形不乱。突然一个不认识的中年男子走过来说："小卢，你怎么还站在这里？你看这石头乱飞，多危险！大家都在往安全地方跑。快走！往东去！"说完，一把拉住卢少琴就跑。

卢少琴回秦剧团正好是要往东去，于是便跟着跑了起来。她一看周围，大家果然都在往东跑，因为石头是从西面飞过来的。那人带着她跑了几步，松开了手，说道："你赶快找个安全的地方躲一躲吧！"说完自己走了。

卢少琴继续往前跑，看看来到财经大院。财经大院沿人民路的墙有100多米长，大部分表面抹得平平的，有的地方表皮脱落，砂石、泥土裸露。包括秦剧团在内，附近许多单位的大字报就贴在财经大院的墙上。墙有两米多高，卢少琴他们平时往这些墙上贴大字报还要带梯子。

这时，飞石已不止来自西面，而是来自四面八方，看来两派开始互相打飞石。一时间头顶上飞石如蝗，路上行人乱作一团，已有人中石倒下。更糟的是，远处传来了枪声。

要是不明不白挨上一颗石头或一粒子弹，那可真冤枉死了，到哪儿说理去？自己挨打受罪不说，"江海"的那帮家伙们又该取笑了。为人民利益而死，就比泰山还重，但要是让石块或子弹打死在这里，肯定当不成革命烈士，那就窝囊透了，死得比鸿毛还轻，太不值了！不行！必须躲一躲！

想到这里，卢少琴瞅准了财经大院一处砂土裸露的墙壁，"噌噌噌"一个助跑，向上一跃，手已搭上墙头，双脚在半墙上凹凸不平处略一借力，两手已将整个身体撑起在墙头上，接着将腿一扬，脚已踩上墙头，然后手脚一用力，整个身体已稳稳当当站立在墙头上。想不到小时候练的一点舞台基本功今日派上了大用场。

往下一望，财经大院内侧靠墙处不是平地，而是盖着一些低矮而破旧的矮墙，像猪圈里面无猪，像柴房里面无柴。卢少琴在墙头走了几步，选择了一处比较平坦的地方跳了下去，坐在墙根喘气。

有高墙遮挡，"乌朵"飞石是不会落到头上了。她听着外面奔逃人群的脚步声，庆幸自己暂时脱离了危险。她望着高墙，对自己刚才爆发的能量感到吃惊，这么高的墙，要在平时她还真不知道能不能翻过来。人在紧急情况下是会创造奇迹的。

又过了半个多小时，飞石停了。卢少琴开始琢磨自己下一步该干什么。财经大院也分两派，一派是"造总"，一派是"大联指"。万一这里的两派也卷入武斗，自己便有池鱼之忧。必须离开这里。去那里呢？

卢少琴决定去拉萨第二招待所，那里是"造总"总部，"自己人"占绝对优势，而且那里有她的好朋友常美惠。

财经大院空荡荡的，不知人都到哪儿去了。财经大院正门朝北，大门敞开着。卢少琴出了财经大院的大门，上了另一条路急速西行，这条路与人民路平行，这条路现在叫北京路，当时这条路仍是土路，虽可行车，但路面可能只有四五米宽，两个车会车都有点困难。站在路上，布达拉宫几乎就在正西，看得清清楚楚。

刚才往东跑，现在又回头向西走。到底是往东安全还是往西安全，她自己其实也没有把握，所谓"敌情"不明。唉！真不知何方是净土！

卢少琴正走着，突然"哒哒哒哒"一阵响，布达拉宫上飞来了一梭子弹，打到她面前两三步远的地面上，激起朵朵土花。

卢少琴愣了一下，心头燃起一股怒火，来了倔劲，自言自语道："狗日的，真打！今天就是死，也得前进！"她昂首挺胸，迎着子弹飞来的方向，继续向前疾行。

"哒哒哒哒"，布达拉宫上又飞来了一梭子弹。子弹这次是从她的头顶飞过，落到了她的身后。

卢少琴心想："今日别无选择，必须向前！"她迎着枪打过来的方向往前走。她知道，那些打枪的人这时一定在注视着她，这时他们要杀她易如反掌，说不定他们认识她，手下留情，才没有将子弹射向她。

躲在布达拉宫里面的枪手没有再向她打枪，卢少琴终于平安抵达第二招待所。

第二招待所门口无人把守，出入自由。进了院子，里面显得比往日冷清，房子多无人。这里她来过多次，比较熟悉。她来到一个平常写大字报的大屋，那里有笔有墨有纸。她走到桌前，拿过纸笔，开始漫无目的地闲写乱画，与其说是为了练字，倒不如说是为了放松自己紧绷的神经。这时大约是中午12点半。

刚写了几分钟，一发炮弹落到院子爆炸了，卢少琴手里的笔都给震落地下。后来又打了两三发炮弹，不是落在院中，就是落在院外的小树林中。看来打炮之人故意放过了房子不打，显然是怕伤人性命。造总的高音喇叭开始广播，说道："今天'大联指'勾结军区的一小撮败类向群众开枪、开炮，打死打伤了许多群众。"

枪声断断续续，一直没有停息，偶尔有炮弹飞来，落在二所院外的小树林中。

下午四点多，卢少琴确信街上已经比较安全，至少没有飞石，也听不到枪声了。于是便离开二所走回秦剧团大院。

她买的那瓶牙膏还在口袋里装着。这恐怕是世界上最珍贵的一瓶牙膏了，因为它几乎和她的生命等值。"文革"开始以来，拉萨的社会秩序一直不错，这两天是咋啦？一切都乱了套？早知道今天街上会这么乱，说什么她都不会出来买牙膏。

她想到了远在陕西的儿子、丈夫、父母，她真想长了翅膀飞到他们身边。

经历了一天的风险，秦剧团大院终于又在眼前。"到家了！"她长出了一口气。

然而，她却无法进入院子，因为大门被关得严严实实，里面上了栓。毫无疑问，这又是"江海"某些人搞的把戏。

卢少琴使劲敲门，里面没人应。

这时，她看见吴焕老师站在离大门不远的二层楼顶上，正看她敲门。

她喊道："吴老师，请给我开一下门！"

吴老师说："这门不是我锁的，我不敢给你开，我要给你开了门他们会整我的。"吴焕是范明入藏时所带的秦腔队成员之一，资历和李晓俊、马振华一样老，任秦剧团业务室主任，也算是秦剧团的当权派之一，但因其业务上不能孚众、爱教训人、举止轻浮等原因，人缘欠佳，秦剧团两派都曾批斗过他，这些日子如惊弓之鸟，丝毫不敢乱说乱动。

卢少琴说："我是秦剧团的人，又不是外人，你给我开门，谁也不敢把你怎么样。谁有意见让他来找我！"

吴老师说："你等着，我去叫他们给你开门。"

吴老师从卢少琴的视野中消失了。卢少琴等在门口，眼巴巴地从大门空隙中望着院内。20分钟过去了，吴老师不见踪影，也没人来开门。

等着等着，卢少琴来了气："这是我的家，你们'江海'关了门不让我回家，想看我的笑话，休想！"想到这里，卢少琴来到大门旁边的一个窗户边。窗户离地约1.5米，窗格约一尺见方。卢少琴举起手来，只一掌，右下角一格窗户的玻璃已被震碎。

这是一个舞美队用来做库房的小房子，四周立着一些道具，正中间的地面上放着练功软垫。她去掉窗户周围的碎玻璃，双臂对准窗口向前伸直，一躬身，双脚一蹬地面，像一只灵猫，八面不沾窗格的边，整个身体嗖的一声从窗口蹿入，轻轻落在室内的练功软垫之上，然后打开房门，来到院内，回到自己的房间。

舞美队的孙升仁默默地拿了一块木板，将卢少琴打掉了玻璃的那个窗格钉严实了。当时那么个状况，有这等举动，简直就是活雷锋。

进了院子，卢少琴发现秦剧团大院中的气氛变了，"江海"的人趾高气扬，就像打了胜仗一样，似乎整个秦剧团大院已经是他们的天下。听他们的口气，好像"大联指"胜利在握，"造总"很快就要完蛋。"烈火"已经有好几个人躲到外面的亲戚朋友处去住了。

这天晚上，卢少琴思前想后。看样子"江海"的有些人要欺负"烈火"的人，自己脾气不好，别人能忍受，她可不能忍受。难道天天进出大门都去求他们？那还不把人累死、气死！她作出了一个决定：暂时搬到第二招待所去住，秦剧团的事眼不见，心不烦。

第二天吃过早饭，卢少琴带上牙膏牙刷、钱、粮票，将所有的单衣、夹衣、毛衣一件套一件，全部穿到身上。那时一个人所拥有的衣服最多不过五六套，卢少琴体形苗条，套了若干层衣服，外面穿上风衣，竟也不显得特别臃肿。锁了房门之后，为了防止有人撬门进她的房间，她在门口挂上了一颗教练弹（看着像手榴弹，但无引信炸药，不会爆炸），然后离开了房间。豫剧团曾经发生过有人走后房子被撬开，坏人在锁着的皮箱上开了两枪，里面的衣服全穿了洞，不能穿了。所以卢少琴在房门上挂教练弹并非多此一举。

卢少琴胳膊上挎了一个包，包里装着牙膏、牙刷、梳子、擦脸油等，最上面却放了一大卷毛线，手里拿了一件正在织的毛衣，边走边打毛衣，来到院中间，停步面向宿舍楼喊道："谁愿跟我到街上去散心，我先走了，要去的快来！"

卢少琴明知这几天外面乱，谁也没有心思上街散心。这只不过是她打的一个烟雾弹。临走她只跟孙忠孝和王根孝悄悄打了个招呼。她不愿让其他人知道她此刻是在搬家，以免有人跟踪。

来到二所，她找到了好朋友常美惠。常美惠和丈夫王承珍热情真诚地接待了她，为她在他们居室隔壁找了一间房子让她住，给她找了一套被褥，并要她同他们一个锅里吃饭。卢少琴和这对夫妇切切实实成了一家人。

常美惠是她的戏迷，陕西人，百货公司的售货员，现在商店关门，整天在家。王承珍是山西人，二所后勤科科长。一日三餐，都是王承珍任大厨，天天如此。卢少琴一来不大会做饭，二来常美惠不让她下厨，所以卢少琴最多只是帮忙择菜剥葱。

二所后院有一大片菜地，种着白菜、萝卜、菠菜、油菜、青葱、蒜苗之类。每隔几天，常美惠和卢少琴要到菜园去拔一次菜，一般是晚上去。拉萨武斗之后，每个人出门都心有余悸，她们去菜园，头上要顶上篮子，以防有人藏在阴暗角落扔石头。

除常美惠夫妇外，卢少琴在二所还有其他几个朋友，有的是她的戏迷，有的是造总的战友。卢少琴平日看书，打毛衣，和朋友说话、打扑克，足不出二所，倒也清闲自在。秦剧团近在咫尺，那边的人却不知道她在这里。

她这个"团长"失踪了，"革命烈火造反团"怎样了呢？"革命烈火"，名称响亮，其实只是为了结寨以自保，本来就很松散，走了一个她也无所谓。也可以说"烈火"在拉萨武斗和"江海"的冲击下已经溃不成军。

这时，拉萨的"文革"局势正在发生转折，起因便是"六七"大昭寺事件。

大昭寺事件之前，"大联指"日益得势，而"造总"日益失势。之所以如此，乃是客观大局所定，非"造总"或"大联指"的人力所能左右。所谓客观大局，主要有两条：

其一，"文革"整的是当权派，西藏最大的当权派是张国华，他是西藏军区司令员兼自治区党委书记，被造反派称为"西藏的土皇帝"。"文革"开始后，毛主席、周总理和中央对张国华早有定论：张国华基本上是个好同志。既然是好同志，就不可能是走资派，造反派就没法整。自治区有关部门将"专打土皇帝造反团"定为反动组织，也得到中央"文革"领导小组的默认。既然西藏最大的当权派没法整，则"造总"的命运可知。

其二，西藏情况特殊。趁着中国"文革"之乱，印度接连在中印边界寻衅，境外的达赖集团非常活跃，而境内的叛乱势力有死灰复燃之势。但是，西藏不能乱，西藏的"文革"必须有度。"造总"要造军区的反，主观上是听毛主席的话干革命，而客观上却是在帮助印度，帮助达赖，帮助叛乱势力；当然，这不是"造总"的错，而是整个"文化大革命"的错，整个"文革"都是在帮助中国的敌人。对于毛泽东和党中央，整走资派固然重要，维护中国在西藏的主权则更重要。

大昭寺事件发生后，"造总"到中央告状，结果官司打赢了。中央再次确认"造总"也是革命群众组织。"造总"因此获得了与西藏高层直接对话的权利，参加了西藏革委会的筹建工作。

大昭寺事件后，军区花大气力制止武斗，贴出布告，命令各个群众组织交出枪支弹药，拉萨的治安情况大为好转。

"大联指""造总"派往北京的代表每天都和拉萨联系，在中央对大昭寺事件的处理意见还没有正式传达之前，中央的态度大家都已有风闻。"大联指"气势大减，"造总"重振旗鼓。

20多天后，鉴于形势好转，卢少琴离开二所，回到了秦剧团。

秦剧团院门大开，墙上的电网已大部拆除，"江海"已收敛许多。和6月7日回家被拒之门外不同，这一次卢少琴畅通无阻地进入了秦剧团大院。

不久，拉萨召开了有各派群众组织和部分部队参加的群众大会，传达了中央的精神。军区政治部副主任宋开元到会，他代表军区承认在大昭寺事件中军区有错误，表示一定要遵照中央指示，彻底查清大昭寺事件，惩办杀人凶手。

他强调"大联指"和"造总"都是革命群众组织，军区保证一碗水端平，决不能支一派、压一派。军区号召各革命群众组织响应毛主席的伟大号召，抓革命、促生产，尽快实现革命大联合。

1968 年 11 月某日，拉萨召开群众大会，传达毛主席对大昭寺事件的批示。军区领导对毛主席的批示一字不漏地作了传达。毛主席说："军队领导不祖护部队所作坏事，替受害人民伸冤，这种态度，是国家兴旺的表现。"① 听完传达，卢少琴和许许多多参加大会的人们从内心发出感叹：毛主席伟大！党中央英明！

广场上，"毛主席万岁！"的呼声响彻云霄。

大昭寺事件涉案人员受到了不同程度的惩处。事件中丧生的 11 人，加上后来死在大街上的一人共 12 人，被追认为烈士，埋葬在拉萨烈士陵园。

---

① 据中共中央文献研究室编《毛泽东年谱（1949—1976）》（中央文献出版社 2013 年版）第六卷第 216 页记载，1968 年 11 月 14 日，毛泽东在阅中共中央军委办事组 11 月 13 日转报的一份情况简报上作出上述批示。该简报反映了解放军某部五连收缴地方造反派武器，遭遇抵抗，开枪打死、打伤群众的严重政治事件和部队领导机关认真查证、处理的情况。

第三十九回

林芝地艺人入干校
八一镇明星值水炉

　　1968 年 9 月 5 日，西藏自治区革命委员会终于成立了！曾雍雅任主任，任荣、陈明义、阿沛·阿旺晋美等任副主任。张国华已调任成都军区政委兼四川省革命委员会主任。"文革"是整走资派的，当权派中总得打倒一些人，才算是有成果，才能有个交代。西藏的"文革"，当权派中整倒了自治区代理书记周仁山、军区副政委王其梅，二人被说成是中国的赫鲁晓夫在西藏的代理人，妄图复辟封建农奴制度和资本主义。当然，若干年后二人又先后被平反昭雪，早先倒了的范明、慕生忠也获得平反，这是后话。

　　西藏、新疆两个自治区的革委会同一日成立。全国除台湾省外的 29 个省、市、自治区中，这两个革委会是最后成立的。这一天是中国无产阶级"文化大革命"的一个里程碑——"全国山河一片红"！以前许多省、市、区的领导权在"走资派"手里，走资派掌权之处自然不能算红色。现在"好了"，所有的省、市、区全都成立了革命委员会，政权全部掌握在革命者手中，所以叫"一片红"。

　　9 月 7 日，《人民日报》和《解放军报》在题为《无产阶级"文化大革命"的全面胜利万岁！》的社论中说道："全国山河一片红，这极其壮丽的一幕，是夺取'文化大革命'全面胜利进程中的重大事件，它标志着整个运动已在全国范围内进入了斗批改的阶段。""全国军民实现了毛主席发出的'无产阶级革命派联合起来，向党内一小撮走资本主义道路的当权派夺权'的伟大号召，在全国范围内赢得了无产阶级'文化大革命'的决定性胜利。"同日，北京举行了数十万人的庆祝大会。

2009 年 10 月 31 日，在香港布约翰邮票拍卖会上，一枚面值仅 8 分钱人民币的"全国山河一片红"的邮票以 368 万港元成交，创造了单枚中国邮票拍卖成交价的世界纪录。

7 月初，卢少琴回到秦剧团，说什么都不愿意继续担任"革命烈火造反团"的团长了。为什么？一是她看到中央号召各派大联合，群众组织已不合时宜。二是她想回家探亲，当了团长不容易脱身。三是"烈火"内部有小人耍花招，她嫌烦。四是十一师领导曾找她谈话，要秦剧团多排戏、演戏。王杰民等尽力挽留，但卢少琴去意已决。大家公推刘长龙接任团长。

8 月的一个风和日丽的上午，西藏秦剧团的全体成员整队来到西藏自治区交际处门口的广场上，秦剧团的两派将在这一天实现革命大联合。"江海""烈火"分别整队，同时出发。十一师政委张鹤田亲自到场主持。拉萨许多文艺单位都派代表前来祝贺。

阳光下，两派人马面对面列队，大家齐听张政委号令，互相敬礼，然后走上前去互相握手。从这一刻起，世界上只有西藏秦剧团，而没有"革命烈火造反团"和"江海革命造反团"了。十一师向秦剧团每个人赠送了一枚毛主席像章和"为人民服务"徽章，说是专门为纪念秦剧团实现革命大联合而定作的。

实现大联合后，秦剧团成立了大联合委员会，王根孝、卢少琴、孙忠孝、王杰民、刘长龙、魏新民、薛伟民等被选为委员，其职能是在过渡期处理两派遗留问题，协助管理秦剧团。李晓俊仍未明确宣布"解放"，秦剧团的事由代理书记王根孝及总支委员张茂林、张耘等共同主持。剧团恢复训练、排戏，食堂恢复一日三餐。

"烈火"曾排演过《沙家浜》部分选场，两派联合后排了全本《沙家浜》。《智取威虎山》也重新排过。碗碗腔《江姐》也重新上演。1969 年元旦、春节及其以后数月，秦剧团又开始偶尔出现在拉萨和附近各大单位的舞台上。

转眼到了 1969 年 10 月，自治区革委会有关部门安排秦剧团全体人员到林芝地区八一镇"五七"干校学习。

"五七"干校中的"五七"二字是指毛泽东的"五七指示"，1966 年 5 月 7 日，毛泽东看了解放军总后勤部《关于进一步搞好部队农副业生产的报告》后给林彪写了一封信，后被称为"五七指示"。信中说："军队应该是一个大学校，……学政治，学军事，学文化。又能从事农副业生产。又能办一些中小工厂，……又能从事群众工作，……使军民永远打成一片。又要随时参加批判资产阶级的文化革命斗争。……工人也是这样，以工为主，也要兼学军事、政治、文化，……也要参加批判资产阶级。……农民以农为主，……也要兼学军事、政治、文化，……也要批判资产阶级。学生也是这样，以学为主，兼学别样，即不但学文，也要学工、学农、学军，也要批判资产阶级。"

当时有一首歌，叫作《解放军是个革命大学校》，体现了"五七指示"精神和毛主席在"文革"时期的治军思想：

> 解放军是个革命大学校，毛泽东思想红旗举得高，
> 战斗队，嗨，工作队，生产队，敢把重担肩上挑，
> 学政治，学军事，学文化，文武双全干劲儿高，
> 军学、军农、军工、军民，军队人民打成一片，
> 积极参加无产阶级"文化大革命"，兴无灭资，革命红旗漫天飘！

"五七指示"的精髓是"兼学别样"和"批判资产阶级"。所谓"五七"干校，就是贯彻毛泽东"五七指示"，在农村选择一个场所，将党政机关干部、科技人员和大专院校教师等集中起来，"兼学别样"，即学工学农又学军，一面进行生产劳动，一面学习马列主义、毛泽东思想，批判资产阶级包括揭发批判有政治问题的学员。

林芝有西藏江南之美誉。八一镇乃解放军入藏后所建，位于雅鲁藏布江支流尼洋河畔，距林芝县城十来公里，距拉萨 420 公里，海拔仅 2900 米，是西藏的一个盆地，夏无酷暑，冬无严寒，风景优美，气候宜人，川藏公路穿城而过，交通便利。"五七"干校设在这里，深得地利。

现今的八一镇人口近四万，是林芝地区最大的城市，地区行署所在地和政治经济中心。而在 1969 年，它基本上还只是一个规模较大的兵站和物资转运站，主要建筑包括几个军营，一个物资转运站，一个邮局，一个粮油门市部，一个百货商店，一所医院，一所学校，总人口估计有一两千。在当时的西藏，1000 多人的镇子绝对是大镇子。举目四望，四周山冈上尽是无边无际、郁郁葱葱的树林。目光所及，见不到本地的藏族居民。

八一镇的"五七"干校又叫"毛泽东思想学习班"。既然是"五七"干校，

那么军训和参加劳动就必不可少，因为干部需要学工、学农、学军；而作为毛泽东思想学习班，它又担负着另一项任务，即搞"斗、批、改"。"斗、批、改"是斗争、批判、改革的简称，内容包括大批判、清理阶级队伍、整党、精简机构、改革不合理的规章制度等几个环节。

"文革"期间，各单位都分两派，虽然实现了大联合，但两派之间依然貌合神离，钩心斗角，摩擦不断。自治区的意图，除了紧跟全国形势办"五七"干校、搞斗批改外，还想通过学习、批判、清理等手段对这些单位进行整顿，以消除派性，弄清发生在"文革"动乱期间的有些案子。学习班有欢歌笑语、轻松愉快、真诚友情，也真的弄清了某些打砸抢事件的真相，斗争了个别打砸抢分子，但在"以阶级斗争为纲"指导思想下，学习班也有暗检举、明揭发、泄私愤、图报复等现象，制造了一些冤假错案。

秦剧团同藏剧团、歌舞团一起，被编进自治区"五七"干校八一片的十三连。第一任连长姓胡（后调走），第二位连长姓倪，指导员冯玉海。连长和指导员各有一个兼着警卫、秘书、勤务诸多职责的通讯员，他们都是现役军人，四位日常佩戴领章、帽徽和枪械。他们亲赴拉萨将秦剧团接到了林芝。

这位冯指导员是个大学生，营级干部，级别高于胡连长，英气勃勃，要水平有水平，要能力有能力，更兼一米八的个头，一表人才，是十三连的最高统帅。此后一年多时间里，卢少琴觉得这位冯指导似乎在有意无意地保护她，使秦剧团内部个别想整她的人无法得手。胡连长、冯指导员以及营长都是东北人，似乎这里驻扎的是一支东北军。

开会、学习等一般的活动以排为单位。该连有四个排，秦剧团人较多，分两个排，即二排和四排。藏剧团、歌舞团各成一排。全连共有180人左右。卢少琴被分到二排，排长张耘，副排长孙忠孝。秦剧团的另一个排即四排的正副排长是张茂林、高林。高林和卢少琴、张建国一样，是1956年从戏曲研究院调到西藏秦剧团的，艺术功底扎实，跟头翻得很漂亮，脾气略显急躁，但为人好，办事认真，曾作为马振华的副手组建西藏秦剧二团。

十三连住在一座二层楼房里，这栋房子原来可能是部队的营房。楼房是砖混结构。旁边建有一个能够容纳二三百人的食堂，水泥地面，内有长桌、条凳，都是用当地木材自制的，没有上油漆。炊事班以秦剧团的炊事班为主体，藏剧团、歌舞团的厨师为辅。另有数间房子是食堂的库房。楼房附近是一大片平地，可能有数百亩，那是干校的操场。厕所是用帆布搭建的，和砖混结构的永久性的营房显得有些不相称。

卢少琴、胡新华、杨玉玲、张樱桃四人被安排住同一房间，卢、杨是二排的，胡、张是四排的。房间中除了床，就是"家徒四壁"，没有什么其他家具。好在山上有的是木材，秦剧团舞美队有的是能工巧匠，没过多久，许多人便有了马扎、小板凳、简易桌子之类。李仁友、刘长龙知道卢少琴喜欢读书写字，到达后没过几天就为卢少琴制作了桌凳。山上有青杠木，是做擀面杖的上好材料。没过多久，几乎所有的干校学员都给自家弄了擀面杖，有的还弄了好几个。

十三连的学员都是自治区政府的机关干部。距十三连半里之遥另有一所"五七"干校，学员都是拉萨市政府的机关干部。八一镇就这两个"五七"干校连队。既然叫十三连，想必有一至十二连，但其他连队在什么地方就不清楚了。

有一位师长名孙孝忠，是八一镇各干校的最高领导。

干校生活基本上是军营生活。开头两周有军训，主要是队列训练。早上以连为单位出操，跑步 40 分钟，然后洗漱、吃早饭。吃完早饭后，一部分人上山砍柴、采药、采蘑菇，其余的人各自练习业务，演员练基本功，乐队的人弄乐器。下午一般开会学习。

当时，城市和乡村的重大区别之一是城市有电灯，乡村没有。八一镇附近有一个八一电厂。八一镇有电灯，是名副其实的城镇。做饭、烧水的炉子有电动鼓风机，但没有天然气、煤等化石燃料，而直接用附近山上的木材做燃料。于是，上山砍柴便成了一项永久性的任务，学员们要分组轮流上山砍柴。

"留得青山在，不愁没柴烧"。八一镇附近的山上全是原始森林，烧柴资源在当时的干校学员看来是取之不尽用之不竭。部队注意爱护森林资源，去砍柴时不能乱砍滥伐，而是挑选一些干枯了的和东倒西歪的树来砍伐。

内地的"五七"干校的劳动常常以开荒种地、从事农牧业生产为主要形式。林芝地区的自然条件适合农作物生长，要开荒也有的是地。但十三连不种粮食和蔬菜，也不养鸡鸭牛羊，学员劳动除上山砍柴外，再就是上山采蘑菇、采药。附近山上的中草药和蘑菇资源非常丰富，有蓖麻、三七、虫草、黄芪、红景天、贝母、党参、银耳、木耳、松茸、猴头、茯苓、灵芝等。干校不知从什么地方弄来了国家出版的中药材的标准彩图，上山时每个小组带一份，这种彩图经过塑胶处理，不怕折压和风吹雨淋。砍的柴火是自己用，采集的蘑菇有一部分是自己用，采来的药材晒干后，去向不知，估计是捐赠给国家有关部门了。

除了劳动，再就是学习、讨论、批判。学习内容为毛主席著作、毛主席语录、毛主席最新指示、辩证唯物论和唯物辩证法、党内两条路线斗争史、中央文件、"两报一刊"社论，等等。学完了要讨论，谈心得体会，以之为武器，批判刘少奇，批判资产阶级。毛主席的《为人民服务》《纪念白求恩》《愚公移山》称之为"老三篇"，加上《关于纠正党内的错误思想》和《反对自由主义》，合称"老五篇"，另外还有毛主席的五篇哲学著作，即《实践论》《矛盾论》《关于正确处理人民内部矛盾的问题》《在中国共产党全国宣传工作会议上的讲话》《人的正确思想是从哪里来的?》以及《中国社会各阶级的分析》《论人民民主专政》《在延安文艺座谈会上的讲话》等名篇，都曾经反复学习过。毛主席诗词是毛泽东思想的重要组成部分，有时也会学习。此外，还常常学习英雄人物的英雄事迹，雷锋、王杰、门合、焦裕禄、欧阳海、向秀丽、蔡永祥、金训华、"珍宝岛战斗英雄"孙玉国，便是这些英雄人物中的特出者。

毛主席的许多语录，干校每个学员都是耳熟能详，平时讲话、写文章甚至日常生活中都经常引用，成为当时的一种时尚。这里选录三段当时流行的毛主席语录：

> 要做好先生，首先要做好学生。许多东西单从书本上学是不成的，要向生产者学习，向工人学习，向贫农下中农学习，在学校则要向学生学习，向自己教育的对象学习。

> 凡是错误的思想，凡是毒草，凡是牛鬼蛇神，都应该进行批判，决不能让他们自由泛滥。

> 我们的文学艺术，都是为人民大众的，首先是为工农兵的，为工农兵而创作，为工农兵所利用的。

林芝地区11月至来年2月是旱季，几乎不见雨雪，月平均降雨量不足十毫米，是森林火灾的多发季。1970年2月，八一镇附近的尼西山上发生了一场特大的森林火灾，"五七"干校的大半个天空被浓烟笼罩。八一镇所有单位的所有的人都动员起来，全力以赴扑灭森林大火，保护国家财产。

扑灭森林大火，"五七"干校的干部和学员义不容辞。"党和人民考验我们的时候到了！""要以实际行动向王杰、门合、向秀丽等英雄人物学习！"大家士气高涨。冯指导员、胡连长命令所有的男生上山灭火，女生留在营地做饭帮厨，送茶送水，支援前方。许多女生不服气，要求像男生一样上山灭火，遭到冯指导员的批评："在营地服务也是革命工作，上山和留在营地只是革命的分工不同。服从命令！"

几天过去，大火不但没有被扑灭，反而越烧越大。西藏革委会和西藏军区急调大批党政干部和部队赶赴林芝帮忙灭火。十三连的食堂不但要为本连队的人做饭烧水，而且要为从外地前来灭火的人员服务。

有一天晚上 10 点左右，卢少琴等十几个女生正在伙房帮忙拣菜、洗菜、剥葱、剥蒜。突然"哗啦"一声，食堂的大门被推开了，从外面进来四五只动物，比羊稍大，灰色的毛，细细的腿，尖尖的耳朵。这些动物进来后，看见卢少琴她们，在离她们五六米远的地方停了下来，用乞怜的目光看着她们，似乎在盼望得到她们的保护。

卢少琴她们以为是野羊野鹿一类的动物，正想拿手中的蔬菜饲喂它们，只见胡连长提着手枪从门外冲了进来，绕过这些动物，站在女生前面，将枪口对准了这几只动物，口里喊道："大家小心！这是狼！"卢少琴她们这才紧张了，各自顺手捡起了菜刀、木柴之类的东西准备自卫，大家齐声喊"打狼！打狼！"几只狼见状，掉转头，顺原路跑了出去，消失在茫茫夜色中。

森林大火，林中的野兽仓皇逃命，这些狼情急之下居然闯入十三连的伙房。

有一天，山上传下来消息，自治区团委书记小孙在灭火战斗中壮烈牺牲！下午，山上抬下来了小孙的遗体。卢少琴等见到了小孙的遗体，人已经被烧得面目全非，通身焦黑，就像是一段烧焦了的木头。见到这种惨状，许多人失声痛哭，而哭得最伤心的人中就有西藏歌舞团的才旦卓玛。

在这次旷日持久的灭火战斗中，牺牲了好几位部队战士和地方干部。但只有小孙的死最让卢少琴难过，因为她认识小孙。卢少琴是秦剧团的共青团小组长，因为工作关系，小孙以前曾到过秦剧团，同卢少琴等人有过面对面的交流。小孙那么年轻，那么能干，就这么牺牲了，叫人怎能不难过！

对于这些灭火英雄的事迹，《西藏日报》《人民日报》都有报道，自治区革委会、西藏军区发了文件，号召大家向这些灭火英雄学习。八一镇"五七"干校地处灭火前线，英雄事迹就发生在他们身边，更需要学习。

学员中有人私下说："小孙怎么那么傻，不知道保护自己。"话传到冯指导员耳朵里，指导员把全连集合起来讲话，严肃地批判了这种论调："……这些革命英雄明知山有虎，偏向虎山行；明知火烧人，偏向火海冲，怎么能说他们傻?! 难道董存瑞舍身炸碉堡是傻!? 难道黄继光用身体堵住敌人的枪眼是傻!? 正是因为有无数革命先烈为了革命事业和人民的利益，舍生忘死，才换来了我们今天的幸福生活。正是因为有小孙这样的英雄奋不顾身的奋战，我们才取得了扑灭森林大火的胜利。说小孙傻的同志，是心中的'私'字在作怪，一事当先，先替自己打算，和张思德、白求恩、雷锋、王杰、门合等英雄人物相比，和在这次扑灭森林大火中牺牲的英雄们相比，难道不觉得羞耻吗!? 伟大领袖毛主席教导我们：'要斗私批修。'这些同志应该认真学习毛主席的教导，开展自我批评，狠斗私字一闪念，从灵魂深处检查自己，找出自己和英雄人物的思想差距，提高思想觉悟。其他同志在批评帮助这些同志的同时，也要从这些同志的错误中吸取教训……"

1970 年 5 月的一天，连部办公室外面的值日板上写上了两个人的名字：卢少琴、才旦卓玛。这就是说，明日轮到她俩给大家烧开水了。十三连近 200 号人，要喝开水，要洗脸、洗衣服，有的可能还要擦澡，专门有一个大锅为大家烧开水。没有专门的热水炉，将开水和凉水掺兑，即是热水。炊事班只管做饭，而开水炉则由全连的学员轮流值日。

才旦卓玛是农奴的女儿，家乡是日喀则。1964 年，才旦卓玛在大型音乐舞蹈史诗《东方红》中演唱了《毛主席的光辉》，红遍全国。这首歌，连同她演唱的《翻身农奴把歌唱》《唱支山歌给党听》《北京的金山上》等歌曲一起，都属于当时全国最为流行的歌曲。当时的才旦卓玛已是名满天下的大明星。

早上 6 点，其他人尚未起床，值日的人就得将水烧开，因为人们一起床就得洗漱、喝水。值日者先要将大锅擦洗干净，然后用水桶从外面的井里挑水，大锅里能容纳五六桶水。锅里的水添满后，盖上锅盖，开始烧水。木制的锅盖又厚又重，怕有二十几斤。要将一大锅水烧开，需要三四十分钟。水炉前有个牌子，一面写着"未开"，一面写着"开水"。水烧开后，将牌子翻到写着"开水"的一面，揭开锅盖，任由人们取水。用水者用木瓢从锅里舀出开水，灌进暖水瓶中或倒入洗脸盆中。一般是早上烧一锅，中午烧一锅，下午到晚上要烧两三锅。除挑水、烧火外，还要劈柴。水按时烧开了，柴劈好了，剩下的时间自由支配。

值日者最需要操心的是凌晨的一锅开水。干校学员中学雷锋、做好事不留名的人有的是。卢少琴和才旦5点起床，来到锅炉旁，发现有人已在头天晚上就将锅里水添满，盖上锅盖，上面压了柴墩，那是表示"已至深夜，停止取水"，然后在炉膛下面加了足够的柴，又设法控制燃烧速度，等二人到达时，锅里的水即将烧开，而炉膛中的火只要一开电动鼓风机，火苗马上就起来了。估计是某个男生帮她们干的，但不知道是谁。

水井距离锅炉有百米远近，电动抽水，无须转动辘轳从井下打水。水桶大于一般家庭用的水桶，卢少琴挑不起这一担水，需要和才旦两个人抬水。卢少琴练过功，自认为劲力不小。但干活的劲不同于练功的劲，才旦自小干活，干起活来似乎比卢少琴还要劲大一些。两个人抬水，才旦总是将扁担上水桶的位置移到靠近自己一边。

两个美女，一对明星，袅袅婷婷，抬水前进，肯定是一段很优美的动画，可惜没人录下。

才旦比卢少琴大几岁，两人原来就认识，来到干校后，吃饭、开会、出操、劳动，时常碰面，互相打招呼，但这样携手并肩共同完成一项任务还是第一次。两人都是干活不知惜力、把方便让给别人之人，配合很默契。两人一边干活，一边还哼些曲调，活干完了就坐下来聊天……

第四十回

觅画人归来梦雪域
秦腔调飞去娱美都

　　转眼之间，秦剧团来到干校将满一年。9 月的一天，轮到卢少琴和一些同志进山挖药材，一去就是两天。等卢少琴回来，等待她的是一个惊喜：她被评为五好学员！

　　20 世纪 60 年代，林彪担任国防部长，强调政治挂帅、思想领先，人民解放军全军开展了轰轰烈烈的创造"四好"连队、争当"五好"战士的活动。"四好"是对集体而言，包括政治思想好、军事训练好、三八作风好、生活保障好；"五好"是对个人而言，包括政治思想好、军事技术好、三八作风好、完成任务好、锻炼身体好。四好、五好中的"三八作风"是指毛主席在 1939 年前后就中共在延安举办的"中国人民抗日军政大学"所说过的三句话和八个字。三句话是"坚定正确的政治方向，艰苦朴素的工作作风，灵活机动的战略战术"，它是抗大的教育方针。八个字是"团结，紧张，严肃，活泼"，它是抗大的校训。1960 年，林彪将这三句话和八个字联在一起，叫作"三八作风"，用来概括人民解放军全部优良作风。有人指出这种提法不科学，因为"三八"的内容并非全属"作风"范畴，但这种提法还是得以流行。"文革"时期有一首流行歌曲，就叫作《三八作风歌》。

　　毛主席号召"全国学人民解放军"，创四好、争五好的活动被推广到全国，尤其是学校，"五七"干校也不例外。四好连队、五好战士一般每年评一次，评选过程颇民主。被评为五好战士，除了会得到表彰、奖励和奖状之外，这个荣誉还会被存入个人档案，与入党、提拔、提工资挂钩。要当上五好战士，并非易事。

　　对卢少琴而言，被评为五好学员还有另一重意义：她终于知道党和群众是相信她的、肯定她的。过去她还担心有人背后整她，现在她完全没有这种担心了，没有了任何思想包袱，心情真舒畅。

1970 年 10 月的一天，卢少琴突然得知丈夫雷根善来西藏探亲，人已到拉萨。领导批准卢少琴到拉萨与丈夫团聚。拉萨大昭寺后面的索康大院仍属于秦剧团，白贵平把他房子的钥匙交给了卢少琴，因为他在秦剧团有家，房子较大。秦剧团的炊事班到林芝了，留守拉萨的人要自己做饭。十一师后勤部的人听说小卢的丈夫来探亲，派人送来蔬菜、面粉。十一师副政委耿孝纯专门派手下大将马骥（团级）送来一个高压锅；马骥亦是卢少琴的熟人。

过去的一年多，雷根善也去了"五七"干校，任连指导员，与《保卫延安》的作者杜鹏程成了同学，干校地点在陕西延安城东南 50 公里左右、因郭兰英的一曲《南泥湾》而名闻天下的南泥湾。雷根善刚刚从干校结业，被分配到陕北榆林地区工作，要出差到新疆调查案件，出差前请假到西藏探亲。

卢少琴 1967 年 2 月抛下五个月大的儿子，与丈夫分别，返回西藏，时间已过去三年零八个月。按照驻藏人员三年一次探亲的规定，卢少琴早该回陕西探亲了。现在雷根善来西藏探亲，干校给她放假让她回拉萨团圆，合情合理。

小两口见面，悄悄地、秘密地商量了一件大事：将卢少琴调回陕西，一劳永逸地结束两地分居的状况。这一动议由雷根善提出。这一次夫唱妇随，卢少琴完全赞同。

离开干校到拉萨来与丈夫团聚时，卢少琴根本并没想到要调回陕西这件事，此前雷根善从来没有向她提起过。这么大的事，两人事先在信中商量好了，让卢少琴有所准备，岂不更好？却为何要等到两人见面之后才突然提出？因为以前曾发生卢少琴的私人信件被人拆开偷阅，"一朝被蛇咬，十年怕井绳"，"文革"两派，影响犹存，几乎各个要害部门都有"大联指"的人，雷根善担心若将此事写在信中，万一被秦剧团原"江海革命造反团"的人看到，到有关部门"关照"一下，就会坏事。所以雷根善没有敢在信中讲这件事。

1964 年，秦剧团在西安学戏，卢少琴与雷根善结婚，当时雷根善就曾为将卢少琴调回陕西动过心思，而陕西省戏曲研究院的一些领导看到卢少琴作为一个优秀演员的潜力，曾想将她留在戏曲研究院。那时，卢少琴要留在西安易如反掌。但是，她留恋西藏秦剧团，毅然决然地选择回到西藏，甘愿忍受两地分居的煎熬。这一次，卢少琴为什么突然成了丈夫的"同谋"，两人共同策划

一九七0年秋

1970年秋卢少琴调离西藏前夕摄于拉萨布达拉官前。雷根善探亲到达拉萨，当时秦剧团全体人员正在林芝八一镇"五七"干校学习，领导特许卢少琴到拉萨与丈夫团聚。照片中的另一位女士是秦剧团演员队队长高林的爱人、秦剧团乐队的扬琴手杨玉铃，当时请假回到拉萨做阑尾手术。摄影师是张耘，他刚从西安音乐学院进修回来，尚未归队，也在拉萨。正是在这个时候，卢少琴和雷根善秘密策划并实施了将卢少琴调回内地的大计。

调动大计呢？

随着年龄的增大，革命热情减退，理性增强；做了母亲，家庭在心中的分量大大加重；经历"文革"，厌倦了剧团内部的人事争斗；等等，都与卢少琴愿意调回陕西有关，但这些都不是决定因素。最主要的原因是她久已不能登台演戏了。

卢少琴当年甘愿抛下丈夫和儿子回到西藏，主要的是为了演戏。她在西藏秦剧团能演二三十部重头戏。她在西藏已经打开了局面，西藏有她众多的戏迷。但是现在，她早先学过的戏多数是帝王将相才子佳人，已不能再演，而到了"五七"干校，成天劳动、学习、批判，就连表现工农兵的新戏也不能演。既然不能演戏，待在西藏还有什么价值！

调动工作的公开理由：父母公婆年老多病，儿子幼小，需要回去照顾。

那年月，任何工作调动都很困难，何况这是从西藏调工作到内地，谈何容易！但卢少琴这次的工作调动过程却异常顺利。为什么？主要是卢少琴的名人效应发挥了作用，西藏军区和各有关部门头头脑脑的人物几乎都认识卢少琴。

卢少琴首先找到了十一师的耿副政委，说自己希望调到内地，耿一口答应，说道："你来西藏已经 15 年了，该回去了。"耿副政委当时是自治区的军管会主任，秦剧团亦属他管辖。耿政委不仅同意卢少琴调动，而且指点卢少琴如何办理调动，该找哪些人，等等。军区副司令员陈明义给军区政治部组织部赵部长写了个"请酌情办理"的条子。

自从 1964 年秦剧团由日喀则搬到拉萨，卢少琴就搞不清楚秦剧团的钱粮到底由哪个单位供给，直到现在她才弄明白：自 1962 年在日喀则"入伍"加入十一师，她一直是军人，工资由军区发，组织关系在军区政治部。

带了陈副司令员的条子，卢少琴去找政治部组织部，赵崇山部长当场签字："同意调动。"有了盖着组织部大印的公文，调动的事就算成了，剩下的事都只是手续问题。

卢少琴悄悄回到八一镇来办理粮户关系、党团组织关系。她直接找到干校总校长孙孝忠师长。孙师长关照有关部门，给卢少琴办理了调动手续。

一切手续办妥之后，卢少琴才在十三连现身。她对冯指导员说："几周前离开八一镇时我也没有想到要调工作。到拉萨和小雷见面后，小雷说了他的父母和我的父母的身体状况，我儿子也无人照看，希望我调回陕西。事先没有向

摄于1970年，可以看作是卢少琴离藏前的标准照。卢少琴本人比较喜欢此照。

指导员汇报,一是因为这件事不好办,我们也不知道是不是能够办成,二是怕惊动太大,因为秦剧团许多人都想往内地调,我怕给领导添乱子,所以没有早一点告诉咱们连的领导,请领导原谅。"冯指导员是个通情达理之人,表示理解,并真诚地向卢少琴道贺。

当天晚上,冯指导员吩咐食堂加菜,算是欢送卢少琴。指导员向大家宣布了卢少琴即将离开十三连调回陕西工作的消息。有人震惊,有人羡慕,有人替卢少琴高兴,有人暗自嫉妒。卢少琴对秦剧团有感情,秦剧团有她的亲密战友,她和许多人都有着真挚的友情,现在要离开,战友话别,自然有一番情离愁别恨,不在话下。

第二天,冯指导员对卢少琴说:"你的档案中装入了'五好战士'证书,那些诬陷你的不实之词一份也没有装入,你回到陕西是轻装上阵,好好工作吧!多给我们来信。让我们交个朋友吧!祝你旅途顺利!"接着,他把密封好的卢少琴的档案交给了卢少琴,叫她到陕西报到时交给组织。后来,冯指导员出差路过西安时曾来看望过卢少琴。

· 1956年3月,为了寻觅一幅彩画中的景色,13岁的卢少琴去了西藏。如今,觅画人归来了!

1970年12月,卢少琴回到了西安。她已28周岁。她在西藏工作了近15年。

有关部门给了卢少琴三个月假期。卢少琴被安排在陕西省文化艺术馆工作,正科级待遇。尚未上班,又被安排了其他任务。后来丈夫雷根善调任子洲县委书记,卢少琴随夫赴任,任县文化馆馆长和文工团团长,一干就是八年。之后,她被省委组织部调到陕西省落实三案工作组,派往省戏曲研究院从事清理冤假错案工作;在陕西省供销社政策研究室任副处长,借调到政治处从事落实政策工作,兼管幼儿教育、计划生育等;在西安地区劳动服务公司任总经理(正处级);筹办"西京大学"、筹办"东方艺术学校";等等。

卢少琴再也没有能够重返秦剧舞台,艺术生涯有点太短暂,可惜了一个好演员!

再后来,外孙在美国出生,女儿希望妈妈到美国帮忙照料,已经催促过多次。2002年,60岁的卢少琴匆匆办理了退休手续,来到美国,帮女儿照看小孙女。

若在国内,退休之后,还是会有人登门"请教"。自己若不甘寂寞,还可来个返聘、兼职，最起码也可以和老同学、老同事、老朋友以及小区内的同龄人一起聊天、聚会、跳舞、玩乐。卢少琴的退休退得干净利索，因为她一下子就退到了美国。

到了美国，卢少琴跳出了几十年建立起来的人事关系网络，不懂英语，没有了朋友，生活突然变得安静、单调。她常常回忆过去，梦见过去。

从 13 岁登台演出算起，卢少琴整整工作了 48 年。头 15 年是在西藏工作，后 33 年是在陕西工作。她在西藏的时间远远短于在陕西的时间。

然而，当她梦见过去的时候，梦得最多的是她在西藏的经历；当她回忆自己一生的成就时，最感到骄傲的是她在西藏所做的事；当她向别人说起自己的过去时，她最乐意说、别人最愿意听的是她在西藏的经历；当她盘点自己一生所建立的友谊时，她发现她所得到的最纯真最深厚的友谊属于西藏秦剧团……

当年她进西藏，只为了寻找一幅画中所描绘的景色。现在，她的脑子中装满了无数有关西藏的画卷，其中许许多多的画比她当年所要寻求的那幅画更加生动、精彩。

卢少琴的离开使西藏秦剧团元气大伤。"五七"干校的学习结束，全团离开林芝回到拉萨，李晓俊重新担任团长，王根孝任书记，在各种政治活动之余，也排戏、演戏。革命样板戏时代，京剧一枝独秀，秦腔少有问津者，作为秦剧团铁杆观众的十一师，此时已经不是清一色的西北子弟，而新一代的西北子弟，对秦腔已不那么痴迷。秦剧团演员凋零，人心涣散，观众锐减，风光不再。1975 年，西藏秦剧团被解散，少数人留在西藏，多数人返回陕甘老家。同时成立于 1956 年前后的西藏豫剧团、京剧团、黄梅剧团等解散更早。1979 年，十一师奉命离开西藏，开赴新疆。西藏秦剧团消失了。

＊　　　＊　　　＊　　　＊　　　＊

却说我当上大华府中国西北同乡会会长之后，想在新春联欢晚会上唱秦腔，欣喜得发现了卢少琴这个人才，如获至宝。在我的鼓动下，2009 年 1 月 10 日，美国大华府西北乡亲的新春聚餐联欢上，卢少琴上台唱了眉户《梁秋燕》和秦腔《窦娥冤》选段。没有板胡，没有戏装，只有一把二胡……但毕竟让大华府的西北乡亲们听到了秦腔和眉户。

下台后，卢少琴告诉我说："以后不要让我上台了！我年龄大了，眼睛不好，在台上容易摔跤。再说，我现在气管有病，经常咳嗽，嗓子也不行了。"

我心中纳闷儿："唱得挺好，怎么突然宣布以后再也不唱了？"

后来，我和卢少琴关系日益密切。某日闲谈，卢少琴告诉我："你把调定得那么高，我在台上像杀猪似的喊，下来后觉得无地自容，真比杀了我还难受！当年演出，要是乐队敢这样整我，下台后我岂能善罢甘休！"原来，我从无秦腔伴奏经验，拉二胡，却用了"多索"弦，比秦腔所用的最高调 G 调还高了两度。

我不甘心就这么轻易放过卢老师。我要让卢老师导演，为西北同乡会2010 年的新春聚餐联欢排出一段有情节、有唱腔、有对白的秦戏。

卢老师说："我帮你，没问题！你给我找一些十五六岁、十七八岁的男孩女孩，由我来教。我剧本也弄过，导演也当过，化妆、服装我也熟悉，保证给你排出一台戏来！"

卢老师是巧妇，但我却无米给她。"找一群男孩女孩"，到哪儿找去？在海外，哪个孩子愿学秦腔？哪个父母愿让自己的孩子学秦腔？不要说一群，连一个也难找！

尽管我无法给卢老师弄一群少年让她开辟秦腔演员训练班，但有了卢老师这么个秦腔专家，我对在 2010 年西北乡亲的新春晚会上唱秦腔充满了信心。

我们计划搞一个二三十分钟的秦腔小品，要有情节、有唱腔、有对白，且要热闹，有喜剧味儿。演什么呢？谭颖提议演《柜中缘》，众人均无异议。谭颖毕业于西安音乐学院，在陕西电视台做过戏曲节目主持人，能唱能演。

《柜中缘》是个独幕小戏，古装，传统，有喜剧味儿，讲的是落难公子被人追赶，有性命之忧，被美貌善良的小家碧玉许翠莲藏于柜中，躲过大难，许翠莲的哥哥名淘气，撞见妹妹柜中私藏公子，发生误会，许翠莲难辨清白。后真相大白，恰值公子父亲平反昭雪加官晋爵，小姐、公子结了姻缘。全戏约四十分钟，精简一下，30 分钟就能演完。

剧目选定，导演现成。但这只是万里长征第一步。要将《柜中缘》搬上华盛顿的舞台，至少还得过五关。哪五关？一曰演员关，二曰板胡关，三曰乐队关，四曰服装道具关，五曰音响设备关。

《柜中缘》共需六名演员：许翠莲、淘气、母亲、公子和两个差人。华盛顿地区的陕甘乡亲，同乡会所能联系到的也就 200 来户人家。出国学子喜欢秦腔的人少，要选出模样周正、嗓子好、愿演秦腔、愿为之奉献时间和精力的人，不容易。还好，费尽周折，总算找到了几个愿意担任角色的乡亲。许翠莲由陕西宝鸡人王金莲博士出演，淘气由祖籍陕西、青海出生的李晖博士出演，其他角色也都有了着落。除演许钱氏的谭颖外，其他人均对秦腔知之甚少；愿意学习秦腔，担任角色，已经难得，夫复何求！演员一关算是过了。

秦腔不能没有板胡。大华府会弄民族乐器的人中，弄二胡、古筝、琵琶、笛子的人较容易找，弄板胡的人几乎从未见过。还好，在距离华盛顿50公里的巴尔的摩市发现有吉林人侯学章博士，数学教授，板胡拉得很不错。住得那么远，侯教授每次来参加排练都得开车一个多小时，他那么忙，又不是西北人，对秦腔难说有什么感情，他愿意如此奉献吗？答案：侯教授愿意！板胡关通过了。

国内演《柜中缘》这样的小戏，乐队根本不需要谱子。陕甘之人，会拉板胡必定会拉秦腔，因为练习板胡就是练习拉秦腔，板胡、秦腔分不开。侯教授虽然会拉板胡，但不懂秦腔，乐队必须有人给他把乐谱弄好。乐队光有板胡还不行，还得有打击乐和其他乐器，需有一位音乐专家配器、指挥、协调。大华府的西北人中没有这样的人才，却得到了华盛顿中国音乐协会会长、广西人唐渡老师的全力支持。唐老师指挥、作曲、各类乐器，样样都通，是大华府的知名音乐家。有唐老师挂帅，乐队就算搞定了。

服装道具关最难通过。华盛顿借不到中国戏服，也买不到中国戏服。要搞到戏服，只有一条路：到秦腔之都西安去买。哪来的钱？谁去买？买了怎么弄到华盛顿？陕西乡亲王兰芝等乡亲捐赠了钱。西北同乡会通过西安《华商报》的记者屈亚媛，联系到了西安"易俗社"知名演员、原社长孙莉群。孙老师已退休，她和她的女儿、"易俗社"扬琴手贺雁虹非常热情地帮助了华盛顿的乡亲。服装、部分道具和板鼓等应用之物买好了，三大包，20多公斤，邮寄太贵，携带不便。陕西乡亲刘玉红克服重重困难，将服装带回了华盛顿。《柜中缘》又闯雄关一座！

为了让观众听得清，最理想的是每个演员都佩戴一个灵敏度高、可以别在衣领、前胸等处的微型无线麦克风，但太贵，买不起。不得已而求其次，负责音响的乡亲王思问决定多弄几个普通麦克风安置在舞台周围，货已订购。音响关也已算闯过。

于是改剧本，记谱，排练，华府版的《柜中缘》逐渐成形。

排练在紧张地进行。卢老师说："只要你们练，哪一天都行，一整天练都行，我奉陪！"每次排练，常有人缺席，只有卢老师随叫随到，从未缺席。

参与排练者的秦腔知识和感觉与日俱增。有的说："原来没有正经听过秦腔，原来秦腔这么好听！"有的说："过去在陕西，到处有秦腔，没有去看过，出了国了，反而要演秦腔！离开了家乡，才更加珍惜家乡的东西。"唐老师、侯老师这些外地人也逐渐认识了秦腔。尚未正式登台，而秦腔已在美国首都华盛顿得到传播。

卢老师确实功力非凡，唱词、对话、动作，全已在她脑中，虽已年近七旬，气管不好，吃辣椒特别重，早已不保养嗓子，嗓音和她18岁的时候已无法相提并论，但依然那么优美，大家说卢老师唱得比在互联网上看到的那些名角还好听。

2010年1月17日，西北同乡会的新春联欢晚会上，秦腔《柜中缘》登上华盛顿舞台，引起轰动，当地中文媒体对秦腔《柜中缘》做了大量报道，剧照还上了《人民日报》海外版，中国新闻网等影响巨大的网站都报道了，《秦腔遭遇华盛顿，于无声处见轰动》的报道文章被全文转载在中国《当代戏剧》杂志2010年第2期上！

2010年6月12日，秦腔《柜中缘》更上层楼，登上华盛顿的大雅之堂，作为重头戏在蒙哥马利学院表演艺术中心"中华风情"中国民族音乐会上亮相，再次获得好评。

这正是：

> 时代人生同灿烂，青春无悔走边关。
> 童心青藏一幅画，战士家国万景篇。
> 水袖经幡织好梦，仁功义举秀凌烟。
> 传说雪豹穿云处，曾是雄师观戏坛！

2009年12月30日初稿完成

2017年12月31日改定

　　2010 年 1 月 17 日，美国首府华盛顿北郊的波托马克社区中心，美国大华府中国西北同乡会举办新春聚餐联欢晚会，人气、食品、文艺表演各尽其妙，而大华府中国西北文艺社的秦腔《柜中缘》则是晚会的最大亮点。演出结束后《柜中缘》的六位演员同他们的导演兼化妆师卢少琴（前排中间坐者）合影留念。六位演员从左到右依次为："差役甲"冯宁平博士、"许翠莲"王金莲博士、"许钱氏"谭颖、"李公子"潘智纲、"淘气"李晖博士、"差役乙"王思问博士。

　　2010 年 6 月 12 日，卢少琴（前排中间穿红衣白裤者）导演的华府版秦腔《柜中缘》登上美国首府华盛顿的大雅之堂，参加了在蒙哥马利学院表演艺术中心举办的"中华风情"中国民族音乐会的演出。中央电视台女主播、正在美国学习的（孙）靖涵女士（前排左二）和原江苏电视台主持人侯刚（前排左一）主持了当晚的音乐会。《柜中缘》几位演员簇拥着导演卢少琴站在前面，从左到右依次为冯宁平（差役）、李晖（淘气）、王金莲（许翠莲）、卢少琴（导演）、女高音何玲玲、潘智纲（李映南李公子）、谭颖（许钱氏）；扮演另一差人的王思问不在此照中。这是音乐会谢幕照片的左半部分，台上的演员或鼓掌，或挥手向台下致意，台下观众正在向他们欢呼，场面十分热烈。

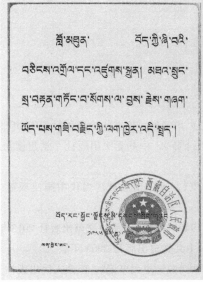

同志为和平解放西藏、建设西藏、巩固边防做出了贡献，特授予荣誉证书。

证书编号：667883

1985年9月西藏自治区成立20周年，已经离开西藏15年的卢少琴收到了自治区政府颁发的荣誉证书。

主要参考文献

[1] 中共中央党史研究室:《中国共产党历史》第二卷,中共党史出版社 2011 年版。

[2] 中共中央党史研究室:《中国共产党的九十年》,中共党史出版社、党建读物出版社 2016 年版。

[3] 当代中国研究所:《中华人民共和国史稿》,人民出版社、当代中国出版社 2012 年版。

[4] 中共中央文献研究室编:《毛泽东年谱(1949—1976)》,中央文献出版社 2013 年版。

[5] 《解放西藏史》编委会:《解放西藏史》,中共党史出版社 2008 年版。

[6] 西藏自治区党史资料征集委员会编:《中共西藏党史大事记》,西藏人民出版社 1995 年版。

[7] 中共西藏自治区委员会党史研究室编著:《中国共产党西藏历史大事记(1949—2004)》,中共党史出版社 2005 年版。

[8] 赵萍、续文辉编著:《简明西藏地方史》,民族出版社 2000 年版。

[9] 罗广武编著:《简明西藏地方史》,西藏人民出版社 2008 年版。

[10] 中国人民解放军军事科学院战争理论研究部《孙子》注释小组注:《孙子兵法新注》,中华书局 1977 年版。

[11] 王桧林主编:《中国现代史》,高等教育出版社 2003 年版。

[12] 文锋:《文韬武略安西陲——毛泽东与 1959 年平息西藏叛乱》,载《党史文苑》2008 第 6 期。

后 记

动笔之前我定下目标：一要真实，二要精彩，三要让全体国人都成为本书的潜在读者。但这般高大上的目标岂是想做就能达到的！且埋头耕耘，莫总念收获。诚我心，正我意，但求将来可以问心无愧地面对自己，面对家人，面对亲友，面对读者。

最大的体会是一个字：难。欲将精彩和真实兼而得之，难之一也；资料不足，旁证缺乏，难之二也。还有许多不足与外人道的其他难处。

假如能够找到当年西藏广播电台经常播放的《江姐》《梁秋燕》《软玉屏》《西厢记》录音，那该多好！动笔方知资料少，假如当年西藏秦剧团图书馆收集的大量资料、照片能够为我所用，那该多好！

付梓之际，少了点期盼已久的轻松愉快，多了些莫名其妙的诚惶诚恐。真羡慕曹雪芹能"将真事隐去，作假语村言"。但我不能"贾雨村"，因为失去了真实性，此书就失去了存在价值。

写作过程中，我时常想到杜甫的两句诗："文章千古事，得失寸心知。"做千古事不敢奢望，但这两句诗确曾助我静下心来，认真写作。

有缘知道这些故事，若不写出，此心难安。我是把此书作为公益事业来做的。

本书有两大幸运。能在中国文史出版社出版，幸运一也；所遇责任编辑王文运先生认真负责，职业品德好，为核对史实和校订、润色书稿付出了大量心血，幸运二也。付印前夕，承蒙原中共中央党史研究室秘书长黄小同研究员审阅全书并提出独到见解，深表谢意！

向西藏秦剧团致敬！希望原西藏秦剧团的成员们以及他们的后辈能够喜欢这本书。

潘启元

2018 年 4 月于美国华盛顿

编后记

　　2010年10月间，总编室转给我一封来自大洋彼岸的信件——潘启元博士的投稿。读了短短几个样章，我就被书中的故事感染了，很佩服作者的文笔和这部书稿的章回体写法。很快，我给潘老师写了第一个邮件，之后不久潘老师发来了全部书稿……这些年，就这部书稿的送审、编辑和出版事宜，我们往来过若干个电子邮件，至今我都保留着；由于时差的原因，我时常在下班归家途中，接潘老师清晨从华盛顿打来的问候电话；有赖于新媒体技术，最近几个月的交流，我们又转移到微信上。由于种种原因，编辑时间拖得太久。感谢潘老师的宽容、理解和等待，感谢卢少琴老师的精彩人生搭起的友谊之桥。

　　编辑这部书稿，我有两个感慨。

　　一是感慨13岁少女卢少琴居然因看到一幅画而作出了去西藏这一重大选择，从而造就了如此多姿多彩的人生经历。本书记录的，不仅仅是卢少琴的芳华岁月，不仅仅是西藏秦剧团的历史，更是1956—1970年，从13岁至28岁，一位青春少女视角中的、一位特殊历史见证者亲历的雪域高原往事——西藏自治区筹委会的成立、西藏平叛、西藏民主改革、中印边界自卫反击战、西藏自治区的成立……这是一幅美丽的、厚重的历史画卷。

　　二是感慨作者写这部书的强烈的历史责任感。时间能说明一切。这些年来，无论是书稿的撰写、史实的核对，还是细节的完善，甚至对书名、词句的反复斟酌、推敲，都凝结着潘老师对西藏秦剧团、对逝去岁月的严肃的历史态度和真实情感。正如卢少琴老师所言："不是为了我，而是为了那些有恩于我的解放军，为了西藏秦剧团，为了我的战友，为了格尔木……为了那一段历史。"

　　说来也巧。2014年10月，卢老师的女儿雷晓春回国，给我带来了现在插在书中的多幅照片，影像记录历史更显珍贵。同月，我去陕西西安出差，有幸见到了卢老师的丈夫雷根善老人。2016 年 3 月 25 日，我和潘博士终于在北京见面，虽然只有中午短短的两个小时，但相见恨晚、相谈甚欢，留下了难忘的记忆。

近几年我先后责编了《习仲勋在陕甘宁边区》《秦岭之子——汪锋革命传奇》等图书，对西北地区革命斗争史稍有了解。卢老师的公公雷荣，陕西富平人，1928 年入党，与老一辈革命家习仲勋、汪锋是战友。卢老师的丈夫雷根善 10 岁就到延安当了小八路，在延安保育小学读过书，其经历也很传奇。陕西籍作家黄河浪曾为雷老作传《大地之子》，惜稿初成而作者逝，迄今未正式出版。潘老师透露，他 2009 年采访卢少琴时，雷根善先生也在美国，本书中的一些内容即为采访雷老所获。雷老喜欢书法，本书书名即为雷老所题。丈夫为妻子回忆录题签，可谓佳话。

现在这部书出版了，希望有机会拜访故事的主人公——卢少琴老师。愿更多的读者分享卢老师讲述的这段西藏老故事，并从中得到启迪。

王文运

2016 年 4 月 26 日于 G307 高铁上草成

2017 年 12 月 31 日改定

图书在版编目（CIP）数据

觅画西藏：原西藏秦剧团名旦的青春记忆／潘启元著.
—北京：中国文史出版社，2016.7
ISBN 978-7-5034-7968-7

Ⅰ.①觅… Ⅱ.①潘… Ⅲ.①卢少琴－回忆录 Ⅳ.①K825.78

中国版本图书馆 CIP 数据核字（2016）第 178160 号

责任编辑：王文运 　　　　　装帧设计：程 跃 王 琳

出版发行：中国文史出版社

社　　址：北京市西城区太平桥大街 23 号　　邮编：100811
电　　话：010－66173572　66168268　66192736（发行部）
传　　真：010－66192703
印　　装：北京温林源印刷有限公司　　邮编：102445
经　　销：全国新华书店
开　　本：787mm×1092mm　1/16
印　　张：27.5
字　　数：460 千字
版　　次：2018 年 8 月北京第 1 版
印　　次：2018 年 8 月第 1 次印刷
定　　价：69.80 元